L'AUTRE SECONDE GUERRE MONDIALE

1937-1945

DU MÊME AUTEUR

Les Indes et l'Europe. Histoires connectées, XVe-XXIe siècle (avec Claude Markovits), Paris, Gallimard, « Folio Histoire », 2015.

Singapore from Temasek to the 21st Century. Reinventing the Global City (avec Karl Hack, dir.), Singapour, National University of Singapore Press, 2010.

L'Armée de l'Empereur. Violences et crimes du Japon en guerre (1937-1945), Paris, Armand Colin, 2007 ; prix Augustin-Thierry 2007, prix Alphonse Milne-Edwards 2007 ; traductions polonaise et italienne en 2009 ; nouvelle édition revue et augmentée sous le titre *Violences et crimes du Japon en guerre (1937-1945)*, Paris, Hachette Littérature, « Grand Pluriel », 2009.

Les Sociétés, la guerre, la paix, 1911-1946 (avec Philippe Chassaigne, Olivier Dard et Sylvain Schirmann), Paris, CNED-SEDES, 2003.

Le Livre noir du communisme. Crimes, terreur, répression (avec Karel Bartosek, Stéphane Courtois, Andrzej Paczkowski, Jean-Louis Panné et Nicolas Werth), Paris, Robert Laffont, 1997 ; traductions en anglais, allemand, italien, espagnol en 1998 ; portugais, danois, suédois, néerlandais, grec, polonais, roumain, slovaque, tchèque, russe, bulgare, estonien, lituanien, albanais, slovène, croate, bosniaque, finnois, portugais du Brésil, hongrois, turc, japonais, ukrainien entre 1999 et 2005 ; letton, macédonien, malayalam entre 2006 et 2015.

Singapour 1959-1987. Genèse d'un nouveau pays industriel, Paris, L'Harmattan, 1989.

Jean-Louis Margolin

L'AUTRE SECONDE GUERRE MONDIALE

1937-1945

Asie-Pacifique, de Nankin à Hiroshima

PERRIN

92, avenue de France
75013 Paris
Tél. : 01 44 16 08 00

ISBN : 978-2-262-03740-6
Dépôt légal : août 2025

Mise en pages : Nord Compo

Pour Armelle,
compagne de mes périples spatio-temporels.
Pour Raphaël et Diane,
encore étrangers aux noirceurs du monde.

Introduction

Une guerre oubliée ?

Aux Pays-Bas, où les souffrances avaient été particulièrement grandes pendant l'« hiver de la faim » 1944-1945 qui précéda la Libération, on n'était guère disposé à entendre les atrocités subies bien loin de là par des compatriotes supposés être partis s'enrichir dans les colonies, et au soleil qui plus est. Que beaucoup de rapatriés aient en sus eu les yeux bizarrement bridés et la peau un peu trop mate pour des Hollandais n'arrangeait rien :

> Au cours d'une de nos premières semaines (mars 1946), nous avons visité une exposition sur la guerre aux Pays-Bas. Comme nous ne savions rien de ce qui s'y était passé, nous étions très intéressés. Nous avons observé comment on cacha aux Allemands des personnes importantes et des Juifs, et nous avons appris comment les activités clandestines avaient été organisées. Nous y sommes allés avec nos cousins et quelques nouveaux amis. Affectés par ce que nous avions vu, nous leur avons narré certaines de nos propres expériences, mais à notre surprise, nos amis nous regardaient comme si nous avions fabriqué ces histoires. Ils ne commentèrent ni ne posèrent de question. Et immédiatement, ils commencèrent à nous raconter comment ils avaient dû manger des bulbes de tulipes et des betteraves à sucre, du fait des pénuries alimentaires. Nous aurions aimé manger ce genre de choses si elles avaient été disponibles, car pour nous il n'y avait rien du tout ! Mais nous n'étions pas là pour nous « vanter » d'avoir éprouvé le pire de cette guerre. Nous nous sommes tues, puisque personne ne nous écoutait. Quand nous l'avons raconté à la maison, Papa et Maman nous conseillèrent de laisser tout cela de côté, d'aller de l'avant avec nos vies, ce que nous fîmes. Mais, au fond de moi, je

ne pouvais comprendre un tel aveuglement de la part de ce peuple qui était supposé être le nôtre[1].

Pourtant, les quelque 8 500 soldats néerlandais décédés dans les camps de prisonniers japonais (bien plus nombreux que ceux tués au combat) et les 15 000 civils néerlandais morts de mauvais traitements dans l'actuelle Indonésie représentaient, avec un total de 23 500 décès, plus du dixième des pertes subies par les citoyens des Pays-Bas durant la Seconde Guerre mondiale (parmi lesquelles près d'une moitié de Juifs). Bien plus, c'est en Asie que le taux de décès des Néerlandais fut alors le plus élevé : 5 % des civils, 23 % des militaires prisonniers, contre 2,4 % de la population métropolitaine, malgré le poids énorme de la Shoah dans le pays (70 % d'assassinés dans la population juive).

On pourrait trouver bien d'autres exemples d'un oubli souvent si complet qu'il s'apparente à un reniement. Combien de Français, même bien informés sur la Seconde Guerre mondiale, savent qu'au moins 3 000 de leurs compatriotes, militaires et civils, périrent aux mains des Japonais (dont des centaines sous la torture), pour la grande majorité entre mars et septembre 1945, alors que la France était déjà libérée et la guerre européenne terminée depuis mai[2] ? Cela représente pourtant l'un des plus hauts pourcentages de pertes d'une quelconque communauté française, celle d'Indochine étant forte en 1945 d'une cinquantaine de milliers de personnes (y compris les militaires).

Aux États-Unis, malgré Pearl Harbor, la mémoire tend aujourd'hui à se focaliser sur l'internement administratif d'une grande partie des Nippo-Américains (voir chapitre VIII), ce qui a valu début 2021 à des écoles californiennes portant le nom du président Franklin D. Roosevelt d'être débaptisées. Cet internement ne fut pourtant cause d'aucune mort violente, d'aucun décès par la faim, alors qu'au moins 7 000 des 22 000 soldats américains capturés par les Japonais moururent en captivité. Au Royaume-Uni, l'opinion était si peu favorable aux vétérans de la guerre d'Asie que leurs protestations, en 1971, contre la visite officielle à Londres de l'empereur du Japon Hirohito, et surtout contre son rétablissement dans l'ordre de la Jarretière, se trouvèrent complètement étouffées. En 1991, la mention par le prince Philip, époux d'Elizabeth II et duc d'Édimbourg, dans une préface du « traitement inhumain des prisonniers civils et militaires par leurs gardiens japonais » – constat parfaitement objectif, on le verra amplement – lui valut une volée de bois vert dans le *Times*, et le député qui présidait le groupe parlementaire d'amitié nippo-britannique lui conseilla de « pardonner et oublier[3] ».

En Asie même, à côté d'une Chine ou d'une Corée qui frôlent l'hypermnésie, tant la guerre est présente dans les commémorations et leurs délicates relations avec le Japon, d'autres pays (Indonésie, Malaisie, Birmanie...) cultivent plutôt l'amnésie. Conséquence de cet étroit cantonnement mémoriel, qui se ressent dans les départements d'histoire des universités à l'échelle du monde : la faiblesse quantitative – relative certes – de l'historiographie de la Seconde Guerre mondiale en Asie ; et la faiblesse encore plus grande de la diffusion de cette historiographie dans le public.

Qu'on prenne n'importe quelle grande librairie en France : à peine quelques ouvrages lui sont dédiés, pour des centaines consacrés à la guerre en Europe, et qui plus est des ouvrages généralement à rechercher au rayon Asie/Japon, comme si l'exotisme supposé des combattants l'emportait sur l'unicité pourtant évidente de ce qu'on nomme en Chine « guerre antifasciste mondiale ». Supposerait-on ici qu'on ait à chercher l'ensemble des livres portant sur les années 1939-1945 en Occident au rayon Allemagne ?

Les raisons sont assez simples à comprendre. D'une part, pour tout grand événement de l'histoire, l'attention et la mémoire tendent à se focaliser sur quelques faits saillants, les plus frappants, sinon obligatoirement les plus importants ; ceux également qui résonnent le mieux avec la sensibilité et les questionnements du moment. C'est ainsi que, pour la Seconde Guerre mondiale en France, les victimes (juives en particulier) ont relégué les résistants dans une certaine pénombre. Même pour des faits aussi proches de nous que les attentats terroristes de 2015, ceux de janvier se trouvent quelque peu éclipsés par ceux de novembre, eux-mêmes ramenés à l'attaque contre le Bataclan*. Par un processus analogue, en Occident en tout cas, la guerre d'Europe a éclipsé celle d'Asie, à la fois parce que, plus proche, elle y a concerné directement beaucoup plus de personnes, parce qu'elle y a été cause d'immenses

* C'est ce que montre dans divers travaux récents l'historien Denis Peschanski.

dégâts encore visibles dans les paysages urbains, parce qu'en son cœur se trouve le génocide le plus radical de l'histoire, et sans doute aussi parce que son déroulement chronologique et ses fronts continus sont plus « lisibles » que ce qui se passa en Asie, et se prêtent donc mieux à la narration, scolaire tout particulièrement.

D'autre part, un événement ne parvient à s'accrocher à la mémoire collective que pour autant qu'il trouve une case à occuper dans ce qu'il est convenu d'appeler « roman national ». Or, la guerre sur les lointains confins de l'Asie et du Pacifique ne joua en Occident aucun rôle apparent – du moins tant qu'on n'aura pas intégré le fait que la décolonisation à l'échelle mondiale commença en 1942, avec la conquête japonaise des possessions européennes d'Asie du Sud-Est (voir la conclusion). Les États-Unis constituent une relative exception ; mais qu'on s'y soit focalisé sur les deux événements majeurs concernant directement le pays (Pearl Harbor et Hiroshima) empêche qu'on y observe suffisamment ce qui advint en Asie, au point d'avoir imposé au reste du monde la dénomination pourtant trompeuse de « guerre du Pacifique », et les dates qui lui correspondent (1941-1945).

L'Asie, bien entendu, a été profondément transformée par la guerre – nous y reviendrons. Mais l'intégration au roman national y est très variable, au point d'empêcher toute espèce de récit commun, comme il s'est spontanément forgé en Europe. En Chine, dans les deux Corées, à Singapour, aux Philippines, au Vietnam, la confrontation (qui n'est pas que résistance) avec le Japon constitue un élément soit important, soit primordial de légitimation politique, et un argument essentiel en faveur de la solidarité nationale aussi bien que de la construction d'appareils militaires puissants. En Birmanie, en Indonésie, en Malaisie, à Taïwan, en Thaïlande, on éprouve au contraire de graves difficultés : les élites politiques locales ont très largement collaboré avec les Japonais, or, ce sont souvent elles qui ont mené les colonies à l'indépendance, et ont gouverné des décennies durant ; leurs héritiers sont toujours aux affaires. Dans deux cas (Malaisie et Taïwan), il y eut un profond clivage, aux sanglantes conséquences, entre pro- et antijaponais*.

* En Malaisie, le clivage est ethnique : les Malais et les Indiens ont massivement collaboré avec les Japonais, cependant que les Chinois (plus de 40 % de la population d'alors) résistaient. L'État postcolonial, aux mains des pre-

En Thaïlande, seul pays alors souverain, l'armée pencha vers le Japon, alors que le personnel civil, d'orientation libérale ou socialisante (dont le futur Premier ministre Pridi Banomyong), regardait vers les États-Unis ou la France, parfois vers l'URSS ; l'instabilité qui en résulta continue à sous-tendre la politique intérieure. Il n'est donc pas possible dans ce groupe de pays de mettre en valeur un récit à la fois réconciliateur, vraisemblable et internationalement acceptable de la période. Le plus simple, sinon le plus sage, est par conséquent de la taire du mieux qu'on peut.

Quel nom pour quelle guerre ?

La dénomination de ce qui se passa en Occident entre 1939 et 1945 ne pose pas problème : c'est conventionnellement, dès l'invasion de la Pologne (1er septembre), la Seconde Guerre mondiale. On y lit une marque parmi bien d'autres de ce qui fut longtemps l'*hubris* de l'Europe : se considérer non seulement comme le centre du monde, mais comme le monde lui-même. En effet, jusqu'en décembre 1941, la guerre n'est dans la pratique qu'européenne (ou plus exactement euro-méditerranéenne, puisqu'on se battit beaucoup aussi du côté de la Libye, et un peu moins de celui de la Syrie). On ajoutera qu'une année durant, de juin 1940 à juin 1941, il ne s'agit même pour l'essentiel que d'un duel germano-britannique, d'ailleurs relativement peu coûteux en vies humaines. La guerre ne devint authentiquement mondiale qu'avec l'entrée en scène de l'URSS (juin 1941), et surtout du Japon et des États-Unis, en décembre 1941 – soit à une date assez proche de la médiane du conflit (juillet 1942). Et elle cessa de l'être quand,

---

miers, évoque par conséquent très rarement la période, et les musées officiels rendent parfois hommage au Japon militariste, cependant que les Chinois ont leurs propres monuments et cérémonies. À Taïwan, le clivage se situe entre la population (majoritaire) ayant vécu la colonisation japonaise, qui en garde souvent une certaine nostalgie (tout fonctionnait, il n'y avait pas de corruption...), et les quelque 20 % de continentaux arrivés avec Chiang Kai-shek après sa défaite face aux communistes (1949), qui accaparèrent le pouvoir jusqu'à la fin des années 1980. Les indépendantistes (opposés à toute réunification avec la Chine) actuellement au pouvoir ont parfois exprimé, dans le passé, une profonde sympathie pour le Japon impérial (par exemple l'ancien président Lee Teng-hui, après son éviction du parti Guomindang).

après le 8 mai 1945, les opérations se limitèrent aux confins de l'archipel nippon.

Bien sûr, si l'on agrège la guerre sino-japonaise (la seconde du nom : il y eut déjà 1894-1895) à la Seconde Guerre mondiale, cela fait reculer de deux bonnes années la date initiale : 7 juillet 1937. Et cela lui assure dès 1939 une dimension intercontinentale, sinon totalement mondiale. L'option n'a rien d'artificiel. En effet, l'agressivité nippone contre la Chine (annoncée dès 1931 par la conquête de la Mandchourie) fut la conséquence du virage autoritaire, ultranationaliste, impérialiste et, peu à peu, clairement fasciste que prit la politique japonaise, de manière tout à fait analogue aux évolutions plus ou moins simultanées de l'Italie et de l'Allemagne. Ces régimes ne s'y trompèrent d'ailleurs pas. Déjà cosignataires en 1936 d'un pacte anti-Komintern (acronyme de l'Internationale communiste) sans grande portée pratique, ils se rapprochèrent ensuite : l'Allemagne, qui depuis les années 1920 équipait et conseillait l'armée chinoise, se retourna début 1938 en faveur du Japon. Simultanément, la Chine obtint de l'URSS une aide militaire importante, y compris l'envoi d'une escadre aérienne de « volontaires ». Cette dernière fut retirée à la suite du pacte germano-soviétique (23 août 1939), mais à l'hiver 1940, ce furent les fameux « Tigres volants » du général américain Claire Chennault, en théorie d'autres volontaires, qui vinrent les remplacer. La Grande-Bretagne, *via* la route de Birmanie, et jusqu'en juin 1940 la France, *via* le chemin de fer Haiphong-Hanoi-Yunnanfou (Kunming), assurèrent une part essentielle du ravitaillement en armements de la Chine libre. On retrouve donc dès 1939-1940 dans le microcosme chinois la plupart des pays qui s'affrontent en Europe, plus des États-Unis en train de choisir leur camp, l'URSS étant seule à errer entre les deux groupes opposés, au point de signer en avril 1941 un pacte de neutralité avec le Japon.

En même temps, les opérations en Chine, quoique meurtrières, demeuraient d'une ampleur relativement modeste. Après la bataille pour Wuhan de l'automne 1938, le front se trouva pratiquement gelé jusqu'au printemps 1944, la Chine n'ayant pas les moyens de mobiliser très largement, et le Japon ne le souhaitant pas, compte tenu des contraintes économiques et des affrontements de plus grande ampleur déjà projetés. Aussi étrange que cela puisse paraître, les deux pays ne s'étaient d'ailleurs pas déclaré la guerre (il y avait une ambassade du Japon à Nankin, la capitale chinoise d'alors), pour ne pas avoir à subir l'embargo automatique contre les pays belligérants dont le Sénat des États-Unis avait établi le rigoureux principe. On parlait à Tôkyô d'« incident de Chine », quoique, dans le pays du Milieu, on eût plutôt évoqué une « guerre de résistance contre l'agression japonaise ». La guerre fut officiellement déclarée après l'attaque contre les États-Unis : la Chine était désormais l'alliée de Washington, quant au Japon, il n'avait plus rien à perdre... Pour les Japonais, la vraie Grande Guerre, celle où tout jeune homme recevait pour ses vingt ans (et parfois plus tôt) la missive sur fond rouge qui l'appelait au combat, celle de la mobilisation totale de toutes les énergies, et des plus lourdes pertes, ce fut celle livrée contre les Alliés d'Occident, dans les archipels du Pacifique, en Nouvelle-Guinée, en Birmanie, aux Philippines, et finalement dans des îles proches du centre de l'archipel japonais... On parla alors côté nippon de « guerre de la Grande Asie de l'Est », ce qui signifiait également « pour la Grande Asie de l'Est », puisque, si les îles du Pacifique constituaient les points d'appui d'un « périmètre de défense », les vrais objectifs se trouvaient en Asie, dont le Japon entendait devenir l'*hegemon*. Côté anglo-saxon, il s'agissait de la « guerre du Pacifique », la maîtrise des *sea lanes* et l'établissement d'un réseau de puissantes bases insulaires étant la visée immédiate, et l'arme aéronavale la nouvelle reine des batailles. Peut-on imaginer semblable désaccord sur ce qu'était le lieu même d'une guerre ?

Après le rétablissement de la paix, on tenta d'autres dénominations, mieux englobantes. Côté communiste (chinois), on forgea « guerre antifasciste mondiale » pour la période qui commença avec l'invasion de l'URSS par l'Allemagne (juin 1941), sans accorder un patronyme particulier au théâtre de l'Asie et du Pacifique. Les historiens japonais de gauche aiment à parler d'une « guerre de Quinze Ans », débutant en 1931 avec le coup de force de Mandchourie. C'est focaliser le conflit sur la Chine, en laissant croire à un plan cohérent de conquête du pays, et à un affrontement continu – ce qui est très inexact, Chiang Kai-shek, qui dirigeait le pays avec les nationalistes du parti Guomindang, ayant assez vite passé la Mandchourie par profits et pertes, et ayant établi au travers de trêves de longue durée un *modus vivendi* avec l'armée japonaise.

Beaucoup d'historiens, dont nous faisons partie, préfèrent les termes de « guerre de l'Asie-Pacifique », avec l'incident du pont Marco-Polo en juillet 1937 pour point d'origine. On peut conserver parallèlement guerre du Pacifique, mais en en faisant une composante d'un conflit plus large, et fortement cohérent : il y avait des Américains en Chine, en Birmanie, dans le « grand arrière » indien ; les Chinois intervinrent deux fois en Birmanie ; et la main-d'œuvre forcée coréenne ou taïwanaise (y compris des prostituées) fut utilisée par le Japon un peu partout en Océanie.

Le théâtre « oriental » conserva jusqu'au bout d'importantes spécificités, tout en s'intégrant sans conteste à la Seconde Guerre mondiale. Ainsi, les belligérants n'y furent pas les mêmes : l'Union soviétique demeura neutre jusqu'au 8 août 1945, ne menant donc la guerre que pendant une semaine (le Japon ayant capitulé le 15), essentiellement en Mandchourie. Le Japon avait hésité à accepter l'invite allemande à se joindre à l'attaque contre l'URSS à l'été 1941, mais cela rentrait en contradiction avec ses nouveaux plans d'offensive contre les puissances anglo-saxonnes. Chose peu connue, cette neutralité maintenue permit à la moitié environ du ravitaillement total de temps de guerre des États-Unis à l'URSS de transiter par les eaux japonaises (sud de Kyûshû puis détroit de Tsushima, entre Japon et Corée) pour gagner Vladivostok – malgré les protestations de l'Allemagne. Les navires de transport étaient pour la plupart américains, « prêtés » à l'URSS ; le matériel militaire ne pouvait y figurer (les Japonais étaient en droit de mener des inspections), mais les camions à usage polyvalent si[4]... Le Japon contribua ainsi indirectement à la défaite de l'Allemagne, son alliée. Il faut dire que cette alliance était demeurée peu effective. Jamais il n'y eut d'opérations militaires conjointes, malgré de rares visites de sous-marins allemands ou italiens, venus par exemple charger du caoutchouc naturel à Singapour. Du côté des Alliés, la Chine n'envoya de troupes à l'extérieur que dans la seule Birmanie, et ne fut donc aucunement présente en Europe. La chronologie de la guerre différa fortement d'un théâtre à l'autre. De ce côté-ci du monde, El-Alamein et Stalingrad, et donc la fin de l'année 1942, constituèrent clairement le tournant décisif, après lequel l'Allemagne ne cessa de reculer. En Asie-Pacifique,

Midway (juin 1942) marqua certes un coup d'arrêt définitif à un semestre d'offensives nippones toutes victorieuses, mais les défaites japonaises majeures n'eurent lieu qu'à partir de l'été 1944 avec la conquête des Mariannes (Saipan, juillet) puis des Philippines (débarquements de Leyte, en octobre 1944, et de Luzon, en janvier 1945). Et, en Chine, l'année 1944 fut caractérisée par une série d'offensives victorieuses (opération « Ichigo ») qui assuraient enfin au Japon la maîtrise des axes de communication (et des bases aériennes) du sud du pays. Cette maîtrise autorisait en particulier une jonction ferroviaire continue Saigon-Hanoi-Pékin-Busan (Corée), à même de pallier quelque peu la destruction méthodique de sa marine marchande par les sous-marins américains. Au moment de sa capitulation, le Japon contrôlait encore l'essentiel de ses conquêtes, et tout son territoire national, à l'exception d'Okinawa et d'Iwo Jima – alors que Berlin était tombée huit jours avant que l'Allemagne ne jette l'éponge. Ajoutons enfin que la guerre se déroula en très grande partie sur mer et dans des îles, à la différence du théâtre euro-méditerranéen, et bien entendu que seul le Japon eut le douteux honneur de faire connaissance avec les armes nucléaires, cependant que l'ancêtre de leur futur vecteur – le V2 allemand – n'avait pas d'équivalent hors d'Europe.

Il serait donc très erroné de considérer la part « orientale » (qui, vue de Californie, est aussi extrême-occidentale) de la Seconde Guerre mondiale à l'aune de sa part occidentale, ou comme une composante somme toute mineure. On a pu estimer entre 370 et 440 millions les habitants des zones occupées par le Japon*, alors que l'Allemagne (sans ses alliés) n'en contrôla jamais plus de 225 millions[5]. Le nombre de morts de la guerre de l'Asie-Pacifique est nettement plus incertain. Werner Gruhl, auteur d'une des études les plus fouillées sur la question, l'a estimé à 27 millions, pour 36 millions dans le cas du théâtre euro-méditerranéen – soit plus de 40 % du total (63 millions)[6]. Ces chiffres sont cependant très liés aux pertes de l'Union soviétique et de la Chine, de très loin les plus importantes. Celles de la première ont à plusieurs reprises été révisées, à la hausse. Celles de la seconde font

* L'incertitude concerne surtout la Chine : les fronts fluctuèrent, les zones de guérilla échappant au contrôle nippon furent d'une ampleur considérable, et les personnes déplacées se comptèrent par dizaines de millions.

l'objet de désaccords encore plus importants : entre 9 millions (chiffrage de l'ONU, en 1948) et 35 millions (chiffre officiel en RPC aujourd'hui) en passant par 15 millions (gouvernement du Guomindang, après 1945). La seule donnée relativement fiable est celle de ses pertes militaires (guérillas communistes non comprises) : 3 à 4 millions d'hommes, suivant qu'on retient les estimations chinoises ou japonaises[7]. Les pertes civiles sont difficiles à déterminer, à la fois parce qu'elles n'ont dans la plupart des cas jamais été comptabilisées, et plus profondément encore parce que leurs composantes posent question : les morts de faim ou d'épidémies n'étant pas rares dans l'Asie d'avant-guerre, doit-on considérer tous ceux morts ainsi pendant la guerre comme faisant partie de ses victimes ? Et, si non, quel pourcentage prendre en compte ?

Un ouvrage polyphonique

Quoi qu'il en soit, il devrait être maintenant clair que la guerre de l'Asie-Pacifique n'a pas sa juste place dans l'historiographie, la mémoire et l'enseignement en Occident, et plus particulièrement en France. Non que la bibliographie en langues européennes soit insignifiante. On en prendra la mesure au travers des publications mentionnées par le présent livre, elles-mêmes ne constituant qu'une petite partie de ce qui est disponible. La très grande majorité est en anglais – ce qui ne signifie aucunement que leurs auteurs appartiennent tous, ou même majoritairement, au monde anglo-saxon. Mais, à côté de solides analyses des opérations militaires, des armées et des armements, énormément d'aspects essentiels de la guerre restent insuffisamment couverts : le travail forcé ou esclavagiste des Asiatiques ; les pillages et l'exploitation des pays occupés par le Japon ; les faits de collaboration, à peu près partout ; l'état sanitaire et la situation alimentaire dans la plupart des pays, le Japon et Singapour étant les mieux documentés ; les violences dans les petites villes et les campagnes chinoises, et également aux Philippines, où le sac de Manille lui-même a été très peu étudié ; les viols et l'esclavage sexuel, en dehors de la Corée et de Taïwan. Parmi les pays, les « zones blanches » sont fort étendues, tout particulièrement la Birmanie, la Thaïlande, le Cambodge, le Laos en entier, l'Indonésie hors Java, et une grande partie de la Chine intérieure. La prise en compte des publications en langues vernaculaires serait-elle à même de combler ces béances ? Sans doute pas, dans la plupart des cas, l'histoire étant dans la majeure partie des pays d'Asie réduite à la portion congrue, dans les universités comme dans l'édition. En dehors de la Chine, de Singapour, des Philippines et (avec des réserves) du Japon, les musées ayant trait à la guerre sont peu nombreux, voire inexistants (Birmanie) – et quand il y en a, parfois dramatiquement truffés d'erreurs, aussi bien qu'archaïques dans leurs présentations.

Il reste que, à l'évidence, la maîtrise de ces bibliographies nationales serait utile – particulièrement pour la Chine, très active depuis longtemps en termes de recherches locales, quoique largement orientées vers la glorification de la résistance communiste. L'auteur reconnaît son insuffisance à cet égard, et c'est pourquoi, sauf rares exceptions, le présent ouvrage ne se réfère qu'à des publications en anglais ou en français. Ce livre prouve cependant – nous l'espérons – que ces limitations n'empêchent pas l'appréhension de réalités extrêmement variées et complexes, sans qu'aucun aspect majeur de ce conflit soit laissé de côté. Et pour cause : aujourd'hui, une grande partie des historiens non *English-speaking natives*, dans le monde entier, y compris en Asie, sont suffisamment compétents en anglais pour intervenir (à l'oral comme à l'écrit) dans cette langue. Il est permis de penser que leurs publications anglophones, qui ont eu à faire face à des procédures de sélection plus rigoureuses que dans leur langue d'origine, ne sont pas les plus mauvaises. On en trouvera un grand nombre dans nos références. Elles présentent l'avantage de contenir de nombreux extraits traduits d'archives ou d'entretiens en langues vernaculaires. On notera enfin que, dans plusieurs pays d'Asie, l'anglais est parlé couramment, et davantage encore écrit : Singapour, Philippines, Hong Kong, Inde. Là, c'est presque toute la bibliographie ainsi que les ressources d'archives qui sont accessibles.

Les voix asiatiques, ainsi que celles des insulaires du Pacifique, se font donc très largement entendre dans ce livre. Aucun « privilège blanc » : le lecteur le constatera aisément, ne serait-ce qu'en parcourant rapidement les notes référentielles. Et nous avons complété les témoignages déjà publiés par quelques récits originaux, collectés au travers d'entretiens ou de la lecture de correspondances et journaux personnels, tous particulièrement représentatifs : un auxiliaire taïwanais de l'armée japonaise, un travailleur coréen parti au Japon pendant la guerre, ainsi que des extraits importants des lettres inédites du haut fonctionnaire et ingénieur français Henri Maux, qui vécut au cœur de la Chine les premières années de l'agression japonaise.

En français, cet ouvrage n'a que peu de prédécesseurs, et aucun semblable. En se limitant aux travaux de valeur les plus synthétiques et les moins dépassés par la recherche récente, ainsi qu'écrits ou traduits dans notre langue, on mentionnera, de Nicolas Bernard, *La Guerre du Pacifique 1941-1945*, paru en 2016 aux éditions Tallandier, remarquable sur les opérations de guerre ; il ne rend cependant pas obsolètes les travaux de H. P. Willmott, *La Guerre du Pacifique, 1941-1945* (Autrement, 1999), de Michael Lucken, *Les Japonais et la guerre, 1937-1952*, publié chez Fayard en 2013, qui présente de manière informée et souvent subtile l'évolution sociétale de l'archipel ; de Jean-Louis Margolin, *L'Armée de l'Empereur. Violences et crimes du Japon en guerre (1937-1945)*, Armand Colin, 2007 (réédition augmentée : *Violences et crimes du Japon en guerre [1937-1945]*, Hachette Littérature, « Grand Pluriel », 2009), ouvrage qui complète celui-ci, sous une forme très différente (plus analytique, beaucoup moins illustré de textes), de Haruko T. Cook & Theodore F. Cook., *Le Japon en guerre, 1941-1945*, Éditions de Fallois, 2015, ouvrage principalement composé de témoignages – comme celui-ci –, mais provenant exclusivement de Japonais. On trouvera mention au fil des pages de ce livre d'un grand nombre d'autres ouvrages (dont quelques-uns en français) qui portent sur des aspects particuliers de cette guerre, ou en présentent des épisodes vécus. Signalons aussi un nombre important de sites Internet très riches d'informations et de récits, surtout en anglais, portant en particulier sur les divers lieux de détention et de travail forcé, ou correspondant à telle ou telle unité militaire engagée dans la guerre. D'autres sites fort bien documentés sont ceux des principaux musées portant sur la Seconde Guerre mondiale : Imperial War Museum (Londres)[8], Australian War Memorial (celui-ci offrant désormais une masse considérable d'archives en ligne, en accès libre)[9], Mémorial du massacre de Nankin[10], National WWII Museum de La Nouvelle-Orléans[11]…

La principale originalité de ce livre est son caractère *polyphonique*. Il réunit plus d'une centaine de témoignages, que nous avons choisis les plus divers possible : des militaires – simples soldats aussi bien qu'officiers supérieurs – et des civils ; des hommes (ultramajoritaires chez les combattants) et des femmes (majoritaires dans les récits de civils) ; des enfants (témoignant à l'âge adulte), des jeunes et des plus âgés ; des urbains (majoritaires, car c'est là qu'on écrit spontanément, et qu'on publie) et des ruraux assez nombreux (généralement des témoignages enregistrés par d'autres) ; des personnes de tous milieux sociaux ; beaucoup de victimes, beaucoup de spectateurs, un certain nombre de bourreaux également ; des pro-Japonais, des anti-Japonais et des neutres ; plus généralement, des gens très engagés, et d'autres qui ne cherchaient qu'à protéger, difficilement, leur vie privée. Et, bien sûr, les appartenances nationales les plus diverses : des Japonais, des Chinois, des Philippins, des Américains, des Britanniques, des Néerlandais, des Australiens en nombre important ; des Coréens, des Taïwanais, des Indonésiens, des insulaires du Pacifique, des Indiens, des Français en quantité non négligeable.

Quelques nationalités sont plus mal ou pas du tout représentées, nous en avons conscience : Birmans, Vietnamiens, Laotiens, Cambodgiens, Thaïlandais, Soviétiques. L'inégalité quantitative des sources est partiellement responsable de cette situation. Mais, aussi, peut-être surtout l'inégalité de leur valeur pour la compréhension des divers aspects du conflit, ainsi que l'inégalité de leur intérêt intrinsèque. En effet, ce livre vise à présenter au mieux cette guerre de huit années, de manière thématique, en faisant le pari que, par-delà les différences d'appartenance, les expériences vécues se répondent, et les témoignages se complètent. Un soldat défait, un civil terrifié par les bombardements, une femme victime de soudards, des patriotes en action, des opportunistes sans principes : leur nationalité, leur milieu social ne vont pas forcément impacter leur vécu, et ce qu'ils ont à en dire. À la différence de ce que pouvaient faire les individus d'alors, on voguera sans cesse d'un camp à l'autre, d'un pays à un autre.

Il s'agit donc de rompre avec une approche sinon forcément nationaliste, du moins nationale de cette guerre, qui inspire l'écrasante majorité des publications. Une série d'ouvrages ont une forme proche du nôtre, et plusieurs seront mentionnés. Mais, à notre connaissance, tous sont centrés sur des témoignages issus d'un seul pays (Japon, États-Unis, Royaume-Uni...), ou plus fréquemment encore d'un seul groupe d'un seul pays : les US Marines, les soldats japonais du front birman, les victimes de Nankin ou d'Hiroshima, les « femmes de réconfort » coréennes, les fonctionnaires japonais en Indonésie occupée, etc. Nous ne connaissons qu'une exception : *Competing Voices from the Pacific War: Fighting Words*, de Sean Brawley, Chris Dixon et Beatrice Trefalt (éd.), publié en 2009 chez Greenwood Press (Santa Barbara). Mais l'ouvrage, quoique de bonne facture, est relativement court pour un tel sujet (325 pages), et contient surtout de très longs textes – donc en nombre restreint –, sans aucune liaison de l'un à l'autre. Nous ne pensons donc pas nous avancer en présentant cet ouvrage comme le premier en son genre, avec une telle ampleur, et ce, à l'échelle mondiale.

Du bon usage de la mémoire

L'autre grande caractéristique de ce livre est sa rupture avec l'« histoire-batailles ». Loin de nous l'idée de dévaloriser cet élément aussi indispensable que central de l'étude des guerres, où se retrouvent chercheurs et praticiens – c'est-à-dire les militaires eux-mêmes, qui publient beaucoup et sont très attachés à illustrer et comprendre ce qu'eux-mêmes ou leurs grands ancêtres ont effectué. C'est justement parce que, de la guerre de l'Asie-Pacifique, c'est cet aspect qui a été le moins mal mis en lumière que nous nous plaçons sur un tout autre terrain, bien plus brumeux : celui du vécu, du comportement et de la façon de combattre des guerriers ; celui des relations de ceux-ci avec les civils ; celui des mille et une façons qu'eurent ces derniers de traverser ces années terribles. Bref, une forme d'« histoire par en bas » : il s'agit de donner la parole à quelques-uns au sein de cette myriade d'individus ordinaires qui vécurent l'exceptionnel – trop communément à leurs dépens. Des personnes singulières dont il convient de ne pas se borner à faire les représentants emblématiques de tel ou tel groupe. Ainsi, toutes les « femmes de réconfort », amenées à se prostituer pour l'armée japonaise, subirent privation de liberté et oppression, mais ensuite, on le verra, leurs itinéraires divergèrent – en fonction de ce qu'elles étaient, et de ce qu'elles furent amenées à subir. Reconstituer des normativités n'est pas notre propos, et c'est pourquoi d'assez nombreux témoignages sont cités dans la longueur, afin de mieux approcher l'unicité d'une expérience. D'autres, plus répétitifs, moins complexes, font l'objet de citations bien plus courtes.

Mais comment éviter que ce parti pris du singulier ne tourne à l'histoire anecdotique et pittoresque, ou, pis encore, au tohu-bohu ? Les garde-fous sont de trois ordres. D'abord le plan thématique de l'ouvrage, qu'on retrouve également dans la distribution interne de chaque chapitre. Il n'y a que quelques exceptions, à propos d'un « événement-monstre » (Pierre Nora) qui impose une présentation monographique : le massacre de Nankin, le sac de Manille, Hiroshima et Nagasaki. Des expériences *relativement* semblables se trouvent donc regroupées et confrontées, par-delà les limites spatiales et temporelles. C'est ensuite la sélection des témoignages et, dans ceux-ci, de ce qui méritait d'être mentionné. La tentation peut être grande, pour un auteur cherchant à plaire à son lecteur, de retenir surtout ce qui est drôle, effrayant ou monstrueux, héroïque ou abject. On trouvera dans ces pages nombre de récits correspondant à ces épithètes. Mais c'est parce que la réalité en relevait plus souvent qu'à son tour. Nous nous sommes scrupuleusement gardé de tout témoignage qui ne permettrait pas d'avancer dans la compréhension d'un aspect au moins de cette guerre, ou, pis, qui conduirait sur de fausses pistes. Tout ce qui nous est apparu trop particulier, trop exceptionnel, trop distant de ce que nous avions appris par ailleurs a été exclu de ces pages. Non que de tels récits soient nécessairement exagérés ou mensongers – quoique l'historien ne puisse éluder la question cruciale de la véracité. Mais parce que la singularité, incontournable, est aussi un moment de la constitution d'un savoir sur ce qu'a été cette guerre – et sur ce qu'elle n'a pas été. Toutes les singularités ne sont pas également bonnes à dire. Le troisième garde-fou, ce sont les textes de liaison, et parfois aussi des notes explicatives qui placent les témoignages dans leur contexte et font le lien entre micro-histoire vécue et macro-histoire.

Placer des témoignages – et donc la mémoire – au centre d'un travail d'histoire apporte beaucoup, nous espérons en convaincre le lecteur. Cela restitue de l'humanité (dont l'inhumanité est l'un des aspects) à une histoire dont la scientificité s'accommode trop souvent d'une forme d'abstraction. Cela aide à saisir que le ressort de l'action, au niveau de l'individu, est souvent minuscule : circonstance particulière, intérêt privé, amitié ou détestation, peur ou exaltation, volonté de survie ou, parfois, ivresse du sacrifice. Les nations, les classes sociales, les corps constitués existent, mais ne déterminent pas tout. En même temps, nous ne nous dissimulons pas combien l'utilisation de la mémoire peut receler de pièges, ce qui explique la méfiance de beaucoup d'historiens. Le moindre de ces pièges, à vrai dire le plus aisément évitable, est celui de la fascination pour l'horrible. Véridique ou non, il rend très difficile l'analyse, au-delà du jugement moral, et produit chez le lecteur une stupéfaction qui risque d'obscurcir la réalité, en poussant sa propre mémoire à prendre l'exception pour la règle, l'extrême pour la moyenne – on se souvient plus aisément de l'extrême.

Le second piège, beaucoup plus sérieux, tient au mode de fonctionnement de la mémoire : sélection (et en particulier « gommage » de ce qui est gênant, ou peu conforme à l'évolution des mentalités), oubli, et remplacement progressif de ce qui est oublié par de la fausse mémoire – les récits des autres, ce qu'on a lu, vu au cinéma, etc., qu'à la longue on intègre à ses propres souvenirs. C'est pourquoi, chaque fois que c'était possible, on a privilégié des témoignages recueillis ou rédigés peu après les faits évoqués, souvent avant la fin de la guerre elle-même. Ils sont heureusement nombreux, sur la plupart des sujets. Nous ne nous sommes pas pour autant interdit d'utiliser des récits beaucoup plus tardifs, soit que les autres manquent (c'est en particulier le cas pour la Chine, mais aussi pour les « femmes de réconfort »), soit que leur qualité soit exceptionnelle, soit encore que nous les ayons recueillis nous-même auprès d'informateurs de confiance qui ont accepté nos demandes de précisions.

Le dernier écueil est celui du mensonge, conscient ou inconscient – dans ce cas, il s'agit plutôt d'une mémoire *sanitized*, expurgée et adaptée pour convenir à l'interlocuteur, et pour ne pas avoir d'ennuis avec ses contemporains, voire avec l'État. Il est ainsi difficile en Corée du Sud pour une ex-« femme de réconfort » de ne pas présenter son expérience comme un enfer permanent, ou pour un homme de reconnaître avoir été volontaire pour travailler au Japon ; en Chine de ne pas dire que tous les militaires japonais ont été absolument mauvais ; et aux États-Unis d'affirmer que tous les Nippo-Américains internés en 1942 n'ont pas été les innocentes victimes d'un racisme systémique. Pour éliminer autant que faire se peut ces travestissements, il existe deux remèdes : le rassemblement d'un nombre suffisamment grand de témoignages sur un sujet donné, et donc la constitution d'une « série », ce qui fait ressortir le bizarre et le hors-norme ; et le bon sens, propre à repérer exagérations, incohérences et invraisemblances, ainsi qu'à réclamer à la relation de faits exceptionnels des preuves exceptionnelles.

Tentation de l'œcuménisme, réalité des fractures

Partout, dans les témoignages qui suivent, on lira les mêmes grands traits de caractère : le courage, l'endurance communément ; la détresse, le désespoir trop souvent ; l'héroïsme, parfois – et pas seulement chez les militaires ; l'amour de ses proches, de ses camarades d'infortune, de ses frères d'armes, qui pousse à l'abnégation, et parfois au sacrifice ; l'égoïsme aussi, compréhensible quand c'est la survie qui est en jeu, et que tout, autour de vous, appelle au chacun pour soi ; l'étroitesse d'esprit et de cœur, le cynisme, la méchanceté, qui choquent d'autant plus quand ils viennent de ceux qui devraient vous aider et vous consoler ; la cruauté, conduisant à l'horreur, plus fréquemment qu'à son tour. Tout cela affleure partout, et chez tous, militaires comme civils, femmes aussi bien qu'hommes, Alliés et Japonais.

On prendra cependant garde de céder à la tendance à l'œcuménisme, si forte aujourd'hui, sous le prétexte – honorable – de dépasser les antagonismes du passé, de ne pas céder aux réflexes claniques, et de reconnaître la victimité partout où elle se trouve. Bref, de dénationaliser et dépolitiser le passé. Il faut aussi résister à la tentation, en apparence inverse, de repolitiser à outrance l'histoire, au travers d'une position hypercritique à l'égard de toutes les « grandes causes nationales » du passé, qui ne seraient en réalité que projets impériaux, avidité capitaliste ou violences racistes. Cette dérive, propre au seul Occident, est l'exagération sans limites de la nécessaire prise de distance vis-à-vis d'un passé de domination et d'exploitation. L'Autre finit par être la victime obligatoire et quintessentielle, le Soi le criminel par définition. Et l'on s'imagine supérieurement lucide aussi bien que superbement moral en niant toute ambition mauvaise à l'URSS de Staline, à la Corée du Nord, au communisme vietnamien ou à l'Irak de Saddam Hussein (cela peut aussi aider à la carrière et à obtenir l'oreille des grands médias). L'Allemagne de Hitler, quoique le plus puissant adversaire qu'eurent à combattre les États-Unis, continue à sentir le soufre, du fait de son anticommunisme autant que de la Shoah – mais il est de bon ton dans le monde anglo-saxon de relativiser cette dernière en la mettant sur un pied d'égalité avec le génocide des Indiens, des Vietnamiens (ce fut dit dès les années 1960 par le Tribunal Russell, présidé par Jean-Paul Sartre) ou des Guatémaltèques. Le Japon, en revanche, susciterait la sympathie s'il n'y avait cette fichue agression contre la Chine, et ce massacre de Nankin, et ces femmes de réconfort... Mais, contre lui, les États-Unis ont à peu près tous les torts : embargo pousse-au-crime, instrumentalisation de l'attaque contre Pearl Harbor, déchaînement raciste conduisant à l'intérieur à la « déportation » en « camps de concentration » des Nippo-Américains, à l'extérieur à une « guerre d'extermination » contre les Japonais, pour finir par une utilisation cynique et criminelle de l'arme nucléaire contre des malheureux prêts à se rendre, destinée en réalité à menacer l'Union soviétique*.

Nous ne céderons ni à l'indistinction bienveillante ni au renversement des responsabilités. Si la sauvagerie dans les combats fut bien partagée, si le moment de la capture fut pour tous les soldats vaincus un moment très dangereux, où l'exécution sommaire était monnaie courante, les Japonais furent les seuls à massacrer en masse leurs prisonniers (comme à Nankin), à les torturer, à les affamer délibérément, à mettre systématiquement à mort devant leurs camarades ceux qui avaient tenté de s'évader. Ils furent les

---

* Que le lecteur qui estime que nous exagérons consulte par exemple, de John Dower, *War without Mercy*, New York, Pantheon, 1986. L'auteur, prix Pulitzer, professeur (émérite) au MIT, est la sommité la plus reconnue aux États-Unis sur la guerre du Pacifique et ses suites. Et il y a beaucoup plus radical que lui... Voir la critique dans *L'Armée de l'Empereur*, Paris, Armand Colin, 2007.

seuls à permettre à leurs soldats de violer en masse, des années durant, et à mettre sur pied un système de prostitution forcée à l'échelle de leur empire de guerre. Ils furent les seuls à organiser la privation des populations occupées de leurs moyens d'existence, au prix de millions de morts de faim, et à les contraindre à fournir des travailleurs réduits au rang d'esclaves. Même avec les nazis, un résistant capturé avait davantage de chances de sauver sa vie. Cela ne signifie pas qu'il faille passer sous silence ou relativiser de quelque manière que ce soit les violences de guerre alliées, à commencer par l'arasement méthodique des villes japonaises, avant même Hiroshima. Mais on ne saurait confondre l'agresseur et l'agressé, le militaire déviant trop peu sanctionné par sa hiérarchie et celui à qui cette dernière impose le crime comme preuve de patriotisme, l'armée qui massacre un village entier si un résistant s'y abrite et celle qui fournit aux accusés de crimes de guerre un procès équitable, où beaucoup sont acquittés. Si tous les Japonais ne furent pas haïssables, le régime qu'ils servaient et la cause pour laquelle ils combattaient l'étaient. Et bien rares furent ceux qui sauvèrent leur honneur en résistant aux ordres injustes...

Une histoire, des histoires ?

Les prises de parole si variées que le lecteur va découvrir dans les chapitres qui suivent conduisent-elles à une histoire unifiée, commune, ou au contraire à des histoires plurielles, particulières ? La réponse, on l'aura deviné, se situe quelque part entre les deux. Ou, plus précisément, les deux options sont simultanément vraies. L'expérience de la guerre du guérillero communiste d'un village de la province chinoise du Shanxi et celle du pilote d'un B-29 américain allant bombarder Tôkyô sont difficilement comparables. Chacun n'avait probablement que l'idée la plus vague de l'autre, et peut-être ne concevait-il même pas son existence. Pourtant, ils avaient le même ennemi ; il arriva que des bombardiers américains s'écrasent sur le sol chinois, et soient secourus par des résistants locaux ; et quand les Marines débarquèrent à Okinawa, en avril 1945, les autochtones nippons imaginèrent qu'ils venaient venger les massacrés de Nankin, et qu'ils allaient donc souffrir un sort analogue. Le présent livre examine plus succinctement la guerre des militaires (chapitres 3 et 4) que celle des civils (les huit autres chapitres), celle-ci demeurant bien plus négligée par l'historiographie, et donnant lieu aux trajectoires les plus diverses. Leurs expériences, divergentes par nature, offrent néanmoins de multiples espaces de recoupement. Les camps de prisonniers alliés, quant à eux, regroupaient parfois des militaires et des civils, mais dans des espaces distincts et clôturés. L'expérience des internés (non-soldats), on le verra, se rapprocha globalement beaucoup de celle des prisonniers de guerre, avec des taux de pertes comparables. Il en allait partiellement de même pour le travail sous contrainte, les militaires étant cependant seuls à être expédiés au loin, sur les chantiers les plus meurtriers. Dans certains massacres, à Nankin et Singapour en particulier, de nombreux jeunes hommes, civils, furent raflés et fusillés. Mais, du point de vue des bourreaux nippons, ils étaient des soldats affublés d'habits passe-partout, ou des individus susceptibles de prendre les armes. Enfin, sous les bombes, dans les villes, il n'y avait plus guère lieu de distinguer militaires et civils.

Un autre clivage, dans l'expérience de la guerre, tient au genre. À sa façon, il recoupe largement le précédent distinguo. À cette époque déjà lointaine – c'est bien moins le cas aujourd'hui –, le combat était presque exclusivement une affaire d'hommes. Et comme, un peu partout, les hommes étaient dans une large mesure mobilisés, les civils étaient majoritairement des femmes (et des enfants, et des hommes au-delà de cinquante ans). C'était particulièrement le cas au Japon, ainsi que chez les Européens d'Asie, ou encore à Nankin. Les souffrances ne furent pas les mêmes. Aux hommes, les avanies du combat, de la marche épuisante à la balle fatale – sans négliger les maladies, les blessures mal soignées, les brimades de l'encadrement ou des camarades, et les affres de la captivité. Aux femmes, le souci quotidien de l'alimentation, de la survie des enfants et des personnes âgées, de la préservation du patrimoine familial. La principale angoisse, la principale cause de souffrances fut cependant pour beaucoup d'entre elles le crime sexuel – viol, prostitution forcée, parfois meurtre –, dont les soldats japonais s'étaient fait une spécialité. Deux appréhensions donc très différentes du phénomène guerrier, les femmes ayant à subir seules une terrible oppression, spécifiquement genrée puisque le crime sexuel à l'encontre des hommes est presque invisible dans la documentation. L'homosexualité est attestée dans quelques récits de militaires, mais jamais associée à des actes de violence. Les passerelles sont malgré tout nombreuses et larges entre cette guerre des femmes et la guerre des hommes. Du côté des soldats agresseurs, la délinquance ne se limite pas à la sexualité. S'y associent en effet très couramment le vol, le vandalisme et le meurtre d'hommes, quand il y en a, en particulier ceux qui oseraient tenter d'empêcher le viol. Du côté des victimes, c'est évidemment toute la famille et tout l'entourage qui souffrent. Il a d'ailleurs été souvent avancé, avec quelques arguments, que le viol de masse était un moyen de terroriser et de briser une société entière.

Est/Ouest, Ouest/Est

La Seconde Guerre mondiale en Europe donna naissance à de nouvelles notions (crime contre l'humanité, génocide) et à de nouvelles acceptions, depuis lors canoniques, de notions déjà existantes : collaboration, résistance, travail forcé/travail esclave, guerre totale… S'appliquent-elles à la guerre de l'Asie-Pacifique, sous la forme prise à l'Ouest, et, si oui, le « volet oriental » du second conflit mondial peut-il contribuer à les approfondir en les départicularisant ?

Timothy Brook, dans son ouvrage *Collaboration*[12], consacré à la seule Chine, reconnaît la filiation du concept avec le paradigme élaboré à propos de Vichy, tout en soulignant des différences : le caractère presque a-idéologique de la collaboration chinoise, le fréquent jeu de chaises musicales entre résistance, indifférence et collaboration – celle-ci s'en trouvant largement relativisée, sinon excusée par l'auteur. On a le droit de trouver quelque peu extrême ce grand écart par rapport à l'histoire officielle chinoise, qui glorifie les héros antijaponais et condamne sans appel les *hanjian* (« traîtres à la nation », notion prise dans une acception racialiste). Mais il est vrai qu'en Asie les motivations des collaborateurs étaient assez décalées par rapport au « modèle » européen. Ouest-européen en tout cas : elles se rapprochaient en revanche de ce qui se passa en Europe de l'Est, où la question nationale se posait très fortement.

Le même décalage se lit à propos de la résistance, peu animée en Asie de valeurs démocratiques ou religieuses (on n'y trouve pas de libéraux, très peu de sociaux-démocrates et fort rarement l'équivalent des démocrates-chrétiens), sans Juifs bien entendu, et très massivement communiste en Chine comme en Malaisie. Là aussi, on note davantage de similitudes avec l'Europe de l'Est qu'avec celle de l'Ouest.

Quant au travail forcé, qui fit affluer par millions les travailleurs en Allemagne, avec des statuts très divers (du volontaire soucieux d'un bon salaire à l'esclave des camps de prisonniers soviétiques ou des camps de concentration, en passant par les variantes nationales du Service du travail obligatoire), on le retrouve dans le cas du Japon. Plus on avança dans le temps, plus la contrainte augmenta, alors que la moitié environ des Coréens (colonisés) était venue dans l'archipel nippon sous le seul empire de la nécessité économique, avant Pearl Harbor. Les Coréens constituèrent la grande majorité des travailleurs immigrés au Japon, cependant globalement bien moins nombreux qu'en Allemagne (2 millions environ, contre au moins 8). La plus grande partie du travail sous contrainte se déploya dans les pays occupés, et concerna moins l'industrie (faible alors) ou les plantations (inutiles pour la plupart, faute de débouchés) que les grandes infrastructures militaires : aérodromes, routes, chemins de fer (les plus meurtriers pour la main-d'œuvre). Comme avec le nazisme, le travail esclave doit être distingué : il s'applique aux prisonniers et internés (pour l'essentiel des Occidentaux), mais aussi à une part des autochtones d'Asie du Sud-Est, raflés et exploités dans des conditions abominables, sans contrat ni limites temporelles. Par certains côtés, le réseau des bordels militaires, approvisionné par une prostitution en large partie contrainte, se rapproche du travail forcé, dont il recoupe bien des mécanismes.

La guerre totale – notion qui résultait d'une réflexion rétrospective sur les intenses mobilisations sociétales de la Première Guerre mondiale – s'appliqua particulièrement au second conflit. Les hostilités pouvaient se projeter à longue distance, au travers des bombardements aériens – toujours plus massifs à mesure que la guerre avançait –, de la défense civile mise sur pied pour en maîtriser les ravages, de la place centrale acquise par la propagande radiodiffusée, du bouleversement de la vie des civils à peu près partout, avec en particulier un rationnement strict et des privations croissantes, sauf dans une certaine mesure aux États-Unis. On assista aussi à la mise en place généralisée de politiques d'exclusion, voire de déportation ou d'extermination de groupes humains entiers – Juifs et Tziganes certes, mais aussi Tchétchènes, Polonais et Baltes en URSS, Chinois et Occidentaux en Asie occupée, Américains d'origine japonaise… Sur ce plan, l'Asie ressembla beaucoup à l'Europe.

Partout, également, on eut à constater une détérioration abyssale des normes et pratiques de la guerre, vis-à-vis des adversaires armés aussi bien que des civils. Cela se lit dans le massacre général des prisonniers de guerre chinois dans les premiers temps de la guerre sino-japonaise (Nankin, décembre 1937) aussi bien que dans la mort lente des prisonniers de guerre soviétiques, affamés et gelés, en 1941-1942. Du côté des Alliés, quoique plus sporadique, et rarement cautionnée par les états-majors, l'exécution des soldats ennemis capturés constitua aussi une pratique courante. Concernant les civils, les tueries furent également nombreuses, mais leur répartition territoriale fut fort inégale : les façons de faire allemandes, en tout cas jusqu'à l'été 1944, différèrent profondément de l'ouest à l'est de l'Europe, dès 1939 (Pologne) théâtre de massacres étendus ; côté Japon, aux tueries de civils si communes en Chine, et fréquentes aux Philippines, s'opposait un comportement moins sanguinaire dans la plus grande partie de l'Asie du Sud-Est occupée, et dans les archipels du Pacifique.

En Asie, cependant, davantage de civils moururent affamés qu'assassinés. Ce ne fut certes pas délibéré de la part de l'occupant nippon. Mais l'accaparement et le pillage généralisé des ressources auxquels il procédait, sans limites ni scrupule, ainsi que l'asservissement de millions de travailleurs forcés ne pouvaient que conduire à ce triste résultat – et cela, les Japonais l'avaient envisagé dès 1941. On peut rapprocher ces pratiques de celles de l'Allemagne nazie ; simplement, en Europe, on partait généralement de plus haut, et donc la famine fit moins souvent son œuvre. On ne constate guère d'équivalence dans le comportement des Alliés. En revanche, ces derniers recoururent à bien plus grande échelle que les pays de l'Axe aux bombardements aériens, en particulier ceux, si meurtriers, qui recouvraient les grandes villes d'un tapis de bombes incendiaires. C'était une question de moyens : en effet, contre Canton (Guangzhou) et Chongqing en Chine, contre Guernica en Espagne, contre Rotterdam, Coventry ou Londres en 1940, contre Belgrade en 1941, le Japon et l'Allemagne avaient donné l'exemple à ne pas suivre – et qui, pour le malheur de tant de cités, y compris en France, fut suivi par les alliés anglo-saxons.

À côté de ces similitudes au moins relatives, chaque pays eut sa spécificité dans le crime de masse : triste compétition pour mal faire. Pour le Japon, mais aussi pour l'Union soviétique une fois entrée en Allemagne, ce fut le viol, élevé aux dimensions d'une chasse aux femmes généralisée, et « industrialisé » par l'armée impériale en un recours massif à la prostitution forcée, avec déplacements à longue distance. Tôkyô et Berlin furent seuls à cautionner les expériences criminelles entreprises sur des cobayes humains par des médecins dévoyés (unité 731, en Mandchourie occupée). L'Allemagne fut seule à organiser un génocide, ainsi qu'à planifier l'extermination partielle de peuples entiers (Russes, Polonais, Ukrainiens...) en vue de l'établissement de colonies de peuplement. Cela s'appuyait sur une conception raciale du monde que les Japonais ne partageaient pas vraiment, malgré leur reprise servile des poncifs antisémites du IIIe Reich. L'extrême brutalité de leur comportement en Chine ou aux Philippines s'explique plutôt par la « déception », transmuée en haine, ressentie du fait du refus de leurs populations de se rallier au nouvel ordre asiatique centré sur Tôkyô et sur l'empereur. Globalement, on visa davantage à « nipponiser » les autres Asiatiques qu'à les remplacer ou à les faire disparaître. Les quelque 20 000 Juifs (la plupart réfugiés d'Europe) pris dans la nasse des conquêtes japonaises n'en souffrirent pas moins, mais pas davantage que les populations environnantes, au grand dam de l'allié nazi. Par conséquent, au cours des procès contre les criminels de guerre nippons, personne ne crut bon de recourir aux nouvelles incriminations forgées contre l'Allemagne : crime contre l'humanité et génocide. Même en Chine aujourd'hui, ce dernier terme n'est à notre connaissance pas utilisé, peut-être du fait de la difficulté du transfert linguistique : génocide en chinois se lit « grand massacre ». Il reste que l'ultranationalisme japonais, la mystique développée autour de l'empereur-dieu, la conception fondamentalement hiérarchisée et inégalitaire du monde ouvertement professée ne pouvaient qu'aboutir au déchaînement de la violence et au triomphe de la mort.

Par rapport à la Première Guerre mondiale, le seul élément positif fut la non-utilisation des gaz de combat par les Japonais, sauf à quelques occasions (comme le siège de Wuhan en 1938). On note aussi que, dans les armées des Alliés de l'Ouest, on fut beaucoup plus ménager de la vie des soldats que pendant la Grande Guerre, quitte à interrompre certaines offensives trop coûteuses (bataille d'Arnhem, septembre 1944), ou à contourner sans les assaillir nombre de positions insulaires tenues par les Japonais. Ce souci, plus que légitime, eut cependant son revers : il est pour partie à l'origine de la déroute française du printemps 1940, ainsi que du recours à la bombe atomique, préférée à un débarquement au Japon forcément très sanglant pour les troupes américaines.

*

Le présent livre vise à faire enfin émerger, auprès du public francophone, une mémoire trop longtemps enfouie, ou réduite à quelques épisodes isolés (Pearl Harbor, Hiroshima, les « femmes de réconfort », l'unité 731...), et trompeurs à force d'être singularisés. Il s'agit d'un pan de la Seconde Guerre mondiale qui, non content d'avoir été presque aussi meurtrier que son volet euro-méditerranéen, est au moins autant que ce dernier à l'origine du monde tel que nous le connaissons : frontières, conflits, rapports de force.

Ce sont des centaines de voix, claironnantes ou étouffées, qui, dans les pages de cet ouvrage, disent chacune à leur façon l'extraordinaire et le banal, le glorieux et le sordide, la souffrance souvent et la joie parfois ; de ce frémissement de vies généralement minuscules, mais presque toutes si tenaces à surmonter misère et mort, nous escomptons faire ressortir le lien inaltérable qui les réunit : l'histoire*.

* N.B. : tous les documents publiés initialement dans d'autres langues que le français, et ne faisant pas l'objet d'une version française, ont été traduits par l'auteur de ce livre.

1

Entrer dans la guerre

Pour les divers peuples entraînés dans le tourbillon de la guerre de l'Asie-Pacifique, les entrées dans le conflit se produisirent à des dates étonnamment différentes. Il en alla certes en partie de même sur le théâtre européen, mais en un peu plus de deux ans – de l'attaque allemande du 1er septembre 1939 contre la Pologne à la déclaration de guerre de Hitler aux États-Unis le 11 décembre 1941 –, presque toutes les cartes (et toutes celles qui comptaient) furent abattues. Mais en Asie orientale, il fallut plus de huit ans pour parvenir à semblable résultat. Pendant plus de quatre années, du 7 juillet 1937 au 8 décembre 1941*, donc pendant un peu plus de la moitié du conflit, la Chine seule fit face au Japon. L'entrée en guerre simultanée des États-Unis, du Royaume-Uni, de l'Australie et des Pays-Bas (au travers de leurs Indes), à la suite de l'agression nippone, constitua bien entendu le tournant décisif.

Cependant, deux puissances bientôt destinées à devenir membres permanents du Conseil de sécurité de l'ONU ne rentrèrent dans cette guerre qu'en 1945 : la France à la suite du coup de force japonais du 9 mars 1945, qui en quelques heures mit définitivement fin à son *imperium* indochinois (elle ne le comprit qu'en 1954) ; l'Union soviétique au travers de sa déclaration de guerre du 8 août 1945, prélude à une offensive courte, mais aux conséquences essentielles – formation de la Corée du Nord et occupation

* L'attaque contre Pearl Harbor eut lieu le 8 décembre à l'heure de Tôkyô, le 7 décembre à celle de Washington (et d'Hawaii). Du point de vue qui nous intéresse, c'est la première date qui compte le plus.

de la Mandchourie, véritable incubateur de l'armée communiste chinoise, qui, de là, se lancerait en 1948 à la conquête du pays-continent.

Un seul pays voulut cette entrée en guerre, du moins si les nations qui entravaient ses projets d'expansion ne capitulaient pas sans combattre devant ses exigences – ce qui eût été improbable : le Japon. Même dans son cas, cependant, les choses ne se passèrent pas tout à fait comme prévu : l'incident du 7 juillet 1937 au pont Marco-Polo n'avait pas été prémédité, et ce qui provoqua sa transformation en guerre (non déclarée jusqu'en décembre 1941) fut surtout le raidissement nationaliste de Chiang Kai-shek, à rebours de sa politique précédente de quête éperdue d'accommodements avec Tôkyô, de plus en plus critiquée à l'intérieur de son pays*. Il est vrai que le Japon semblait ne pas connaître de limites à ses empiétements, et décourageait systématiquement les mieux disposés au compromis avec lui. Quant à l'attaque contre Pearl Harbor, si le *timing* concocté à Tôkyô avait été respecté, elle eût dû être précédée (de peu) d'une déclaration de guerre, cependant retardée pour des raisons techniques. Petites causes, grands effets : Roosevelt eut beau jeu de dénoncer l'« infamie » d'une attaque-surprise en temps de paix, ce qui galvanisa la volonté de vengeance des Américains. Les autres pays subirent cette irruption de la guerre imposée par le Japon, sans pouvoir y réagir un tant soit peu efficacement (les Français d'Indochine en particulier), ou en y réagissant trop timidement au départ (la Chine, les Anglo-Saxons). La mobilisation s'y effectua cependant, tant celle des corps et des esprits que celle des moyens matériels. Mais le processus fut lent et complexe, ce qui permit les succès sensationnels de l'armée nippone au cours de la première année de son offensive contre la Chine (1937-1938), ainsi qu'au cours du premier semestre de son attaque contre les Occidentaux (1941-1942).

---

* Le Parti communiste chinois, qui avait symboliquement déclaré la guerre au Japon dès la conquête par celui-ci de la Mandchourie (1931-1932), se faisait le héraut de cette mobilisation antijaponaise, ce qui ne pouvait manquer d'inquiéter Chiang et son parti Guomindang.

Japon : faire la guerre pour faire la paix ?

C'est assez logiquement au Japon que les justifications idéologiques furent les plus élaborées : il convenait de fournir un soubassement acceptable à la violation de multiples traités et engagements internationaux. Ce fondement fut principalement le panasiatisme, ou plutôt son interprétation quasi raciale et nippocentrée qui peu à peu avait triomphé dans l'archipel. Le prince Konoe Fumimaro, Premier ministre, la formula le 3 novembre 1938 de manière encore relativement modérée, au moment où, après la prise de Canton et de Wuhan, la victoire en Chine paraissait à portée de main :

> Le Japon, si étroitement associé à la Chine comme l'une des deux races majeures de l'Orient, a pris les armes pour écraser l'administration de Chiang Kai-shek, quoiqu'il n'ait pas désiré cette tragédie que représente l'affrontement avec notre nation-sœur, la Chine. Le Japon veut sincèrement le réveil de la Chine. Ceux qui sont attachés à l'avenir de la Chine devraient se dresser pour accomplir la mission commune de l'Asie orientale, en indiquant au peuple chinois la voie de sa destinée, et guider une Chine rénovée. [...] La race chinoise, en bien des moments de son histoire vieille de cinq mille ans, a levé haut le flambeau de la civilisation mondiale. Elle devrait à présent laisser à ses héritiers une histoire digne des hauts faits de ses ancêtres, en apportant une nouvelle lumière à la civilisation mondiale, et en partageant avec le Japon la mission de construire une nouvelle Asie orientale. Si le Gouvernement national* renoue avec l'esprit originel de la race chinoise, effectue des changements dans la politique qu'il a poursuivie et dans son personnel, et émerge en administration nouvelle dévouée à la reconstruction de la Chine, le Japon ne rejettera pas la contribution du Gouvernement national. Tous les pays du monde devraient avoir une claire conscience de la nouvelle situation de l'Asie orientale. L'histoire montre à l'évidence que la paix et l'indépendance de la Chine ont souvent été menacées par la lutte pour l'hégémonie entre grandes puissances, fondée sur des ambitions impérialistes. Le Japon croit nécessaire d'opérer une révision fondamentale de cet état

* Celui du parti nationaliste Guomindang et de son chef, Chiang Kai-shek, alors repliés à Chongqing (Sichuan), capitale provisoire pour la période de guerre (de 1938 à 1945).

de fait, et désire établir une nouvelle structure de paix fondée sur la justice[1].

Les courants radicaux de l'armée, depuis le début des années 1930, utilisaient un discours fondé sur des prémisses analogues, mais bien plus violent. Il était appuyé sur une mystique impériale et antimoderne, bientôt imposée comme dogme à l'ensemble de la société, et proposée au reste de l'Asie et du monde comme solution aux injustices du système international aussi bien qu'aux maux de la modernité. Un de ses plus éloquents promoteurs fut le général Araki Sadao, ministre de l'Armée en 1932 (alors que la Mandchourie venait d'être conquise) et grande figure de la faction militaire dite de la Voie impériale, le *Kôdôha* :

> Notre « vertu impériale », incarnation de l'union entre l'âme véritable de l'État japonais et les grands idéaux du peuple japonais, doit être prêchée et répandue dans le monde entier. Tout obstacle s'y opposant doit être détruit avec la plus grande détermination, sans reculer devant l'emploi de la force brute. [...] Il est impossible de rester silencieux et de perdre de vue que le Japon est l'État le plus puissant en Asie de l'Est, et qu'il a non seulement la force armée correspondante, mais aussi la mission historique de sauver nombre d'États dans cette région. Le Japon doit se lever avec détermination au nom de la justice, même si cela menaçait de ruine notre patrie. Dans tous les cas, il nous faut lutter avec résolution pour la vérité. [...] Divers pays d'Asie de l'Est sont sujets à l'oppression de la race blanche. Le Japon impérial, réveillé, ne peut plus tolérer davantage l'arbitraire de cette race. C'est la mission du Japon que de lutter contre tous les actes incompatibles avec la vertu impériale, quel que soit le pays responsable. En ce sens, le Japon ne peut fermer les yeux sur aucun cas de désordre, où que ce soit en Asie de l'Est. Dans la mesure où la violation de la paix est absolument incompatible avec les grands idéaux du Japon impérial, nous devons toujours nous maintenir adéquatement préparés, et avoir la détermination de supprimer immédiatement de tels désordres, même si cela nécessite le recours à la force. Nous sommes sûrs qu'aussi longtemps que nous conserverons une telle détermination et de telles forces, nous pouvons escompter le maintien de la paix. Nous sommes extrêmement malheureux de ce que la Chine ne comprenne pas encore la sincérité du Japon, et se repose en vain sur l'aide de l'Europe et de l'Amérique. [...] Ce serait une vision superficielle ou une distorsion délibérée que d'imaginer que le

> Japon serait un pays militariste et conduirait une politique d'agressions. Le Japon n'a pas d'autre intention que de réaliser à l'aide de toute sa puissance cet idéal fondamental – la préservation de la paix. Au cours de l'incident de Mandchourie*, le Japon a dû recourir à la force des armes. Mais cela signifie que le Japon a tiré son sabre dans le but de sauver la multitude en sacrifiant quelques-uns. [...] Dès les débuts de l'histoire, le Japon a été « un pays des arts martiaux ». Simultanément, cependant, s'est maintenue la tradition de ne pas prendre les armes arbitrairement. C'est en cela que réside le prestige national du Japon, et c'est la raison pour laquelle il n'a jamais pris les armes sans raison. Ainsi porte-t-il haut l'esprit de l'Armée impériale, dont le comportement repose sur la justice et la miséricorde. Il est plus que superficiel de voir dans le Japon un pays militariste ou impérialiste. Une telle idée ne sied qu'à celui qui ignorerait que le Japon ne prend les armes que pour combattre en faveur de la paix. On peut juger de cet amour de la paix et de cette aspiration à la quiétude ainsi qu'au bien-être de l'homme au travers des édits impériaux, où chacun de nos empereurs en a clairement fait état. Le Japon respecte l'art de la guerre dans le seul but de promouvoir ses nobles idéaux[2].

Une fois la guerre parvenue à son paroxysme, après Pearl Harbor, le discours se fit moins prétendument pacifiste, et plus eschatologique – la mission était de sauver l'Asie, voire le monde, et l'ennemi fut clairement désigné : les puissances anglo-saxonnes. C'est ce qu'exprima en novembre 1943 à Tôkyô le général Tôjô Hideki, Premier ministre, lors de son discours d'ouverture du Sommet (demeuré unique) de la Grande Asie, qui visait à organiser la Sphère de coprospérité de la Grande Asie de l'Est (*Dai Tōa Kyōeiken*), elle-même conçue courant 1940 par le ministre des Affaires étrangères, Arita Hachirô, et officiellement lancée le 1er août de cette même année par son successeur, Matsuoka Yôsuke :

> Un ordre culturel supérieur a existé d'origine dans la Grande Asie de l'Est**. Plus précisément, l'essence spirituelle de la culture de la

---

* À partir du 18 septembre 1931, les troupes japonaises, déjà installées dans le sud et l'est de la Mandchourie, se lancèrent à la conquête de ce vaste territoire à population très majoritairement chinoise, en prenant prétexte d'un incident qu'elles avaient elles-mêmes organisé.

** De l'Est, et non pas orientale, comme on le lit trop souvent dans les traductions françaises. À partir de la fin des années 1930, le Japon avait, à juste

> Grande Asie de l'Est est la plus sublime qui soit au monde. Je crois profondément que, dans sa large diffusion à travers le monde, dans son développement et son perfectionnement, résident le sauvetage de la race humaine de la malédiction de la civilisation matérialiste ainsi que notre contribution au bien-être de l'humanité tout entière. Il incombe à nous tous, d'un commun accord, de respecter les glorieuses traditions de chacun et de développer l'esprit créatif aussi bien que le génie propre de nos différents peuples, et par là même d'améliorer encore davantage la culture de la Grande Asie de l'Est. [...] Cela diffère complètement de la façon dont les États-Unis et la Grande-Bretagne, tout en prônant la liberté et l'égalité, oppriment et discriminent les autres nations et peuples ; ou de la façon dont, tout en imposant aux autres la porte ouverte*, ils monopolisent de vastes territoires et ressources naturelles, menacent sans scrupule l'existence des autres et retardent le progrès général du monde entier. [...] Aujourd'hui, l'unité des pays et des peuples de la Grande Asie de l'Est a été réalisée, et ils se sont embarqués dans la gigantesque entreprise de construction commune, pour la prospérité d'ensemble de nos nations. Cela doit assurément être considéré comme la démonstration la plus spectaculaire d'effort humain de l'ère contemporaine. La guerre de la Grande Asie de l'Est est en vérité une guerre visant à détruire le mal et à faire se manifester la justice. Notre cause est juste. La justice ne craint aucun ennemi, et nous sommes totalement convaincus de notre victoire finale[3].

Les intellectuels, y compris ceux qui, penchant à gauche, avaient été très critiques de la guerre menée depuis 1937 contre la Chine, s'enthousiasmèrent dans leur immense majorité pour Pearl Harbor, le libéralisme anglo-saxon constituant l'adversaire fondamental, tant pour l'extrême droite que pour l'extrême gauche, au Japon

---

titre, rompu avec la notion d'Orient (en particulier sous la forme d'« Extrême-Orient »), irrémédiablement occidentalocentrée, au profit du constat objectif de sa propre localisation à l'est du continent asiatique.

* Concept introduit en 1899 par le secrétaire d'État américain John Hay à propos de la Chine : refus des zones d'influence et autres monopoles attribués à telle ou telle puissance, égalité entre tous les intervenants étrangers sur le marché chinois. L'idée fut entérinée par divers accords et traités, dont ceux consécutifs à la Première Guerre mondiale. Implicitement, cela battait en brèche les fondements mêmes de la colonisation. Plus immédiatement, la Chine se voyait garantir indépendance et unité. Ce fut l'un des fondements d'une amitié durable avec les États-Unis. En revanche, le Japon se voyait frustré dans ses ambitions impérialistes.

comme ailleurs*. La réaction de Nagayo Yoshirô est quasi normative : « Je n'aurais jamais été capable d'imaginer que nous puissions fêter une journée aussi heureuse, excitante et agréable. Le marasme qui avait pesé sur nos têtes au cours des derniers mois, ou plutôt des douze dernières années**, a été balayé comme des nuées, et a disparu comme de la brume, au travers de la Proclamation impériale du 8 décembre[4]. »

Il y eut cependant des exceptions non négligeables à cet enthousiasme irréfléchi. Il faut plutôt les chercher dans l'élite sociale, ainsi que dans certaines écoles très sélectives, qui parvinrent à préserver une éducation libérale et ouverte au-delà même de Pearl Harbor (il s'agissait en l'occurrence de la Dai San Koto Gakko, à Kyôtô), comme le narre Peng Ming-min, Chinois de Taïwan :

> Un étudiant en économie de l'université de Kyôtô, fils d'une famille riche, et ouvertement critique à l'égard du militarisme, habitait la même maison pour étudiants que moi. Nous étions de bons amis malgré notre différence d'âge et de statut académique. Un jour de décembre, il fit irruption dans ma chambre en s'écriant : « Tôjô est un imbécile ! Il vient de commettre la chose la plus stupide qui soit ! Ce sera la fin de nous tous ! » Mon ami venait juste d'entendre à la radio que Pearl Harbor avait été attaqué et que le Japon avait remporté une grande victoire. À compter de ce jour, l'école fut plongée dans une atmosphère de désespoir fataliste, atténué par les foules bruyantes manifestant dans les rues avoisinantes. Après de longues années d'une campagne stérile en Chine continentale, une grande victoire dans le Pacifique était doublement bienvenue. Tout le monde se glorifiait du nombre de navires américains coulés et d'avions détruits. On baignait dans la fierté et l'enthousiasme. La Russie avait été défaite en 1905, et maintenant les États-Unis ! Il y eut des défilés aux lanternes et des célébrations publiques. Mais derrière les portes de l'école, les professeurs et les étudiants n'étaient pas aussi confiants. Nous avions

* Notons – c'est rarement fait parmi les critiques de gauche des États-Unis – que le Japon fut la seule puissance depuis 1812 (guerre anglo-américaine) à oser déclarer la guerre aux États-Unis tout en les attaquant sur leur propre sol. Les militaristes nippons furent donc les « anti-impérialistes » les plus conséquents… et à cette date les plus dangereux pour la puissance américaine.

** Nagayo fait probablement allusion à la première tentative (manquée) du Japon pour mettre la main sur la Mandchourie en 1928 (assassinat du « seigneur de la guerre » Chang Tso-lin).

trop lu et nous en savions trop sur l'Amérique. Pearl Harbor était seulement un succès par surprise au commencement du conflit, pas la victoire finale[5].

Chine : les débuts des huit années de guerre

C'est commettre une erreur que de croire qu'en Asie orientale la guerre avait commencé avec Pearl Harbor. En réalité, c'est en Chine que, le 7 juillet 1937, l'affrontement avait débuté, à la suite de la disparition – provisoire – d'un militaire japonais près de la bourgade fortifiée de Wanping, dans la grande banlieue de Pékin. C'est cette amorce ténue de l'affrontement universel que Jacques Guillermaz, alors attaché à l'ambassade de France en Chine, décrit le 30 juillet 1937, alors que Pékin vient d'être occupé par l'armée nippone :

> J'allai reconnaître la situation à Wanping et vers le pont Marco-Polo (Luk'ou Ch'iao) avec le docteur Bussière, le bon médecin de l'ambassade. Le long de la route, nous remontons sans cesse des colonnes de fantassins nippons lourdement équipés : courtes tuniques kaki inspirées des uniformes français du siècle dernier, coiffures souples frappées d'une étoile jaune, casque rond rejeté dans le dos. Nous doublons parfois des chars légers semblables à nos Renault de la Grande Guerre et des files de charrettes chinoises réquisitionnées, tirées par de petits chevaux robustes et hirsutes. Devant nous, la vieille cité de Wanping, à cheval sur la route impériale qui mène aux provinces du Centre et du Sud, à des milliers de lis. Sa muraille, que le dernier des Ming fit dresser en hâte contre le rebelle Li Tzu-ch'eng, s'étoile de blessures toutes fraîches. La porte voûtée de son côté Est, ouverte au canon ou à la mine, est béante au milieu des décombres. Nous entrons. Dans la rue principale qui se confond avec la vieille route, les boutiques ont toutes, par ordre ou par prudence, arboré le drapeau blanc à disque rouge des envahisseurs. Des files de prisonniers, dont des chaînes ceinturent la taille et entravent les jambes, passent lentement, portant des caisses de munitions. Dans un angle de la muraille, des hommes assis, pieds et poings liés, attendent sans révolte inutile un sort sans doute funeste. Une vieille femme tragique se prosterne à plusieurs reprises dans la poussière et supplie qu'on sauve son fils dont une blessure ensanglante la poitrine ; le docteur Bussière le ramènera à l'hôpital et le sauvera en effet[6].

Et un peu plus loin, progressant sur le fameux pont grâce à l'autorisation spéciale d'un colonel japonais francophone, Guillermaz tombe sur celui qui est peut-être le premier mort d'une guerre qui en fera tant de millions :

> Des équipements et des munitions abandonnés témoignent du passage tout récent d'une armée en déroute. Je les dédaigne pour ramasser la patte griffue d'un lion de pierre brisé par une balle. Plus loin, un étrange cadavre, celui d'un humble paysan à cheveux blancs, à la barbe grise et rare, portant sur le dos un petit sac de toile. Sa poitrine est couverte d'un sang figé et noir, et son épaule gauche porte une entaille franche comme celle d'un coup de sabre. Ce n'est qu'un pauvre paysan qui s'en venait au petit matin de son village à la petite ville, insoucieux des changements qui sont l'affaire des gouvernements et non du peuple des champs. Mort stupéfait, premier de milliers d'autres paysans bientôt jetés dans une guerre qui, pour la première fois, serait nationale et allait engendrer de colossales mutations[7].

Henri Maux (1901-1950) fut un témoin privilégié des premiers temps de la guerre sino-japonaise. Ce haut fonctionnaire français, spécialiste des routes et de l'hydraulique, exerçait ses talents en Indochine, puis en Chine, sous l'autorité de la Société des Nations ou du gouvernement central. Sa fonction le conduisait à beaucoup se déplacer en « Chine libre », essentiellement dans les provinces méridionales, à l'arrière du front. Ses jugements, toujours précis et pondérés, aident à percevoir les forces et les faiblesses d'un pays qui peine à mobiliser ses immenses ressources en hommes, en matières premières, en compétences techniques au service de la résistance à l'envahisseur nippon. C'est ce que mettent en lumière ses nombreuses lettres à son épouse et à sa famille[8]. Le 8 mars 1938, il s'inquiétait d'une possible rupture des digues des plus grands fleuves, à la suite d'un bombardement japonais. Rupture il y aura bien, mais du fait du gouvernement chinois, qui, en juin 1938, en pleine saison des pluies, fit ouvrir de larges brèches dans la digue du Huang He (fleuve Jaune), et causa la mort de centaines de milliers de paysans (sans doute autour de 500 000), la plupart du temps par famine, tout en transformant quelque

3 millions d'autres en réfugiés – sans être parvenu à beaucoup gêner les déplacements des unités nippones :

> L'opinion générale est qu'après le discours de Hirohito, qui parle de couper la tête de Chang Kai Shek [*sic*], celui-ci ne peut plus faire la paix sans perdre la face. On s'attend à une attaque sur Hankéou (Wuhan). On ne voit pas les Russes, mais beaucoup d'Allemands qui se remuent beaucoup : ils ont réussi à atténuer l'effet de la reconnaissance du Mandchoukouo* et le général von Falkenhausen a gardé son poste de conseiller militaire**. J'ai été convoqué par T. V. Soong*** : il m'a mis en relation avec un personnage avec lequel j'ai discuté les questions de digues et autres. Ils craignent beaucoup qu'au moment des pleines eaux les Japonais bombardent les digues. C'est en effet un danger effroyable. Il est probable qu'ils attendront juin juillet pour faire en même temps une offensive par le Yang-Tsé avec des bateaux de guerre. Il semble bien que ce pauvre Hankéou va être le prochain objectif[9].

Comme beaucoup d'Occidentaux installés en Chine (ou ailleurs en Asie), Maux avait au départ des préjugés positifs sur les Japonais : n'étaient-ils pas en Asie les meilleurs élèves de l'Occident ? N'avaient-ils pas donné de multiples preuves de leur capacité à mener la guerre de manière humaine et respectueuse des nouvelles normes du droit international ? La déception n'en fut que plus grande et Maux, comme d'autres, prêcha assez vite pour un raidissement de l'attitude des Occidentaux envers le Japon :

> Je ne pense pas qu'une politique de chien couchant serve notre prestige chez les Japonais : je sais en tout cas les réactions qu'elle provoque chez les Chinois : s'ils tiennent tant à la liaison birmane****, c'est

---

* Reconnaissance par l'Allemagne. Celle-ci, peu après, rompra tous ses accords militaires avec la Chine.

** Le rapprochement entre Allemagne et Japon s'est esquissé dès 1936, lors de la conclusion du pacte anti-Komintern. Mais Hitler, qui conservait plusieurs fers au feu, ne retira pas avant la mi-1938 la mission militaire qui, depuis la république de Weimar, avait puissamment contribué à la formation des unités modernes de l'armée chinoise. Quant aux discrets aviateurs russo-soviétiques, ils se sont dépensés pour mettre sur pied une force aérienne chinoise digne de ce nom, et constituèrent jusqu'en 1940 la principale aide extérieure reçue par la Chine.

*** Beau-frère et un moment Premier ministre de Chiang.

**** La fameuse route de Birmanie.

bien que nous l'aurons voulu, en leur faisant sentir toute l'insécurité que présente pour eux le débouché indochinois*. Certes la France a actuellement un certain prestige en Chine – voir ce que j'ai dit de la physionomie de Hankow (ou Hankéou) – mais elle le doit simplement à l'attitude observée à Shanghai : lorsque des camions japonais chargés de troupes se sont présentés pour traverser le quai de la concession (je tiens ceci d'un témoin oculaire), il s'est trouvé un sergent de police pour s'y opposer tout simplement (je veux espérer que ce n'était pas de sa propre initiative !). Comme les Japonais insistaient, on a pivoté les tourelles de deux tanks placés près de la porte. Les camions se sont retirés[10].

Non que la Chine soit irréprochable. Sa façon de faire la guerre est elle-même cruelle et impitoyable à l'égard de son propre peuple. On a vu le cas des digues rompues, celui des recrutements forcés est également mentionné par Maux :

> Dans ce village, nous avons rencontré une file de prisonniers, les coudes attachés et reliés les uns aux autres par une chaîne. Quelques soldats pour les garder. Ce sont, me dit Hsiao, des déserteurs que l'on amène à Kweiyang (ou Guiyang). Le système de recrutement, où dans chaque village les conscrits sont désignés par le magistrat, doit faire de belles rentes à celui-ci, mais n'est pas fait pour enthousiasmer les conscrits. En fait on choisit d'abord ceux qui n'ont pas de terre, les bouches inutiles[11].

Malgré tout, le front intérieur tient plus ou moins. C'est que le nationalisme, galvanisé depuis la révolution républicaine de 1911, est devenu le plus petit commun dénominateur de Chinois par ailleurs politiquement très divisés, et ce, particulièrement chez les jeunes :

* Deux routes terrestres permettaient l'approvisionnement en matériels stratégiques de la Chine libre : le chemin de fer du Yunnan, *via* le port indochinois d'Haiphong et Hanoi ; et la route de Birmanie, aux mains des Britanniques. La France, soucieuse d'éviter des incidents de frontière avec les forces japonaises présentes en Chine du Sud dès 1938, fit mine à plusieurs reprises d'interrompre la voie dont elle était responsable – ce qui fut finalement fait, de la propre initiative du gouverneur général Catroux (pourtant futur dignitaire de la France libre...), dès la défaite de la France en juin 1940.

Il y avait une jolie petite fille qui semblait presque une Européenne, pas sauvage du tout. Elle est venue dire bonjour… en faisant le salut militaire. C'est tout cela qu'il faut voir en Chine, cette empreinte sur la jeunesse. Ils n'opèrent pas tant par décrets, comme nous habitués à la loi romaine, ou leurs décrets ne sont pas appliqués. Mais il y a une formation, des exemples qui modèlent peu à peu les gens et au bout de quelques années ou… de quelques siècles, la forme des institutions s'est moulée sur cette âme profonde. Et alors elles sont bien adaptées. C'est peut-être par là qu'il faut commencer : transformer les âmes, c'est en cela que les peuples ont le gouvernement qu'ils méritent. En Chine, c'est cette manière de diriger par l'intérieur des cœurs qui donnait tant d'importance aux professeurs, puisque Confucius les met au rang de ceux auxquels on doit les premiers hommages. D'où l'importance de ce mouvement scolaire actuel. Newlife* et autres[12]…

Ce n'est cependant pas toute la Chine qui est mobilisée. Faute d'une capacité suffisante d'encadrement politico-administratif, faute surtout d'officiers formés et d'armements, ce n'est qu'une minorité qui rejoint – de gré ou de force – la ligne de front, que le Japon est donc capable de tenir à son avantage avec moins d'un million de soldats sur place. Dès qu'on s'éloigne un peu des zones de combat, le pays paraît paisible et inchangé. Citons à nouveau Maux :

Une autre chose que je veux noter, c'est le contraste entre le trafic sur les routes, ces camions pleins de soldats en kaki camouflés avec des branchages, qui engorgent les bacs, ces nuages de poussière militaire… et la vie rustique qui se manifeste tout au long de ces mêmes routes et sans s'y mêler. Des hommes portent des planches, des femmes chargées de hottes de sel, de tuiles à couvrir, qui attendent le long des routes. La procession du dragon avec les oripeaux et le tintamarre dans le soleil, croisant les cars de réfugiés. Des chercheurs d'or tamisant les galets, des paysans avec un invraisemblable chapeau de paille hunanais** sarclent minutieusement des champs d'arachides. Les cultures sont superbes ; comment ceux-ci, attachés à la glèbe, vont-ils réagir

* Maux fait ici allusion au « Mouvement de la vie nouvelle », vaste entreprise de réarmement idéologique largement inspiré du néoconfucianisme, conçu par Chiang Kai-shek et son parti Guomindang dans les années 1930 comme contre-feu à l'influence croissante du marxisme.

** De la province du Hunan (celle de Mao), au centre-sud du pays.

si les Japonais viennent jusqu'ici ? Les petites gardeuses d'oies seront peut-être victimes... et puis après quelque fuite loin de la bataille (je pense qu'elle n'est plus sensible à quelques kilomètres de la route), on reviendra et qu'importe sous quel régime[13]...

Rattrapé par la guerre, Maux assista le 19 juillet 1938 à un raid aérien nippon sur Hankéou (aujourd'hui composante de la métropole de Wuhan), alors « capitale provisoire » de la république de Chine. La ville était à l'époque assiégée et le gouvernement s'apprêtait à la quitter, pour s'installer toujours plus à l'ouest, à Chongqing (Chungking) :

J'ai eu une journée très occupée, hier et aussi aujourd'hui. Hier matin, gros raid ! Du toit de l'hôtel, on voyait très bien 27 avions, et ensuite les chasseurs japonais sont venus mitrailler le terrain en piqué et ont fait flamber trois appareils. Il y a eu 600 morts à Wuchang*, près de l'arsenal où un grand incendie a été allumé. Toute la partie européenne de la ville est hérissée de drapeaux anglais, français, belges, américains, russes, allemands. Les toits sont peints, c'est un débordement de nationalités. À chaque alarme c'est la ruée vers la concession française[14].

L'alerte relatée le 14 décembre (elle eut lieu en octobre) fut plus chaude encore, puisque Maux, bien malgré lui, y passa du rôle de spectateur à celui d'acteur :

Ma tournée précédente, au Kwangtung (Guangdong), s'est déroulée juste pendant le débarquement de Bias Bay (où nous étions passés la veille !). Ma voiture a été poursuivie par un hydravion, du côté de Swatow (Shantou), et nous avons dû nous planquer dans les cannes à sucre. Follement excitant ! Retour dans Canton au milieu de la débandade, avec un convoi de nurses chinoises des unités médicales de la SDN. Enfin repli sur Kouang Tchéou Wan**, en une étape de vingt-deux heures, trois jours avant la prise de Canton***[15].

---

* Ville jumelle de Hankéou.

** Il s'agit d'une petite colonie française, sur la côte, à peu près à mi-chemin entre le Tonkin et Canton. L'intention de la France était de concurrencer Hong Kong, mais l'échec fut total.

*** Canton tomba le 21 octobre 1938.

Maux n'ignorait pas les immenses faiblesses de la Chine et de son armée, inférieure à celle du Japon presque en tout point. Néanmoins, son diagnostic final de novembre 1938 est optimiste pour le pays du Milieu, ce qui est d'autant plus étonnant que, depuis une grosse année, la Chine a connu des défaites catastrophiques, la destruction d'une grande partie de ses meilleures troupes, et la prise de presque toutes ses plus grandes villes, parmi lesquelles deux capitales successives de la République :

> Le gouvernement chinois semble avoir très bien surmonté l'épreuve de la double chute de Canton et d'Hankéou. Maintenant, il est retranché dans une zone montagneuse et ne peut plus rien perdre. Au contraire, les Japonais n'ont pas encore eu le succès politique qu'ils escomptaient : la chute du gouvernement de Chang Kai Shek [*sic*], qui aurait permis de gonfler leurs gouvernements-marionnettes. La situation en Chine occupée est très mauvaise, guérillas, désordre monétaire, incohérence économique. Il y a une réelle résistance de toute la population chinoise. Le gouvernement français aurait dû un peu réfléchir avant de faire l'acte d'hostilité qu'il vient de faire, à la demande des Japonais et sans avoir pourtant de gratitude à en espérer – en interdisant le transit même des camions à travers l'Indochine*. Ceci lorsque les Anglais hâtent le raccordement de la route de Birmanie et offrent sur le chemin de fer toutes facilités de transport. Je crains que ce geste nous soit bien reproché plus tard[16].

Belle lucidité, et bonne appréciation de l'insoluble dilemme dans lequel se sont placés les Japonais : détruire la Chine comme puissance indépendante, la diviser en seigneuries fantoches, ou accepter la reconstitution d'un pouvoir central, à leur solde mais doté d'une certaine autonomie (ce qui sera partiellement accompli en 1940 avec la défection de l'ex-numéro deux du Guomindang, Wang Jing-wei), ou encore conclure un compromis avec Chiang. Voulant poursuivre tous ces lièvres à la fois, Tôkyô n'en attrapera aucun.

---

* À la décharge des autorités françaises, on se trouve en pleine crise de Munich, et la guerre menace en Europe. Il est compréhensible qu'en pareilles circonstances Paris n'ait pas voulu risquer un conflit de plus à devoir gérer. Mais c'était effectivement une logique à court terme.

Maux a évoqué l'effort conjoint de la Chine et du Royaume-Uni pour maintenir ouvert un corridor d'approvisionnement, opération rendue complexe par la prise par l'occupant de tous les grands ports de la côte orientale de la Chine. Cependant, la route de Birmanie ne fonctionna jamais de manière satisfaisante : difficultés techniques, éboulements, et surtout mainmise des Japonais en 1942 sur l'essentiel de la partie birmane de la route. En outre, le réseau routier intérieur chinois était très déficient, et ne permettait guère une répartition harmonieuse des matériels obtenus par le Centre. D'où l'appel de Maux aux élites chinoises en formation, lors d'une conférence prononcée devant quelque 900 étudiants réunis dans le Guangdong pour leur formation militaire :

> L'entretien est aussi important que la construction. La route la meilleure est ruinée en quelques années par les eaux de pluie qui entraînent la terre, provoquent des éboulements, arrachent la chaussée, creusent des ornières. Les ponts sont peu à peu disloqués par le passage des autos. Il faut entretenir soigneusement la chaussée, les fossés, les ponts, et aussi les automobiles. Ces quelques remarques ne sont pas dans un but de critique, elles sont seulement inspirées par le désir que la Chine ait un meilleur réseau routier, et qu'ainsi elle puisse économiser sur les achats qu'elle doit faire à l'étranger pour les automobiles, l'essence, les pneus. Ceci est encore plus important pendant cette guerre. Les routes, les voies ferrées, les voies navigables sont les veines et les artères du pays. Elles servent à transporter les troupes, munitions, et les remèdes pour les blessés, les vaccins contre les épidémies. Elles doivent donc jouer un rôle dans la victoire finale que je souhaite pour la Chine, et pour laquelle chacun doit faire ses meilleurs efforts[17].

Jamais en tout cas Maux n'avait été aussi clair dans son engagement – ce qui le place en porte-à-faux avec l'administration française, beaucoup plus prudente, et tentée, avant même juin 1940, par une certaine soumission à l'égard du Japon, l'Indochine étant considérée depuis fort longtemps comme impossible à défendre en cas de guerre avec Tôkyô.

Au printemps de 1939, après une nouvelle inspection, Maux vit ses craintes confirmées :

Je viens de parcourir une fois de plus la route de Birmanie : elle est bonne, et sera excellente dans un mois, avec les 20 000 hommes (femmes et enfants…) qui sont au travail sur les tronçons encore incomplets. Mais… ce sera une excellente route de saison sèche, terminée juste au moment où les pluies vont commencer. Le drainage : fossés, buses, drains, protection des talus, etc. est absolument insuffisant. C'est une magnifique illustration de l'incapacité foncière du cerveau chinois à sortir par la pensée des conditions du moment présent ; les ingénieurs ne peuvent pas anticiper sur ce qui se passera dès les premières pluies : éboulements, ravinement de la chaussée, etc. ; tous phénomènes qui sont inscrits à livre ouvert sur le terrain et qu'il coûterait parfois si peu de prévenir. On veut attendre de les voir pour y mobiliser encore des milliers de coolies. Mais à ce moment il sera trop tard ; certains glissements de masse ne pourront plus être arrêtés ; la chaussée superficielle une fois transformée en bourbier, c'est tout le travail à refaire. Bref, impression pessimiste. Elle doit être partagée par les Anglais, car les travaux de la section birmane entre Lashio (terminus du chemin de fer) et la frontière sont pratiquement arrêtés ; c'est maintenant, sur environ 200 kilomètres, la partie la plus mauvaise de tout le parcours. Quant au trafic, il est encore infime, de l'ordre de trente tonnes par jour, on n'a pas reçu en temps utile les camions anglais et américains achetés avec le produit de l'emprunt. Toute la saison favorable (janvier-mai) a été perdue et il faudra démarrer en pleine période de pluie. Il n'y a d'activité qu'entre Lashio et la première ville chinoise (Chefang), grâce à un contrat passé avec un entrepreneur anglais qui dispose d'environ 200 camions. En revanche, en une seule journée, entre Mandalay et Lashio, j'ai vu monter trois trains de munitions, soit environ 500 tonnes. Mais tout cela reste stocké à Lashio ou Chefang, la pagode de cette ville étant bondée de canons anti-tanks qui semblent de provenance française, et qui doivent sembler bien étranges aux génies. À Chungking, on est bien au courant de cette situation, mais on plane… Le ministre des Communications écrit présentement ses Mémoires. Certains jours il ne paraît pas au bureau. Tout le monde paraît trouver cela normal[18].

États-Unis : de l'engagement constructif à la confrontation

On s'en doute, la vision de l'ambassadeur des États-Unis au Japon, Joseph C. Grew, est bien différente de celle des dirigeants nippons. Témoin lucide et attentif dans ses carnets et ses dépêches de la dérive progressive de l'archipel vers l'aventure militaire, il se montre pourtant toujours prêt à saisir la moindre perche, à s'enthousiasmer de la moindre lueur, à se convaincre que le pire n'est pas forcément sûr. Et il est vrai que dans le personnel politique japonais, il est aisé de repérer de profondes divergences, tant au niveau de la compulsion expansionniste que des relations extérieures à privilégier (avec l'Allemagne, ou avec les États-Unis). Sauf, probablement, entre décembre 1941 et début 1944 – à l'apogée du gouvernement Tôjô –, il n'y eut pas au Japon cette unité de pensée et d'action qu'on croit pouvoir repérer dans les régimes totalitaires. Et ces divergences sont loin de recouper le clivage entre civils et militaires : des interlocuteurs de Grew au *Gaimushô* (ministère des Affaires étrangères), le plus intraitable fut Matsuoka – un civil qui avait passé toute son adolescence aux États-Unis –, et le plus accommodant fut son successeur, l'amiral Toyoda Teijirô. Ainsi, le 15 mai 1939, alors que Hitler vient de mettre la main sur ce qui restait de Tchécoslovaquie, Grew fait le point sur un Japon à la croisée des chemins :

> Si une guerre générale éclate en Europe, il est presque inévitable que les États-Unis ne soient pas en mesure d'en rester à l'écart ; des choses propres à enflammer le peuple américain se passeraient à coup sûr, et l'histoire a montré que le peuple américain est l'un de ceux les plus prompts à s'enflammer. Dans de telles circonstances, les pacifistes et isolationnistes – du moins la grande majorité d'entre eux – seraient au premier rang des soutiens à la guerre. Si l'Allemagne en venait à bombarder Londres et Paris, et à y tuer un grand nombre de civils, cela suffirait à remuer au plus profond le peuple américain. Par conséquent, même si l'Allemagne et l'Italie submergeaient l'Europe dans les premières semaines de la guerre, la détermination et les ressources sans limites des États-Unis auraient à long terme le dessus, avec une certitude mathématique, tout comme en 1918. Si, à ce moment, le Japon était lié par une alliance militaire globale au camp germanique, il serait presque impossible aux États-Unis de demeurer en paix avec lui. Il appartient donc au Japon de s'interroger sur l'avenir, et de déterminer où placer son amitié au mieux de ses intérêts. Les relations nippo-américaines sont temporairement tendues, du fait des difficultés surgies de la campagne de Chine, mais ces difficultés pourraient être surmontées, et le Japon devrait regarder au loin plutôt que le présent immédiat. De tous les points de vue – économique, financier, commer-

cial, sentimental –, les États-Unis peuvent être un ami pour le Japon meilleur que tout autre pays, si du moins le Japon joue le jeu. Une guerre nippo-américaine serait le sommet de la stupidité, sur tous les plans. Et, en attendant, que peuvent faire l'Allemagne et l'Italie pour le Japon ? Quels résultats concrets espérer de leur amitié, sur le long terme ? Ces considérations valent d'être évaluées maintenant, avant qu'il ne soit trop tard[19].

Mais, après la stupéfiante défaite de la France en juin 1940, tournant majeur en Asie orientale puisqu'elle encourage Tôkyô à pénétrer en Asie du Sud-Est en imposant à Vichy le stationnement de ses troupes dans le nord du Vietnam, ainsi qu'à nouer une alliance stratégique avec l'Allemagne (concrétisée le 27 septembre 1940 par le pacte Tripartite), Grew doit se résoudre à pousser son propre gouvernement au raidissement :

[1er août 1940.] [...] le gouvernement Konoe, en interprétant les exigences de la population, et plus spécialement de l'armée, donne toutes les indications d'une dérive tête baissée en direction de l'Axe* et de l'établissement de l'Ordre nouveau** en Asie de l'Est, tout en foulant aux pieds les droits et les intérêts aussi bien que les principes et politiques des États-Unis et de la Grande-Bretagne. Ces Japonais, particulièrement dans l'armée de terre, qui soutiennent une telle politique – et nous devons désormais admettre, à contrecœur, le fait patent qu'ils représentent une vaste majorité – voient dans la présente situation mondiale une « chance en or » de satisfaire leurs désirs expansionnistes, sans être gênés par des démocraties apparemment affaiblies. La France est hors jeu ; la Hollande ne pourrait pas opposer dans ses Indes orientales davantage qu'une défense symbolique face à la puissance navale et militaire du Japon ; les mains de la Grande-Bretagne sont entravées par la guerre européenne, et sa flotte est totalement occupée à l'Ouest ; tandis que les États-Unis, dans les conceptions de ces expansionnistes, n'oseront pas se laisser empêtrer avec le Japon, alors qu'un Hitler potentiellement dangereux parle de conquérir un

---

* Jusque-là composé seulement de l'Allemagne et de l'Italie, cette dernière étant en guerre contre la France et le Royaume-Uni depuis juin 1940.

** Préfiguration dans le discours officiel japonais de la Sphère de coprospérité ; cette dernière en constitue surtout l'élargissement spatial à l'Asie du Sud-Est, jusqu'en juin 1940 relativement hors-champ dans les projets expansionnistes nippons.

jour tout l'hémisphère occidental. La machine et le système militaires germaniques, ainsi que leurs brillants succès, sont montés à la tête des Japonais tel un vin capiteux. Voilà la nouvelle configuration. La manière dont elle va fonctionner en pratique reste à voir. Selon toute probabilité, le prince Konoe, reflétant l'attitude présumée de l'empereur et des hommes d'État vétérans, exercera un contrôle raisonnable sur les « sauvages », et s'efforcera de bouger lentement et avec une certaine prudence, au moins jusqu'à ce que la défaite ou la victoire de la Grande-Bretagne dans cette guerre soit actée*. Mais, pendant ce temps, les « sauvages », aidés et encouragés par certains éléments de la Presse, sont déjà en train de fomenter des incidents calculés pour mobiliser l'opinion contre les États-Unis et la Grande-Bretagne ; ces incidents sont magnifiés par des fausses informations et interprétations ; et, si nous en jugeons par les campagnes antiaméricaines et antibritanniques du passé, il y a de bonnes raisons de croire que le phénomène deviendra de plus en plus intense. En général, ces campagnes ont été menées séparément et à des moments différents, avec l'idée de jeter un coin entre les deux démocraties ; mais à présent les Britanniques et nous-mêmes sommes vus comme ayant partie liée, et recevrons probablement le même traitement. Dans la dernière livraison d'extraits de la presse américaine reçus du Département, je note que, à une exception près, les éditoriaux et articles s'opposent à une politique d'« apaisement » (*appeasement*) du Japon. [...] Le point peut-être négligé par ceux qui partagent ces vues est que, dans la présente situation, l'« apaisement » serait aussi mal considéré au Japon qu'aux États-Unis. Nos télégrammes à propos des commentaires de la presse japonaise n'ont pas ignoré les déclarations qui assuraient avec emphase que le Japon ne répondrait pas aux propositions de redéfinition des relations que les États-Unis pourraient faire pour des raisons d'opportunité, ou pour toute autre considération partant de l'impact aux EU de la situation militaire en Europe. J'ai devant moi un éditorial qui commente ainsi la question posée par Sir Robert Craigie** à M. Matsuoka à propos d'une amélioration des relations de la Grande-Bretagne avec le Japon : « Nous savons que les velléités britanniques de relations améliorées ne sont inspirées que par les défaites militaires britanniques en Europe, et nous ne pouvons escompter que dans de telles circonstances cette amélioration des relations soit envisagée[20]. »

* Rappelons qu'à l'été 1940, le Royaume-Uni et son empire demeurent seuls à affronter Hitler.

** Ambassadeur de Grande-Bretagne au Japon.

Le 1er octobre, juste après la signature du pacte qui scellait l'axe Rome-Berlin-Tôkyô, Grew se fait plus ferme encore. Le Japon a choisi, il convient d'en tirer les amères conclusions :

> Clairement, le premier objectif de l'alliance, ce sont les États-Unis. Les avantages sont clairs pour l'Allemagne et l'Italie, au travers d'un accroissement des appréhensions américaines dans la zone du Pacifique, mais bien moins clairs pour le Japon. En réalité, ces premiers pays devraient recueillir des bénéfices hors de toute proportion, sauf s'il existait des clauses secrètes sur l'un au moins des points suivants : a) en Indochine française et aux Indes néerlandaises, soutien au contrôle ou à l'exploitation par le Japon ; b) médiation par l'Allemagne dans le conflit chinois au travers d'une intervention à Chungking (Chongqing) ; c) coopération avec la Russie soviétique pour calmer l'anxiété du Japon au nord*. Concernant le point a), le Japon peut probablement se voir garantir les coudées franches en Indochine française au travers du contrôle de l'Allemagne sur le gouvernement de Vichy, tandis qu'une pression peut être exercée sur Batavia en utilisant sans faiblesse la domination allemande sur les Pays-Bas, et je pense qu'une des potentialités les plus dangereuses de l'alliance réside précisément là. Quant au point b), une pression efficace sur Chiang Kai-shek ne pourrait probablement être exercée que dans le cas d'une coopération avec la Russie soviétique. Si l'on se tourne vers le point c), la situation est loin d'être claire. Hier, l'ambassadeur d'URSS affirma à un collègue, sans équivoque, qu'il n'avait rien su à l'avance des termes du pacte, mais d'un autre côté on spécule beaucoup sur un éventuel pacte de non-agression soviéto-japonais. [...] Il est évident que, en concluant ce pacte, le Japon s'est embarqué dans un énorme pari sur la défaite de la Grande-Bretagne par l'Allemagne. Lors d'une conversation non enregistrée et informelle avec le ministre des Affaires étrangères, j'ai exprimé l'opinion que le Japon allait droit à l'abîme en poursuivant sa trajectoire actuelle ; que, quel que soit le résultat final de la guerre en Europe, le Japon, en se liant à l'Allemagne, deviendrait simplement la cinquième roue du carrosse ; que l'Allemagne, quelles que soient ses promesses, ne pourrait ni ne voudrait fournir un soutien effectif au Japon ; et que, en sacrifiant à un bloc économique bancal en Asie de l'Est les libres flux du commerce mondial, les perspectives finan-

---

* Le « nord », dans le Japon de l'époque, désigne la Sibérie orientale et la province maritime de la Russie. Le « sud », c'est l'Asie du Sud-Est et le Pacifique.

> cières et économiques de ce pays me paraissaient être sans espoir. M. Matsuoka ne contesta pas mes observations, mais dit simplement que tout cela était affaire de conceptions personnelles. Un autre événement important, de mon point de vue, fut l'envoi à Washington en septembre de ce que je peux seulement dénommer mon « télégramme feu vert » – peut-être le message le plus important que j'aie envoyé au cours des huit années de ma mission au Japon. Les archives montreront dans le futur que, jusqu'à la chute du cabinet Yonai en juillet, mes recommandations avaient toujours été du type « feu rouge », prônant non pas l'« apaisement », mais une politique constructive au travers d'une approche réconciliatrice et de la mise à l'écart des mesures coercitives. [...] Il ne fait aucun doute que, quelles que puissent être les intentions du présent gouvernement, les militaires et les autres éléments extrémistes considèrent la présente situation mondiale comme l'occasion idéale de mettre à exécution leurs projets d'expansion. Les victoires de l'Allemagne les ont intoxiqués comme le ferait un vin capiteux. Leur foi en la défaite de la Grande-Bretagne a jusqu'à récemment été discrète. À présent, ils ont complètement confiance en une victoire allemande rapide, et ils pensent qu'il serait habile de consolider la position du Japon dans la Grande Asie de l'Est alors que l'Allemagne demeure complaisante, et avant que le renforcement auquel on peut s'attendre de la puissance maritime germanique ne puisse empêcher une domination étendue de l'Orient par le Japon[21].

Le 1er janvier 1941, il s'agit moins pour Grew de relancer les négociations que de se préparer à une guerre désormais presque inévitable. Il faudrait isoler les extrémistes de leurs compatriotes, et cela imposerait de leur infliger de rudes échecs. Seule l'étendue des affrontements à venir reste inconnue. Après la chute de Matsuoka, en juillet 1941, Grew reviendra pourtant dans une certaine mesure à la politique d'« engagement constructif » qu'il avait préconisée jusqu'en septembre 1940. Tôkyô, en effet, semble enfin prendre au sérieux les conversations en cours à Washington, et le ralentissement de l'offensive allemande en URSS, dès la fin août, paraît faire à nouveau hésiter le Japon sur la pertinence de l'Axe. C'est désormais le gouvernement Roosevelt qui fait preuve d'une raide intransigeance, et Grew a du mal à l'approuver.

Cependant, comme il le pressent dans ses écrits, il ne sait pas tout des informations recueillies par les services américains, en particulier au travers du décryptage d'une partie des décisions prises par le Japon au plus haut niveau : la préparation concrète de la grande offensive, surtout à partir d'octobre, ne leur échappe pas – et, fin juillet, l'extension à la Cochinchine (à portée d'avion de Singapour) du stationnement des troupes japonaises en Indochine brise définitivement ce qui restait de confiance. Le secrétaire d'État, Cordell Hull, suivra donc le Grew du message de janvier :

> [1er janvier 1941.] Une autre année s'est dissoute dans l'histoire, une année sombre et cruelle, et cependant une année qui, dans certaines parties du monde, a fait ressortir les plus hautes qualités de la nature humaine – liberté, tolérance, droit. Je n'ai jamais un seul instant abandonné ma foi en une victoire finale de la Grande-Bretagne – une foi assurément peu justifiée par les faits lors des jours sombres de l'été dernier, si nous les avions alors connus –, mais le meilleur message de Nouvel An qui pouvait nous parvenir se trouvait dans la causerie radiophonique du Président, le 29 décembre : « Je crois que l'Axe ne gagnera pas cette guerre. Je fonde cette croyance sur les plus récentes et les meilleures informations. » Malgré tout notre désir de tenir l'Amérique hors de la guerre et en paix avec toutes les nations, particulièrement le Japon, ce serait le sommet de la folie que de nous complaire dans un sentiment de fausse sécurité. C'est le Japon, et pas nous, qui est sur le sentier de la guerre, et ce cheminement n'est en rien moins dangereux pour notre propre bien-être quand il se camoufle sous des termes alléchants tels que « Nouvel Ordre dans la Grande Asie de l'Est incluant les mers du Sud » et « Sphère de coprospérité de la Grande Asie de l'Est ». Si ces Américains qui conseillent l'apaisement pouvaient lire ne serait-ce que quelques-uns des articles écrits par des Japonais éminents dans les magazines, où s'expriment leurs véritables désirs et intentions, nos compatriotes soucieux de paix réaliseraient à quel point leur politique d'apaisement est sans espoir. Le moment de celle-ci est passé. Et à ces compatriotes bien intentionnés qui pourraient m'accuser d'attitude destructive plutôt que constructive, je répondrais que c'est uniquement en discréditant les extrémistes japonais au travers de l'échec de leurs plans que nous pourrons espérer avoir la paix en Asie de l'Est. Si nous ne l'arrêtons pas, le cancer envahira progressivement tout ce qui se trouve à sa portée, jusqu'à ce que son emprise pernicieuse ne puisse peut-être plus être endiguée. Mais si le cancer est arrêté et rendu impuissant dès ses premiers stades, on peut encore voir le Japon en revenir à des voies plus saines, où ce seront les forces constructives, plutôt que destructrices, qui pourront prendre le contrôle. Alors, comme je l'ai écrit au

Président, nous pourrons envisager une reprise de relations normales avec le Japon, et un réaménagement constructif de l'ensemble de la question du Pacifique. Une victoire britannique en Europe pourrait bien entendu modifier et rendre infiniment plus simple notre présent problème, mais la question est ouverte de savoir si nous pouvons nous permettre d'attendre une victoire, et si nous devrions autoriser le Japon à s'incruster partout dans la zone où il projette actuellement d'installer un contrôle étendu. Cette question, à ce que je pense, dépendra du tempo de l'avancée japonaise. En attendant, ne baissons pas la garde et soyons prêts – à tout[22].

En guise d'ultime épisode de sa carrière d'ambassadeur au Japon, Joseph C. Grew relate la manière étrange dont, pour lui, s'effectua le passage de la paix à la guerre :

8 décembre 1941. Je fus réveillé à 7 heures par un coup de téléphone de Kase, qui me demandait de venir voir le ministre [des Affaires étrangères] dès que possible. Il dit encore qu'il avait essayé de me joindre au téléphone depuis 5 heures du matin, mais sans succès*. Je m'habillai en hâte et arrivai à la résidence officielle vers 7 h 30. Kase était cordial ; Tôgô (Shigenori) sombre et solennel. Il fit une courte déclaration, contenue dans mon rapport au Département, puis me tendit un mémorandum de treize pages, daté du 8 décembre, dont il dit qu'il avait été communiqué par l'amiral Nomura** au Secrétaire [d'État] le même jour***, et qu'il rompait les conversations. Voici le paragraphe final :

« Le gouvernement japonais regrette d'avoir à notifier par la présente au gouvernement américain que, en raison de l'attitude de ce gouvernement, il ne peut que considérer qu'il est impossible d'atteindre un accord au travers de futures négociations. »

Tôgô ajouta qu'il avait vu l'empereur (à 3 heures du matin, à ce que je comprends), et que le mémorandum constituait la réponse de l'empereur au message du Président [Roosevelt]. Il se lança alors dans un petit discours qui me remerciait pour ma coopération au cours des conversations, puis il descendit au rez-de-chaussée me raccompagner

---

* Prétexte destiné à justifier l'antériorité de l'attaque contre Pearl Harbor sur la déclaration de guerre ?

** Chef de la délégation japonaise aux pourparlers de paix de Washington, en cours depuis plusieurs mois.

*** Qui aux États-Unis est le 7 décembre...

à la porte. Pas un mot ne fut dit de Pearl Harbor. À mon retour à l'ambassade, je me rasai et pris mon petit déjeuner, puis j'envoyai mon rapport au Département, mais il est probable qu'il n'y parvint pas. Un moment après, nous entendîmes l'annonce par le Quartier général impérial que le Japon était en conflit armé avec les États-Unis et la Grande-Bretagne. Le quotidien *Yomiuri* l'avait imprimé tôt ce matin. Au début, nous eûmes du mal à le croire, bien que cela eût toutes les apparences de déclarations officielles, et plus tard dans la matinée Ohno, des Affaires étrangères, convoqua Crocker et lui lut, les mains tremblantes, l'annonce officielle du début du conflit armé.

Peu après, les portes de l'ambassade furent fermées et on nous signifia que personne ne pourrait entrer ni sortir. [...] Un groupe d'experts japonais en radiophonie arriva, et passa au peigne fin la chancellerie comme les appartements, s'emparant de tous les appareils radio à ondes courtes. Ils étaient très polis mais très minutieux ; cependant, quand ils arrivèrent à ma résidence, ils se contentèrent de ma parole sur le fait que je ne possédais que deux appareils, qu'ils emportèrent sans fouiller les autres pièces. Ils étaient tous extraordinairement courtois, et s'excusèrent pour les difficultés que cela entraînait, en particulier Ohno, qui les accompagnait.

Dès que j'eus confirmation des informations sur la guerre, j'ordonnai de brûler nos codes et nos dépêches confidentielles. Le mot était alors passé que chacun devait rester dans l'enceinte, pour sa propre protection. Un télégramme *en clair** fut préparé pour le Département, déclarant que l'équipe de l'ambassade tout entière était saine et sauve, mais on ne l'envoya pas car on s'était rendu compte de l'absence de Randall Jones. Il apparut que c'était son jour de congé, qu'il était parti à Yokohama et n'avait pas réapparu. Après des moments d'anxiété, nous fûmes grandement soulagés et quelque peu surpris de voir Jones traverser le terrain. Il semble que, ayant appris les nouvelles à Yokohama, il avait pris le premier train de retour, sans incident, puis un taxi, de manière parfaitement normale, de la gare de Shimbashi à l'ambassade. À l'arrivée, il avait trouvé les portes closes, et l'entrée comme la sortie interdites. Alors qu'il demeurait sur place, ne sachant trop quoi faire, il fut approché par un policier en civil qui lui indiqua le terrain adjacent, où habite l'attaché naval, et lui suggéra d'aller là et de grimper par-dessus l'enceinte de l'ambassade au moyen de l'échelle qu'on avait placée contre le mur depuis bien des années. Il suivit cet avis et revint sain et sauf[23].

* En français dans le texte.

Français d'Indochine : la guerre retardée

Cette guerre n'en finit pas de commencer... Pour les Français d'Indochine, la vie plutôt paisible et privilégiée que menaient la plupart s'était poursuivie au moins jusque fin 1944, à peu près comme si de rien n'était. Certes, dans les grandes villes, la présence militaire japonaise était devenue un élément du quotidien, mais elle interférait peu avec la vie économique, sociale et même politique. Dans un monde en guerre, à côté d'une France qui paraissait passée du statut de sujet de l'histoire à celui d'objet, et au beau milieu d'une Asie percluse de souffrances, l'Indochine encore française ressemblait à un incongru îlot de sérénité et de modeste prospérité. Olga Ilyina, née à Petrograd en 1917, avait fui avec sa famille le bolchevisme en Mandchourie, puis la domination japonaise, et un moment trouvé à Saigon un havre de tranquillité :

> Ici les magasins proposent bien plus de produits qu'à Hué : de la layette, du savon, du lait, de l'huile... et sans ticket. Avec Jeannine, je suis retournée rue Catinat et La Pagode, le meilleur salon de thé et glacier. Mais, comme ailleurs, la situation est devenue plus incertaine que lors de mon précédent passage, il y a six mois. Les bombardements par les avions américains et britanniques sont plus fréquents depuis le début de l'année. En janvier [1945], des bombardiers américains ont coulé de nombreux navires dans le port. Parmi eux figure le *Tai Poo Sek*, le cargo mixte qui m'avait permis de rejoindre Haiphong à partir de Fort-Bayard. D'autres bombardements dans la ville ont suivi, y compris sur l'hôpital Grall, faisant de nombreuses victimes parmi les malades, les médecins et le personnel hospitalier[24].

Hué, bien plus petite ville, au centre du Vietnam, donnait davantage encore un sentiment d'irréalité. Olga poursuit : « Les familles de Hué sont descendues de leurs montagnes, et la vie semble continuer comme avant. De partout parviennent des nouvelles réconfortantes : Paris a été libéré en août, les Allemands et les Japonais reculent sur tous les fronts. Fait étonnant : même après la libération de Paris, les Japonais n'ont pas réagi et il ne s'est rien passé ici. La colonie de Hué continue à mener sa vie comme si tout était normal, avec les mêmes flirts et les mêmes bavardages. Personne ne semble s'entretenir de choses importantes, de la situation aux abords de l'Indochine et encore moins de l'avenir. Si ce n'est entre gens sûrs[25]. »

Mais à qui savait voir, et avait un minimum de conscience des réalités vietnamiennes autant que régionales, la situation apparaissait pourtant plus qu'inquiétante : « [...] à partir de novembre, Pierre m'indique que des postes de la Garde indochinoise ont été attaqués par des insurgés Viêt-minh. Puis, à la fin de l'année, la récolte au Tonkin est mauvaise. Plus aucun bateau ne peut circuler le long des côtes d'Indochine, presque tous les caboteurs avec leurs escorteurs ont été coulés par l'aviation américaine. Les attaques sur les autres voies de communication s'intensifient, ne permettant plus l'approvisionnement en riz, de la Cochinchine vers le Tonkin, au point de craindre un début de famine. Le Japon est maintenant bombardé régulièrement. En Indochine, les parachutages clandestins d'armes par les Alliés deviennent plus fréquents et les militaires français se préparent, demeurant sur le qui-vive. Il est désormais difficile d'ignorer la tension insidieuse qui a envahi nos journées par ailleurs vides de sens, si elles n'étaient pas figées dans une attente sans fin[26]. »

La sortie de la paix et d'une certaine insouciance ne se fit qu'alors que la guerre en Europe en était à ses ultimes soubresauts, le 9 mars 1945. Il se révéla immédiatement que le bel édifice colonial ne tenait plus que par le bon vouloir des Japonais, qui contrôlaient fermement l'ensemble des territoires avoisinants, et dont les troupes étaient encasernées un peu partout, y compris au Laos et au Cambodge. La surprise joua à plein : le dispositif français, tout de suite bousculé, fut incapable de résister et plus encore de riposter, au-delà de quelques gestes héroïques sans lendemain :

> *Ha coï* [territoire de Mon cay (*sic*)]. Dans la matinée du 9 mars, les Japonais demandent au capitaine français, chef de poste, de venir arbitrer un match de basket-ball qui doit avoir lieu dans l'après-midi entre la garnison japonaise de ce centre et les membres de la Congrégation chinoise locale. L'officier, très sportif, qui a déjà rendu ce genre de services, va seul sur le terrain. Saisi par les Nippons, il est sommé de donner par écrit à la garnison l'ordre de mettre bas les armes. Il s'y refuse, malgré l'insistance brutale de ses tortionnaires. Le soir enfin, il est conduit vers le poste avec la menace suprême. Alors, sans hésiter,

dans la pleine acceptation de la mort, il lance vers les créneaux cet ordre sublime : « Faites votre devoir, feu ! » Le Chevalier d'Assas n'a pas mieux dit.

Ha giang. Vers le 25 février arrivent à Ha giang une vingtaine de camions chargés de Japonais. Le commandant de la place renforce ses mesures de défense.

— De quoi vous inquiétez-vous ?, lui dit le chef japonais, nous venons renforcer la frontière !

— Nous nous inquiétons des Chinois, répond l'officier français, votre présence ici risque de déclencher une offensive de leur part.

La « face » est sauve. C'est un mensonge de bonne guerre, logique. L'officier japonais ne répond pas, mais invite quelques officiers français à prendre un apéritif « de bonnes relations ». Huit jours plus tard, le commandant, voulant rendre son apéritif, propose une date au Japonais. Celui-ci prétend réserver le jour en fonction de « l'arrivée de son chef » [*sic*]. Le 7 mars, il fait dire : « Nous viendrons le 9 dans la soirée. » Le 9 mars, les invités se présentent en effet dans le salon du commandant français, mais en lui plaçant des revolvers sous le nez. Ajoutons que ce commandant, invité par télégramme à se tenir sur ses gardes, a pris des mesures de sécurité qui permettent aux militaires de la garnison d'assurer une magnifique résistance... Hélas ! Elle coûta la vie à presque tous les prisonniers[27].

Les civils européens d'Indochine ne furent pas moins stupéfaits, et incapables d'une quelconque réaction, même une simple fuite. Olga Ilyina dînait le 9 mars avec des amis dans un restaurant chinois de Cholon quand

au moment où nous nous apprêtons à partir, nous notons que les serveurs chinois, toujours affairés, deviennent carrément nerveux. Ils commencent à fermer hâtivement les portes et à baisser les stores. Il n'en faut pas plus pour que nous enfourchions à la hâte nos bicyclettes et que nous prenions au plus vite la direction de la maison de Jeannine et de Jacques. À présent on entend de tous les côtés des tirs de canon et des fusillades. Tout en roulant aussi vite que nous le pouvons sur la large avenue reliant Cholon au centre de la ville, le boulevard Charner, nous voyons arriver derrière nous les phares de colonnes de véhicules. Heureusement, le boulevard Charner est bordé d'un large fossé. Maurice me fait un signe et nous nous y dissimulons rapidement avec nos bicyclettes, juste avant que les colonnes ne parviennent à notre hauteur. Elles défilent à proximité de nos têtes pendant un temps qui me semble très long, peut-être une demi-heure. Ce sont des camions et des véhicules blindés transportant des militaires japonais. Ils se dirigent comme nous vers le centre de la ville en tirant de temps à autre des coups de feu. Quand nous arrivons chez Jeannine, le *boy* qui nous attendait en écoutant la radio nous apprend que les Japonais ont attaqué Saigon. Maurice décide de repartir le plus rapidement possible pour tenter de rejoindre les bâtiments de l'état-major de la Marine. Tandis que je le reconduis jusqu'à la rue, abasourdie par la tension qui nous presse, je lui remets une petite icône que j'ai toujours sur moi. [...] Jacques et Jeannine me donnent les dernières nouvelles : les militaires français se battent dans leurs casernes et le gouverneur général qui se trouvait à Saigon est prisonnier. Depuis 20 h 30, les Japonais ont lancé l'opération Meigô et s'emparent de l'Indochine. Nous nous sommes trouvés en plein milieu du déploiement de leurs unités ! [...] Cette nuit-là, on ne dormit pas beaucoup. Au matin, des nouvelles commencèrent à arriver, par des voisins, par la radio. Puis brutalement, des militaires japonais font irruption dans la maison pour demander qui y habite, et pour ordonner d'afficher sur la porte les noms des occupants. Peu après, on apprend que des militaires français ont été tués, d'autres faits prisonniers. Ces derniers ont été internés dans la caserne Martin-des-Pallières et dans l'immeuble des familles des marins. Tous les civils sont tenus de demeurer dans le centre de la ville dans un périmètre délimité par la rue Mayer, l'arroyo de l'Avalanche, la rivière de Saigon, le marché, la rue de Verdun, soit dans leur maison, soit chez des connaissances après avoir obtenu un hébergement dans cette partie de la ville. On dit aussi que les militaires se sont partout défendus de leur mieux. Mais il y a eu peu de tués à Saigon. L'attaque japonaise ayant été soudaine, la plupart ont été surpris et faits prisonniers. Quelques-uns ont pu s'échapper dans la campagne environnante, où les Japonais sont à leur poursuite. Mais aucune nouvelle n'est parvenue de l'Annam et du Tonkin, où est stationné le gros des troupes françaises. Tout le monde sait néanmoins qu'elles y sont en nombre insuffisant et équipées de matériel désuet, incapables de s'opposer aux forces japonaises. Les journées suivantes se passent dans l'anxiété, avec couvre-feu tous les soirs. Les militaires japonais sont partout et contrôlent les mouvements et les identités dans les rues. Le mari de Jeannine continue toutefois d'aller à son bureau : les Japonais ont intérêt à laisser fonctionner l'économie. Mais toujours pas de nouvelles de Hué, si ce n'est que l'empereur Bao Dai, reconduit dans son palais par les Japonais, a déclaré la rupture avec la France et l'indépendance du Vietnam. Du Tonkin à la Cochinchine, les forces françaises ont succombé aux attaques des Japonais. Sans autre précision[28]...

La plupart des militaires français furent capturés par surprise, ou, désorganisés, se montrèrent incapables d'opposer une résistance efficace et durable au coup de force. Répétition au petit pied, loin de l'Hexagone et cinq ans après, de la catastrophe de mai 1940, qui avait jeté une lumière si crue sur les faiblesses de l'armée française ? Ou constat du faible soutien venu de la plupart des populations indochinoises, soit indifférentes à l'affrontement, soit plutôt pro-japonaises ? La chose, en tout cas, est d'autant plus dérangeante qu'elle constitue la seule défaite du camp allié en Asie-Pacifique en 1945... Quelques unités, cependant, parvinrent à sauver l'honneur, et parfois à se sauver elles-mêmes :

> *Groupement Centre-Annam* : Après avoir réalisé une magnifique sortie de leur casernement ou de leur camp encerclé, des éléments d'Hué, Dong ha, Tchépone et autres centres de cette région de l'Annam parviennent à s'établir sur l'arête boisée de la chaîne annamitique, à cheval sur les pays khas et moïs. Grâce aux stocks de vivres déjà préparés, aux difficultés naturelles du pays, à l'attitude d'apparence favorable de la population*, ils espèrent durer sans autre espoir que celui de la paix lointaine. Malheureusement nulle part, peut-être, l'action japonaise ne paraît conduite avec une telle volonté de liquider cet îlot de Français opiniâtres ! Alors commence une vie d'embuscades, de traquenards, de fuites, de regroupements. Les cadres tombent les uns après les autres ou meurent d'épuisement, tandis que les combattants sont réduits à quelques dizaines. Enfin en juin, Khas et Moïs, excédés par les troubles et les réquisitions provoqués par la présence des Français, se retournent contre eux... et c'est la dispersion finale, l'anéantissement quasi total de ce nid de résistance de l'Annam. Quelques hommes seulement parviendront à rejoindre le Groupement laotien.
>
> *Groupement laotien* : Le Groupement laotien sauve notre drapeau. La compagnie laotienne de Dong Hène, enrichie d'éléments divers venus de Savanaket [*sic*] ou d'isolés échappés de nombreux centres d'Annam ou du Laos, enrichie surtout de réservistes ou partisans laotiens, parvient à atteindre six cents hommes. Une liaison radio avec

---

* Les populations minoritaires évoquées étaient dans une certaine mesure protégées des empiètements de l'ethnie dominante (Viêt ou Lao) par la colonisation française, qui avait également favorisé leur conversion au christianisme.

Calcutta* lui assure des parachutages de ravitaillement, d'armes et de quelques renforts. Elle prend la brousse et décide de « tenir ». Les Japonais dirigent contre ce groupement des colonnes concentriques. Ils ne trouvent personne, mais des coups de feu partent de la brousse et leur tuent des hommes. La guérilla, *tentée partout ailleurs en Indochine et qui échoue partout,* trouve ici une bonne terre : des populations favorables et dévouées. Elle mûrit, grandit, se développe, établit un contact avec des îlots de la « Résistance siamoise** ». Les Français n'ont même plus à assurer leur sécurité propre, ils savent qu'autour d'eux un réseau ami veille sur leur personne. Les agents japonais sont éliminés les uns après les autres... et dans ce seul coin de l'Indochine, le Nippon renonce à poursuivre son action.

La guérilla fait tache d'huile. Les partisans passent de quelques centaines à plusieurs milliers. On manque d'armes. Calcutta en expédie toujours, mais jamais assez. À l'heure de l'effondrement japonais, le Groupement laotien aura l'honneur de pouvoir rendre à la France les provinces de Pakse et de Saravane et la plus grande partie du territoire de Savanaket.

Groupement des territoires de Mon cay et de Cao bang : Dans le territoire de Mon cay les détachements tentent surtout d'assurer la défense des centres. La présence de nombreux pirates*** sur la frontière et la densité de la population interdisent la guérilla. Nous avons vu comment ce groupement, après avoir cherché refuge en Chine, doit encore se battre aux côtés des alliés chinois, mais son historique le montrera également, une fois ses unités réorganisées, repassant à nouveau la frontière pour y surprendre les Japonais, puis pour tenter, aux heures troubles de septembre 1945, de concrétiser notre souveraineté sur un morceau de terre indochinoise.

Dans le territoire de Cao bang, les chefs de poste se rassemblent pour retarder les Japonais puis se réfugient dans la montagne. Des pourparlers sont entrepris avec les pirates chinois et les chefs du Viêt-minh. L'appui des premiers est médiocre. Quant aux seconds, ils dénoncent rapidement les accords initialement conclus, dans l'espoir de nous éliminer et de se poser auprès des Alliés comme les seuls « guérilleros » officiels. Ils font attaquer nos détachements par leurs

---

* Calcutta (Inde anglaise) et Colombo (Sri Lanka) sont les deux grands centres opérationnels des Alliés face à l'Asie du Sud-Est.

** Il s'agit sans doute de « Thaïs libres », mouvement antijaponais dirigé par Pridi Banomyong, alors soutenu par les États-Unis.

*** Dénomination donnée à toutes sortes de bandits de grand chemin ou opposants à la domination coloniale, fréquemment d'origine chinoise.

bandes, obligeant ainsi nos troupes à chercher refuge dans une zone d'où les Japonais pourront plus facilement nous déloger. Et ces derniers se détermineront enfin à nous rejeter en Chine le jour où l'action agressive de nos soldats commencera à les inquiéter sérieusement[29].

2

Au Japon : la guerre des civils

Entre traditionalisme (certes réinventé) et modernité, entre culte des « valeurs nationales » et volonté de fournir un modèle au monde entier, le Japon militariste eut de la peine à mettre en forme quelque chose ressemblant à une idéologie cohérente, malgré les efforts en ce sens de l'école de philosophie de Kyôtô et de personnalités relativement marginales, comme l'extrémiste Ôkawa Shumei (1886-1957), fasciné par l'hindouisme et par l'islam, qui sera en 1946 exclu pour maladie mentale du procès de Tôkyô, celui des criminels de guerre de rang A. Il rejette dos à dos capitalisme et socialisme, au nom d'un antimatérialisme plutôt fumeux qui constitue l'un des fondements du discours officiel japonais. Il insiste en particulier sur une supériorité intrinsèque de l'archipel sur les États-Unis, liée à l'« esprit du Japon » (*Nihon seishin*) :

> Entre capitalisme et socialisme, il ne s'agit pas d'un combat de principes. Tous deux s'appuient sur la même idée, et l'affrontement ne concerne que sa réalisation pratique. [...] D'un côté le capitalisme pur s'efforce de limiter la possession des richesses matérielles à un plus petit nombre de personnes, c'est-à-dire à ce petit groupe dénommé classe capitaliste. De l'autre, le socialisme entreprend de distribuer les biens matériels à un grand nombre de travailleurs. Tous deux s'efforcent de faire en sorte que cette richesse matérielle adorée soit possédée, soit par un petit groupe, soit par une masse de gens. Tous deux s'accordent sur la valeur extrême des questions matérielles, et s'entendent à voir dans les plaisirs matériels le vrai bonheur de l'humain ; ils considèrent donc que l'objectif de l'humanité réside dans la possession d'une abondance de biens matériels[1].

Cette critique de la modernité consumériste et techniciste, ainsi que des institutions démocratiques qui l'accompagnaient généralement, conduisit nombre de Japonais à un positionnement proche de celui des adeptes principalement allemands de la « révolution conservatrice », alors très influents, et dont beaucoup rejoignirent le nazisme. Le rapprochement n'a rien de fortuit : quelque 80 % des étudiants japonais envoyés en Europe dans l'entre-deux-guerres effectuaient en Allemagne soit leurs études, soit des séjours prolongés, et la connaissance de l'allemand au Japon était alors aussi courante que celle de l'anglais, du moins dans les milieux intellectuels. Selon le philosophe Miki Kiyoshi, qui avait été l'élève de Martin Heidegger :

> On doit être conscient de ce que considérer l'Organisme coopératif de l'Asie de l'Est comme une *Gemeinschaft* peut dangereusement tendre vers le féodalisme. [...] En termes abstraits, la *Gesellschaft** porte l'image de l'ouverture, tandis que la *Gemeinschaft* connote toujours un objet hermétiquement clos. Mais le nouvel organisme coopératif n'a pas à être aussi clos que la *Gemeinschaft* féodale. J'ai déjà mentionné que la modernisation de la Chine était le prérequis à la formation de l'Organisme coopératif de l'Asie de l'Est. C'est ainsi que, tandis qu'il est clair que les idéaux de l'Est** doivent assurer la préservation de ses traditions culturelles, ils ne devraient pas empêcher de tels efforts de modernisation[2].

---

* Miki reprend l'opposition classique entre *Gesellschaft*, « société » (y compris au sens de société commerciale), et *Gemeinschaft*, « communauté ». Un des mantras du nazisme était la *Volksgemeinschaft*, « communauté populaire », notion proche de ce que prône Miki. On y repère effectivement – cela a souvent été remarqué – une ambigüité, voire une contradiction insoluble entre nostalgie pour le passé et aspiration à la modernité.

** Quoique, en français, les termes « Orient », « oriental » soient souvent plus euphoniques que celui d'« Est », c'est ce dernier qu'il convient d'utiliser. En effet, Orient connote une centralité européenne, avec laquelle le Japon (entre autres !) entend alors rompre, tout à fait explicitement depuis la fin des années 1930.

L'encadrement idéologique

Au Japon, dans ses colonies et territoires sous mandat, et bientôt dans les pays occupés, l'encadrement des esprits passa en particulier par la promotion de la religion shintô, ou plus exactement du shintô d'État, apparu au début de l'ère Meiji, et centré sur le culte de l'empereur (*Tennô*) ainsi que des soldats morts*. Partout des sanctuaires furent édifiés, et les écoliers de Singapour, par exemple, durent y présenter leurs respects, tournés en direction du palais impérial de Tôkyô, lors des grandes fêtes politico-religieuses japonaises qui leur furent imposées. Dans ces conditions, il n'est point étonnant que, dès la capitulation nippone, tous ces sanctuaires aient été brûlés par les populations colonisées ou occupées. À Peleliu (archipel des Palau, ou Palaos, sous mandat japonais depuis 1920), île pourtant christianisée, le culte officiel fut imposé avant le début de la guerre du Pacifique :

> Je me souviens de l'arrivée du *kami*** à Palau ; il fut placé dans le *Nanyo-jinja**** en 1936 ou 1937****. Nous, enfants des écoles, étions alignés le long des rues pour l'accueillir, et nous nous inclinions profondément. Le *kami* était juché sur une voiture, dont la route était ouverte par Bismarck*****, un officier de police palauan. Nous étions courbés si profondément que nous ne le vîmes pas. Pour cet événement, les chiens errants avaient été chassés des rues, afin qu'ils ne puissent pas perturber la procession. L'école allait visiter le sanctuaire. Les professeurs nous disaient que le *kami* était très puissant. Quand les forces japonaises battaient leurs ennemis, où que ce soit, nous marchions ensemble vers le *jinja*, chacun une lanterne japonaise à la main, et là, nous offrions notre gratitude et nos prières pour la victoire finale du Japon. Quand j'appris l'attaque de Pearl Harbor, je fus excité, et m'attendais à ce que le Japon gagne[3].

---

* En sont emblématiques, dans la capitale, les sanctuaires Meiji (culte impérial) et Yasukuni (culte des sacrifiés au Tennô), qui ont survécu à l'interdiction du shintô d'État prononcée par le général MacArthur en 1945.

** Divinité japonaise.

*** Sanctuaire des mers du Sud.

**** L'intervieweuse pense qu'il s'agit plutôt de 1940.

***** On y voit la trace de la toute proche colonisation allemande (1899-1914).

L'école, partout présente tant au Japon que dans son empire colonial, fut un facteur encore plus fondamental du formatage des esprits. Ce qui est décrit à propos de Ngaraard (Palau), pour des populations très différentes de celles du Japon, montre l'uniformité et l'efficacité – au moins temporaire – de cette reconfiguration :

> J'étudiais l'agriculture et d'autres matières généralistes. Il y avait aussi la formation militaire. Cela ne signifiait pas un entraînement au combat avec des fusils, mais un pur lavage de cerveau. Nous apprenions par exemple l'histoire du général Nogi. Il s'entraînait, dès son enfance, en se douchant à l'eau froide d'un puits, chaque matin. [...] « Les Américains sont le Mal, et si je tue un ou deux d'entre eux, j'apporterai ma contribution au pays. » C'est ce que je croyais alors. Je gardais à l'esprit la nécessité de tuer des Américains s'ils débarquaient. Tout le monde pensait comme moi. Aussi, quand le Japon capitula, nous pleurâmes du fond du cœur. Je considérais les Japonais comme on considère un père. Quand la guerre prit fin et qu'ils durent quitter les Palau, j'étais aussi bouleversé que si j'avais été séparé de mes parents. J'avais alors quatorze ou quinze ans. On m'enseigna le *yamato damashii* [esprit du Yamato, ou du Japon]. Je pense que c'est une manière de détermination. Nous l'apprenions au travers du judo et du kendo. Le professeur nous disait également : « Si vous vous estimez des hommes, vous devez avoir le *yamato damashii*. Sinon, vous ne deviendrez jamais des Japonais. » On nous lavait le cerveau de cette façon, et c'était très dangereux. « Vous êtes désormais des Japonais, alors vous devez vous comporter comme eux. » « Ne fais pas ainsi ! Stupide garnement ! » On s'adressait quotidiennement à nous de cette façon[4].

À l'autre extrémité de l'Empire nippon, à Taïwan, en 1937, le succès était moins garanti : il était difficile pour les élèves d'origine chinoise – la grande majorité – de ne pas se sentir déchirés entre la loyauté envers l'empereur et la solidarité avec les victimes de l'invasion japonaise en Chine. C'est ce que décrit Peng Ming-min, alors en école moyenne (collège) à Takao (aujourd'hui Kaohsiung), et promis à un grand avenir comme figure tutélaire du mouvement indépendantiste taïwanais, dont les héritiers sont aujourd'hui au pouvoir :

Le principal était typique de beaucoup de militaires et super-patriotes du Japon de cette époque. [...] Tous les étudiants, dont nous, étaient obligés de participer à de grands défilés aux lanternes célébrant les innombrables victoires obtenues par les soldats impériaux en Chine, et nous entendîmes nos amies japonaises se séparer de leurs maris, de leurs fils, et de leurs frères, qui partaient pour la guerre, avec cette formule qui faisait froid dans le dos, *Rippa ni shinde kudasai !* (« S'il te plaît, meurs en beauté ! »). [...] Notre fanatique principal et nos instructeurs militaires nous inculquaient, par des exercices répétés, de l'enthousiasme pour la guerre ; ils nous enseignaient constamment que le peuple chinois était lâche et arriéré, les Japonais braves et héroïques, et qu'ils se sacrifiaient pour le bien de la Chine. Les étudiants formosans*, comme nous, étaient placés dans une situation gênante et douloureuse[5].

Pour les filles, l'éducation patriotique passait aussi par le travail manuel et la formation artistique, comme le relate Tsutsumi Ayako, alors écolière (de famille japonaise) dans le sud de la Corée coloniale :

À cette époque**, même les leçons de couture prenaient un intérêt nouveau. La tâche annuelle des filles était la confection de « sacs de réconfort » à envoyer aux soldats combattant en Chine. Chaque sac contenait plusieurs objets. Tout d'abord, il y avait le *sen-nin-bari*, une pièce de tissu sur laquelle un millier de points avait été brodé, chacun par une main différente. Les filles se postaient à un coin de rue, et arrêtaient les passantes pour recueillir un point, dans lequel étaient inscrits le souci et la compassion de la personne pour le soldat inconnu d'une guerre lointaine. Ensuite, on trouvait une lettre adressée au soldat. Elle consistait en quelques formules de gratitude et d'encouragement soigneusement pesées, peintes avec votre plus belle calligraphie au pinceau. On complétait le remplissage du sac avec des bonbons, des livres et d'autres présents, que les filles payaient avec leur argent de poche. Les leçons de musique changeaient elles aussi. On n'apprenait plus de chansons sur la chute de la neige ou l'arrivée du printemps, mais plutôt des chants décrivant les sentiments d'un soldat partant combattre pour son pays en terre étrangère :

---

* Formose est l'autre nom, d'origine portugaise (*A Formosa*, « La Belle »), de ce qu'on préférera dénommer Taïwan.

** Les premières années de la guerre sino-japonaise amorcée en juillet 1937.

« Je vois ces visages, j'entends ces voix.
Ma femme et mon fils agitent, agitent leurs drapeaux à les briser.
Leur message : bien combattre.
Je contemple le ciel, et dans les interstices entre les nuages,
Je les vois continuer à me faire signe.
Du pont d'un cuirassé de la grande flotte,
Je dis au revoir au pays de ma naissance,
Au revoir à ma femme et à mon fils.
Je regarde là où le ciel se recourbe,
Au-dessus du Palais Impérial,
Et je jure de bien combattre. »

On avait aussi le chant de marche du drapeau au soleil levant, plus joyeux :

« Avec ma petite main
J'ai agité le drapeau
Attaché au dos de ma mère.
Ce jour lointain revient à ma mémoire
Et le sang bouillonnant du patriotisme
Court plus fortement dans mes veines[6]. »

Les méandres de la propagande

La propagande était d'abord fondée sur les valeurs positives, à la fois nationales et de portée universelle, que le Japon avait pour mission de répandre aux quatre coins de la Terre (doctrine du *hakkô ichiu*, « les huit parties du monde sous un même toit »). On exaltait le Pays des dieux, uni autour de son empereur suprêmement bienveillant, davantage qu'on ne vouait aux gémonies l'ennemi, qui ne faisait qu'accessoirement l'objet de représentations caricaturales – à la différence d'une presse américaine dont les caricatures racialisèrent précocement, de manière très péjorante, l'adversaire nippon. Cependant, quand la guerre, à l'automne 1944, gagna directement le Japon sous la forme d'intenses bombardements aériens, la glorification du Soi tendit à laisser place à la démonisation de l'Autre, et la bienveillance paternaliste à la haine pure. Ce fut particulièrement le cas en janvier 1945, après le largage de quelques bombes sur le sanctuaire shintô d'Ise, celui de la déesse du soleil Amaterasu, ancêtre mythique de la dynastie impériale :

(16 janvier.) Les journaux de ce matin contenaient une page entière d'éditoriaux sur le raid aérien sur Ise. Il y avait là des prises de position, des analyses et des critiques. Il va sans dire que c'était là le résultat de consignes venant des autorités. On dit [...] qu'elles venaient directement de l'état-major. En premier, on publia les remarques de contrition respectueuses du Premier ministre Koiso envers l'empereur (*Yomiuri hôchi*)*. En outre, le ministre de l'Intérieur alla au sanctuaire d'Ise et s'excusa auprès des dieux.

On remarque ensuite les titres des éditoriaux, épluchés par le grand essayiste Kiyosawa Kiyoshi :

« L'extrémisme du comportement barbare et tyrannique de l'ennemi » (*Yomiuri*), « Les intentions de l'ennemi se révèlent clairement » (*Mainichi*), « Une claire manifestation de la puissance des Dieux » (*Asahi*). À côté des éditoriaux, les journaux ont publié des articles de plus d'une demi-page, intitulés « Détruire un ennemi violent et irréconciliable ! » ou « La colère des Cent Millions** explose devant la profanation des édifices sacrés », ou encore « Dieu vous maudisse ! À partir de maintenant, faites gaffe ! ». Il est évident que cet activisme est destiné à promouvoir la volonté de combattre. Dans le *Yomiuri*, il y avait des photos de gens prosternés devant le sanctuaire. L'*Asahi*, en gros caractères entourés de noir, dénonce la conduite barbare des Américains, ajoutant : « Rien d'autre que la mort pour les diables américains. » En outre, comme d'habitude, Tokutomi Sohô a été mis à contribution et a donné des entretiens. Leur titre : « Pour les êtres humains il y a la voie des humains ; l'ennemi n'est pas humain. » [...] La question est de savoir si, comme le voudrait le gouvernement, le peuple devient enragé au plus profond. Quelqu'un a écouté ce que se disaient des ménagères et d'autres gens ordinaires. J'ai compris que c'était : « Nos usines ne sont-elles pas plus importantes que les sanctuaires ? » C'est ce qu'on répète dans les rues commerçantes[7].

---

* Tout revers militaire, toute perte de vies japonaises étaient alors considérés avant tout comme causes de douleur pour le Tennô, envers lequel généraux et politiciens ne cessent donc de s'excuser. Point d'excuses en revanche pour les hommes et civils sacrifiés, ainsi que pour leurs familles, qui doivent au contraire se montrer fières du sacrifice des leurs.

** Les Cent millions, supposément unanimes, regroupent le Japon proprement dit (75 millions d'habitants) et ses principales colonies : Corée (20 millions) et Taïwan (5 millions). Celles-ci, depuis 1943, sont censées disposer du même statut administratif et politique que la métropole, le ministère des Colonies étant aboli.

Toute propagande de haine nécessite des boucs émissaires. Et, comme en Occident, les Juifs (pourtant presque absents) jouent ce rôle au Japon. Kiyosawa en fournit de très nombreux exemples dans ses carnets. Beaucoup les voient tirer les ficelles à Washington ; encore aujourd'hui, des publicistes à succès de la droite nationaliste leur attribuent, entre autres, la responsabilité du largage des deux bombes atomiques. La « nouvelle religion » *Omotokyô* donne une coloration mystique à cet antisémitisme :

> (16 décembre 1944.) J'ai entendu parler d'une personne, diplômée de l'université impériale. Il est le représentant d'une personne vivant à Kamata, et le disciple d'un homme qui guérit les maladies. Si on le suit, ce monde est le théâtre de la bataille entre l'esprit du Bien et celui du Mal. Le Japon est l'esprit du Bien, celui du Mal est l'Amérique, et les messagers de ce dernier sont les Juifs. La judaïsation des Japonais, c'est l'esprit mauvais se faufilant à l'intérieur de leurs corps. C'est à cause de cela que Tôkyô est devenu cendres. Mais, à la toute fin, l'esprit du Bien sera victorieux. Je crois que c'est ce qu'il disait. Si quelqu'un acquiert des amulettes de cet homme, les bombes de l'esprit mauvais américain ne toucheront pas leurs cibles. Beaucoup de marins de la Flotte ont investi de grosses sommes en amulettes. Beaucoup se sont mis à jouer les prophètes. Certains croient dans l'influence diabolique des Juifs. On me dit que, quand une prédiction d'*Omotokyô* se réalise, le nombre des fidèles s'accroît[8].

Dans les pays occupés au cours de la guerre, les Japonais s'efforçaient d'adapter leurs discours, en tenant compte des nationalismes locaux, sur lesquels ils cherchaient à s'appuyer. Mais ils se montraient incapables d'éviter de placer les intérêts nippons au centre, et faisaient globalement montre d'un très colonial mépris pour des populations considérées comme lymphatiques et irresponsables. C'est par exemple le cas dans ce rapport d'Okada Fumihide, établi en février 1944 à l'attention des gouverneurs nommés par la Marine japonaise à la tête de Sulawesi et de Bornéo (Indonésie) :

> (6) Les Indes orientales passent à présent par une période qu'on pourrait à juste titre dénommer la « Restauration indonésienne ». Le Japon a pris la place de la Hollande. Les Indonésiens qui, étant une race ignorante, malsaine et léthargique, sont devenus les victimes de

l'habile tyrannie hollandaise, saisissent maintenant la chance que représente la guerre de la Grande Asie de l'Est pour entreprendre une vaste restauration politique, économique et spirituelle, celle-ci étant fondée sur notre puissance. Nous, Japonais, avons à éveiller les Indonésiens, d'une manière conforme à nos idéaux et à notre nation invincible, de manière à mobiliser leurs forces sous le drapeau au Soleil levant pour résister aux Britanniques et Américains, puis à les défaire. Si les Indonésiens s'y prêtent, ils expérimenteront pour la première fois un vrai bonheur. Mais si les Indonésiens s'imaginent que nous, Japonais, nous remplaçons simplement les Hollandais, alors ils continueront à souffrir comme une race pathétique et éternellement subjuguée. Sous le Soleil levant et le leadership japonais, les Indonésiens se sont unis spirituellement à nous, ce qui a eu pour résultat qu'une manière de vivre glorieuse s'est ouverte devant eux. L'objectif premier de toutes les activités éducatives et culturelles aux Indes orientales est de leur imprimer la croyance en un futur plein de brillantes espérances et de bonheur. Notre programme éducatif à Bornéo et aux Célèbes* vise à exalter les idéaux de la Restauration indonésienne et à éveiller les masses en les amenant à promouvoir la coopération avec le Japon. Le système scolaire a développé leur connaissance de la langue japonaise à un rythme remarquablement rapide. Nos efforts, pourtant, ne sont pas confinés à la diffusion de notre langue ; nous nous efforçons également d'utiliser cette connaissance pour améliorer la compréhension que les autochtones ont du Japon et de son peuple. Ce processus de mise en lumière se passe non seulement dans le cadre scolaire, mais aussi à chaque fois que des Japonais entrent en contact avec des Indonésiens, que ce soit au travail, au bureau, au dortoir ou sur la plantation. Les vertus orientales que le peuple indonésien possédait ont disparu durant la longue domination hollandaise. Cependant, nous essayons de rendre les Indonésiens conscients à nouveau de ces vieilles vertus, de manière à permettre leur restauration à venir. Si nous parvenons à les faire avancer dans cette direction, alors l'impact de l'éducation sera énorme. En général, les premiers Japonais à venir aux Indes orientales considéraient les autochtones avec affection, et les traitaient comme des travailleurs capables. Pourtant, après un temps assez court, ils se montraient déçus de leur léthargie, et qu'ils aient une intelligence limitée devint l'opinion commune. Cela, en vérité, était dû à une longue histoire d'oppression, et ne constituait donc pas leur caractéristique d'origine. [...] Un directeur d'école japonais, qui avait servi bien des

* Autre nom pour la grande île de Sulawesi.

années au Japon, me fit ce commentaire : « La puissance de l'éducation sur la dernière année et demie a provoqué une amélioration visible de l'esprit et du corps de la jeunesse indonésienne. » [...] Cela va sans dire qu'il est fondamental de comprendre la psychologie des simples et innocents Indonésiens, de manière à être capable de les encourager, et de les guider dans la direction désirée. Dès le départ, nous avons interdit la venue d'enseignants professionnels, qui se contentent d'injecter du savoir depuis l'estrade. Nous avons insisté de nombreuses fois sur le fait que l'éducation va de pair avec le contrôle, et que les éducateurs sont des agents de l'administration[9].

À mesure qu'on se rapproche de la fin de la guerre, la propagande nippone se fait à la fois de plus en plus emphatique, et de plus en plus éloignée de la difficile réalité. Et elle ne laisse plus place à la moindre contestation, que ce soit au Japon ou dans ses conquêtes, comme ici en Indonésie :

Les Japonais devenaient furieux à toute marque d'opposition, et la condamnaient fermement. En décembre 1944, l'attitude des journaux sembla plus ambiguë. Un jour, il était annoncé que l'ennemi avait été pulvérisé à Luzon et Lingayen*. Le lendemain, il était admis que la *Kidôbutai*** avait pris des coups en Chine***, et que la totalité de l'Europe centrale avait été libérée de l'occupation allemande par les Alliés. Ces rapports jetaient les agents de la Kempeitai**** dans la panique. Qui n'aurait pas été effrayé d'apprendre que le 20 décembre huit navires japonais avaient été détruits à Mindanao et Halmahera***** ? Juste avant, on nous avait annoncé que les Philippines seraient le tombeau de l'ennemi. Tentant de neutraliser ce revers et de répliquer à l'opposition du peuple – qui avait déjà commencé à saper l'autorité –, le *Sômubu-chô****** déclara : « Ceux d'entre vous qui prennent plaisir à

---

* Les Américains débarquèrent en réalité, avec un plein succès, dans l'île philippine de Luzon (golfe de Lingayen) du 6 au 9 janvier 1945.

** Flotte combinée, fer de lance de la Marine japonaise. Victorieuse à Pearl Harbor, mais très amoindrie après Midway (juin 1942), elle finit d'être anéantie lors de la bataille du golfe de Leyte (Philippines), en octobre 1944.

*** L'auteur veut sans doute évoquer la mer de Chine du Sud.

**** Gendarmerie militaire, et police politique dans les pays occupés.

***** Grandes îles appartenant respectivement au sud des Philippines et aux Moluques indonésiennes.

****** Chef du département des Affaires générales du gouvernement militaire.

s'exclamer que les Japonais sont allés trop loin, et rouspètent à propos des pénuries alimentaires ont une mentalité d'esclaves. Vous courez après une vie facile. Le Japon vous appelle tous à revenir à votre vraie nature, et à vous contenter de ce que vous avez[10]. »

Les désastres militaires eux-mêmes deviennent prétexte à exaltation patriotique, et à prétention à la supériorité morale. C'est en particulier le cas des charges *gyôkusai* (« joyaux brisés », surnommées *banzai* par les combattants anglo-saxons), qui voient les troupes acculées se jeter sabre au clair sur les mitrailleuses de l'adversaire. La première charge de grande ampleur se produisit en mai 1943 sur l'île d'Attu (Aléoutiennes américaines), à la fin de la bataille. Dans ses carnets, Kiyosawa conteste la glorification qui en est faite :

> (29 août 1943.) J'en ai déjà assez des grands hommes du style « même les dieux les pleurent ». Je souhaite qu'on cesse ces anecdotes louangeuses sur les « balles humaines* ». Et, dans nos opérations militaires, nous ne devons pas suivre des voies qui aboutiraient à de telles tragédies. [...] Mes questions finales concernant Attu :
>
> Le Japon a-t-il infligé de lourdes pertes à l'ennemi ? Non !
>
> Cela constituera-t-il un coup dévastateur pour le moral de l'ennemi ? Non !
>
> Si je suis dans le vrai, cela signifie que c'est pour des raisons intérieures et de conformité à la tradition qu'une armée entière s'est suicidée. Ah ! Plus de deux mille jeunes hommes capables et aimables ! J'ai déjà écrit cela mais, du point de vue de nos ressources nationales, cette conception féodale doit être modifiée. Bien entendu, les sentiments archaïques du peuple ne pourront pas être changés en peu de temps, mais[11]...

La masse de la population n'éprouvait certes pas les mêmes sentiments, comme le montre la lycéenne Tsutsumi Ayako, lors de la mort de l'amiral Yamamoto Isoroku (18 avril 1943), l'organisateur de Pearl Harbor, abattu par la chasse américaine :

> On nous dit à toutes de nous rassembler, et le principal prononça un discours qui commentait la mort de l'amiral. Je me souviens que nombre de filles pleuraient, et je ressentis ces nouvelles comme un triste présage ; malgré tout, je croyais toujours que le Japon était le

* Leur appellation quasi officielle.

> Pays des Dieux, et ne pouvait en aucun cas être défait. Même par la suite, alors que nous savions les Américains chaque jour plus proches, nous étions toujours certaines qu'au dernier moment un retournement spectaculaire aurait lieu, et qu'en fin de compte tout irait bien[12].

Kiyosawa, formé à l'école américaine, fin connaisseur du reste du monde, ne sait que trop bien à quel point il est isolé dans ses appréhensions, puis dans sa condamnation d'une guerre qui devient folle. Il reste que la dure réalité de la défaite, si bien cachée soit-elle (nombre de désastres sont transmutés en triomphes par la propagande), ne peut que finir par ébranler les certitudes des masses :

> (23 septembre 1944.) J'ai entendu quelque chose présenté comme le récit de quelqu'un revenant de Kôchi, qui relate le creusement d'abris antiaériens sur le rivage par les résidents, contraints de le faire. Jusqu'à présent, les gens ne pouvaient même pas imaginer que le Japon ne soit pas victorieux, mais du fait de ce creusement d'abris, ils commencent à se demander : « Le Japon est réellement en danger, n'est-ce pas ? », et ils sont dans une grande confusion. Le fait qu'on s'entraîne à l'usage de piques de bambou n'est pas une plaisanterie, et cela a lieu partout. Cela peut après tout être bénéfique, en permettant aux gens de savoir à quel point une guerre moderne est terrifiante[13].

Quelque temps après, une invasion du Japon apparaissant imminente, ce qui peut être considéré comme un entraînement moins au combat qu'au suicide (bambous contre chars…) se généralise :

> (29 mars 1945.) Partout, on s'initie aux piques de bambou. L'esprit du Japon encourage probablement l'idée que, quand on aperçoit un B-29, on puisse lui régler son compte à la pique de bambou ou au judo. J'apprends qu'à Okinawa on est résolu : « S'il n'y a pas de fusils, les piques de bambou feront l'affaire. Si elles se cassent, le karaté fera l'affaire (*Asahi*)[14]. »

L'idée d'une supériorité absolue de l'esprit nippon fut loin de s'effondrer avec la capitulation. En témoigne le compte rendu d'une séance du tribunal de Tôkyô en 1946, présenté par l'essayiste Takeyama Michio sous la forme d'un conte littéraire :

Dans la récente période, l'Allemagne a spirituellement plongé au tréfonds, mais, étant ce qu'elle est, quelques personnes s'y sont conduites honorablement. Au Japon, dans la mesure où l'individualisme n'y avait pas encore de fortes racines, une telle noblesse d'esprit ne manquait pas. Et, contrairement à ce qu'on pouvait attendre, cette noblesse se manifestait chez ceux qui avaient été éduqués à l'ancienne. Ceux qui avaient reçu la nouvelle éducation *libérale* se soumirent immédiatement pour la plupart, mais certains vieillards, à l'inverse, se montrèrent résolus. Voilà la noblesse de cette « mentalité féodale » aujourd'hui vouée aux gémonies. Au Japon, de multiples exemples nous permettent d'affirmer que c'est cette mentalité qui sauva la pensée libérale, en la préservant vivante. Cependant, ces individus eux-mêmes ne purent s'empêcher de se soumettre à l'organisation et aux armes modernes. S'ils ne le faisaient pas, leur mort même perdait tout sens[15].

Difficultés et souffrances des civils japonais

Partout où l'on va, on ne discute plus que de l'inadéquation du ravitaillement en nourriture. Shimura Tamaharu [investigateur en chef du ministère des Communications], qui m'a fait faire le tour d'Hokkaidô, me dit qu'il a sept enfants ; mais les familles comme la sienne ne mangent plus que de la bouillie de riz. De ce fait, assure-t-il, ils ont perdu deux ou trois *kamme**. J'apprends que Rôyama donne la plus grande partie de sa nourriture à ses enfants, encore en pleine croissance, et sa femme et lui mangent ce qui reste. Partout, on n'a plus de riz que pour deux repas quotidiens, un troisième étant inimaginable. Même chez moi, Akira demande davantage de riz, mais dernièrement il a fallu le rationner. Ôkuma Makoto me dit que dans sa famille « les enfants ont faim, mais ils s'y sont déjà accoutumés, et nous n'avons que de la bouillie ». Durant mon absence de vingt jours, ma famille a bien mangé. Mais, en fin de compte, personne ne peut survivre à de telles rations. C'est ce que, avec un certain courage, Ubukata Toshirô a écrit dans le magazine *Kôjin konjin* (« Anciens et contemporains »)[16].

Comme dans la plupart des pays engagés dans une guerre prolongée, la population civile avait pour préoccupation première son ravitaillement. Et d'abord l'alimentation. À la différence d'une large partie de l'Europe, et plus encore de la Russie, le climat

---

* Mesure de poids japonaise : 3,75 kilogrammes.

japonais, peu rigoureux en hiver sur la partie la plus peuplée du pays, ne rendait pas trop sensible le manque de combustible pour le chauffage. En revanche, la forte densité de la population et l'étroitesse des zones cultivables imposaient depuis longtemps l'importation d'une bonne partie de la nourriture, et singulièrement du riz. En temps ordinaire, l'importance des exportations industrielles ainsi que le contrôle colonial sur le grenier coréen rendaient ce déficit peu problématique. Mais la nature archipélagique du pays le faisait dépendre entièrement du trafic maritime. Or celui-ci, dès 1943, se trouvait considérablement amoindri par l'action des sous-marins et bientôt des avions américains. Comme, par ailleurs, toutes les ressources étaient consacrées à l'effort de guerre, la situation alimentaire des Japonais se dégrada vite, et devint franchement catastrophique en 1944*. Kiyosawa en témoigne :

> Dernièrement, tout le monde est extrêmement émacié. Ohata, du ministère des Affaires étrangères, avait terriblement maigri après un mois d'absence. Quand je croisai mon voisin Koike dans la rue, il était si mince que je ne le reconnus pas. Il semble que tout le monde en soit là. La nourriture inadéquate en est la cause. Dans mon cercle de relations, les gens subissant des maladies respiratoires sont en nombre croissant[17].

Même ceux qui ne souffraient pas (ou pas encore) de la faim se plaignaient de l'appauvrissement qualitatif de la ressource alimentaire – dans un pays où celle-ci marque une extraordinaire diversité, sans beaucoup d'égale dans le monde :

> À partir de l'été 1941, les rations de poisson** se firent des plus monotones. C'était du calamar, du calamar, chaque jour du calamar. Je n'avais rien contre, si ce n'est qu'un peu de variété de temps en temps aurait été sympathique. Mais, alors que je me trouvais un jour dans la boîte à bachotage, un professeur nous demanda : « Est-ce que l'un d'entre vous sait la raison pour laquelle vos rations comprennent

* L'Allemagne nazie ne souffrit jamais pareilles pénuries : il lui était aisé de piller des pays occupés contigus ou proches de son territoire ; et elle utilisa sur celui-ci le travail forcé des étrangers à une échelle bien plus considérable que le Japon.

** Ce à quoi donnaient droit les tickets de rationnement, en vigueur dès 1940.

à présent toujours du calamar ? » Aucun de nous ne connaissant la réponse, le professeur nous expliqua : « Le calamar est pêché dans les eaux côtières. Mais pourquoi se limiter à celles-ci ? Parce que les flottes de mer ne vont plus en haute mer. Pourquoi cela ? D'une part, parce qu'elles n'ont plus assez de carburant – tout ce qui est pétrole va désormais à l'armée –, et d'autre part parce que tous les gros bateaux ont été réquisitionnés par la Marine. On y installe des armements et ils sont convertis en canonnières. Vous savez désormais ce que signifient vos rations de calamars – ce sera très bientôt la guerre dans le Pacifique[18]. »

Dans ces conditions, il n'est guère étonnant que la fameuse discipline sociale des Japonais se soit délitée à grande vitesse : nécessité fait loi. En témoigne en particulier l'explosion de vols en tout genre :

Le matin du 9 [août 1943], à la gare de Ueno, on me déroba une bourse contenant plus de deux cents yens. J'aurais préféré me dire que je l'avais fait tomber, mais c'était impossible, et il valait mieux appeler cela un vol. Mon compagnon de voyage, du ministère des Communications, se fit aussi dérober sa valise. La confusion en gare de Ueno est assurément extrême. Les voleurs en profitent, et se déchaînent en tous lieux. À en croire Kikuchi Eitarô, directeur administratif à Fukushima, alors qu'il participait aux cérémonies d'adieu des morts de guerre dans un village proche, et qu'il avait laissé ses chaussures à l'entrée, celles-ci furent volées. Suivant Okoshi Gunzô, quand ses amis enlevèrent leurs chaussures dans le train, on les leur déroba. Les conditions sont si mauvaises qu'on peut affirmer que les Japonais s'appauvrissent, et qu'ils tendent tous à devenir des voleurs[19].

Le marché noir était un recours pour pallier les principales pénuries ; encore fallait-il avoir les moyens de s'y ravitailler :

L'huile de cuisson est rationnée. On paye un *go* vingt-trois sen*. Mais au marché noir elle vaut soixante-dix yens. Cela signifie que le prix réel représente trente fois le prix officiel. C'est pourquoi les marchandises ne circulent guère. [...] J'apprends que les paysans des provinces proches de Tôkyô font tellement d'argent que beaucoup ont déjà accumulé dix mille yens[20].

---

* Un *go* représente environ 18 centilitres. Le *sen* est le centième du yen.

Les guerres du XXe siècle furent souvent l'occasion pour les populations des campagnes de prendre leur revanche sur celles des villes, bientôt privées de leurs moyens d'existence (à commencer par l'alimentation) et bien plus soumises aux dangers des bombardements. Qu'on songe à la prise de Phnom Penh (1975) par des combattants Khmers rouges souvent issus des zones tribales, au meurtrier siège de Sarajevo au début des années 1990 par des ruraux serbes, et, à un moindre degré de violence, à l'immense spoliation sous l'Occupation des Français urbains par les paysans, au travers du marché noir. Le Japon connut un phénomène analogue, illustré par le journal intime d'une ménagère de Tôkyô :

> (4 janvier 1944.) Les fermiers, traditionnellement privés de bonnes conditions de vie, sont soudainement propulsés au statut particulièrement important de producteurs de nourriture, ce bien unique qui est la clé de nos existences. Ils vendent leur production sur le marché noir et reçoivent beaucoup d'argent. Les gens des villes, pour survivre, emportent tout ce qu'ils possèdent à la campagne. Ils préfèrent pour leurs fils une conjointe rurale, et favorisent l'union de leurs filles avec des villageois. Ils considèrent comme essentiel le maintien d'une connexion avec ces derniers, simplement pour survivre. [...] Les possessions, autrefois dans les tiroirs des commodes urbaines, sont transférées dans les coffres des ruraux. Les urbains, à présent, émettent les jugements les plus flatteurs sur les villageois, en présence de ces derniers, ce que jusque-là ils ne faisaient jamais. Je ne peux juger de la réalité de ces sentiments, alors que les positions des uns et des autres ont si soudainement changé. Mais il y a un sous-texte de haine, je le sais, de ces groupes l'un pour l'autre. Tout cela me chagrine[21].

Les villes ne furent pas seulement drainées d'une part de leurs richesses, mais aussi d'un segment de leur population. Il s'agissait certes de protéger des bombardements les plus faibles et les moins indispensables, mais aussi de disséminer les industries de guerre et de construire fortifications et caches en vue d'une longue résistance (personne au printemps 1945 ne pouvait prévoir la fin abrupte du conflit, alors que le Japon, point envahi, disposait encore de millions de soldats, et que le « front intérieur » ne donnait guère de signes de craquements). On sait, en particulier au travers de l'extraordinaire dessin animé *Le Tombeau des lucioles*, les dures conditions de vie que trouvèrent dans les campagnes beaucoup d'enfants des villes. Notre ménagère tokyoïte est là aussi une source significative :

(15 mai 1945.) Les enfants d'âge scolaire ou plus jeunes, ainsi que les personnes âgées, sont pratiquement tous évacués de Tôkyô vers d'autres parties du pays. Les jeunes gens sont mobilisés dans l'armée, les techniciens et les intellectuels sont également enrôlés pour servir dans divers services, ou envoyés au front. En ce qui concerne des jeunes gens tels que mes enfants – un garçon et une fille –, déjà diplômés des écoles mais point encore d'âge de conscription, ils sont souvent envoyés dans toutes sortes de postes afin de travailler au sein du programme de mobilisation nationale. Emmy, ma fille, revint de l'école cet après-midi et me dit qu'elle avait été désignée pour servir d'accompagnatrice pour les enfants en train d'être évacués, et qu'elle aurait à partir sous peu[22].

Les conditions de transport, ferroviaire en particulier, se dégradèrent considérablement, dans un pays comme le Japon où le réseau, très dense, répondait aux besoins essentiels d'une population encore bien pauvre, et peu motorisée. Le moindre trajet était des plus éprouvants, surtout quand les bombardements obligeaient à de longs contournements, ou à franchir à pied les zones dévastées avant de remonter dans un autre convoi :

Dans la mesure où les billets ne sont plus délivrés qu'aux militaires et aux fonctionnaires en mission, en acheter est aussi difficile que pour un pauvre d'acheter un diamant. Quand je m'y suis essayé, je me suis vu répondre : « Pour des affaires officielles seulement. » (Les victimes des bombardements sont une exception.) Quand nous arrivâmes en gare de Shinjuku*, deux heures et demie avant le départ du train, le quai était déjà bourré de monde, et il était impossible d'avancer. Chacun essayait d'entrer dans un wagon par les fenêtres. Kodaki et moi nous pûmes heureusement utiliser la porte, mais Seki en fut incapable, et dut recourir à la fenêtre. Six personnes se trouvaient dans le petit WC, et les bagages comme les jambes flottaient en l'air. De 8 heures du soir à 6 heures du matin, nous fûmes réduits à rester debout, et bien sûr il était impossible de dormir ne fût-ce qu'une

* Plus grande gare de Tôkyô, et aujourd'hui la plus fréquentée au monde.

seconde. Les toilettes étaient bourrées de gens. Je m'en plaignis, mais personne ne m'écouta. De ce fait, des femmes se plaignaient de douleurs abdominales. Les enfants en étaient réduits à faire leurs besoins sur les nattes. Cela entraîna querelles et engueulades. De si misérables moyens de transport étaient pour moi une première. Suivant une dame qui voyageait debout à proximité, quoique disposant de la preuve de son statut de victime des bombardements, elle dut faire vingt-quatre heures de queue pour acheter un billet. Après être montée dans le train, elle fut encore obligée de rester debout huit ou neuf heures, ce qui lui fit dépasser les trente heures en station verticale[23].

Un cas très particulier était celui des civils nippons pris dans les impitoyables combats terrestres entre Américains et Japonais. Cela ne concerna guère que les îles de Saipan (Mariannes, juillet 1944) et d'Okinawa, beaucoup plus proche du cœur de l'archipel et bien plus peuplée (avril-juin 1945), mais donnait un avant-goût de ce qui pouvait attendre les soldats américains en cas de débarquement dans les îles principales. Le déplacement d'un hôpital de campagne d'Okinawa, menacé par l'avancée américaine, s'accompagna de scènes d'horreur, relatées par une élève d'école normale recrutée comme auxiliaire de santé :

Il pleuvait dru quand le mouvement commença. Les Américains étaient juste en face de nous, alors que nous rampions hors des abris, en direction de la montagne. Les balles sifflaient tout autour. Il n'est pas habituel de déplacer les hôpitaux de l'armée, mais nous nous trouvions dans une position si dangereuse, proche du front, qu'il n'y avait rien d'autre à faire. Les patients valides se virent remettre des rations de l'armée – deux sacs de biscuits secs durs et sans goût et deux conserves de coquillages. Nous disposions de provisions identiques. Mais, dans la mesure où nous avions en outre à porter bandages, médicaments et bonite séchée, il nous fallut limiter nos vêtements au strict minimum. C'était impossible de transporter les alités ; on les abandonna. Mais en ce temps-là on nous enseignait qu'il était plus honorable de mourir que d'être fait prisonnier par l'ennemi. Alors on donna aux patients du lait mêlé de cyanure de potassium. Tous ceux qui en burent furent enregistrés comme tués à l'ennemi. Le mouvement fut coûteux en vies humaines. Les blessés s'éparpillaient, épuisés et en souffrance. Ceux qui ne pouvaient plus marcher se traînaient à la force de leurs bras ou sur leurs fesses, dans l'espoir de survivre. Infections et malaises conduisaient beaucoup à s'effondrer sur le bord de la route[24].

Terreur infligée par la puissance de feu de l'adversaire, horreur d'une armée sacrifiant sans remords ses propres blessés, ainsi que sa population : qui incriminer davantage ?

Sous les bombardements

Comme pour tant de millions de civils dans tant de pays touchés par la Seconde Guerre mondiale, le paroxysme de la souffrance fut causé par les bombardements massifs anti-villes. Malgré le coup d'épingle du raid Doolittle d'avril 1942*, ce n'est qu'à l'automne 1944 que l'archipel nippon commença à être dévasté, nuit après nuit, par les escadres de bombardiers américains. Quelque 250 000 civils y laissèrent la vie – autant que lors des bombes atomiques des 6 et 9 août 1945**. Les raids menés avec des bombes incendiaires furent les plus atroces, comme à Osaka, quelques semaines avant la fin de la guerre :

---

* Bombardement américain symbolique sur Tôkyô, présenté comme une « revanche » sur Pearl Harbor. Une partie des aviateurs, contraints de se poser dans la partie occupée de la Chine, y furent capturés par les Japonais, jugés et condamnés à mort pour « crimes de guerre ».

** On pourrait s'étonner d'un chiffre somme tout relativement faible, compte tenu de l'énormité des destructions subies par la grande majorité des villes japonaises. Rappelons à ce propos ce que connaissent bien les experts de la chose militaire au XXe siècle : les bombes et obus ne tuent guère que ceux qui ont la malchance de recevoir un impact direct. Ils blessent beaucoup plus souvent (à commencer par les tympans) et ont un puissant effet psychologique. Mais, lors des deux guerres mondiales, la grande majorité des morts fut infligée par des armes à feu, en tir direct. C'est pourquoi même les bombardements les plus intenses ne suffirent jamais à anéantir les lignes de défense adverses. La destruction des maisons particulières au Japon fut facilitée par la légèreté des matériaux traditionnels (bois et papier) qui en composaient alors une grande majorité. Mais, à l'inverse, le risque d'être tué ou enseveli par leur chute était limité. L'exception, ce sont les bombardements incendiaires massifs sur les plus grandes agglomérations, quand ils parviennent à déclencher des « méga-feux », qui tuent massivement par rayonnement thermique, diffusion de fumées asphyxiantes et même disparition partielle de l'oxygène. C'est pourquoi quelques villes (Hambourg, Dresde et plus encore Tôkyô, où 80 000 à 100 000 personnes moururent la nuit du 9 mars 1945) concentrèrent une très large part des morts civiles par bombardement aérien.

Un jour de juillet*, ce fut au tour de notre district d'être visé. Dans notre entourage, tout le monde fuit soit vers l'abri, soit vers un grand réservoir d'eau récemment installé sur une bande de terre où les constructions avaient été rasées**. Les flammes créaient de terribles courants ascendants qui soulevaient de nos épaules les couettes à l'aide desquelles nous tentions de nous protéger. L'horrible chaleur et la fumée impénétrable qui obscurcissait le ciel mettaient mon mari hors de lui-même. Il se sépara de nous et se jeta dans le réservoir où se trouvaient déjà d'innombrables réfugiés, certains d'entre eux accrochés à leurs bicyclettes ou même à des volailles vivantes. La fumée fit que ma fille se sentait mal. Soudain, sa capuche s'enflamma. Je me précipitai pour la lui enlever, mais je m'aperçus que la mienne brûlait aussi. J'essayai de forcer ma fille à rejoindre son père dans le réservoir. Mais mes propres forces me lâchaient. Je commençais à perdre conscience. Il me semblait que la fin approchait. Les cris de ma fille me réveillèrent. S'apercevant que j'allais succomber, elle m'appelait, de toutes ses forces. C'est ainsi qu'elle me sauva la vie. Finalement, je pus la porter jusque dans le réservoir, et m'y traînai après elle. Mon mari en sortit. Plus tard, il me remercia encore et encore pour avoir sauvé notre enfant, et affirma qu'en temps de stress extrême les hommes se révélaient inutiles. Ceux d'entre nous qui s'étaient débrouillés pour aller dans l'eau survécurent. Ceux qui restaient assis dans le terrain avec leurs possessions brûlèrent avec les objets qu'ils tentaient de sauver. Le chef de notre association de voisinage fut tué instantanément par une bombe incendiaire. Mon mari fut blessé à la cheville par un shrapnel***. Nous avions accumulé une grande quantité de briquettes de charbon dans notre maison, en prévision de l'hiver. Frappées par les bombes incendiaires, elles alimentèrent le brasier de notre immeuble. Il brûla pendant deux jours, et fut complètement détruit[25].

La destruction par le feu fut encore bien plus étendue à Tôkyô : le 9 mars 1945 reste à ce jour le bombardement classique le plus meurtrier de l'histoire. Quoiqu'une bonne partie des enfants ait

---

* La date précise n'est malheureusement pas mentionnée. Juillet 1945 fut surtout marqué par des attaques sur des villes petites et moyennes, ou des objectifs industriels précis.

** Face aux menaces d'incendies provoqués par les bombes, on avait entrepris de quadriller les villes de tranchées coupe-feu, quitte à détruire un grand nombre de bâtiments.

*** Fragment de bombe (ou d'obus), ou d'objet ayant explosé sous son impact.

déjà été évacuée vers les zones rurales, les victimes y furent probablement plus nombreuses qu'à Nagasaki, pourtant dévastée cinq mois plus tard par une bombe atomique. Et une grande partie de la capitale fut réduite en cendres : entre 30 et 41 km² suivant les sources (l'équivalent d'un gros tiers de Paris), un million de sans-abri. Les nombreux témoignages de survivants en laissent une description dantesque. Ainsi celle de Masayoshi Nakagawa, qui y vivait avec son épouse et deux de ses quatre enfants, âgés de deux et six ans :

> Le temps que je me lève de mon lit, le voisinage avait été frappé. La totalité du ciel nocturne était en feu. Les appareils ennemis continuaient à lâcher leurs bombes incendiaires, tandis qu'un vent inhabituel, fantasque, alimentait les incendies et se convertissait en tourbillons de fumée et de poussière noire. Ma fille fit de son mieux pour nous aider à rassembler quelques affaires. Puis elle prit mon paquet, alors que j'attachais mon fils sur mon dos et tâchais de porter le nécessaire d'urgence que nous tenions prêt. Nous nous jetâmes dans la panique et le pandémonium qui envahissaient les rues. Les gens trimballaient ce qu'ils étaient parvenus à sauver : des dessus-de-lit, des oreillers, des poêles à frire. Quelques-uns poussaient des chariots ; d'autres coltinaient des vélos sur leurs dos. Je réalisai immédiatement que j'aurais à abandonner le nécessaire d'urgence si je voulais porter mon fils à travers la foule. Les flammes se rapprochaient. Tentant de courir, mais ne manquant pas de trébucher du fait de la chaleur et des bourrasques, nous nous frayions un chemin parmi les gens, amenés parfois à en piétiner dans notre fuite désespérée vers la sécurité offerte par l'espace ouvert situé entre la rivière Onagi et les réservoirs de la Compagnie du gaz. Soudain, j'entendis un cri : « Les vêtements de ton fils ont pris feu ! » Au même instant, je vis des flammes lécher la culotte de coton que portait ma fille. Je fis descendre mon fils et je m'efforçai d'éteindre les flammes de son dos quand une énorme rafale de vent me l'arracha littéralement des mains et me jeta à terre. Luttant pour me relever, je m'aperçus que j'étais maintenant plus proche de ma fille que de mon fils. Je décidai d'éliminer d'abord le feu de ses vêtements. Il remontait sur ses jambes. Tandis que je m'y efforçais, j'entendis les cris désespérés de mon fils, à quelques pas de là. Dès que ma fille fut en sécurité, je me précipitai vers lui. Il avait cessé de crier. Je me penchai sur lui. Il était déjà mort. Mais pas question de m'arrêter. Je l'installai à nouveau sur mon dos et, prenant ma fille par la main, je courus

loin de cet enfer qui ne voulait pas me lâcher. Dès que j'atteignis l'espace ouvert proche des réservoirs de gaz, je m'arrêtai, ma fille à mes côtés, mon fils mort dans mes bras, attendant que l'incendie se calme. Dans la lueur de l'aube, je vis un spectacle de désolation absolue. Sachant que notre maison était partie en cendres, tout comme les autres, je me résolus à me diriger vers la demeure d'un parent. Ma fille et moi, seuls désormais, nous partîmes. Las et émotionnellement à bout, nous avions pourtant à prendre sur nous de nous faufiler à travers des montagnes de débris et de cadavres, assaillis d'âcres puanteurs, et au milieu des gémissements des blessés et des mourants. Un homme, une poêle à la main, contemplait, les yeux vides, le tas de décombres qui avait été sa maison. Un autre était accroupi au milieu de la rue, hébété et sans ressort. Des mères appelaient frénétiquement leurs enfants ; des petits enfants hurlaient après leurs parents. Je ne pouvais ni ne voulais faire quoi que ce soit pour ceux qui souffraient autour de moi. Ma propre souffrance était trop grande. Tous, probablement, sentaient les choses de semblable façon. À proximité de la gare de Kameido, des montagnes de corps bouchaient le souterrain. Les murs étaient éclaboussés de sang. Une femme, carbonisée, était assise et étreignait son bébé, carbonisé. Les morts, brûlés au point d'en être méconnaissables, ressemblaient à des mannequins grotesques et chauves. Ceux qui vivaient encore se plaignaient de la chaleur et demandaient de l'eau. Bien des gens avaient sauté dans la rivière et s'accrochaient à des bûches ou à d'autres débris flottants. Mais ils suffoquaient quand des courants d'air rabattaient de grandes langues de flammes sur la surface de l'eau. Quelques-uns survivaient en s'aspergeant d'eau ou en plongeant dans des réservoirs d'urgence tout juste terminés. Quoique mon fils ait été tué, c'était un vrai miracle que ma fille et moi en aient réchappé. Ce 9 mars, jour de cette horrible attaque, ma femme donna naissance à une fille. L'hôpital avait lui aussi été bombardé, et, aussi faible qu'elle fût, elle avait été forcée de fuir, son nouveau-né dans les bras. Elle avait demandé à quelqu'un d'emmener le bébé en lieu sûr, mais on lui avait sèchement conseillé de l'abandonner : il serait une charge pour elle. Elle ne put cependant se résoudre à suivre cet avis, et elle s'échappa à travers les flammes, sans aucune aide. À une piscine de Kinschicho, elle s'arrêta pour verser de l'eau sur elle et sur le bébé. De cette manière, elle sauva leurs deux vies des averses d'étincelles au milieu desquelles il lui fallait se frayer un chemin[26].

Pour ceux qui n'avaient pas traversé l'enfer, et continuaient à mener à quelques kilomètres de là une existence à peu près normale, la prise de conscience – par ouï-dire ou par vision directe – de ce qui s'était passé le 9 mars constitua néanmoins un grand choc. C'est ce que relate Kiyosawa Kiyoshi, qui se rendait le 10 mars en train à une réunion de société savante dans le centre de la capitale :

> En approchant de Tôkyô, on voyait beaucoup de gens d'Hamamatsuchô enveloppés dans leur literie. Les foules qui erraient le long des voies ferrées étaient exactement celles du tremblement de terre passé*. Les zones situées de part et d'autre de la gare de Shimbashi brûlaient. C'était en particulier la gare de Shiodome qui flambait furieusement. Ici se trouve la principale station de fret de la capitale, et on peut compter qu'il y avait là de grands tas de marchandises, hauts de deux ou trois étages, dans toutes les directions. Tout cela était réduit en cendres. Ce qui surprenait, c'est que seule la gare de marchandises avait été frappée : la précision du bombardement était étonnante**. De Ginza sanchôme à ichôme***, tout est en flammes. Les incendies ont pénétré jusqu'au grand magasin Shiroki de Nihonbashi. Le bouquiniste Meijidô où je vais toujours avait été complètement anéanti. J'y avais commandé des livres jeudi et je pensais aller les prendre. Seul Maruzen est intact. [...] Ce qui est insupportable à voir, c'est le grand nombre de vieilles dames et de malades qui, tout en étant serrés de près par d'autres, vont quelque part. Des gens qui portent dans une main une literie épargnée par le feu, d'autres qui portent des seaux noircis. Tous ces gens errent sans but sur l'avenue de Ginza. Les yeux de chacun sont rougis. Probablement sous l'effet de la fumée et de la chaleur. [...] J'apprends qu'Asakusa, Honjo et Fukagawa sont presque totalement détruits. De plus, du fait de la violence du vent, certains ont plongé dans l'eau et se sont noyés, certains autres, dans les abris antiaériens, ont été suffoqués par la fumée : leurs cadavres jonchent

---

* Allusion au désastreux tremblement de terre du Kantô (région de Tôkyô) qui, le 1er septembre 1923, avait provoqué la mort de 100 000 à 150 000 personnes et détruit une grande partie de la ville.

** Semblable précision n'était malheureusement pas la règle. Les bombardements dits chirurgicaux étaient à l'époque très difficiles à réaliser, ce qui explique largement la tentation pour les responsables de préconiser de meurtriers tapis de bombes sur de vastes étendues.

*** Cela correspond à l'espace séparant deux stations de métro.

la route. C'était un spectacle horrible, insupportable. Le Yoshiwara a lui aussi été complètement consumé. [...] on m'a dit au commissariat de police que deux cent mille maisons avaient brûlé. Si c'est le cas, on peut envisager un million de victimes, est-ce vrai ou non* ? Une partie de l'Université impériale a été anéantie par le feu. [...] Dans la soirée, il y eut un appel de mon association de voisinage pour fournir des vêtements, de la nourriture et de la literie. Mon Dieu, est-ce cela la guerre ? Le Premier ministre Koiso a exprimé sa confiance en « la victoire inévitable » et a attaqué les bombardements indiscriminés de l'ennemi. Quant à l'expression appuyée de son humiliation devant l'incendie des écuries impériales, elle provoquera sans doute une réaction hostile de la population[27].

Vivre dans les grandes villes à l'époque, c'était jouer un jeu dangereux avec la mort. Les bombardements prenaient l'allure d'une fatalité contre laquelle personne ne pouvait plus rien – en 1945, les défenses japonaises (DCA, aviation de chasse) avaient été réduites à une quasi-impuissance. Cette fatalité était redoublée quand, comme Takeyama Michio, on était de plus coincé, sans possibilité de fuite dans la direction la moins risquée :

Quand les raids aériens se firent fréquents, les illusions consolatrices se développèrent. Du genre : « L'ennemi est tombé dans notre piège. » Ou bien : « Si le Japon retire ses troupes du continent, l'Amérique aura perdu son but de guerre. Après cela, si nous transformons le Japon entier en une forteresse du type de Rabaul**, la guerre pourra se prolonger sans limite de temps, de telle façon que l'ennemi se lassera et abandonnera. » Ou encore : « Vous perdez quand vous vous rendez. Mais nous ne nous rendrons pas, et donc ne perdrons pas. Si chacun de nous tue l'un des leurs, notre nombre amènera notre victoire. »

---

* De la difficulté à utiliser les chiffres à bon escient : Kiyosawa, correctement informé sur les dégâts matériels (l'administration, au Japon, n'a jamais cessé de fonctionner), néglige le fait que de très nombreux résidents ont pu fuir les flammes à temps ; d'autre part, beaucoup (les enfants en particulier) s'étaient déjà réfugiés dans les campagnes, et beaucoup d'autres (y compris des femmes) étaient mobilisés loin de leur résidence.

** Ville et port de Nouvelle-Bretagne, dans l'archipel Bismarck, aujourd'hui en Papouasie-Nouvelle-Guinée. Principal point d'appui du Japon dans le Pacifique Sud, il fut contourné (comme d'autres bases japonaises) par les offensives américaines, tout en étant constamment bombardé et privé de tout renfort ou ravitaillement.

Toutes des illusions ridicules, que même des gens assez sophistiqués répétaient. [...] Mais, en réalité, alors que tant de gens se berçaient d'opinions optimistes, la fortune était atteinte de folie furieuse, et tout ce que nous pouvions faire était de calculer nos chances. Prenez cette expérience vécue. Une nuit, je rentrais tard à la maison. De la gare de Tôkyô à Kamakura il y avait une heure de train, dont les deux tiers en zone industrielle dense. À l'époque, tout avait brûlé, de chaque côté. Cela faisait bizarre quand des maisons étaient encore là, intactes. Pourtant, depuis les fenêtres du train, on pouvait distinguer des couches en train de sécher dans ces maisons surpeuplées, et des enfants qui jouaient dans les rues. Il y avait un pont de fer, et tout le monde imaginait que c'était un objectif prioritaire. [...] Normalement, les raids commençaient vingt minutes après l'alerte. Ainsi, si celle-ci retentissait après que nous eûmes franchi ce pont, en vingt minutes nous serions à Hodo-gaya, et ensuite c'étaient des terres agricoles, sans danger. C'est comme cela que je calculais. Chaque fois qu'on dépassait le pont, je me réjouissais. Mais, cette nuit-là, peu après avoir quitté la gare de Shinagawa (il était juste 10 heures), la contrôleuse entra dans le wagon et s'écria : « Voici la nouvelle. Une force importante d'avions ennemis a franchi les îles d'Izu en direction du nord-est, avec pour objectif probable Tôkyô-Yokohama. » Il faisait très sombre dans la voiture. Bouclant sous son menton la courroie de son grand chapeau et s'éclairant de sa lampe de poche, la contrôleuse gagna le wagon suivant. Cette lumière révélait que les passagers étaient très peu nombreux, et que tous portaient des casques de métal ainsi que d'épaisses capuches. Ils se blottissaient face au vent qui soufflait par les fenêtres brisées, silencieux, sans poser de question, immobiles. Tête baissée, moi aussi, je fis ce calcul mental : dans vingt minutes nous atteindrons Yokohama. Les risques de désastre sont encore grands, mais comme nous aurons passé cet horrible pont, même si c'est justement la zone du raid, on peut les estimer à 20 % – non, 15 %. Mais mon raisonnement était fautif. Le train ne continua pas sa course jusqu'à l'apparition des avions ennemis. Il s'arrêta en pleine voie, et les passagers se virent ordonner de descendre et de se mettre à couvert. En silence, nous sautâmes tous sur les traverses et le gravier. Au-dessus de nos têtes, le ciel, soudainement devenu objet de toutes les attentions, s'étendait très loin, et avait la couleur de l'acier poli. Devant nous, la surface luisante de la rivière. Le train s'était arrêté juste avant le pont. Et je devais rester là – au point le plus dangereux de la ligne, à l'heure la plus dangereuse. Dans ces conditions, tout ce que je pouvais faire était de me mettre en quête de l'emplacement le plus sûr. L'ensemble des passagers semblait avoir la même idée. Progressant spontanément en groupe sur la large berge de la rivière, nous tentâmes de mettre autant de distance que possible entre le pont et nous. Chacun était suspicieux de l'autre – ne va-t-il pas me flouer et trouver pour lui seul un refuge convenable ? –, et recherchant un bon emplacement, nous scrutions la nuit. Mais la berge ne recelait aucun endroit à couvert. C'est alors qu'un groupe de gens arriva à pied de la direction de la ville, se hâtant en sens inverse du nôtre. Comme nous nous croisions, l'un de nous demanda : « N'y a-t-il pas un abri par ici ? » L'un d'eux répondit : « Non. » Et ajouta : « Allez vers le pont. Ils paraissent réserver les attaques contre les réseaux de transport pour la fin, alors le pont est plus sûr que la ville. Et en plus il arrête les éclats. » À cette conclusion, nous rebroussâmes chemin en suivant ces gens. Au pied d'un petit escarpement, dans l'ombre du pont, vingt ou trente silhouettes sombres étaient déjà accroupies. Ceux qui vivaient dans cette zone si dangereuse avaient fait leur propre calcul des risques. Au loin, le ciel s'enflamma, rougit, des bouffées nuageuses devenant progressivement visibles, et des explosions retentirent. Ils nous dirent que cette nuit, ça devait être le tour de Tachikawa[28].

Il a souvent été dit, à propos de l'Allemagne en particulier, que les bombardements de terreur contre la population civile avaient été contre-productifs, la colère des victimes renforçant la volonté de combattre jusqu'au bout, et confortant donc les pouvoirs en place. Le cas du Japon semble pourtant aller dans le sens inverse, si du moins on en croit divers témoignages, tout particulièrement celui de Kiyosawa Kiyoshi :

Une anecdote que me relata Nanao [homme d'affaires, directeur de Fuji Ice]. Les victimes n'ont pas de sentiment de haine contre l'Amérique ; du fait de leur misérable condition, elles ont plutôt tendance à blâmer leur propre gouvernement, incapable de leur fournir la moindre literie. [...] La photographie de l'empereur, dans les écoles, élémentaires ou non, a été l'objet d'une vénération plus importante que la vie elle-même. De ce fait, ils sont nombreux à avoir péri*. [...] Le fait le plus marquant, dans ces raids, c'est que les Japonais ne manifestent ni rancœur ni indignation à l'encontre de ces attaques américaines indiscriminées. Quand je leur dis : « N'est-ce pas atroce ? »,

* Plusieurs autres témoignages relatent les risques inconsidérés qu'il s'agissait de prendre pour éviter la destruction des sacro-saints portraits de Sa Majesté.

> ils répondent : « C'est à cause de la guerre. » Ils estiment que la guerre est responsable du bombardement des jeunes comme des vieux, des hommes comme des femmes, et qu'on ne peut rien y faire. J'entends ces mots, « Parce que c'est la guerre », même quand je suis dans le train, et également dans les rues. Hier soir, deux hommes victimes des incendies vinrent pour quelques heures, et me dirent : « Il n'y a rien à faire si une maison brûle ; c'est à cause de la guerre. C'est dommage pour les usines anéanties. » La vision japonaise de la guerre n'inclut pas l'indignation des hommes[29].

Ainsi donc, dès avant la fin des hostilités, bien des Japonais avaient fait leur une essentialisation de la guerre où il n'y a plus de coupable, où la norme morale est comme suspendue, le seul but légitime étant de gagner. Si cela se traduisit au printemps 1945 par une indulgence étonnante envers ceux qui pilonnaient nuit et jour les populations de l'archipel (indulgence qui préfigure l'acceptation très rapide de l'occupation, à l'automne), cela peut aussi rendre compte de la faiblesse des réticences face aux innombrables exactions du régime, à l'intérieur comme à l'extérieur. Le massacre de Nankin, la déportation au Japon de centaines de milliers de travailleurs coréens, « c'était la guerre », là encore. Et, plus près de nous, l'argument tend également à dédouaner de toute culpabilité les responsables encore en vie, et plus généralement à entraver la réflexion mémorielle sur ce moment terrible, au grand dam des voisins chinois et coréen. « C'était la guerre » : rien à ajouter, et tout à oublier.

On en est donc réduit à admettre que les cruels bombardements qui écrasèrent tant de villes nippones furent militairement justifiés. Les victimes en voulaient moins aux Américains qu'à leurs propres autorités, qui leur donnaient le sentiment de les avoir abandonnés. Cela souligne aussi l'écart entre la propagande officielle japonaise, triomphaliste presque jusqu'au bout, et la réalité de défenses quasi inexistantes, les Américains étant totalement maîtres du ciel. Puisqu'on avait pris l'armée en flagrant délit de mensonge, pourquoi continuer à croire le reste ? Et l'on en vint même à douter du bien-fondé de la politique d'expansion qui avait conduit à la guerre. Le contre-exemple est fourni par le stupéfiant refus de Japonais internés aux États-Unis de reconnaître comme vraie la nouvelle de la défaite de leur pays d'origine, et ce, des mois durant*. Eux n'avaient connu ni les bombardements ni la famine. Sans ces souffrances, le Japon n'aurait sans doute jamais capitulé avant d'être envahi. Face aux effets de la guerre, tout le monde n'était cependant pas à égalité. Le nationalisme xénophobe se faisait jour à la première occasion :

> Dans l'après-midi, Shiina, directeur à Nomura Life Insurance, vint demander comment nous allions. Il s'exclama : « Je suis vraiment dégoûté des Japonais ! » Il dit qu'une Juive allemande vivait dans son district. Cette dame était la belle-sœur de Thomas Mann, et jusqu'à présent, dans la mesure où le quartier de Senzoku n'était pas un objectif militaire, l'atmosphère y demeurait paisible, et l'on n'avait même pas creusé d'abris antiaériens. La nuit dernière, cette dame était à la recherche d'un refuge, aussi la guida-t-il vers l'abri le plus proche. Mais le chef de l'association de voisinage tonna : « Il y a ici des étrangers ! » et expulsa ces deux personnes, leur occasionnant une grande détresse. Shiina dit : « Quelle est la fonction de cette guerre ? Se lancer dans un conflit sans raison[30]... »

* On y reviendra ultérieurement.

3

Faire la guerre

Le soldat japonais fut-il le meilleur combattant de la guerre de l'Asie-Pacifique, voire de l'ensemble de la Seconde Guerre mondiale, ainsi que l'ont souvent soutenu les vétérans de l'armée impériale, de même que certains de leurs adversaires ? Ce ne fut pas toujours le plus efficace, tant s'en faut (on y reviendra), mais ce fut assurément le plus endurant, celui qui manifesta le plus souverain mépris pour sa propre fatigue, sa souffrance et sa mort. S'il n'y avait pas eu, dans la dernière semaine du conflit, la blitzkrieg menée en Mandchourie par l'Armée rouge soviétique, qui captura sans grande difficulté près de 600 000 soldats japonais, on aurait même pu soutenir que le guerrier nippon était constitutivement incapable de s'avouer vaincu, préférant combattre jusqu'à son dernier souffle, même en l'absence de toute perspective de victoire.

Supériorité technologique et ténacité au combat : le binôme victorieux

C'est ce soldat rustique, peu impressionnant par son physique, son accoutrement ou son équipement, et néanmoins adversaire redoutable, que rencontra en Malaisie le colonel britannique Spencer Chapman, volontairement resté de l'autre côté des lignes de front :

> Ils semblaient ne pas avoir d'uniforme ou d'équipement standard, et voyageaient aussi légers que possible. Certains portaient du vert, d'autres du gris, du kaki, ou même du blanc sale. La majorité avait

des pantalons flottant librement, ou rentrés dans des bottes ou sous des bandes molletières. Certains autres avaient des culottes longues, ou des shorts, des bottes en caoutchouc ou des chaussures de sport. Leurs couvre-chefs étaient des plus variés : quelques casques d'étain, des casquettes en tous genres, des casques coloniaux au large bord, des chapeaux de feutre, des bombes de jockey, des petites casquettes à visière, ou même un morceau de tissu noué autour de la tête et retombant sur la nuque. Leurs équipement et armement étaient tout aussi variés, et reposaient en bandoulière sur les hommes et leurs vélos, sans méthode fixe. Nous notions avec plaisir que leurs armes – des fusils, des mitraillettes – étaient généralement attachées au cadre de leurs bicyclettes, de sorte qu'il leur aurait fallu un certain temps pour entrer en action en cas d'attaque soudaine. De temps à autre, un convoi de voitures d'état-major et de camions passait, savamment camouflé à l'aide de palmes. On n'en percevait guère l'utilité, les avions japonais étant maîtres du ciel et volant très bas au-dessus de la route. L'impression générale était celle d'une extraordinaire détermination. On leur avait ordonné de rejoindre la tête de pont*, et ils y allaient par milliers, quoique leur équipement soit hétéroclite et de seconde qualité, et qu'une bonne partie ait manifestement été saisie en Malaisie. C'était en particulier vrai pour leurs moyens de transport : nous vîmes plusieurs groupes de soldats à pied, qui fouillaient systématiquement les *kampong***, les bâtiments des plantations et les ateliers, à la recherche de vélos, et la plupart des véhicules à moteur portaient des plaques d'immatriculation locales. Leur équipement de cuisine était lui aussi fort léger : ils vivaient sur le pays, en collectant du riz, des volailles et des légumes dans les villages environnants. À un moment il se mit à pleuvoir, et nous eûmes à ranger nos carnets de notes, mais même un orage de Malaisie*** n'arrêtait aucunement les Japs. Ils sortirent tous des capes imperméables de qualité avec capuches – c'était apparemment le seul équipement standard dont ils aient été dotés –, qui les recouvrait, eux et leur bric-à-brac sur leurs vélos. Quoiqu'il y ait eu plusieurs bâtiments au bord de la route, nous ne vîmes aucun de ces hommes y chercher un abri[1].

---

* Sur le détroit de Johor, en face de l'île partiellement fortifiée de Singapour, avant sa chute (15 février 1942).

** Villages malais ou indonésiens, aux maisons de bois (bambou surtout) souvent construites sur pilotis.

*** Située dans la zone équatoriale.

La campagne de Malaisie (décembre 1941-février 1942) fut, au lendemain de Pearl Harbor (le 7 décembre, heure de Tôkyô), le théâtre d'une nouvelle démonstration de l'impuissance d'une flotte privée de toute maîtrise parallèle de l'air : le cuirassé britannique *Prince of Wales* et le croiseur *Repulse*, qui venaient d'être envoyés dans les eaux asiatiques, furent coulés sans coup férir par l'aviation japonaise au large de la côte orientale de la péninsule malaise. Cette catastrophe allait donner le ton de l'ensemble de la campagne de Malaisie, longue retraite en direction de Singapour, où des troupes presque trois fois plus nombreuses furent capturées par l'armée du général Yamashita Tomoyuki, sans s'être beaucoup battues. Bien des soldats en gardèrent un souvenir très amer, qui peut évoquer la mémoire de l'« étrange défaite » de mai-juin 1940 en France. C'est le cas du sergent Alec Hodgson, du Royal Australian Corps of Engineers, qui écrivit dans son journal intime :

> *13 février 1942*. Crois que l'aviation a suivi la Marine et s'est enfuie*. Je pense que nous sommes en train de tirer nos dernières cartouches. Les Japs ont solidement établi des têtes de pont en plusieurs points, et leurs avions dévastent l'esprit de résistance des gars. Je n'ai pas vu un seul des nôtres depuis une semaine. Passé un sale moment avec les bombardiers en piqué. Le bombardement était continu toute la nuit, paraît qu'ils en avaient après une batterie située devant nous. [...] Ai l'impression que la messe est dite. Pas possible de simplement comprendre notre commandement. Semble s'être consacré à aider les Japs toute cette période, et maintenant, pour finir, la politique suicidaire de leur permettre de nous encercler avec des forces supérieures ? [...] Désormais, ils peuvent nous plonger en enfer. À coup sûr, le jeu aurait consisté à se diviser en compagnies autonomes et à aller le chercher, non pas ici sur l'île, mais plus haut, en Johore. Ses avions n'auraient pas servi à grand-chose dans ce cas. Au lieu de quoi nous avons installé des miles et des miles de barbelés, dont il nous a délogés à coups de bombe. Entendu une rumeur très persistante de débarquement des Yanks** et des Britanniques dans chaque port depuis Penang. N'en crois rien et ne crois pas non plus que les Japs aient des effectifs approchant même de loin ceux que

* De Singapour, où les Japonais ont débarqué une semaine plus tôt.

** « Yankees », Américains.

nous avons sur l'île. Estime que si on nous envoyait tous sur eux, on pourrait les en chasser. [...]

16 février : CAPITULATION, et de mon point de vue restreint, une capitulation honteuse. Apparemment, et ça je le ressens vivement, alors même que j'essayais de renforcer chez les gars la capacité d'affronter n'importe quoi, l'armistice commença à 7 h 30 la nuit dernière, mais nous ne l'apprîmes qu'aux alentours de 10 h 30 – probablement dernière unité à être informée, comme toujours. Sentiment de dégoût et de honte totale, jamais vu un Jap, jamais tiré une seule balle, et il y en a des milliers comme nous. Toute cette maudite campagne se révèle une lamentable tragédie de non-coopération et de bourdes. Écris ceci dans un environnement luxueux, avec cigare, verre de bière, et une radio qui fonctionne dans la pièce d'à côté. Ai attrapé un camion ce matin première heure, et suis descendu en ville pour tenter ma chance de m'échapper, mais c'est à peu près sans espoir. Les patrouilles, avions et vedettes Jap sont partout, alors me suis glissé dans les hangars et sur les quais, et me suis chargé de Cascade*. On peut estimer à trente caisses de Cascade ce qui est allé aujourd'hui à la compagnie. Japs très amicaux, aucun problème avec leurs sentinelles, en fait, on a partagé un verre avec certains. Donné deux caisses et des biscuits à des Punjabis terriblement assoiffés et affamés. Entendu la radio dire que le dernier message de Percival** avant la capitulation était : « Plus de pétrole, plus d'eau, plus de nourriture, plus de munitions. » Foutaises ! Le problème, c'est que l'organisation s'était effondrée. Capitulation apparemment sans condition. Quelle gifle pour le Lion britannique, et quel merveilleux travail accompli par les Japs[2].

Les Japonais furent partout des adversaires redoutables, à la ténacité, l'endurance et l'esprit de sacrifice sans pareils. Il convenait par-dessus tout de ne pas les sous-estimer si l'on voulait les vaincre, ou simplement survivre. Il reste que leur efficacité ne devait pas davantage être exagérée, comme le montre le capitaine Donald McCutcheon, du 3e/4e Gurkha Rifles :

À la fin du conflit, nous n'avions plus peur des Japs. Ils ne nous suivaient jamais dans la jungle. Ils n'étaient absolument pas ces splendides combattants de jungle, c'étaient de bons combattants, mais pas des

* Bière de Tasmanie.

** Le général Arthur Percival était commandant en chef des forces de l'Empire britannique en Malaisie. Sa direction irrésolue de la campagne fut très critiquée.

experts de la jungle. Ils étaient très braves. À Myitkyina, face à deux divisions chinoises, ils tinrent alors que la plupart des gens auraient capitulé ou cédé le terrain[3].

La guerre dans les airs

De même que la guerre aérienne à large échelle, et surtout les bombardements de masse, fut dans la moitié occidentale du monde inaugurée par l'Italie (en Éthiopie en 1935) et l'Allemagne (en Espagne au début de 1937, Guernica en étant le lieu emblématique), de même, en Asie, c'est le Japon, leur futur partenaire de l'Axe, qui recourut le premier à ces méthodes radicales, avant que les Américains ne le leur rendent – au centuple. Dès la fin de l'année 1937, les principales villes chinoises furent soumises à un feu roulant, auquel la faible aviation chinoise avait le plus grand mal à riposter. Canton (avant l'assaut terrestre d'octobre 1938) et surtout Chongqing (ou Chungking), l'indomptée capitale de temps de guerre, subirent des raids visant principalement à terroriser les populations civiles. Jacques Guillermaz, passé à la « dissidence » gaulliste, en fut un témoin :

> Chungking a été, bien avant Londres, la première au martyrologe des villes assassinées. Dans une apocalypse, alors inimaginable, certains raids japonais ont fait en un seul jour plus de dix mille victimes*[4]. Peu à peu, abris et galeries ont été creusés dans la roche, un bon système d'alerte visuel et sonore mis au point, et dès lors les bombardements causèrent surtout des destructions d'immeubles qui permirent d'ouvrir des avenues là où ne pouvaient passer que des chaises à porteurs. Peu après mon arrivée, me trouvant sur une colline de la rive sud, j'assistai, comme d'un balcon, à l'un des derniers bombardements. Sirènes de pré-alerte, une puis deux, puis trois grosses boules rouges en haut des mâts de signalisation. Sans panique, de longues files de gens portant ballots, paniers, valises se mettent en colonne devant les entrées d'abri, s'y enfoncent lentement comme de longs vers de terre. Tout

---

* Le chiffre semble très exagéré : selon les données officielles du Guomindang, Chongqing aurait déploré 1 800 morts (et 70 000 sans-abri) au cours des huit premiers mois de 1940. Pour l'ensemble de la Chine, de juillet 1937 à mai 1940, 51 000 civils auraient péri sous les bombes.

disparaît bientôt, absorbé par les rochers. Les trois boules redescendent, un silence de mort tombe soudain sur la cité totalement vide. Seuls quelques soldats vêtus de toile jaune ou grise, coiffés du casque plat de l'armée britannique, demeurent dans les blockhaus des carrefours, prêts à tirer sur les suspects, espions ou pillards. Enfin, cet angoissant silence est rompu par le vrombissement des appareils nippons, vingt-sept, comme d'habitude, formés en V. La DCA est pitoyable, sinon inexistante. Cette fois, les Japonais visèrent les installations extérieures de la ville. Il en sera de même lors du dernier raid auquel j'assisterai devant l'abri de la mission militaire de la France libre en 1943. De la haute terrasse de la caserne Odent, quand la lune était brillante et clair le ciel nocturne, nous assistions parfois à un étrange spectacle. Alertés dès l'envol des avions japonais de leurs bases, les derniers bâtiments de la marine de guerre et de la marine de commerce chinoises glissaient silencieusement dans la nuit, comme des ombres, à une ou deux encablures de nous. Vieux torpilleurs à hautes cheminées et de toutes origines, petites canonnières, gros navires marchands ayant quitté leur mouillage habituel trop connu descendaient sans bruit le grand fleuve pour aller s'embosser loin en aval sous des barres de rochers. Le défilé de cette escadre fantôme, devenue inutile et impuissante, cherchant à échapper aux feux du ciel, le cadre et l'heure donnaient une intensité dramatique et poétique extraordinaire à cette brève vision[5].

Cependant, face à un adversaire autrement mieux équipé sur le plan technique que la misérable Chine des années 1940, l'aviation nippone montre vite ses limites. En mai 1944, dans l'île de Guam, à la veille du débarquement américain, un fantassin japonais observe sa destruction progressive :

Durant une pause des frappes aériennes américaines, les bombardiers de notre Marine prirent l'air pour une mission d'assaut. Plus tard, vingt-cinq ou vingt-six revinrent du raid en formation, et, effectuant un virage, essayèrent de se poser. Soudainement, un groupe d'objets noirs, tel un essaim de moineaux, piqua depuis les nuages et abattit presque tous nos avions juste devant nos yeux. C'étaient des chasseurs américains. Quelqu'un dit : « Ils ont poursuivi les nôtres en volant au-dessus d'eux. Nos avions étaient non seulement à court de munitions, mais aussi de carburant, et étaient tout simplement incapables de combattre. » J'étais d'accord. Dans cette bataille, notre aviation avait été presque anéantie. Il ne restait que cinq ou six appareils. Ils lancèrent ensuite des bombes éclairantes la nuit, et accomplirent quelques vols d'entraînement. « Ils cherchent à nous remonter le moral », dit quelqu'un. Pourtant, je ne suis absolument pas sûr que cela ait eu un effet bénéfique. À l'époque, nous appelions les avions japonais « boîtes d'allumettes » ou « citernes d'essence », dans la mesure où leur qualité était si faible qu'ils prenaient feu et s'écrasaient aisément. De temps en temps, depuis le sommet du mont Alifan, j'avais une vision sans obstacle des combats aériens. Globalement, notre aviation se battait plutôt courageusement, abattant de nombreux avions ennemis. Pourtant, à chaque fois qu'un avion américain était abattu, les pilotes sautaient en parachute. Leurs sous-marins émergeaient bientôt à la surface et les recueillaient. Il y avait apparemment bien des sous-marins américains à opérer dans les eaux de Guam. Par contraste, quand un avion japonais était abattu, personne ne venait secourir le pilote. C'était une cause perdue. J'entendis également dire alors que certains autochtones avaient nuitamment des contacts avec les sous-marins ennemis à l'aide de lampes-torches et de signaux. On me narra un incident où certains chantèrent l'hymne américain et saluèrent un sous-marin avec leurs mouchoirs. Ensuite, non seulement ceux-ci furent internés, mais ce fut le cas de l'ensemble de la population insulaire. À ce moment, il n'y avait plus un seul avion japonais capable de décoller de Guam[6].

L'archaïsation de la guerre

Mais cette guerre ne fut pas que moderne et technologique. Comme en Russie, où les chevaux pouvaient seuls désembourber les chars allemands, les Japonais mobilisèrent des myriades d'animaux de trait pour leur offensive de 1944 en direction de l'Inde, à partir de la Birmanie occupée :

> L'une des tâches importantes du département vétérinaire était d'acheter des bœufs pour l'opération « Imphal ». Le lieutenant-colonel Sakata, accompagné de soldats, parcourut village par village une zone déterminée par la 15e armée, et acheta 1 000 bovins – bien moins que les 20 000 escomptés par l'armée. Le plan était de leur faire porter la nourriture, et quand celle-ci serait consommée, de manger les animaux. Ce projet unique du général Mutaguchi, commandant en chef de la 15e armée, était inspiré par une expédition de Gengis Khan de Mongolie.

Mais tout va bientôt dérailler dans cette désastreuse offensive menée en terrain particulièrement malsain :

> Au cours de l'opération « Imphal », la 15e armée utilisa 12 000 équidés (dont des mules), 30 000 bœufs et 1 030 éléphants. Ils traversèrent la rivière Chindwin et s'enfoncèrent dans de rudes montagnes. Tous les chevaux périrent, mais bon nombre de mules participèrent à la retraite. Les chevaux japonais moururent avant les mules. À compter du début de l'opération, ils survivaient cinquante-cinq jours en moyenne, contre soixante-treize pour les mules. Il était remarquable que presque tous les éléphants aient été capables de survivre et de revenir en Birmanie, en dépit de leur dur travail dans des jungles si difficiles[7].

On a souvent une vision très fausse de la guerre de l'Asie-Pacifique. Ses deux épisodes les moins mal connus, et probablement les plus importants si l'on considère leurs conséquences, sont indiscutablement Pearl Harbor et Hiroshima. Or ils sont marqués par d'importantes percées technologiques (coordination à grande échelle entre marine et aviation ; énergie nucléaire). Mais la masse du conflit se déroula dans des conditions bien plus archaïques, où l'alimentation, la pluie, les animaux, les maladies, les muscles et l'endurance, physique aussi bien que mentale, les armes blanches furent les éléments décisifs. Bref, des conditions de combat plus proches de celles des guerres napoléoniennes ou de la guerre de Trente Ans (1618-1648) que des affrontements industriels du XXe siècle. Bien sûr, la puissance de feu est parfois gigantesque. Encore faut-il en disposer, l'apporter au bon endroit, et l'utiliser à bon escient. Cela explique et la résilience d'un Japon rapidement surclassé sur ce plan, et la surprenante capacité de résistance des troupes chinoises, pourtant cruellement dépourvues de matériels modernes.

Le grand poète anglais W. H. Auden, accompagné en 1938 dans un reportage en Chine par l'écrivain Christopher Isherwood, s'étonne de la qualité de l'état d'esprit des forces chinoises :

> Nous sommes tombés d'accord : il est presque impossible pour des étrangers tels que nous d'évaluer le moral des militaires chinois. En surface, si l'on suit les critères occidentaux, les impressions laissées par une visite telle que celle-ci ne peuvent qu'être déprimantes. En Europe, on est si accoutumé aux attitudes de fermeté et de vantardise

> que la retenue d'un officier chinois paraît positivement défaitiste. Alors que nous étions ce matin sur le front, notre guide nous dit : « De ce côté se trouvent les lignes sur lesquelles nous battrons en retraite. » « Mais vous ne *devez pas* battre en retraite », rétorqua Auden, sur un ton sévère, en dépit de lui-même. Le Chinois se contenta de sourire. Un moment après, ayant tout inspecté, on nous demanda notre avis sur le système de tranchées. Les officiers semblèrent sincèrement déçus de notre appréciation positive, et je ne pense pas que ç'ait été simple politesse. Ils auraient bien accueilli les avis et suggestions, même venant d'un civil ignorant. Le soldat chinois moyen parle des chances de la Chine avec un air gentiment dépréciatif, et pourtant il a confiance en l'issue victorieuse des hostilités – ou du moins il l'espère. « Les Japonais, nous dit l'un d'eux, combattent avec leurs tanks et leurs avions. Nous, Chinois, combattons avec notre esprit*. » L'esprit est assurément important quand on considère l'infériorité chinoise en armements (les canons modernes vus ce jour constituaient une remarquable exception) et leur déficience désespérante en services de santé. Les troupes européennes peuvent apparaître plus pleines de confiance en elles, plus combatives, plus efficaces et plus énergiques, mais si elles avaient à mener le combat sous des conditions similaires, je gage qu'elles se mutineraient toutes dans les quinze jours[8].

Certaines formes de combat laissèrent aux rescapés des souvenirs particulièrement effrayants, en particulier les affrontements nocturnes. Ils étaient très en faveur dans l'armée japonaise, surtout quand, à partir de 1943, et face aux Anglo-Saxons, elle se trouva presque systématiquement en situation d'infériorité en matière de puissance de feu. Sans visibilité, et au corps à corps, celle-ci se trouvait annulée. L'infanterie américaine et australienne dans les îles du Pacifique, l'armée britannique en Birmanie eurent à subir ces attaques soudaines qui ne permettaient plus de dormir tranquille, et où il était bien difficile de distinguer amis et ennemis. Le témoignage du sergent Harold Atkins, du Queen's Royal Regiment, engagé en Birmanie avec les Chindits en mars 1944, en recoupe bien d'autres :

---

* Curieusement, semblable argument fut très largement utilisé au Japon, en particulier lors de la guerre du Pacifique, où les détenteurs des technologies avancées étaient américains. On leur opposait la prétendue supériorité du *Nihon Seishin* (« esprit japonais »).

Nous étions encore en mouvement et n'avions pas mis complètement la colonne en état de défense tous azimuts quand il fit nuit noire, et soudainement nous entendîmes le grondement de moteurs. Au début, nous pensions qu'il s'agissait d'avions, mais ce fut en réalité une demi-douzaine de camions chargés de Japonais qui surgirent à la vitesse de l'éclair (*slap-bang*) au milieu de notre bivouac. Ce fut le chaos. Il faisait sombre. Les Japs jaillirent de leurs camions, il y avait des grenades qui partaient, on criait et on hurlait. L'officier en charge fut blessé. On était désorganisés, on s'était débarrassés des paquetages, on avait placé les armes contre des arbres, on avait commencé à préparer le thé. Certains avaient leurs armes à proximité, d'autres pas. Mon propre groupe n'avait pas eu le temps de mettre bas les paquetages. Nous nous mîmes à couvert sur les rives d'un petit cours d'eau (*wadi*). Donner des ordres était difficile. La nuit avançait. Mon nom fut appelé à plusieurs reprises, « C/Sgt Atkins ». Ce pouvait être un officier qui tentait de me contacter, contre toutes les règles énoncées lors de la formation au combat dans la jungle – c'était mal, il n'aurait pas dû crier mon nom, ou plutôt ne pas crier du tout. Cela renseignait les Japs sur sa localisation. J'étais persuadé qu'il s'agissait de cet officier, mais ç'aurait aussi pu être les Japs entendant mon nom et continuant à le crier. Ma préoccupation était d'essayer de repérer mon officier d'administration qui se trouvait avec le commandant, pour voir quoi faire des mules. Personne ne savait rien sur qui que ce soit. Un gars était en train de tirer, je rampai dans sa direction et lui demandai sur quoi il tirait. Il répondit qu'il ne savait pas, mais que tout le monde tirait et que donc il pensait devoir faire pareil. Je lui intimai d'arrêter : il pouvait tirer sur les nôtres. On se battait au corps à corps. Un jeune soldat agrippait un Jap que son pote transperçait de sa baïonnette. Le commandant en second prit le commandement et donna l'ordre d'évacuer le bivouac et de traverser le *chaung**. Ce fut un énorme pandémonium quand nous le tentâmes, et plusieurs hommes se noyèrent, car c'était assez profond. Nous parcourûmes un mile environ, abandonnant notre bivouac aux Japs. Le jour venu, nous constatâmes que soixante-dix hommes environ manquaient à l'appel, que presque toutes les mules avaient disparu, de même que presque tous les émetteurs radio et réserves médicales. Les mules avaient paniqué, s'égaillant dans toutes les directions ; nous finîmes par en retrouver quelques-unes. Le plus préoccupant était la perte de nos émetteurs. Nous ne pouvions plus

* *Chaung* : « rivière » en birman.

communiquer, ni coordonner nos attaques, ni recevoir des parachutages de ravitaillement, etc.[9].

Ces combats nocturnes eurent des conséquences redoutables : responsables de 12 % à 24 % des morts américaines dans les îles du Pacifique Sud, les tirs amis (*friendly fire*) furent, on le comprend, de terribles coups au moral. Ce fut un secret bien gardé : les familles des victimes devaient être maintenues dans l'ignorance, leurs « glorieux morts » étant tous réputés « morts à l'ennemi[10] ».

Cette guerre si souvent sordide fut également riche d'exploits surhumains et de réalisations prodigieuses. La célèbre route de Birmanie fut de celles-ci. Cet axe essentiel pour le ravitaillement de la Chine libre en armements, interrompu par la poussée japonaise de 1942, fut progressivement restauré, depuis le nord-est de l'Inde, en 1944-1945. Mais le trafic n'y fut jamais très intense, ce que permet de comprendre le témoignage du sergent britannique Atkins :

> Après la dernière phase de notre entraînement, nous gagnâmes la frontière entre l'Assam et la Birmanie, du côté de la route de Ledo*. [...] nous eûmes à voyager pas mal de temps sur la route de Ledo dans des camions américains conduits par des Chinois. La route était atroce, et des milliers de coolies – des Indiens, des Chinois, toutes sortes de gens – travaillaient à la main, avec quelques équipements américains gigantesques. La route, taillée dans une paroi rocheuse, se résumait à une masse d'épingles à cheveux. Elle grimpait au-dessus du niveau des nuages, plongeait dans des ravins, traversait des rivières sur des ponts de bois construits avec ce qu'on trouve dans la jungle. Sur certains d'entre eux, je n'aurais même pas pris le risque de faire passer une voiture miniature (*Dinky toy*), et moins encore un camion... Avec cette route dangereuse, et la manière à faire dresser les cheveux sur la tête avec laquelle les Chinois conduisaient leurs véhicules, nous étions bien heureux de descendre de nos camions à la fin de chaque journée de ce périple effrayant ; mais au moins nous étions motorisés. Les mules et muletiers marchaient, eux. Il pleuvait, pleuvait, pleuvait, tout le temps[11].

* Petite ville des confins indiens d'où fut tracé en 1944 le premier segment de la route de Birmanie.

Cruauté et ineptie du commandement japonais

L'armée japonaise exigeait de ses hommes des efforts probablement plus intenses qu'aucune autre. En période d'offensive, cela lui valut de prodigieux succès, face à des adversaires souvent plusieurs fois supérieurs en nombre, comme en Malaisie. Mais, dès que la roue de la fortune tourna en sa défaveur, c'est l'inhumanité, voire l'absurdité de ce mode de gestion dispendieux de la ressource humaine qui saute aux yeux. Ainsi, en 1945, la côte est de l'île de Bornéo fut évacuée, car on y craignait un débarquement allié. La voie maritime était interdite par l'activité des sous-marins anglo-saxons. Il fallut alors traverser à pied quelque 400 kilomètres d'une jungle montagneuse, en direction de la côte nord-ouest. Cela aboutit au massacre de presque tous les prisonniers de guerre australiens entraînés dans l'odyssée (« marche de la mort de Sandakan »), mais aussi à des pertes effrayantes pour les troupes japonaises astreintes à suivre plus ou moins la même route. Le soldat Ueno Itsuyoshi en a fourni un témoignage hallucinant[12]. Dès le départ, les soldats étaient affaiblis par les privations de leurs précédentes affectations. Il en allait ainsi de ceux revenant de l'île de Tawi-Tawi, dans l'extrême-sud des Philippines :

> Presque tous les soldats avaient développé de vilains ulcères, qui pourrissaient littéralement leurs jambes. Une fièvre continuelle provenant de la malaria ou de la dysenterie rendait leur vie très difficile. Le riz, notre seule nourriture, nous était fourni à raison de 2 *gô** par jour, mais on le réduisit à un gô, et enfin à 0,5. Au début, du sel gemme était donné avec le riz, mais bientôt ce fut fini. Nous eûmes donc à tirer notre sel de la mer. Yeux enfoncés dans les orbites, marchant avec des bâtons, nos uniformes en lambeaux, nos barbes en désordre, nous avions l'air de rescapés d'un long siège. Nous retournâmes à Bato Bato avec beaucoup de malades. [...] Nous y vîmes que de vastes quantités de nourriture avaient été laissées sur la jetée. Des sacs de riz étaient entassés, hauts comme des montagnes, et on distinguait également des tonneaux de *miso*** de Shinshu. De la sauce de soja, du sucre, des prunes salées et des légumes secs – il y avait là de tout.

* Un *gô* (unité de volume japonaise) correspond à 150 grammes de riz environ.

** Condiment japonais à base de soja fermenté.

> Qu'est-ce que cela signifiait ? On ne nous avait fourni que 0,5 gô de riz, sans sel, chaque jour pendant plus d'un mois. Pourquoi donc ce monceau de nourriture ici ? Suivant les informations qu'on nous donna, elle appartenait à la Marine, et était conservée pour approvisionner les navires de guerre. On l'avait laissée là du fait de la décision d'abandonner l'île. Nous n'étions pas satisfaits de l'explication. Pourquoi ne pas avoir partagé cette nourriture ? Alors, nous n'aurions pas eu à souffrir aussi sérieusement de la faim[13].

Ce manque absolu de coopération, et même de solidarité entre armée de terre et Marine, qui s'est traduit en pleine guerre par le maintien de deux états-majors communiquant fort peu, et insuffisamment coordonnés au niveau de l'état-major impérial, aboutit à un immense gâchis de moyens, et à des décisions stratégiquement catastrophiques. Elles étaient liées à la rivalité entre les deux armes, qui alla pour la Marine jusqu'à cacher à l'Armée l'ampleur de ses défaites de 1944, alors que la flotte, ayant pratiquement cessé d'exister dès octobre, n'était plus en mesure d'empêcher les débarquements américains. Mais ce ne fut pas la seule aberration du commandement nippon. L'habitude de considérer le soldat du rang comme un simple instrument dont on pouvait exiger n'importe quoi, si elle contribua aux victoires initiales et plus encore à leur rapidité, se révéla désastreuse dès lors que les difficultés s'amoncelèrent : les troupes perdirent souvent leur capacité de combattre efficacement, quand elles ne furent pas purement et simplement sacrifiées.

C'est ce qu'eut à subir Ueno, dès le début de l'exténuante retraite dans l'intérieur de Bornéo, quand on lui ordonna de se débarrasser de la nourriture emportée, de manière à accélérer le mouvement :

> « Jetez toutes vos rations ! On vous fournira plus tard assez à manger ! », éructa l'officier supérieur. L'armée japonaise est une étrange institution. Une fois qu'un ordre a été donné, qu'il soit ou non raisonnable, toute objection ou opinion émanant des subordonnés est rejetée, même si elle est appropriée et purement pratique. Ça doit être la façon pour les rangs supérieurs de conserver leur dignité. Cette attitude, qui conduisit à l'abandon des rations de survie, reflétait l'absurdité de cette marche de la mort. Ikeshita et moi, nous leur dîmes clairement que nous obéirions à leur ordre, mais nous plaidâmes pour que les officiers

reconsidèrent la question, dans la mesure où cela pouvait affecter si sérieusement la vie des soldats. Cela nous irritait que notre expérience et nos vues ne soient pas reconnues comme utiles. Ironiquement, les officiers tirèrent de notre action la conclusion que nous étions rebelles, et ils inspectèrent de près notre paquetage pour s'assurer que nous avions bien jeté notre nourriture. On m'obligea donc à me débarrasser de toutes mes provisions : quatre sachets de pain déshydraté qui étaient l'équivalent de quatre rations journalières, des prunes salées, du sel, et finalement du bœuf en conserve dont on considéra qu'il n'était pas réglementaire. Je ressentis cela comme rien moins qu'un raccourci vers la mort. On ne pouvait se plaindre à qui que ce soit. Mon ressentiment était total[14].

Plus tard, alors que la mort ou la maladie avaient commencé à faucher massivement les soldats, et que les porteurs locaux s'étaient enfuis nuitamment, l'état-major ne tint aucun compte du caractère désespéré de la situation :

Tout le chargement était supposé devoir être porté par quarante soldats et par les porteurs locaux loués. Mais, maintenant, ce lourd équipement devait être porté par moins d'une dizaine d'hommes. Résultat : toutes les armes avaient été préservées, mais presque tous les soldats capables de s'en servir avaient péri. « Tous les faiblards inutiles incapables d'accomplir cette marche devraient tomber morts, sales traîtres ! », nous crachait un des plus hauts gradés, chaque fois que nous avions des problèmes. Mais qui était responsable de nous forcer à faire cette marche aberrante, qui de difficile devenait impossible ? Ceux qui avaient succombé n'étaient pas victimes de maladies ou de famine. Ils furent tués par la situation que les officiers supérieurs avaient créée. « Un *sen* et cinq *rin* [le prix des timbres de la carte de conscription] suffisent pour faire venir des conscrits tels que vous. Ces armes sont l'âme de l'homme de troupe et ne doivent être abandonnées en aucune circonstance », nous disait-on. Tous les armements furent transportés conformément aux ordres, mais ils n'avaient plus de servants. Et toutes les morts de soldats avaient eu lieu non pas au cours de combats, mais pendant la marche[15].

Les sous-officiers étaient souvent pires encore que les hauts gradés. Ainsi Ueno, qui, subissant depuis quatre jours une attaque malarienne, à bout de force, traînait après les autres, se fit accueillir à l'étape de manière particulièrement inhumaine par le sergent de troupe :

> Me voyant approcher, trébuchant à chaque pas, tous les soldats me crièrent joyeusement : « Superbe ! Tu l'as finalement fait ! » Ils célébraient mon succès comme si c'était le leur. Mais le sergent Kageta, fronçant les sourcils, m'envoya à la figure : « L'infirme est toujours vivant, plutôt que mort. Pourtant toi, le fardeau de notre compagnie, tu devrais mourir aussi vite que possible ! » Je rampai sur un gros rondin à l'entrée du dépôt d'approvisionnement, me traînai sous la hutte*, et là je m'évanouis. Mes camarades étaient impatients de m'en sortir, mais on me laissa là à cause du malveillant qui maugréait sans discontinuer. Mon corps ne fut amené sur le plancher qu'à minuit[16].

Dans ces conditions, la démoralisation des soldats guette, et, pénurie aidant, le chacun pour soi triomphe. C'est ce que constate le soldat Yokoi dès son arrivée à Guam, en mars 1944 :

> Je surveillais le déchargement. Je fus surpris de constater que certains cartons étaient endommagés, dans chacune des charges apportées par une grue. Des conserves alimentaires manquaient des caisses. Il y avait souvent un trou dans la toile des sacs de riz, et notre précieux grain s'échappait en cascade quand nous débarquions ces sacs. Ce qui apparaissait comme des vols était l'indicateur du moral bas et déclinant des soldats japonais affamés[17].

Les kamikazes, ou la frénésie du sacrifice

Emblématique de la conception japonaise de la guerre est le *tokkôtai* (« corps spécial d'attaque »), plus connu sous le nom de *kamikaze* (« vent divin »), tardivement formé en octobre 1944. Il s'agissait d'un pis-aller, alors que la défaite menaçait aux Philippines. Cela consistait en fait à gérer le moins mal possible une triple pénurie : de pilotes compétents, d'appareils performants et de carburant – alors que le ravitaillement de l'Archipel était de plus en plus compromis par l'action des flottes alliées. Faire voler

---

* Dans le monde malais, les habitations même les plus simples sont installées sur des pilotis, qui laissent un espace important sous le plancher.

des appareils médiocres avec des pilotes peu entraînés (la plupart étaient des étudiants au sursis militaire révoqué) et juste ce qu'il fallait de kérosène pour le vol aller constituait une manière économique de terroriser l'adversaire américain, et peut-être même de le dissuader de débarquer dans les îles principales de l'Archipel. Stupeur et effroi il y eut, mais le faible taux de succès (la grande majorité des avions kamikazes s'abîmèrent en mer, et seuls 22 navires furent coulés, pour plus d'un millier d'attaques) fit en sorte que le déroulement d'une guerre toujours plus rapprochée du cœur de l'Archipel n'en fut en rien modifié.

On fit flèche de tout bois : à côté des avions kamikazes, il y avait des sous-marins de poche kamikazes, des bombes volantes (un peu du style des V1 allemands) kamikazes, des vedettes explosives kamikazes, des hommes-grenouilles suicidaires, et enfin des torpilles marines habitées, ou *kaiten*.

Un étudiant volontaire, Okuno Takeo, précise ce qui le meut le plus : la combinaison entre une forme de culte du Moi et le désir de donner un sens à sa courte vie (il s'envolera sans retour fin juin 1945). Plus un esprit de corps, une forme de fatalisme, et la volonté de ne pas apparaître lâche. Mais aucun fanatisme ni de mystique impériale. Son journal intime est très révélateur* :

> *18 avril 1945*. J'ai été absorbé par la tâche de la réalisation d'un graphique des angles de tir, de manière que ma torpille humaine touche l'ennemi à coup sûr. Je fais maintenant beaucoup moins d'erreurs dans la perception des angles d'azimut. J'ai écrit à la maison la lettre suivante : « En dépit des combats féroces qui se poursuivent, nous menons une vie plutôt tranquille. L'an dernier à pareille époque, j'étais choqué, en colère, dégoûté par presque tout. Je ne me préoccupe plus de bagatelles comme je le faisais. À la place, je peux maintenant contempler les beautés de la nature environnante. » [...] La nuit dernière, je fus terriblement ivre. On me conduisit dans beaucoup d'endroits différents, et même dans les quartiers des sous-officiers. Je bus l'eau de leur vase à fleurs, fis une conférence sur l'*Adresse à la Nation allemande* de Johann Gottlieb Fichte, et sirotai l'encre d'une bouteille qui traînait. [...] Après dîner, je vais souvent à la salle de

* Et ce genre de lecture fait encore aujourd'hui fondre en larmes nombre de Japonais, y compris ceux très éloignés de tout militarisme.

détente pour jouer du violon. J'ai fait des progrès, et il y a un diplômé d'École normale qui m'accompagne fort convenablement au piano.

29 mai. Je suis monté au front hier seulement, mais ce que j'ai à l'esprit est le désir de donner ma vie sept fois pour annihiler l'ennemi. Je ressens une hostilité sans cesse croissante à l'encontre de l'ennemi. [...]

12 juin. À 11 h 40, j'ai commencé à faire les préparatifs nécessaires. Ma cible sera probablement un porte-avions ennemi [...].

20 juin [dernière entrée]. Une personne authentiquement éclairée doit être à même d'arbitrer sur la question de la vie et de la mort, et de la chasser de son esprit. Certains peuvent n'accorder aucune attention à cette question, vivant jour après jour dans ce monde de l'illusion et des faux-semblants. Ils peuvent s'exprimer en grand style, se comportant comme s'ils étaient au-dessus de la vie et de la mort. Ils ne transmettent que le mensonge. [...] Ma vie a été faite de vanités, et simultanément elle a manqué de courage moral. Pourtant, cet unique mois de méditation calme a été à plusieurs niveaux un moment significatif de mon existence. Mais les fruits de ce mois sont encore à venir. En lisant *Jinsei Gekijô* (*Le Théâtre humain*) d'Ozaki Shirô, je réalisai combien j'avais souvent joué un rôle de théâtre. Maintenant, je soutiens avoir découvert ma propre réponse à la question de la vie et de la mort. Peut-être est-ce une nouvelle manifestation de mon désir de jouer un rôle. Je sais que je dois continuer à réfléchir à mes propres défauts, et travailler dur à trouver une réponse[18].

Le « modèle kamikaze » fut dans la dernière année du conflit étendu à l'ensemble de la nation japonaise. On évoquait les « cent millions » de sujets impériaux (en y incluant donc Coréens et Taïwanais) résolus à mourir plutôt qu'à capituler. Et l'on passa à la pratique, en particulier dans les régions côtières et méridionales, les plus exposées à un débarquement américain. Ce fut en particulier le cas dans l'île d'Okinawa (archipel des Ryûkyû), comme en témoigne un vétéran, déjà engagé en Chine en 1938 :

Les Japonais avaient l'avantage de connaître le terrain en détail et ainsi de l'avoir utilisé au mieux pour déclencher des tirs d'artillerie lourde à partir de positions dissimulées dans des grottes, des escarpements naturels et des terrasses. Ils se servaient aussi du désespoir sous la forme de balles humaines – des hommes, porteurs d'explosifs, qui se jetaient sur les unités américaines. J'avais pris en charge un groupe de nouveaux appelés et de membres de la garde locale d'Okinawa. Dans la mesure où leur tâche était principalement de transporter des munitions et des fournitures aux armées, ils n'avaient pas d'autre arme qu'une lance de bambou. Ils n'avaient aucune chance face à des unités américaines bien équipées, avec lesquelles ils rentraient parfois en contact. La plupart étaient des adolescents. Ce qui était donné comme armes aux nouveaux conscrits était très déficient. Leurs lanceurs de grenades, par exemple, n'étaient efficaces qu'à petite distance. Rien dans notre dotation ne pouvait résister aux chars américains. Malgré cela, quelques jeunes hommes s'attachaient des explosifs sur le dos et se précipitaient contre les flancs d'acier de ces véhicules en pleine charge. Beaucoup n'avaient pas plus de dix-neuf ou vingt ans, et arboraient encore des bouilles d'enfants. La bataille pour Shuri dura encore deux mois. Au cours de cette période, une résistance japonaise féroce bloquait l'avance américaine vers le sud. Mais le coût en vies humaines était considérable, dans les deux camps. Certains jours, plusieurs centaines d'hommes mouraient, et les champs étaient dans notre imagination peints en rouge avec leur sang[19].

Des atrocités tous azimuts

La guerre de l'Asie-Pacifique fut plus souvent qu'à son tour cette « *War without mercy* » qui donna son titre au célèbre ouvrage de John Dower[20]. La peur, dont découle la haine, toucha les deux camps, quoique avec des modalités et donc une virulence différentes. Du côté japonais, la crainte s'accompagna de mépris à l'égard d'adversaires jugés excessivement attachés à leur propre existence, et, dans l'atmosphère totalitaire de l'archipel, cela conduisit à l'institutionnalisation de l'implacabilité par la hiérarchie militaro-politique, tant sur le champ de bataille que, de manière plus significative, tout au long de la captivité des prisonniers de guerre (ou, un degré en dessous, des internés civils). Du côté anglo-saxon, la peur attisa un racisme depuis longtemps banalisé à l'encontre des « Jaunes », qui conduisit à d'innombrables crimes de guerre, spontanés dans la grande majorité des cas, la hiérarchie militaire (à quelques cas près, comme celui de l'amiral Halsey*) et plus encore politique cherchant à limiter ces exactions, qu'elle

* Auteur de la tristement célèbre formule : « *Kill Japs, kill Japs, kill more Japs.* » Adoré des marins comme des soldats, il fit apposer partout aux îles Salomon des panneaux portant cette sanglante injonction. Un commentaire suivait : « Vous

couvrit néanmoins d'une chape de silence : une fois capturé et dûment enregistré, le combattant japonais était fort humainement traité. C'est toute la différence entre fascisme et démocratie, même si, hélas, celle-ci fut bien loin de se montrer irréprochable.

La guerre aérienne, et surtout les bombardements, où l'aviateur est physiquement éloigné des conséquences de ses actes, fut une source majeure de déresponsabilisation, et donc de crimes de guerre comme le sont tous les actes guerriers meurtriers qui ne peuvent entraîner aucun avantage stratégique pour celui qui les commet. Ce furent les Anglo-Américains qui, du simple fait de leur supériorité aérienne de plus en plus massive, commirent les bombardements de loin les plus meurtriers. Les aviateurs alliés ne respectaient pas même l'immunité en principe garantie aux structures médicales. C'est ce que narre Jeanne Van Diejen, pourtant peu disposée à plaindre les Japonais, qui venaient de s'emparer d'Amboine (Moluques), en avril 1942 :

> Le jour suivant, les avions arrivèrent une heure plus tôt, et une fois de plus les Japonais furent surpris sans pouvoir réagir. Un navire-hôpital à l'ancre dans la baie d'Amboine, pourtant clairement identifié par ses symboles de la Croix-Rouge, devint leur cible principale. Les hurlements des blessés pouvaient être entendus distinctement malgré le rugissement des avions qui repartaient. Les bombes avaient démoli les tuyaux de vapeur du navire et beaucoup de Japonais avaient été grièvement brûlés par la vapeur qui s'échappait[21].

« Vermine à exterminer » : c'est exactement la manière dont furent bien trop souvent traités les prisonniers japonais, ce qui en retour explique pour une part le très faible nombre de ceux qui se rendirent. C'est ce que met en évidence le récit du sergent Albert « Winkie » Fitt, du Royal Norfolk Regiment, plongé au cœur de la bataille pour Kohima, lors de la grande offensive japonaise en direction du Bengale (avril-juin 1944) :

> Trois Japs sortirent [d'un bunker], et mon estafette, Swinscoe, abattit le premier, qui s'enfuyait. Il l'explosa comme un lapin – un tir magnifique. Il nous resta deux prisonniers. Je les laissai sous la garde

---

aiderez à tuer les salopards jaunes si *vous* faites *bien* votre boulot » (souligné dans le texte).

d'un homme, un soldat à qui on pouvait se fier. Le colonel Scott arriva, et quand je lui parlai des prisonniers, il me demanda où ils étaient. Je lui dis qu'un des gars allait les amener.

« Bien », dit-il.

Cet homme arriva, pas de prisonniers, alors je lui demandai où ils se trouvaient.

« Ils sont restés sur le chemin.

— Qu'est-ce que tu veux dire ? Ils se seront enfuis !

— Sûrement pas, répliqua-t-il. Sûrement pas, ils n'iront nulle part. Rappelle-toi que mon frère a été transpercé à la baïonnette à l'hôpital. Je les ai fouillés. Je leur ai pris ces plaques d'identité. Ce sont des plaques du Royal Norfolk. Eh bien, je les ai transpercés à la baïonnette, tous les deux. »

Quand je dis au commandant d'unité que nous n'avions pas les prisonniers, il me bondit dessus et me dit : « Amenez-moi la personne qui les a laissés s'échapper.

— Ils ne se sont pas échappés, Monsieur. Il leur a pris ces plaques.

— Et alors ?

— Hem, son frère a été passé à la baïonnette à l'hôpital – il a fait de même. »

Le colonel Scott répondit : « Ça m'épargne d'avoir à trancher leurs foutues gorges[22]. »

Le Marine américain Donald Fall montre de manière quasi clinique, et probablement lucide, les enchaînements fatidiques qui se répétèrent mille fois, quasiment à l'identique :

Le second jour, à Guadalcanal [...] nous trouvâmes une série de photos de Marines qui avaient été découpés et mutilés à Wake. Le moment d'après, il y avait des Marines qui se promenaient avec des oreilles jap accrochées à leur ceinture avec des épingles à nourrice. On nous envoya un ordre qui rappelait que la mutilation était passible de la cour martiale. En Nouvelle-Bretagne, bon nombre de gars qui capturaient des Japs essayaient de les forcer à ouvrir la bouche, et leur arrachaient leurs dents en or. Ils faisaient de même avec les cadavres. Au combat, vous acquérez un drôle d'état d'esprit (*a nasty frame of mind*). Vous pensez à ce qu'on vous a fait. Vous pouviez trouver un Marine mort, que les Japs avaient piégé. Nous trouvions des Japs morts qui étaient piégés. Et ils mutilaient les morts. Nous commençâmes à plonger à leur niveau[23].

Côté japonais, l'inhumanité ne fut pas moins grande, et les atrocités se déployèrent à une échelle encore bien plus large – on y reviendra. Elles s'étendirent parfois jusqu'à ces alliés de l'Axe qu'étaient les Allemands. Pas partout : dans Shanghai occupée, les Juifs allemands réfugiés purent se prévaloir de leurs papiers d'identité du Reich pour éviter persécutions et internement (allant à l'occasion jusqu'à arborer à leur fenêtre le drapeau nazi !), malgré les représentations de leur ambassade d'origine, qui assurait aux Japonais qu'ils avaient été dénaturalisés. Mais, bien plus loin de Tôkyô, c'est une vision raciale et plus encore peut-être antichrétienne qui tendit à s'imposer.

Les choses furent particulièrement sinistres à Kavieng, en Nouvelle-Irlande (archipel Bismarck). Une soixantaine de civils européens y furent enlevés en mai 1943, et embarqués sur un navire de guerre : on craignait un débarquement allié, après les victoires américaines aux îles Salomon méridionales toutes proches ; et, à cette occasion, les « Blancs » auraient pu « trahir ». On les traita initialement plutôt bien, mais on ne savait pas trop quoi en faire. L'état-major de la Huitième Flotte envoya donc l'ordre de les exécuter – enfants compris –, tâche dont les officiers de Marine s'acquittèrent après bien des tergiversations. Les captifs furent étranglés, et coulés attachés à des blocs de béton. On organisa une cérémonie funéraire, et on fit jurer le silence à tous. L'extraordinaire est qu'au nombre des victimes on ait compté une dizaine de missionnaires allemands. Ils n'avaient pas été internés à l'arrivée des Japonais, en janvier 1942, tout en étant curieusement traités en ressortissants neutres, et non alliés. Les Australiens, après la guerre, jugèrent et exécutèrent (en 1947) le principal responsable – mais le meurtre des Allemands ne fut pas considéré comme un crime de guerre, puisqu'il s'agissait de ressortissants de l'Axe, avec qui le Japon n'était bien sûr pas en guerre[24]...

Des éclairs d'humanité

Il ne faudrait pas croire que tous les combattants soient partout et tout le temps des brutes sanguinaires. Dès que le feu du combat s'apaise, dès que la menace s'estompe quelque peu, des réflexes humains réapparaissent chez la plupart, et c'est alors que certains se distinguent au contraire par leur sadisme et leur monstruosité. Ils font l'objet de réprobation, mais les nécessités de la solidarité au combat – ou simplement la peur de ces brutes* – entraînent une trop fréquente *omerta*, y compris face aux quelques enquêtes de l'état-major sur les exactions les plus voyantes.

Les militaires, par leur respect des lois de la guerre (respect des cadavres en particulier), peuvent susciter une certaine estime chez l'adversaire, précieuse en cas de capture. Les civils eux aussi trouvent moyen d'amadouer l'ennemi, y compris quand celui-ci est le vindicatif guerrier nippon, jamais économe en brutalités. C'est ce que relatent dès 1938 Auden et Isherwood, à propos de la Chine envahie :

> La technique de l'accueil des Japonais est maintenant solidement établie dans les cercles missionnaires. Des lettres de conseils ont même trouvé leur chemin, d'un bout à l'autre du pays. Tout le monde s'accorde à trouver très important qu'un étranger soit présent lors de l'entrée en ville de l'envahisseur. Si l'on s'attend à une attaque, toutes les portes de votre enceinte doivent être condamnées, sauf une. [...] Cette porte doit rester ouverte en permanence, de peur qu'elle ne soit brisée. Durant la période critique, l'un ou l'autre des missionnaires blancs doit rester dans la guérite la journée entière, et dormir là la nuit. Quand les premiers soldats arrivent, il faut leur donner du thé. Il faut discuter patiemment avec eux, rester ferme tout en se montrant très poli, et en aucun cas ne leur montrer le moindre signe de peur. Il est important de mettre la main sur un officier à la première occasion. Avec un peu de chance, il est même possible qu'il affiche un avertissement interdisant aux soldats de pénétrer dans votre enceinte. Les rapports des missions s'accordent à trouver les officiers – plus encore s'ils sont chrétiens – courtois et compréhensifs, mais ils ne peuvent pas toujours contrôler leurs propres troupes. Les soldats du rang sont acceptables quand ils n'ont pas trop bu. Mais les Japonais, en général, sont très facilement ivres ; et c'est alors que les problèmes commencent. La vie des habitants mâles sera probablement épargnée, mais la plupart des femmes seront presque certainement violées, et

* Peur tout sauf irrationnelle : dans la confusion des combats rapprochés, il n'était que trop facile de toucher « par erreur » un de ses camarades, l'impunité étant quasi garantie. Il demeure impossible de connaître l'ampleur d'un phénomène que presque tout le monde avait intérêt à cacher.

donc ce sont elles qui doivent impérativement être abritées dans les bâtiments de la mission. Ce que des troupes prises de boisson et très indisciplinées feront quand elles se trouveront privées de filles est problématique. Dans un cas tout à fait corroboré, les missionnaires eux-mêmes furent assassinés[25].

Lors de l'invasion japonaise de Java (mars 1942), des civils néerlandais improvisèrent des techniques d'apprivoisement de l'ennemi étonnamment proches de celles des missionnaires de Chine. C'est ce dont témoigne Barend A. Van Nooten, qui cherchait à préserver sa famille, dont les hommes se trouvaient à l'armée :

> « Une des choses que votre père m'a enseignées, déclara-t-elle à son auditoire perplexe autant que découragé, c'est que, dans la culture japonaise, la relation d'hospitalité est sacrée. Si un homme mange chez vous, il ne vous fera aucun mal, dans la mesure où il a accepté votre hospitalité. C'est un code de conduite que personne ne viole. Nous allons inviter les Japonais à manger à notre table, et avec un peu de chance ils nous épargneront. C'est notre seule chance. » [...] Bientôt des pas lourds se firent entendre à notre porte. Les cris et les rires provenaient d'une bande de pillards* qui se tenaient sur la route en gravier, brandissant leurs possessions nouvellement acquises. Nous pouvions les voir distinctement au travers des fenêtres. Nous, les enfants, nous nous enfermâmes dans nos chambres [...]. Ma mère [...] ouvrit la porte et vit trois personnes, deux Japonais et un interprète indonésien. Elle s'inclina très profondément. De la vaste réserve de sa mémoire, elle put extraire une phrase en japonais qui, en traduction, aurait été à peu près la suivante : « Je vous en prie, honorés Messieurs, entrez, asseyez-vous, et veuillez partager notre humble repas ! » À en croire ma tante, l'expression des visages du commando était celle d'une stupéfaction totale. Ils avaient temporairement perdu l'initiative ; et, probablement, la perspective d'un repas chaud était très incitative. Ils hochèrent la tête en direction de l'interprète, qui annonça alors qu'ils accepteraient son invitation. Tous deux étaient jeunes et assez courts sur pattes. L'un d'eux pouvait avoir été un officier subalterne ;

---

* Partout en Asie du Sud-Est, l'effondrement de l'ordre colonial face à l'avance japonaise entraîna le pillage généralisé des propriétés européennes ou américaines. Les Japonais laissèrent faire au début, dans la plupart des cas, puis mirent fin aux exactions (qui les privaient d'une part de leur butin de guerre) au prix d'un certain nombre d'exécutions pour l'exemple.

l'autre était un simple soldat. Des armes étaient accrochées à leur ceinture, tout comme de longs sabres dans leurs fourreaux de cuir. C'était maintenant mon tour de regarder par le trou de la serrure. Je vis ma mère et ma tante entrer dans la salle à manger en portant un grand bol de riz blanc fumant, et une préparation de poisson à l'odeur délicieuse. Poliment, elles regardaient de l'autre côté tandis que soldats et interprète chargeaient leurs bols individuels de nourriture. Fasciné, je les observais avaler leur première bouchée. Ils paraissaient aimer ! C'était cela, me souviens-je avoir pensé, ou c'est une balle dans la nuque. Depuis lors, j'ai rarement éprouvé autant de plaisir que dans la demi-heure qui suivit à observer des gens en train de manger. Le repas se passa merveilleusement, et aucun chef, à mon avis, n'aurait pu se vanter d'une meilleure réussite culinaire que le couple travaillant en cuisine. Ces cuisiniers regardaient avec une attention ravie leurs « hôtes » engloutir les mets et s'attaquer au dessert et au thé. Le repas s'acheva sur deux rots bien mérités, et les militaires se levèrent pour poursuivre leur route. Comme ma mère l'avait prédit, ils ne fouillèrent pas la maison, et ne touchèrent même pas au revolver posé par elle à leur portée. Ma mère, qui n'était pas du genre à renoncer à ses idées, demanda à travers l'interprète si elle pouvait requérir une faveur de ses « hôtes » honorés : un laissez-passer qui lui permettrait de quitter ce village de montagne pour s'établir à Bogor le lendemain. Ils écoutèrent, en discutèrent entre eux, consentirent, et lui tendirent une feuille de papier écrite en japonais. En outre, elle leur demanda de tenir la foule à l'écart de la maison. À ce moment, nous les garçons nous avions ouvert la porte menant à la salle à manger. Je me souviens encore précisément avoir regardé à travers la porte d'entrée ouverte. Je vis les commandos japonais marcher en direction de la foule menaçante, sortir leurs longs sabres et les brandir au-dessus de leurs têtes. L'interprète annonça d'une voix forte que cette maison était sous la protection de l'armée japonaise. Quiconque oserait la piller serait décapité[26].

On pourrait aller jusqu'à dire que, en dépit du discours officiel panasiatique confinant au racisme antiblanc, les « Caucasiens* » (civils en tout cas) jouirent de la part des occupants d'une considération quelque peu supérieure à celle réservée aux « indigènes ». On maltraita beaucoup, mais on viola et tua moins volontiers les Occidentaux (qui étaient surtout des Occidentales, les

* C'est ainsi qu'on a coutume de désigner les Blancs dans le monde anglo-saxon.

hommes étant souvent des prisonniers de guerre) que les Chinois, Philippins, etc. Si les premiers étaient globalement détestés, les seconds étaient méprisés, les Japonais – qui tendent à se considérer eux-mêmes comme blancs – ne se sentant en particulier aucune proximité avec les peuples d'Asie du Sud-Est, qu'ils ressentaient comme soumis, arriérés et incapables d'initiative. Leurs relations d'avant-guerre avec l'Europe, tout comme avec l'Amérique du Nord, étaient bien plus intenses que celles avec l'Asie, Chine incluse. Au Japon, on lisait couramment Thomas Mann, Tolstoï ou Romain Rolland, souvent en langue originale, mais certainement pas les auteurs chinois ou vietnamiens du temps (cela n'a d'ailleurs guère changé). Cela rend sans doute compte de la bonne fortune d'une Hollandaise restée libre voyageant à Java avec ses enfants en avril 1945 :

> Les trains étaient maintenant rares et espacés ; ils étaient bourrés de voyageurs et de bagages. Nous montâmes à bord, mais il n'y avait pas de siège libre, et nous avions à rester debout. Après une heure ou deux, nous commencions à nous sentir très fatigués. Après tout, nous étions malnutris, et notre résistance était faible. Il faisait également très chaud dans le compartiment, car le train était bouclé et l'air y circulait mal. Après quelques arrêts, un groupe de soldats japonais entra, et réquisitionna les sièges de passagers indonésiens. C'est alors qu'ils nous remarquèrent, toujours debout. Nous devions être les seules femmes de type européen du train entier. Ils ordonnèrent à quelques personnes de nous donner leurs sièges. J'étais surprise. Nous avons remercié les soldats pour leur aide, car nous commencions à nous sentir faibles du fait de la chaleur, de la faim et de la soif. Heureusement, à la gare suivante, nous fûmes en mesure d'acheter de quoi manger et boire auprès de vendeurs de rue présents sur le quai. Pour sûr, c'était à nos risques et périls. Nous aurions pu tomber malades, car des mouches se promenaient sur toutes leurs marchandises[27].

Il est plus rare que des Asiatiques narrent de semblables marques de sympathie, mais il est vrai qu'en proportion, ils ont laissé beaucoup moins de témoignages que les Occidentaux. Ne pas disposer de langue commune compliquait évidemment les contacts : les Japonais parlaient moins infréquemment la langue des colonisateurs que celle des colonisés (qu'ils apprirent cependant assez souvent, dans le cas du malais-indonésien). Que le récit qui suit provienne des Philippines n'est donc pas inattendu, car l'anglais y était déjà très répandu chez les autochtones :

> Un jour, un soldat japonais vint toquer à notre porte. Il se présenta comme le lieutenant Yorozu, membre du groupe conduisant des opérations. Nous l'introduisîmes dans la maison et il bavarda avec nous. Il nous dit qu'il avait suivi les cours d'une université américaine. C'est son niveau d'anglais qui l'avait fait recruter pour la guerre : l'armée l'avait affecté comme interprète, et l'avait expédié aux Philippines. Il passa beaucoup de temps avec nous au cours des trois jours que dura l'opération, prenant même son déjeuner chez nous et y faisant la sieste. Il alla jusqu'à nous donner des bols emplis de précieux riz, pris sur les stocks des soldats nippons. « Personne ne veut de cette guerre. J'espère qu'elle s'arrêtera bientôt », disait-il. [...] C'était si inattendu pour un soldat japonais de prononcer de tels mots. Mais le lieutenant Yorozu n'était pas un soldat typique[28].

4

La tragédie des prisonniers de guerre

Il y a toujours un moment très difficile dans la vie du prisonnier de guerre (PG) : le premier, qui, malheureusement, est souvent également pour lui le dernier. Capturé dans le feu de la bataille, et même parfois après, le néo-prisonnier court un grand risque d'être exécuté séance tenante, soit par représailles pour la mort de camarades de combat, soit simplement parce qu'on a déjà bien assez de problèmes à affronter sans se charger en sus de bouches inutiles, avec lesquelles, qui plus est, on sait la communication (linguistique en particulier) devoir être délicate. Cela arriva des deux côtés : les Alliés, traumatisés par quelques cas de Japonais se faisant exploser avec les soldats venant les désarmer, eurent trop souvent tendance à abattre ceux qui se rendaient – funeste application du principe de précaution. Parfois, côté nippon surtout, c'est le groupe entier de captifs qui était d'un coup massacré.

De la reddition au camp

À Parit Sulong, en Malaisie, une large partie des blessés et malades de la 8e division australienne ainsi que de la 45e brigade d'infanterie indienne furent ainsi mitraillés le 23 janvier 1942 par des membres d'une division de la Garde impériale japonaise :

> Il y avait le jeune Jimmy, dix-huit ans, qui avait été réuni à 134 autres blessés que nous avions abandonnés à Parit Sulong et – après avoir été ligoté et forcé de s'agenouiller au milieu de la route –, passé à la

mitrailleuse. Le pote de Jimmy, et Jimmy lui-même, quoique tous deux touchés à la poitrine, survivaient. Le premier se tordait de douleur, et Jimmy était couché sur lui, lui murmurant désespérément : « Tiens-toi calme, tiens-toi calme. » Mais il ne pouvait y arriver, de telle sorte que les Japonais s'aperçurent qu'il était vivant et, balançant Jimmy dans le drain à mousson qui se trouvait sur le bord de la route, ils soulevèrent la frêle figure, la mirent sur pied et la criblèrent de balles de mitraillette. S'accrochant aux mauvaises herbes du bord du canal à mousson, Jimmy passa les trois heures suivantes dans l'eau noirâtre. Il vit les 134 mitraillés se faire percer à la baïonnette, puis être brûlés au pétrole, et enfin, une fois incinérés, être systématiquement écrasés par des camions aux chauffeurs nippons, qui roulaient d'abord en avant, puis en arrière. Puis l'ennemi quitta Parit Sulong, faisant claquer ses talons et entonnant son chant de la Victoire ; mais Jimmy se trouvait trop affaibli par ses blessures et trop choqué pour se hisser hors du canal. Trop faible, jusqu'à ce que des cochons sauvages sortent de la jungle, gagnent le lieu du carnage, sur la route éclairée par la lune, emmenant avec eux quelques chiens, et commencent à manger la chair brûlée. Alors, frappé d'horreur, il rampa hors du canal et courut, mile après mile, toute la nuit, jusqu'à s'évanouir dans la jungle. Une semaine durant, il erra sans but, et la blessure qui balafrait sa poitrine était remplie de boue du marais. Puis on le captura, et bien que sa poitrine semblât s'améliorer – en dépit de la boue et de la complète absence de traitement en prison –, ses yeux étaient constamment pleins de ce qu'il avait vu. Des douzaines d'autres avaient la même histoire à raconter[1].

Le second moment le plus difficile et dangereux était celui du transfert, du lieu de capture au lieu de détention, ou d'un camp à un autre. Cela prit parfois un tour paroxystique, comme lors des « marches de la mort » de Bataan et de Sandakan. La première suivit, à partir du 10 avril 1942, la capitulation dans la péninsule du même nom de la majorité des forces américano-philippines, soit 76 000 hommes. Déjà épuisés et dénutris, ils durent en cinq jours parcourir à pied 110 kilomètres, sans ravitaillement et sous les coups. Quelque 600 Américains et 5 000 Philippins n'en réchappèrent pas*. Un témoin philippin relate l'épisode :

---

* Bien des écrits évoquant Bataan fournissent des chiffres considérablement plus élevés, alors que ceux mentionnés ici sont parfaitement établis (celui des Philippins est probablement trop élevé, car il inclut beaucoup d'hommes ayant en réalité déserté au cours de la marche). Les armées modernes sont des corps

Quand Bataan et Corregidor tombèrent, les PG philippins et américains passèrent par notre ville. Quiconque tombait se faisait tirer dessus ou était transpercé à la baïonnette par les gardes. Après leur passage, les gens enterraient les morts dans les champs, le long des routes. Beaucoup de nos citadins lançaient de la nourriture et de l'eau aux prisonniers, et les gardes avaient l'habitude de les chasser*. D'autres, y compris mes oncles, exfiltraient certains prisonniers quand les gardes ne regardaient pas. Un de ces prisonniers sauvés dans ma ville fut le futur maire de Manille, Bagatsing. Les prisonniers américains qui furent sauvés furent conduits dans les montagnes de Zambales, où des unités de la guérilla étaient en train de se constituer. Les prisonniers philippins étaient ramenés vers leurs *barrios* [villages] et soignés[2].

Ralph Levenberg, aviateur de l'armée de terre, fut du nombre des marcheurs ; son récit est d'autant plus précieux qu'il ne se borne pas à dénoncer, et qu'il souligne parmi les Japonais des attitudes variées :

Nous fûmes constitués en groupes de cent, par rangées de quatre, et nous nous mîmes en marche. Nous avions quelque chose comme trois gardes avec nous. Nous n'étions pas allés très loin quand un soldat japonais me retira de la ligne. J'avais une paire de lunettes de vue teintées contre le soleil aux verres sans monture, que j'utilisais pour jouer au golf. Il attrapa ces lunettes, et je dis : « Non, non. » Il me gifla, les essaya sur lui, réalisa qu'il ne voyait rien et s'apprêtait à les écraser quand ce gros officier japonais hurla *« Ku-doh ! »*. Le gars se figea au garde-à-vous. L'officier me rendit mes lunettes et dit dans un anglais parfait : « Vous feriez mieux de les enlever, car vous allez en avoir besoin pendant fort longtemps. » Eh bien, je respirais mieux. Puis il se retourna, défit un sabre court de son fourreau de cuir, et commença à frapper ce gars au visage. Il le battit jusqu'à le faire s'évanouir. Alors il se retourna vers moi et me dit en grommelant de regagner ma ligne, en ajoutant : « Vous voyez, nous avons de la discipline » – puis il s'éloigna.

---

bureaucratiques efficaces, et se trouvent en mesure de « tracer » précisément la grande majorité de leurs effectifs. On sait donc dans la plupart des cas, presque à l'unité près, le nombre de leurs morts, blessés, disparus ou prisonniers. Il n'en va pas du tout de même avec les civils. Là, les incertitudes quantitatives demeurent immenses.

* D'autres témoignages mentionnent qu'on alla parfois jusqu'à leur tirer dessus.

> Mais pour ces hommes, il ne s'agissait que de discipline *aveugle*. Nous marchâmes ce jour tout entier, les gardes étant remplacés toutes les trois ou quatre heures. Un groupe de gardes nous fit ôter tout ce que nous avions sur le crâne. Ce fut notre première expérience en matière d'atrocités haineuses, car il faisait terriblement chaud. Avril est l'un des mois les plus chauds et les plus secs aux Philippines – 40 °C, 45 °C à l'ombre. Nos hommes commencèrent à s'effondrer. Ceux d'entre nous qui pouvaient marcher essayèrent d'aider ceux qui n'en pouvaient plus. Si votre garde était décent, il vous autorisait à mettre un soldat contre un tronc d'arbre, ou alors il arrêtait un camion et y plaçait tous les malades. Mais on n'avait pas tout le temps des gardes de ce genre. À la nuit tombée, nous fûmes extraits de la route, et placés sur un terrain où l'un de nos escadrons avait déjà bivouaqué. Ils nous laissèrent dormir pendant quelques heures[3]…

Mais Bataan pâlit à côté de ce summum de l'horreur que fut la marche de la mort de Sandakan. Celle-ci, effectuée en plusieurs groupes, au printemps et à l'été de 1945, prétendait emmener quelque 2 500 PG australiens et britanniques de la côte est de la grande île de Bornéo, désormais en passe d'être envahie par les Alliés, vers Ranau, sur la côte ouest, mieux protégée. En réalité, peu de marcheurs parvinrent vivants à destination, et même ceux-là furent ensuite mis à mort. Il n'y eut que six survivants, tous évadés et recueillis par des autochtones.

Plus meurtriers encore que les marches de la mort furent les transferts par voie maritime. Que les navires qui transportaient les PG aient été surnommés par eux *hellships* paraît approprié, si l'on en juge par le bilan quantitatif des morts en mer, autant que par la manière avec laquelle les Japonais transformèrent cette épreuve en épouvante. Dix mille huit cents des 50 000 détenus convoyés par mer (en grande partie de l'Asie du Sud-Est vers le Japon ou vers Taïwan) périrent[4]. Un cinquième des prisonniers australiens décédés moururent ainsi, ce qui, comme cause de décès, ne le cède qu'au chantier ferroviaire Thaïlande-Birmanie. Plus le temps passa, plus les transports maritimes devinrent dévastateurs : la pénurie de navires poussait à un entassement maximal sur de vieux rafiots inadéquats ; les temps de trajet s'allongeaient démesurément, surtout parce qu'il convenait de se faufiler le long des côtes pour échapper aux avions américains, et de faire relâche en cas de danger ; enfin les organismes des prisonniers, déjà affaiblis par les longues privations, résistaient encore plus mal aux conditions extrêmes. Il s'agissait en effet pour eux de voyager à fond de cale, dans l'absence d'air et d'hygiène, et presque toujours avec trop peu d'eau et de nourriture. Il convient cependant d'admettre que nombre des pires catastrophes ayant frappé sur mer les prisonniers alliés furent causées par leurs propres avions et sous-marins. Dès juillet 1942, le *Montevideo Maru*, qui transportait un gros millier d'Australiens de Rabaul, civils et militaires, fut coulé par un sous-marin américain. Il n'y eut aucun survivant. En octobre, ce fut au tour du *Lisbon Maru* d'être torpillé, entre Hong Kong et le Japon : 850 des 1 800 prisonniers britanniques disparurent. Le pire mois fut septembre 1944 : près de 4 000 morts chez les détenus, en quatre torpillages (dont un par avion). Le naufrage du *Jun'yo Maru*, au large de Sumatra, causa la mort de 5 620 personnes, dont 1 377 Néerlandais et *Indos**, et quelque 4 000 travailleurs forcés javanais[5]. Au total, ces attaques alliées, qui coulèrent 25 transports de prisonniers, furent plus meurtrières encore que les ignobles conditions de voyage.

Progressivement, celles-ci se dégradèrent, et le mauvais céda la place au pire, en particulier parce que les bateaux se cachaient le jour dans des criques pour échapper aux avions et sous-marins alliés – ce qui rendait les trajets interminables. Ainsi du transfert du père de la Néerlandaise Dieuwke Wendelaar Bonga, pourtant de courte durée :

> Quand Papa, avec nombre d'autres PG, fut transféré à Batavia, dans l'attente d'un transport pour Sumatra, il était faible, mais pas malade. C'était en mai 1944. Le jour arriva où un navire charbonnier fut disponible, et alors les hommes furent chargés comme des sardines en boîte. Ils étaient assis, genoux sous le menton, ou debout côte à côte à fond de cale. Pendant par des cordes, des planches étaient amarrées aux ponts supérieurs. Les hommes s'asseyaient sur ces installations bancales. Un petit bidon servait de latrine à tous ces milliers d'hommes. Leurs petits baluchons furent jetés au centre de la cale, et personne ne pouvait plus bouger. Plus de deux jours durant, ils restèrent assis dans les soutes à charbon puantes, infectées de dysenterie. Les malades n'étaient jamais capables d'atteindre le bidon, qui débordait. Certains

* Nom donné aux Néerlandais nés dans leurs Indes (Indonésie actuelle), très généralement des Eurasiens (métis européo-asiatiques).

hommes devinrent complètement fous, et étaient difficiles à calmer. Aucune nourriture n'était fournie, et ils n'avaient à boire qu'une gorgée d'eau saumâtre de temps en temps. Il y avait une échelle permettant de grimper hors de ce trou, où les odeurs dans la chaleur du jour, ou le froid de la nuit étaient incroyables. Les hommes devenaient noirs, de sueur et de poussière de charbon mêlées ; les hommes les plus malades avaient à mobiliser leurs dernières ressources pour essayer de survivre à ce supplice. Plusieurs n'y parvinrent pas. Quand ils arrivèrent enfin dans le port de Padang, au centre de la côte occidentale de Sumatra, les hommes étaient épuisés. Cependant, à peine avaient-ils posé le pied sur la terre ferme qu'un orage tropical s'abattit, qui fut reçu comme une bénédiction du Ciel. La pluie tombait à seaux. Les hommes l'applaudissaient, et se débarrassaient grâce à elle de la poussière de charbon autant que des autres salissures. Ils la buvaient, elle rafraîchissait leurs corps en nage et ravivait leur courage[6].

Les évacués du camp d'Haruku, aux Moluques, dans le Grand Est indonésien, connurent quant à eux une odyssée maritime de soixante-huit jours, avant leur arrivée à Surabaya (Java) le 23 novembre 1944. Point là de cale obscure, mais un voyage sur le pont, exposé sans protection aux brûlures du soleil et aux orages tropicaux. L'eau potable manquait. Des centaines d'hommes périrent – certains jours, jusqu'à 20 cadavres furent jetés aux requins. Le lieutenant Dick Philps, officier de santé, relate les étranges délires des hommes approchant de la mort :

Beaucoup chantaient, de manière plutôt atone. Une journée après environ, apparaissaient des troubles de la parole, la bouche bavait, les yeux divergeaient et les mouvements devenaient étranges. Le patient demeurait relativement rationnel à l'interrogatoire, mais s'enfermait par ailleurs (heureusement) dans un état de bonheur et de rêve éveillé. Le troisième ou quatrième jour, il décédait. Cette situation grotesque, la nuit surtout, quand plusieurs centaines d'hommes chantaient, gisant sur le pont, ne peut aucunement être imaginée. Certains mouraient tout simplement, sans avoir développé un symptôme particulier : ils s'en allaient, c'était tout. Certains semblaient même avoir décidé de mourir. Je l'ai observé à maintes occasions, et une fois chez un ami personnel qui, auparavant, avant tout cela, avait été mon ordonnance. Il céda, dit qu'il allait mourir et, malgré mes objurgations, s'en alla en vingt-quatre heures. La malnutrition était à l'évidence un facteur important, mais la volonté intervenait elle aussi[7].

La torture par le travail

Pour beaucoup de prisonniers de guerre, la principale torture fut celle du travail, tel qu'il leur fut imposé par leurs geôliers. C'est de cela dont la mémoire s'est le mieux emparée, grâce en particulier au film célébrissime de David Lean, *Le Pont de la rivière Kwaï*, adapté du livre éponyme de Pierre Boulle (lui-même témoin de l'occupation nippone), et paradoxalement très en dessous de la réalité en matière de représentation des exactions subies – il fallait quelque peu ménager les susceptibilités japonaises en cette période de guerre froide (1957). Mais le chantier ferroviaire Thaïlande-Birmanie fut moins une exception en matière de violence que le lieu où elle s'exerça de loin le plus massivement, près de la moitié des PG occidentaux s'y étant échinée, pour plus ou moins longtemps, et à des dates variées. Ainsi, le millier de PG qui travailla, et souvent périt, dans la mine de cuivre de Kinkaseki (Jinguashi en chinois), à Taïwan, a lui aussi laissé quelques témoignages effroyables, parmi lesquels se distingue celui de l'artilleur écossais (du Lanarkshire) John McEwan :

> À mesure que passaient jours et semaines, les hommes commençaient à mourir – des plafonds mal étayés des galeries, qui s'effondraient ; de l'esclavage et des coups de marteau ; des barreaux cassés sur les échelles ; des chutes dans des glissières non protégées ; de faim ; de la dysenterie, du béribéri. Puis, à mesure que la comptabilité macabre grimpait, les hommes commencèrent à mourir de pur désespoir et de manque de volonté de vivre – ils devenaient simplement incapables de continuer à cheminer sous l'abjecte couverture de ténèbres qui nous enveloppait tous durant notre temps à Kinkaseki. Jour après jour, des hommes faisaient la queue à la revue des malades, sanglotant et plaidant avec le docteur Seed pour qu'il dise qu'ils n'étaient pas en état de descendre à la mine. Le médecin en était désemparé, tout en leur expliquant qu'il ne pouvait pas les aider. Même les malades avaient à travailler à la mine. Je frôlai une fois la mort de près. La glissière provenant du puits situé au-dessus (de ma galerie) était obstruée par de gros rochers, en son milieu. Je devais tenter d'éliminer le blocage. Je me trouvais en équilibre instable au bord d'un chariot, de manière à atteindre le bouchon avec la longue barre destinée à cela. Je touillais et poussais fermement sur le minerai coincé, en me tenant de ma main gauche au coffrage de bois

de la glissière. Je ne réussis que trop bien. Soudainement, la masse de rocs tout entière vint sur moi dans un bruit de tonnerre, et un énorme morceau de minerai entra en collision avec l'os de ma hanche dénudée, alors même que j'étais en train de m'écarter. Je fus chanceux de n'être que contusionné, quoique des particules de cailloux se soient fichées dans ma hanche droite. Si mon action réflexe de me reculer avait été plus lente, j'aurais assurément été tué. Un travailleur civil taïwanais était tout proche, et m'offrit les premiers soins. Il ouvrit une cigarette et pressa le tabac brut sur la peau fendue de ma hanche. C'était un antiseptique grossier mais efficace, et à portée de main. Il fallut retourner au travail. Jusqu'au départ de mon équipe. De retour au camp, le docteur Seed se montra également ingénieux. Il sortit une vieille lame de rasoir avec laquelle il entreprit d'extraire les gravillons de ma hanche. Il travailla avec tout le soin et la gentillesse dont il était capable. J'avais pensé que Changi était mauvais, et étais heureux d'en être parti. Puis, en souffrant dans ce purgatoire qu'était l'*England Maru*, j'avais souhaité n'avoir jamais quitté Changi. Rien, avais-je pensé, ne pouvait être pire que ce vieux rafiot rouillé infesté de rats et inondé d'eau de mer, qui nous trempait alors que nous tentions de dormir, entassés comme du bétail, sur un sol souillé de déjections animales. Puis, au cours de la marche forcée vers Kinkaseki, j'avais pensé que rien ne pouvait être pire que l'épuisement, la souffrance, les outrages venant des gardes, qui usaient de leurs crosses de fusil et de leurs bottes pour nous forcer à avancer et à grimper en direction du camp. N'apprendrais-je jamais qu'ailleurs l'herbe n'est pas toujours plus verte ? Fetlar, le mineur de charbon qui avait promis de nous aider à nous adapter, fut à sa première visite de la mine si choqué des conditions qu'il en souilla son pantalon. Il s'arrangea aussi pour prendre un morceau de roc et s'en frappa la main, la blessant assez gravement. Cela, ajouté au fait qu'il était pas mal plus âgé que les autres, signifia qu'il fut exempté de tout travail à la mine, et s'occupa de tâches au camp. Peu après, un jeune homme du 5e régiment de campagne tenta la même manœuvre désespérée. Il reçut un coup de poing du médecin-caporal japonais suspicieux, et fut dès le lendemain de retour à la mine, avec la souffrance aggravée d'avoir deux doigts brisés par lui-même. La supercherie éventée ne fut plus tentée par qui que ce soit. Les journées de tourment mental et physique s'accumulaient, avec ces gardes barbares qui forçaient les PG malades et épuisés à travailler à la mine. Ces pauvres gars avaient souvent à être aidés pour gravir les redoutables deux cent cinquante marches jusqu'en haut de la colline, puis pour descendre près de neuf cents marches de l'autre côté, jusqu'à la mine. Quand ils atteignaient

> le lieu de travail, les sournois *hancho* (chefs de section) regroupaient un malade avec deux ou trois mieux portants, qui avaient donc à travailler encore plus dur afin de remplir le quota du « passager », en plus des leurs. Celui-ci restait assis dans un coin de la fosse toute la journée, si fatigué mentalement et physiquement par la maladie et le chemin vers la mine qu'il en était incapable d'accomplir le moindre travail. Cette tactique des Japs signifiait qu'il fallait chaque jour davantage de coups de marteau pour remplir ces effrayants quotas. Nous étions si épuisés, maigres et hagards que personne ne pouvait plus échapper à la colère diabolique des *hancho* – même les « passagers ». Ces prisonniers martyrisés, malades, avaient à être portés au camp à la fin du jour. Ils cherchaient à cacher leurs larmes tragiques d'angoisse et d'humiliation, et nous avions à prétendre ne pas remarquer leur lamentable indignité, tout en cherchant à dissimuler la nôtre[8].

Les relations des souffrances des PG liées à la construction en 1942-1943 d'une ligne de chemin de fer de 415 kilomètres entre Thaïlande et Birmanie (afin de préparer la grande offensive prévue en direction de l'Inde) sont fort nombreuses : en effet, si quelque 12 000 détenus occidentaux y périrent, 49 000 survécurent, et beaucoup apportèrent leurs témoignages. Ceux-ci, en revanche, sont très peu abondants en ce qui concerne les travailleurs forcés asiatiques, leurs compagnons de misère : quelque 200 000 atteignirent le chantier, dont près de 70 000 y moururent. Commencer sa relation par deux regards asiatiques sur le sort lamentable des PG est une façon de rappeler que ce drame ne fut pas qu'occidental. Il s'agit d'abord du Singapourien Tan Choon Keng :

> Beaucoup étaient si décharnés, si hagards. La plupart avaient perdu leurs possessions personnelles. Ils vendaient aux Thaïs leurs pantalons, leurs sous-vêtements, leurs chemises, leurs montres, n'importe quoi. Certains devaient utiliser des feuilles de bananier en guise de sarongs*. C'était vraiment une vision pitoyable. Imaginez qu'ils avaient un jour été nos maîtres coloniaux[9]...

Le tableau dressé par le soldat japonais Watanabe Hideo, qui emprunta la ligne terminée en 1944, relève de l'enfer de Dante :

---

* Pagne malais.

> Nous dépassâmes de grands groupes de prisonniers de guerre dans la jungle, le long des voies. Ils étaient durement exploités. Ils étaient entièrement nus, à l'exception de culottes japonaises larges de cinquante centimètres. Elles étaient faites de rugueux sacs de jute pour le riz ou le blé, juste déchirés. La peau de pêche des Blancs était souillée de traînées de sang. Ils bougeaient, se contorsionnaient, poursuivis par des officiers japonais brandissant des fouets[10].

Les prisonniers tentèrent souvent de comprendre pourquoi leurs geôliers leur en voulaient tant. Beaucoup se limitèrent à des explications essentialistes, frisant le racisme : les Nippons auraient été cruels parce que c'était leur atavisme immémorial. Un certain nombre furent plus lucides, analysant des comportements souvent inouïs en termes de ce qu'on dénomme aujourd'hui *culture de guerre*. C'est en particulier le cas de Loet Velmans, jeune Néerlandais juif émigré *in extremis* en 1940 en direction des Indes néerlandaises, mobilisé et fait prisonnier en mars 1942 :

> Au départ, nous n'avons pas compris le comportement des Japonais. Que ce soient les officiers, les sous-officiers ou les simples soldats, ils ne nous montraient jamais qu'un seul visage : cruel, brutal et dépourvu de la moindre humanité. Ils nous battaient au moindre prétexte, avec les poings, à coups de bâton, de crosse ou de botte. Les punitions pleuvaient si l'on ne saluait pas, s'ils nous voyaient parler entre nous, s'ils nous entendaient rire, ou même, le plus souvent, sans raison apparente à nos yeux. Un jour, à l'appel du petit matin, il fut décrété que plusieurs soldats hollandais ne s'étaient pas inclinés assez bas en direction du palais impérial de Tôkyô. Ils furent déclarés coupables d'irrespect et condamnés à rester au garde-à-vous jusqu'au soir sous le soleil brûlant. Pourquoi donc les soldats japonais nous frappaient-ils avec une fureur aussi excessive ? Deux ou trois choses finirent par devenir claires à nos yeux, à force d'écouter attentivement notre interprète : pour les Japonais, nous étions des lâches. Nous nous étions rendus trop vite, sans nous battre. En survivant, nous avions porté atteinte au sens de l'honneur et de la bienséance des Japonais. Un guerrier japonais vaincu est censé se suicider. Le suicide signifie l'expiation du déshonneur de la défaite, un déshonneur qui ferait peser un fardeau insupportable sur la famille du guerrier et sur le pays entier. Nous ne devions la vie qu'à la bienveillance de l'empereur, ne cessait-on de nous rappeler, c'était une chance pour nous que d'être autorisés à le servir en loyaux vassaux[11].

Privations alimentaires et catastrophes sanitaires

Avec les humiliations et les coups reçus des geôliers japonais, ce qui revient le plus systématiquement dans les témoignages des prisonniers de guerre alliés, c'est la faim qui les tenailla durant de longues périodes, et parfois pendant toute la durée de leur captivité. Certes, quelques camps paraissent avoir été la plupart du temps assez correctement approvisionnés, tel Changi à Singapour, où du coup la mortalité n'excéda pas 1 %, ou encore les centres de détention de Shanghai. Là, c'est plutôt la monotonie de la diète – du riz de médiocre qualité à tous les repas – qui atteignit le moral. Mais, même à Changi, certains eurent à recourir à divers expédients pour compléter des rations insuffisantes. Ce fut en particulier le cas de l'unité américaine capturée à Java en mars 1942, sur laquelle « Foo » (Frank Fujita) apporte un témoignage on ne peut plus vivant :

> Compte tenu de la situation de famine, nous mangions n'importe quoi susceptible d'arrêter les douloureux tiraillements de nos estomacs. Nous étions parfois capables de trouver des escargots de jungle aussi gros que notre poing : nous les mettions coquille en bas sur un lit de braises, et les faisions mijoter dans leur jus. Dieu ! Qu'est-ce qu'ils pouvaient puer, et leur goût était presque aussi mauvais que leur odeur, mais cela nous rassasiait un moment. Notre latrine était une tranchée à ciel ouvert qui sentait encore pire que les escargots de jungle. Les mouches y pondaient, et quand les œufs avaient éclos, les vers sortant de la tranchée grouillaient dans toutes les directions. Ils étaient blancs, et faisaient ressembler le sol entourant la latrine à de la neige. Les moineaux arrivaient, et festoyaient aux dépens des vers. Quelques-uns d'entre nous réussirent à se procurer une vieille durite de voiture, et à fabriquer des frondes ou des catapultes à partir de celle-ci. En utilisant des petits galets comme projectiles, nous pouvions tirer sur les moineaux. Ceux-ci, une fois frits dans l'huile de palme rouge jusqu'à être croustillants, étaient vraiment bons à manger. Je m'amusais de penser que ce processus ressemblait beaucoup à la théorie du mouvement perpétuel. Nous déféquions dans la tranchée, les mouches consommaient et pondaient, leurs vers rampaient tout autour pour être mangés par les moineaux, nous mangions les moineaux, puis c'était le retour à la tranchée et tout recommençait. Le caporal Howard Plant, ou « *Dead Eye Dick* », abattit un jour de sa fronde un

> de ces renards volants [en réalité des chauves-souris fructivores], qui étaient plutôt nombreux dans le coin. Il y en avait qui considéraient la bestiole inconsommable, et il y eut des hésitations pendant un moment, mais la faim l'emporta et la chauve-souris fut consommée. Mais on ne nous fournit jamais de sel, de sucre, de savon, de papier-toilette ou de tabac[12].

Plus tard, détenu en camp de travail sur les chantiers navals de Fukuoka (île de Kyûshû, au Japon), « Foo » subit des privations encore plus dramatiques et, elles, potentiellement mortelles :

> Le temps passant, nous nous affaiblissions et devenions moins résistants aux ravages de la maladie et de la malnutrition. Tout au long de la nuit, des hommes atteints de béribéri sec se mettaient à hurler. Chaque cellule de nos organismes exigeait le repos, mais ce n'était pas à notre portée. Avant de nous coucher, il nous fallait accomplir le rituel du dos-gris – c'est-à-dire retirer tous nos vêtements et scruter méticuleusement chaque couture et chaque pli, afin de retirer les gros poux à dos gris qui infestaient nos habits. Pendant l'opération, nous nous gelions ! Cela terminé, nous avions à faire notre dernier tour au *benjo**, avant de tenter de dormir. C'était un stress terrible à chaque fois, car il y avait toujours des gardes entre les baraquements et les latrines. Ils se distrayaient toujours en faisant faire la courbette aux PG, puis en les cognant. Si on avait à y aller en pleine nuit, les gardes se montraient particulièrement brutaux, et parfois ils vous imposaient un garde-à-vous dans la bise glacée, jusqu'à ce que cela les lasse. Si vous souffriez de dysenterie et étiez incapable de contrôler vos intestins, alors là, vous vous faisiez vraiment tabasser. Le calvaire du *benjo* conduisait certains Anglais ou Hollandais à se servir de leurs gamelles comme de vases de nuit, puis à les vider au matin. Je suis fier de préciser qu'aucun Américain à ma connaissance ne s'y laissa aller. Nous n'avions ni savon, ni désinfectant d'aucune sorte, ni d'eau bouillante pour stériliser ces gamelles, et par conséquent ces hommes ne faisaient qu'aggraver les symptômes de leurs maladies. Si vous arriviez à éliminer les dos-gris sans geler, et reveniez du *benjo* sans vous faire tuer, vous rampiez sous vos minces couvertures, désespérément en quête de sommeil et de repos. Hélas ! Cela aussi vous était refusé, car c'est alors que les punaises et les puces vous attaquaient[13].

---

* « Latrine » en japonais.

Devant la mort, tous les prisonniers de guerre alliés n'étaient pas logés à la même enseigne, pour des raisons variées : pratiques médicales différentes (ainsi les Néerlandais curetaient les ulcères, alors que les Anglo-Saxons tendaient à amputer, avec des résultats désastreux), état de santé initial variable (les Australiens avaient moins durement subi la crise des années 1930 que les Britanniques), accoutumance (Néerlandais des Indes, Indiens) ou non au climat et à l'alimentation d'Asie tropicale, dureté plus ou moins grande des combats précédant la capture (d'où l'importante mortalité des premiers temps de captivité pour les Américains, qui s'étaient durement battus dans la péninsule philippine de Bataan). Les Australiens souffraient, mais les Britanniques plus encore, ce dont témoigne cet observateur attentif qu'est décidément Russell Braddon :

> Le MO [*Medical Officer*, officier de santé], un jeune Néo-Zélandais, s'attaqua au problème de la dysenterie avec courage et détermination. Le taux de mortalité était désormais si élevé que ses méthodes rudes paraissaient justifiables. Il mettait tous ceux qui souffraient de dysenterie à la diète liquide – du porridge de riz et le jus de quelques feuilles bouillies des patates douces qui poussaient devant la prison – et il leur lavait vigoureusement le tube digestif avec des doses de sels répétées. Il devait falloir une grande force d'âme pour dénier toute nourriture solide à des hommes affamés, puis pour ébranler leurs organismes affaiblis avec les qualités explosives du MgSO4 (sulfate de magnésium) concentré. Il le fit pourtant, et pas mal de ceux qu'on donnait pour mourants survécurent. Pas mal non plus ne survécurent pas. L'hôpital, dans ces premiers temps, était un capharnaüm, en dépit des efforts sans relâche de quelques aides-soignants. Chaque pouce d'espace au sol était occupé par les malades – certains gisant sur le béton nu, d'autres sur des sacs, d'autres encore sur des brancards. Les aides-soignants couraient en tous sens avec des bassins hygiéniques improvisés ou des seaux d'eau, pour nettoyer des hommes qui dans leur détresse s'étaient souillés. Au milieu de tout cela, des patients aidaient leurs copains à s'accroupir, leur murmurant des mots d'encouragement et chassaient les mouches. Et de temps à autre, un gémissement sourd laissait présager cette mare de sang noir qui signifiait que les intestins de l'homme avaient éclaté, et que sa vie était finie. Cela prit des semaines avant que la campagne de diète liquide avec sels ne parvienne à ramener ce torrent de mort à un filet constant qui dura jusqu'à nos six derniers mois

dans la prison de Pudu*. Il est navrant que le poids de la mort à cette époque ait presque entièrement reposé sur les troupes britanniques. Mais ce n'était peut-être pas si surprenant. Des centaines d'Argyll et de Leicester étaient presque morts de faim et de fièvres quand, après des semaines de quête d'un refuge (après la bataille de la rivière Slim), ils avaient fini par être capturés. De plus, personne au Royaume-Uni n'est endurci à la canicule comme peut l'être un Australien. Et, en dernier lieu, nous, Australiens, avions tous engrangé les bienfaits d'une vie de nourriture riche, de soleil et d'exercices physiques, ce que le Pommy** moyen n'avait assurément pas connu[14].

Brimades et atrocités

Pour la plupart des PG, les mauvais traitements ne cessèrent jamais vraiment. Changi (Singapour) fut en partie une exception, la taille du camp (parfois plus de 15 000 détenus) ayant eu pour effet de pousser les Japonais à le laisser s'auto-administrer, en y pénétrant le moins possible. Partout ailleurs, au minimum, il fallait saluer correctement (de leur point de vue) les militaires nippons, sous peine d'une paire de gifles, ou pis :

> Les gardes rodaient dans le camp à toute heure pour contraindre quiconque à s'incliner ou à saluer. Ils en tiraient un grand plaisir, particulièrement quand quelqu'un ne se comportait pas à leur satisfaction, et alors ils tabassaient sans merci la malheureuse victime. Certaines des tortures qu'ils utilisaient laissaient la victime marquée à vie, physiquement et émotionnellement. Ils pouvaient faire s'agenouiller la victime, les tibias sur l'angle aigu d'une pièce de bois triangulaire, ou alors glisser la même pièce de bois derrière ses genoux et le faire s'asseoir sur ses talons. Ce traitement causait de sérieux dommages aux os ou aux muscles. Ils mettaient quelqu'un d'autre au garde-à-vous, lui enlevaient sa chemise, puis collaient des cigarettes allumées sur sa chair. Pendre des victimes par les pouces était également pratiqué ; quant aux passages à tabac avec les poings ou avec des crosses de fusil, ils étaient plus ou moins permanents. S'il arrivait à quelqu'un de tomber au cours d'un acte de violence, s'y ajoutaient coups de pied et piétinement[15].

---

* Prison centrale de Kuala Lumpur, capitale des États malais fédérés.

** Anglais.

La « charge mentale » provoquée par la peur constante de châtiments aussi imprévisibles qu'arbitraires compta pour beaucoup dans l'effondrement du moral de nombre de prisonniers, ce qui dans cette atmosphère de lutte pour la vie ne pouvait que les conduire à la mort :

> Le harcèlement et les coups des gardes continuaient sans interruption, et cela nous infligeait la pire des tortures – la peur constante et terrifiante d'être la prochaine victime. On ne pouvait mettre cette terreur à distance. Elle nous accompagnait à chaque instant, au camp et au travail. Quand vous aviez l'impression que le sort était contre vous, et que vous vous aperceviez ensuite que vous aviez survécu à un autre tabassage, vous vous relaxiez un petit moment. En effet, alors que vous gisiez, meurtri et ensanglanté, vous sentiez qu'au moins ça ne retomberait pas tout de suite sur vous[16].

L'arbitraire et la violence des gardes étaient de tous les instants, mais dans certains cas paroxystiques – malheureusement trop fréquents –, ils atteignaient la dimension de crimes de guerre caractérisés, dont il n'est pas pensable d'attribuer la seule responsabilité au système d'oppression dans lequel baignaient les gardiens (en particulier lorsqu'ils étaient coréens ou taïwanais) autant que les prisonniers : le libre arbitre des premiers était loin d'être insignifiant, et ils l'utilisèrent trop souvent pour aggraver une situation déjà déplorable. Le camp-usine de Yokkaichi (près de Nagoya, au Japon), fin 1944, en fournit de tristes exemples :

> Les gardes militaires restaient dans la zone, mais pour exercer la discipline ils avaient ce que nous appelions des « gardiens au bâton », équipés d'un épais bâton ou d'une batte de la taille d'une canne ordinaire. Une quantité de punitions furent infligées de cette façon. C'était beaucoup plus cruel que les coups et les claques que nous avions reçus aux Philippines. Un cas d'espèce : chaque fois qu'un prisonnier devait aller aux toilettes, ou *benjo*, il devait en demander l'autorisation au gardien au bâton. Un jour, nous observâmes un homme fouetté sévèrement non loin de nous. Nous apprîmes plus tard que cet Anglais avait la diarrhée et qu'il avait voulu demander la permission au gardien d'aller au *benjo* ; mais ce garde passait ce moment de la journée à rendre visite à un autre gardien. Ne voulant ou n'osant pas

> interrompre la conversation, l'Anglais décida d'y aller quand même, dans l'espoir d'éviter un accident. Quand il ressortit des toilettes, le gardien était de retour à son poste. Remarquant cet homme et réalisant qu'il était allé aux toilettes sans autorisation, le gardien le tabassa à mort, sur-le-champ. Ce n'était pas un incident isolé. J'ai vu des cas d'hommes battus à ce point sans pitié qu'ils se jetaient à genoux et suppliaient qu'on les tue – n'importe quoi, pourvu qu'on les sorte de ce supplice, mais les gardiens leur refusaient cette grâce. Ils ne les en cognaient que plus fort[17].

Les Français n'échappèrent pas à cette machine à broyer les hommes, même si pour eux les choses furent décalées dans le temps. Mais si ceux d'Indochine purent jouir d'une tranquillité précaire jusqu'au 9 mars 1945, et donc d'une période de captivité plus brève que celle de leurs anciens et futurs alliés, les quelques mois qui suivirent furent souvent effroyables : 2 500 Français, civils et militaires, périrent, sur une communauté d'une quarantaine de milliers de personnes (47 000 juste avant la guerre). Un témoignage anonyme, qui est en même temps une réflexion sur l'inhumanité, est intégré à l'ouvrage du colonel Legrand, qui se veut par ailleurs une condamnation sans appel de la politique de collaboration de l'amiral Jean Decoux :

> Le système [de la Kempeitai] avait des fins investigatrices et punitives. Il tendait aussi à l'anéantissement de la plus élémentaire des dignités et ce fut là, peut-être, sa pire caractéristique. Un risque librement pris et accepté eût, à la rigueur, aidé à concevoir les interrogatoires interminables et renouvelés, les furieuses bastonnades, l'usage des magnétos, les pendaisons par les bras, les agenouillements prolongés, rotules à vif, sur des madriers rugueux, les hallucinants supplices à l'eau, tous les procédés dont la mise en œuvre courante voulait conduire à des révélations susceptibles de servir des intérêts prétendus supérieurs… Mais la personne humaine ne pouvait admettre l'inutilement cruel et l'intolérable avilissement imposé dans ces « cages », dont aucune description ne saurait faire revivre l'incroyable ambiance : dix-sept heures d'obligatoire accroupissement, aggravé par toutes les interdictions, celle de parler, celle de s'allonger, celle même de s'appuyer, celle de somnoler ou simplement de fermer les yeux* ; sept heures de sommeil (?)

* En gras dans le texte original.

à même le sol, en « sardines », dans des nuages de moustiques renonçant d'ailleurs, à la longue, à des chairs devenues nauséabondes ; trois boules de riz suries ; quatre gorgées d'eau chaude ; aucune sortie, sauf... pour les interrogatoires ; aucun rayon de soleil, mais une ampoule de cinq cents bougies qui martyrisait les rétines de minuit à minuit ; la jarre-tinette affreusement agressive et dès le matin remplie à ras bord ; les vociférations constantes des gardiens ; le bruit des coups ; les hurlements des torturés, de nuit comme de jour ; la hantise permanente de la « question » ; les parasites ; la gale ; les blessures muées en plaies purulentes ; la brève et macabre gymnastique exigée à l'intérieur même du cloaque ; la grotesque revue et la ridicule récitation du soir* ; la suppression totale de toute toilette et de tous soins [*sic*], tel était le régime du jour, de chaque jour, des jours suivants. Il le fut pendant des mois, sans espérance raisonnable, jusqu'à cet août 1945 où la bombe atomique vint miraculeusement libérer les survivants[18].

Les responsables japonais assurèrent souvent vouloir respecter le droit humanitaire international, à l'élaboration duquel leurs diplomates avaient d'ailleurs contribué, au moins depuis la conférence de La Haye (Pays-Bas) de 1899. Et leur Croix-Rouge nationale n'était-elle pas la plus ancienne d'Asie ? Le gouvernement de Tôkyô, en particulier, s'était engagé par une note officielle du 4 février 1942 à respecter dans ses grandes lignes la convention de Genève de 1929 sur les PG, signée mais non ratifiée par le Japon. Les captifs occidentaux furent fréquemment accueillis dans leurs camps de détention par des discours du type de celui du capitaine Nomoto Akira, commandant du camp d'Habu, au Japon :

Nous dressâmes soudainement l'oreille. Dans sa péroraison terminale, il dit que c'était la politique de Sa Majesté Impériale, du gouvernement japonais et des forces armées japonaises de traiter tous les PG conformément aux principes reconnus du droit international. Je pris note de cela, d'abord mentalement, puis par écrit, pensant que cela pourrait se révéler utile ultérieurement[19].

---

* « Se corriger en vue d'un avenir meilleur – Être correct envers la sentinelle et lui obéir – Ne pas dormir ou se coucher dans la journée – Ne pas parler à voix haute ni chanter – Bien nettoyer la salle – Prévenir immédiatement la sentinelle au cas où il y a un malade – Communiquer sur l'heure même à la sentinelle s'il y avait un suicidé ou un évadé. » Les Khmers rouges, dans leur prison-mouroir de S-21, afficheront des principes analogues.

Cependant, contrairement aux accords internationaux en vigueur, le droit à tenter de s'évader (qui ne signifie pas l'obligation de laisser faire les évasions !) ne fut pas reconnu aux captifs du Japon. Qui plus est, les évadés repris étaient presque systématiquement condamnés à mort, sentence couramment infligée après torture, et devant leurs camarades rassemblés – volonté pédagogique, à n'en pas douter...

Bizarrement (ou significativement...), le guerrier prisonnier ne retrouvait dignité et considération minimale que dans la mort – du moins quand il était officier :

> 6 juillet (1945) – Service funéraire pour le colonel Pigdon* à 9 heures – quatre couronnes de fleurs : deux marquées « commandant du camp », une « personnel du camp ». Les autorités N.** sont très pointilleuses sur les hommages aux morts. Elles vous battent comme des damnés et vous traitent en criminel endurci tant que vous vivez ; et, une fois mort, vous devenez un soldat honorable, digne de toutes les marques de respect[20] !

Les prisonniers asiatiques du Japon

Cependant, certains soldats ennemis capturés ne se virent même pas reconnue la condition de prisonnier de guerre. Ce fut le cas des militaires chinois aux mains des Japonais. À l'heure des grandes défaites chinoises (1937-1938), en effet, ils n'étaient protégés par aucun statut, la guerre n'ayant pas été officiellement déclarée (elle ne le fut qu'après Pearl Harbor). Ce qui ne signifie pas que leurs vainqueurs aient eu licence de leur infliger des mauvais traitements, et moins encore de les tuer (c'est pourtant encore ce que prétendent certains auteurs révisionnistes nippons !) : le droit

---

* Du corps médical australien ; vraisemblablement décédé d'une tumeur au cerveau.

** N : abréviation de « Nipponais ». Presque un néologisme en français, mais dans ces années d'ultranationalisme, le gouvernement japonais entreprit de remplacer dans les langues européennes « Japon » et « japonais » par « Nippon », « nipponais », plus proches de la version autochtone du nom du pays. Cela déteignit manifestement sur les prisonniers alliés...

coutumier de la guerre, précisé lors des conférences internationales de La Haye (1899 et 1907), aux conclusions ratifiées par le Japon, garantit un minimum de protection aux combattants de toute force régulièrement organisée et relevant d'une autorité étatique reconnue – ce qu'étaient à l'évidence les militaires chinois –, que la guerre soit formellement déclarée ou pas. Ce n'est certes qu'avec les conventions de Genève de 1949 que les combattants « irréguliers » (guérillas par exemple) faits prisonniers se verront reconnaître des droits à peu près équivalents à ceux des armées officielles, du moins dans les conflits internationaux. Mais le seul critère, en 1937, eût dû être le suivant : avait-on affaire à des bandits armés agissant pour leur seul compte, ou à des adversaires dévoués à une cause plus large, et se comportant loyalement, y compris après leur reddition ?

Or les Japonais, au moins initialement, traitèrent effroyablement leurs nombreux captifs chinois, en en faisant leurs esclaves dans le meilleur des cas, en les massacrant le plus souvent. C'est ce dont se vantait un lieutenant japonais, distingué en 1937 pour ses aptitudes en matière d'exécutions au sabre, lors d'une conférence prononcée dans une école élémentaire de sa ville natale :

> En réalité, je n'ai pas tué plus de quatre ou cinq personnes lors d'un combat rapproché [...]. Nous faisions face à la tranchée ennemie que nous avions capturée, et quand nous appelions : « *Ni, lai-lai !* » (« Toi, arrive ! »), les soldats chinois étaient si stupides, ils se précipitaient vers nous immédiatement. Alors nous les placions en rang, et nous les décapitions, d'un bout à l'autre du rang. On m'a félicité pour avoir tué cent personnes, mais en vérité presque tous furent tués de cette façon[21].

Le journaliste nippon Honda Katsuichi n'exagère sans doute pas beaucoup quand il conclut : « En fait, l'exception c'était l'officier qui allait en Chine avec un sabre et qui *ne* l'utilisait *pas*[22]. »

À Nankin, dans les jours qui suivirent la prise de la capitale chinoise du temps (13 décembre 1937), mais aussi à Hankéou (actuelle Wuhan), qui lui avait succédé comme siège du gouvernement central, les soldats chinois, qui avaient pourtant rendu leurs armes dans les règles, furent assassinés en masse : 30 000 à 60 000 à Nankin, en une petite semaine[23]. C'est de ce comportement qu'atteste sous serment devant le Tribunal international de Tôkyô Albert Dorrance, président de la chambre de commerce américaine d'Hankéou. À sa chute, le 25 octobre 1938, il aperçut à la douane fluviale des centaines de militaires capturés :

> Les soldats japonais qui étaient au bout de la passerelle remontaient de temps en temps cette foule de soldats chinois – ou plutôt de Chinois dont la plupart étaient accoutrés en militaires –, et en choisissaient au hasard trois ou quatre. Apparemment ils ne faisaient l'objet d'aucune sélection, on en désignait juste trois ou quatre et ils se levaient. On les faisait marcher le long de cette passerelle, et quand ils croisaient des militaires japonais, les sentinelles se mettaient à progresser derrière eux, jusqu'au bord de l'eau. Une fois arrivés à destination, là où l'eau était haute, les sentinelles qui les avaient suivis [...] les poussaient violemment, et leur tiraient dessus quand leurs têtes apparaissaient au-dessus de la surface[24].

Ce n'est qu'à partir de 1939 que ce comportement massacreur s'atténua (sans disparaître pour autant), car il fallait bien apporter un minimum de crédibilité aux gouvernements chinois de collaboration formés dans les zones occupées : une large part des prisonniers de guerre furent « retournés » et reversés dans leurs forces armées, alors que d'autres étaient envoyés au Japon comme travailleurs forcés. Un contingent d'environ 1 500 fut expédié en 1942 dans la lointaine Rabaul (île de Nouvelle-Bretagne, en Papouasie-Nouvelle-Guinée) : 756 – la moitié – y périrent, ce qui est beaucoup plus que le taux de pertes moyen des prisonniers occidentaux. Quatre-vingts auraient été fusillés ou décapités, et plusieurs dizaines d'autres enterrés vivants, ce qui semble avoir constitué un expédient pour se débarrasser de malades (cholériques, dysentériques) contagieux. Jamais des Occidentaux ne furent traités d'une telle façon[25]. Li Weixun, plus tard lieutenant-colonel dans l'armée taïwanaise, en fut le témoin :

> Les soldats japonais qui nous surveillaient étaient méprisables. Ils empêchaient tout approvisionnement médical. Compte tenu des périodes prolongées de malnutrition, [...] certains des hommes souffrant [d'ulcères de la peau] étaient trop faibles même pour se suicider. Un des membres de mon groupe ne pouvait plus supporter cette torture, et tenta l'ultime effort de se pendre, seulement pour se rendre

compte qu'il était incapable de se tenir debout. Il mourut assis, à côté de sa corde, des vers rampant sur la totalité de son corps. Quand les Japonais se rendirent compte de l'aggravation de la situation, ils conçurent des solutions au problème qu'on n'aurait pu imaginer. Un jour, on nous ordonna de creuser un grand trou derrière nos tentes. Nous en ignorions le but. L'après-midi, les geôliers s'emparèrent de 29 prisonniers chinois [...], les poussèrent dans le trou et les enterrèrent vivants, tout en tirant quelques balles sur eux de manière à leur assurer une mort rapide ! Ces 29 souffraient d'un grave pourrissement de la peau, au point de faire redouter aux Japonais qu'ils puissent transmettre leur infection, y compris à eux-mêmes, et c'est pourquoi ils en arrivèrent à cette idée si cruelle. Nous, chefs de groupes, nous tentâmes tout ce qui était en notre pouvoir pour arrêter cela, mais sans résultat. À notre surprise effarée, une semaine plus tard, les Japonais prirent vingt autres hommes, et les enterrèrent vivants. [...] Ce meurtre inhumain fut même répété une troisième fois. Quiconque ne tenait plus debout devenait une cible. Cette fois, dix hommes furent sélectionnés. Ceux-ci affrontaient toujours leur misérable sort en silence, car leur état de santé les rendait complètement incapables de résister, et aussi, je suppose, parce que le silence était leur façon de préserver leur ultime lambeau de dignité de soldat chinois. À ce moment, il y avait même des hommes qui, ne pouvant plus supporter la torture de la maladie, se portaient volontaires pour être enterrés vivants ! [...] Peu après, un colonel japonais qui dirigeait l'usine où nous travaillions vint nous inspecter. Notre groupe et ses chefs devaient avoir une réunion avec lui, avant l'inspection. [...] Nous décidâmes de protester contre les mauvais traitements, ou de lui remettre un rapport exigeant la fourniture de nourriture et de médicaments. Au début, les gardes japonais n'approuvaient pas ces projets. Cependant, comme nous étions catégoriques dans nos demandes, ils s'inquiétèrent de ce que leur rétention des ressources médicales soit découverte par leurs supérieurs (dans la mesure où de moins en moins de prisonniers restaient capables de travailler), ce qui aurait pu se traduire par des sanctions disciplinaires. Ce qui est sûr, en tout cas, c'est qu'après l'inspection on nous donna des médicaments et du poisson en conserve ; un médecin militaire nous fut envoyé, et ainsi le camp de prisonniers put disposer d'une petite infirmerie. Auparavant, une moyenne de cinq hommes mourait de maladie ou enterrés vivant chaque jour*[26].

---

* On aura noté l'importance d'une couverture médicale, même minime. À notre connaissance, tous les camps de prisonniers de guerre occidentaux en disposaient, issue de leurs rangs. Ce qui assura une mortalité un peu moins catas-

Les autres Asiatiques étaient traités de manière plus contradictoire. Il s'agissait principalement des Indiens* (hindous ou musulmans) de l'armée dite anglo-indienne, des Philippins des forces américaines, ainsi que des Indonésiens de l'armée des Indes néerlandaises (KNIL). Plusieurs dizaines de milliers de soldats de chaque groupe furent capturés par les Japonais au printemps de 1942, les effectifs totaux étant supérieurs à ceux des prisonniers de guerre occidentaux, soit environ 180 000 contre 144 000. Les Japonais, désireux de crédibiliser leur prétention à apparaître comme les « libérateurs de l'Asie » opprimée par l'Occident, relâchèrent rapidement la plupart des PG asiatiques. Ce n'était pas difficile pour les Philippins et les Indonésiens, leurs pays ayant été conquis par l'armée impériale ; bon nombre avaient d'ailleurs déjà profité de la confusion de la défaite pour se fondre dans le paysage, et rejoindre leurs familles. La chose était plus délicate pour les quelque 60 000 Indiens capturés loin de chez eux (principalement à Singapour) et sans possibilité d'y retourner, l'Inde demeurant aux mains des Britanniques. Les Japonais incorporèrent donc un tiers environ des captifs dans une *Indian National Army*, dirigée par des nationalistes du sous-continent, qui combattit sans grand succès à leurs côtés sur le front indo-birman. Mais beaucoup d'autres, refusant d'y adhérer, restèrent dès lors dans les camps, et y furent au moins aussi maltraités que les autres PG. Ils semblent avoir été assez systématiquement ségrégués d'avec les Européens, et envoyés dans des lieux de détention très isolés et souvent difficiles autant que malsains, en Nouvelle-Guinée, Nouvelle-Bretagne (Rabaul) ou même Bougainville (Vanuatu). Les Japonais s'ingénièrent à obliger les hindous à manger de la vache, les musulmans à se nourrir le jour pendant le Ramadan, et plus généralement montrèrent encore moins de respect pour ces « frères asiatiques » (considérés comme des traîtres) que pour leurs anciens maîtres britanniques[27].

---

trophique que pour les prisonniers chinois, et retira sans doute à leurs geôliers la pulsion de les enterrer vivants.

* L'Inde britannique d'alors regroupait les actuels territoires de l'Inde, du Pakistan et du Bangladesh.

5

Les civils : permis de tuer

Si le sort des civils japonais bombardés et affamés fut souvent funeste, celui des populations des pays occupés et prétendument « libérés » de l'impérialisme occidental fut plus souvent encore catastrophique. Les choses débutèrent tôt, dès la guerre contre la Chine. On connaît la tragédie de Nankin (voir chapitre 6), mais de semblables exactions, à plus petite échelle, frappèrent une myriade de bourgades et de villages, partout où le Japon porta ses armes. C'est au début des hostilités (1937-1938) que les scrupules à tuer et piller furent les moindres, avant tout parce que les conquérants, alors assurés d'une victoire proche, pensaient pouvoir se moquer comme d'une guigne des réactions des populations chinoises. Le fantasme de toute-puissance est mauvais conseiller.

Les terres de sang chinoises

Les écrivains anglais, W. H. Auden et Christopher Isherwood, en mission d'information en 1938 dans le secteur montagneux de Tianmushan (montagnes du Zhejiang, au sud-ouest de Shanghai), relatent une situation infernale :

> M. Wang était gouverneur civil pour six comtés. Il avait préparé un rapport exhaustif sur les atrocités commises par les Japonais à l'encontre de la population civile. Dans le secteur de M. Wang, 80 % des maisons avaient été détruites. Des 1 100 immeubles de Siaofeng, seuls 200 subsistaient. Trois des 2 800 maisons de Tsinan. Ces quatre

derniers mois, 3 000 civils avaient été assassinés. Des enfants étaient kidnappés par les Japonais et envoyés à Shanghai – pour le travail forcé ou les bordels. Des quelque 110 000 réfugiés, seuls 10 % avaient pu quitter le district. Les autres, quand c'était possible, retournaient dans leurs maisons en ruine, avec de l'argent de l'État pour acheter des semences en vue des semailles de printemps. Quand ils venaient de zones occupées, on leur fournissait du travail – de cantonnier sur les routes ou en fonction de leurs compétences. Les unités de guérilla – connues sous le nom de Lances Rouges – étaient très actives dans cette province. Les Japonais avaient essayé de neutraliser leur influence et de jeter dans la confusion les affiliations politiques en organisant une force rivale, les Lances de Poisson [*sic*]. Ces derniers n'étaient pourtant pas un succès. À ce stade, ils n'avaient pas été en mesure de recruter plus d'une centaine d'adhérents. Sur ce front, l'avant-garde nippone vivait littéralement sous état de siège. Les troupes n'avaient le droit de sortir de leurs fortins qu'en gros groupes, faute de quoi les soldats couraient le risque de tomber dans une embuscade[1].

Un Américain, résident de longue date des comtés ruraux proches de la grande ville de Xuzhou, dans le nord-est de la province du Jiangsu dont la capitale est Nankin, montre que, en mai 1939, les méthodes de guerre japonaises n'avaient guère changé :

Toute ville, tout village est susceptible d'être bombardé, brûlé, mitraillé, pas seulement parce qu'on y trouve des guérilleros, mais aussi parce qu'il y en a eu un jour, ou parce qu'on les soupçonne d'y être, ou parce qu'un pont a brûlé, ou parce qu'un soldat japonais a été tué dans le voisinage. Et cela s'est produit non pas une fois, mais des myriades de fois. J'ai parcouru à pied des villages qui brûlaient encore, et j'ai parlé à des gens qui venaient d'être blessés – de simples ruraux. Il y a des guérillas, puissantes et efficacement organisées, tout autour de Xuzhou*, mais ce qui se passe, ce n'est pas les Japonais attrapant les guérilleros ; c'est la destruction gratuite d'innocents. Tuer, tuer, tuer – cinq ou dix paysans pour chaque soldat éliminé par la guérilla[2].

---

* Il y a par exemple un district de 500 000 habitants juste à côté de Xuzhou qui garde son administration chinoise normale et les unités de l'armée nationaliste qui vont avec. Le district est bien organisé. Les dirigeants ont maintenu la loi et l'ordre, y compris la lutte pour éradiquer l'opium, quoiqu'ils soient contraints de déplacer constamment leurs bureaux. (Note de l'auteur du document.)

La destruction gratuite et illimitée fut une donnée constante de la marche des forces nippones de Shanghai à Nankin, en novembre-décembre 1937. Un exemple parmi bien d'autres, relaté par un survivant du hameau de Xu Xiang (proche de Suzhou) au journaliste japonais Honda Katsuichi, au début des années 1980 :

> Xu Xinhe, second fils de Xu Shengxian, avait étudié au Japon, et il pensait que sa famille serait épargnée, même en cas d'arrivée des Japonais, car il serait en mesure de parler aux soldats ou de se trouver un lien personnel avec eux. Du coup, plus de quarante personnes s'étaient entassées dans la maison, y compris des réfugiés. Cela incluait le frère aîné de Xinhe, médecin à Wuxi, et plusieurs voisins, qui tous plaçaient leurs espoirs dans l'étudiant revenu du Japon. Mais ces espoirs furent vains. L'étudiant s'était muni d'un drapeau blanc, annonça sa soumission quand les soldats pénétrèrent, et dit quelque chose en japonais, mais ceux-ci l'ignorèrent et firent brutalement sortir tout le monde. Les gens furent regroupés devant le portail, entraînés vers une dépression circulaire, près de l'entrée du hameau, et fusillés en masse[3].

Des missionnaires jésuites résidant depuis longtemps dans l'arrière-pays de Canton – région pourtant troublée s'il en fut dans les décennies d'avant-guerre – rapportent des scènes accablantes :

> Dans le Guangdong, des villages entiers ont été anéantis, des troupes, baïonnettes fixées au canon, forçant les gens accablés à raser leurs maisons, puis riant de leur triste sort ; des centaines de civils ont été tués en représailles pour un seul tir contre un soldat japonais. Si la guerre au Guangdong doit être considérée comme emblématique de ce qui se passe dans l'ensemble de la Chine, ce conflit ne se contente pas de tourner le dos à l'ensemble des conventions de la guerre civilisée, mais il abandonne tous les repères qui distinguent une armée civilisée d'une horde barbare. Des gens échappés de cette zone et venus à Hong Kong ont parlé de cette atmosphère de terreur. Des zones entières où pas un soldat chinois n'était présent ont été balayées par le feu des mitrailleuses. La vie des civils n'a pas le moins du monde été prise en considération. Seule la trahison envers votre propre peuple pouvait vous garantir la sécurité. Une prédilection pour le meurtre et la destruction était clairement discernable dans les actes de l'armée à l'offensive. Le fait que cela ne relevait pas seulement des fantasmes de personnes paniquées est indiqué par la claire distinction effectuée

> par des gens venus de lieux très variés entre deux catégories de soldats japonais. Tous admettent que certains Japonais, généralement les premiers à arriver, se comportaient correctement et se conduisaient avec les civils d'une manière telle qu'on peut l'attendre d'une armée disciplinée en une période civilisée ; les autres ne se montraient ni soldats disciplinés ni hommes civilisés. Cela porte le dernier coup à la réputation du Japon à Hong Kong, où l'amitié pour le peuple japonais avait survécu à bien des tensions. Les plus pro-Japonais ont maintenant cessé de défendre les actions de l'armée nippone et de ses chefs. Des considérations d'humanité les ont forcés à changer leur attitude... Certaines choses qu'on rapporte sur cette guerre proche de nous sont si étonnantes qu'il serait impossible d'y accorder du crédit si elles n'étaient relatées directement par des témoins rigoureusement fiables. Dans une ville, par exemple, comme il n'y avait pas de moyens de défense suffisants, il fut décidé de ne pas résister. Mais les Japonais n'acceptèrent d'épargner la cité qu'à certaines conditions. L'une de celles-ci était la remise d'un certain nombre de femmes. La ville n'accepta pas cette condition – pas plus que ne l'aurait fait une quelconque autre ville de Chine, ou de tout pays encore sensible à la notion d'honneur ; elle résista donc, et combattit jusqu'à sa complète destruction[4].

On aura noté la distinction assez peu courante entre soldats du front et troupes (moins formées, plus âgées) d'occupation du terrain. Elle recoupe néanmoins le constat de la forte présence d'unités moins expérimentées, issues de la réserve, dans l'armée qui, en 1937, se rendit coupable de tant de crimes dans sa marche sur Nankin. Et pourtant ce sont ces unités qui couraient le moins de risques de mourir au combat. Cela rend vaine l'explication encore souvent donnée au Japon des atrocités – la volonté de revanche de jeunes hommes rendus furieux par la mort de leurs camarades. Plus généralement, comme dans l'URSS de 1941 pour les soldats allemands, c'est moins le désespoir de la défaite que l'*hubris* de la victoire qui fit sauter les dernières entraves à l'inhumanité.

Les témoignages sur les atrocités japonaises en Chine sont cependant plutôt rares, tout particulièrement ceux provenant de Chinois : la guerre civile, puis un régime communiste en quête de héros, non de victimes, suivirent de près la fin de la Seconde Guerre mondiale. Quand, à partir de 1982, le pouvoir réformé de Deng Xiaoping entreprit de faire du nationalisme antinippon l'un des nouveaux fondements idéologiques, une grande partie des témoins n'était plus disponible, ou avait des réticences (compréhensibles) à s'exprimer. La collecte des récits est depuis lors surtout locale, rarement traduite en langues étrangères (ceux exposés au Mémorial de Nankin constituent une exception), et, ajouterons-nous, pas toujours très crédible, compte tenu et des décennies écoulées, et de la tendance à se conformer aux canons propagandistes (ainsi, aucun cas de collaboration ou même de familiarité avec l'occupant ne transparaît dans les témoignages que nous avons lus). Du coup, ce que nous savons de plus concret et de plus sûr provient d'Occidentaux, ou même de Japonais. C'est ainsi que l'écrivain Ishikawa Tatsuzo, invité comme d'autres à suivre sur place les exploits de l'armée japonaise, et revenu de Nankin début 1938, publia rapidement dans le magazine *Chuô Koron* un récit réaliste, *Ikite iru heitai* (« Soldats vivants »), qui fit scandale, lui valut censure et (courte) peine de prison, avant de devenir après 1945 un ouvrage emblématique de la littérature de guerre : il n'y critique en rien la politique de son pays en Chine, ne condamne pas le comportement des militaires, attribué aux nécessités et à l'ambiance du conflit, mais ne cache rien des horreurs qu'ils ont commises, en particulier à l'encontre de civils. Ainsi, la veille de l'assaut contre la ville de Wuxi, entre Shanghai et Nankin :

> Kasahara et Hirao sortirent tranquillement de la maison. Après qu'ils eurent sauté dans la tranchée, Hirao déclara : « Sa mère a pris une balle et est mourante. Elle, c'est une *guniang** de dix-sept ou dix-huit ans, la pauvre petite. » « Elle est bonne ? », s'enquit un soldat. « Oui, très bonne », répliqua Hirao, sur un ton quelque peu indigné... Les étoiles ramenaient étrangement les hommes chez eux. Quand ils les regardaient, ils avaient l'impression de ne plus être en Chine. Le petit air de sentimentalité rendait la tranchée plus calme encore. Ce silence fut troublé quand les lamentations de la jeune fille atteignirent à nouveau les soldats. « Elle pleure encore », murmura Hirao. Alors qu'on s'avançait dans la nuit, les pleurs prirent un ton plus désespéré, brisant le silence du sombre champ de bataille. La fille fut prise de gémissements, qui peu après se transformèrent en sanglots étouffés, plus calmes ; puis, soudainement, elle explosa en une longue plainte

* « Jeune fille » ou « femme », en chinois. Un mot que les soldats apprenaient vite...

animale, qui s'étira en hurlement, puis en quelque chose ressemblant à un cri… « Elle me tape sur les nerfs ! » Comme je me retournais pour regarder, Hirao bondit au bout de la tranchée et se tint là, une silhouette contre le ciel sombre et étoilé. « Où vas-tu ? », demanda le soldat Kondô, du fond de la tranchée. « Je vais la tuer », répondit-il, mine de rien. Puis il tira sa baïonnette et se lança vers la maison en une course penchée. Cinq ou six autres soldats le suivirent en passant par-dessus le rebord de la tranchée, leurs pas rapides audibles alors qu'ils trottaient. Ils se précipitèrent dans la maison obscure. La lueur des astres qui pénétrait par la fenêtre brisée révélait la fille en sanglots accroupie, comme avant. Hirao l'attrapa par le col et la souleva, mais ses bras étreignaient le corps mort de sa mère, et elle refusait de s'en séparer, jusqu'à ce qu'un des soldats lui torde le bras et la débarrasse du cadavre. Puis les soldats tirèrent la fille à l'extérieur, ses jambes traînant sur le sol. Hurlant comme un fou, Hirao leva sa baïonnette et en frappa la fille à la poitrine, trois fois. Les autres soldats, eux aussi, prirent leurs couteaux et entreprirent de la poignarder de tous côtés. En dix secondes, elle était morte, et s'effondra comme une pile de literie sur le sol noir. L'odeur âcre et chaude du sang flottait jusqu'aux militaires excités et exultants[5].

La campagne dite des « Trois Tout » (tuer, brûler, piller/détruire) – *Sanko* en japonais –, en Chine du Nord à partir de 1940, entraîna des atrocités peut-être pires et plus massives encore que celles de 1937 en Chine centrale. Il s'agissait de circonvenir, puis d'anéantir des guérillas essentiellement communistes en pleine expansion. Cela se traduisit par la destruction de centaines de villages avec leurs habitants, et par le déplacement forcé de millions de ruraux en direction d'aires de regroupement étroitement surveillées par des collaborateurs locaux de l'armée impériale, au comportement parfois plus violent encore que celui des troupes nippones. Un vétéran japonais narre un *modus operandi* qui ne fut, hélas, que trop typique :

En juillet 1941, notre corps avait pour mission de s'emparer d'un beau village dans l'un des districts du Shandong*. C'était un beau matin, et les fumées du petit déjeuner flottaient au-dessus du village.

---

* Province essentiellement péninsulaire, au sud-est de Pékin. Les guérillas communistes y étaient particulièrement actives.

Puis, tout à coup, retentit un ordre du chef de bataillon : « Anéantissez le village ! Incendiez-le ! » Les soldats qui s'étaient aplatis sur la route ou dans les champs se redressèrent, avec leurs baïonnettes. Aux cris sauvages des soldats, le village entier fut fracassé et subit la catastrophe – au son des portes et des murs qu'on défonçait, aux cris des poules, un troupeau humain avec ses bagages commença à évacuer vers la montagne toute proche. La fumée venait de partout, et un feu dévorant flamboyait tel un éclair. Avec les appels au secours et les hurlements des femmes et des enfants, le village entier fut transmuté en un enfer au superlatif. Une centaine de maisons fut intégralement consumée, et ceux trop lents à s'échapper, tels que les vieillards, les malades, les femmes avec enfants, furent jetés dans le brasier de leurs demeures ou transpercés des baïonnettes militaires. [...] Alors que je m'apprêtais à incendier ma troisième maison, je fus attiré par une maison neuve, où une jeune femme au pâle visage dormait. Sur la porte d'entrée, on lisait les deux caractères du mot « bonheur ». Je fus saisi par le cri d'un bébé. La dormeuse venait d'accoucher. Soudainement, l'image de ma sœur aînée, qui venait elle aussi d'accoucher, jaillit dans ma mémoire, et j'hésitai. Mes deux collègues, eux, étaient déjà en train de mettre le feu à d'autres habitations. Juste à ce moment, une grand-mère aux cheveux blancs, qui avait dépassé les soixante ans, apparut devant moi, et me supplia, les larmes aux yeux, de ne pas brûler sa maison. S'inclinant de multiples fois, et les mains tremblantes, elle plaida : « Ne tuez pas ma belle-fille et son enfant, mais tuez-moi si c'est ce que vous voulez. » Je répliquai : « Je ne sais pas. C'est un ordre de mon commandant. Juste allumer un feu, c'est tout. » Alors, la grand-mère fit appel à ma pitié. « Tais-toi, vieille truie ! », hurlai-je, hors de moi-même de rage. « Sorcière inhumaine ! Ne me blâme pas ! Je suis un simple paysan. » Elle éclata en pleurs et se précipita dans la maison. Le cri du nouveau-né, celui, inoubliable, de la vieille femme me percèrent le cœur. Elle réapparut devant sa porte, les cheveux défaits, et me cria une fois de plus d'avoir pitié. « Sale radoteuse ! », et je la frappai de toutes mes forces. Elle tomba sur le dos, hurlant à pleine voix. « Je ne suis qu'un paysan ! », répétai-je. Effrayé au point qu'un frisson descendait le long de ma colonne vertébrale, je me sentis prêt à tout, et je jetai une botte de paille enflammée dans la maison. D'épais nuages de fumée s'élevaient de l'entrée, et l'on ne distinguait plus rien à l'intérieur. Le cri de la grand-mère se faisait déjà moins fort. Je fermai complètement la porte d'entrée, et un moment après c'est toute la maison qui ne formait qu'une flamme. Ah ! Cette grand-mère était une femme à la tendre nature, exactement comme ma mère. Après avoir durement travaillé dans les champs, elle avait choisi une épouse pour son fils et se réjouissait d'avoir un nourrisson. J'avais anéanti ses espérances touchantes avec mon cri « Tais-toi ! ». J'avais cruellement fait brûler trois personnes innocentes. La guerre, la guerre seule est l'enfer sur terre[6].

Les crimes sexuels, par leur étendue et leur quasi-systématicité partout où passa l'armée impériale, sont l'une des « marques de fabrique » de la guerre à la japonaise. Ishikawa, là encore, en parle crûment :

Comme des chiens courant après des lapins, ils parcouraient les rues, plusieurs hommes de front, cherchant des femmes. Ce type d'activité illégale avait été sévèrement combattue lors des batailles de Chine du Nord mais, à ce point, il était difficile de contraindre le comportement de ces hommes. Ils arboraient un air hautain, content d'eux-mêmes, comme si chacun était un empereur ou un tyran. S'ils étaient incapables de parvenir à leurs fins dans les rues de Wuxi, ils allaient vers les maisons qui entouraient la ville. C'était chose dangereuse, dans la mesure où il y avait encore des déserteurs de l'armée chinoise qui se cachaient ; et de plus certains civils détenaient des armes. Mais les soldats ne ressentaient ni réticence ni hésitation. Ils avaient le sentiment que personne au monde ne pourrait être plus fort qu'eux. Compte tenu de cette attitude, il va sans dire que la vertu, le droit, le remords et la sympathie pour l'autre n'avaient aucune prise sur eux. C'est ainsi que certains soldats revinrent au Japon avec des anneaux d'argent au petit doigt de la main gauche. Si on leur demandait où ils avaient eu ces anneaux, ils riaient et répondaient : « C'est un souvenir de mon épouse décédée[7]. »

Les crimes contre les femmes entraînent également de très nombreux crimes contre leurs familles ou leurs voisins. À Nankin, la plupart des femmes assassinées étaient relativement âgées, beaucoup plus que celles victimes de viol : on ne devine que trop aisément le scénario du drame. Parfois, les soldats frustrés vont jusqu'à tuer au hasard ceux à leur portée, en guise de dérivatif, ou peut-être de passe-temps. Ainsi dans la banlieue de Canton, en novembre 1938 :

> Des rapports reçus aujourd'hui et authentifiés d'étrangers à Canton établissent que, mercredi à l'aube, des troupes japonaises sont entrées dans deux villages proches de Lingnan University et ont demandé des femmes, de la nourriture et de l'argent. [...] Mécontents des réponses à leurs exigences, les soldats auraient pris dix hommes de chaque village et auraient tenté de les décapiter. Il se trouve que les décapitations ont dans certains cas été incomplètes. Des médecins étrangers de Canton ont été appelés hier pour traiter une des victimes, dont la tête, dit-on, était « à moitié tranchée ». On s'attend à ce qu'il ne survive pas. Simultanément, les troupes japonaises auraient mitraillé au hasard ces deux villages, et mis le feu à tous les principaux bâtiments de Lokong. Deux visiteurs étrangers qui hier visitaient ces villages les ont trouvés incendiés plus qu'à moitié, et presque déserts. La poignée de villageois qui y demeure se recroquevillait dans les coins de leurs maisons en ruine. À Lokong, presque tous les bâtiments ont été incendiés. Durant leur tour de ces villages, ces deux étrangers ont vu les cadavres décapités de sept Chinois, tous des civils[8].

Au-delà de l'horreur et de la démesure de ces atrocités, ce qui frappe c'est l'impression de militaires en roue libre, à qui il a été donné carte blanche pour se comporter avec les civils chinois exactement comme ils l'entendent. Il ne s'agit pas de l'ordre d'un état-major : qui aurait vu un quelconque intérêt stratégique dans pareils agissements ? C'est plutôt l'absence d'ordre qui ici sous-tend le crime de guerre. Et comme l'armée japonaise a par ailleurs donné les preuves surabondantes de son haut niveau de discipline interne, au prix de sanctions terribles contre les contrevenants, on ne peut que conclure à une complicité *de facto* de la hiérarchie militaire avec les criminels. Il n'y eut pas cet « effondrement de la discipline » que prétendent voir certains auteurs – pas seulement japonais –, mais levée délibérée de l'obstacle disciplinaire.

D'où des comportements fantasques dans le crime, où le plus frappant est la totale impuissance des victimes et témoins à y mettre fin, comme à Shanghai en janvier 1938 :

> Un soldat, apparemment jeune, armé d'un fusil et d'une baïonnette, et déjà plus ou moins ivre, apparut dans le village situé juste derrière le Hungjiao Golf Club, et demanda « des femmes et à boire ». Il n'y avait pas de femme dans le coin, mais on trouva une liqueur quelconque.

Le soldat but tout ce qu'on lui avait apporté, d'après un étranger, y compris une bouteille entière de *samshui**, cul sec, puis repartit en zigzag vers un autre village, peu distant de la 16e pelouse du golf. Mais la nouvelle de la présence du soldat s'était diffusée comme un feu de brousse au district avoisinant, et toutes les jeunes femmes s'étaient cachées, quand elles ne pouvaient pas s'enfuir. Devant une maison trois vieilles Chinoises étaient assises, toutes âgées de plus de soixante ans, et le soldat leur demanda s'il y avait des jeunes femmes alentour. Elles répondirent qu'il n'y en avait pas. Il leur tira dessus immédiatement et les tua, faisant feu à une distance d'un mètre environ. Apparemment toujours en quête de femmes, il erra jusqu'au terrain de golf et, rencontrant la mère de l'un des caddies et le frère de l'assistant directeur aux caddies du Golf, il tira sur les deux et les blessa ; puis il attaqua à la baïonnette le père du directeur aux caddies. Celui-ci ne fut pas gravement blessé, mais deux autres durent être emmenés à l'hôpital de la Croix-Rouge dans une ambulance appelée par certains membres du club qui se trouvaient présents quand les blessés arrivèrent dans le club. Pendant ce temps, le soldat errait dans la campagne, au sud du club, et on rapporte qu'il tira sur deux autres hommes et les blessa, à un mile environ du club[9].

Le pillage est le troisième volet des exactions japonaises les plus courantes. Son étendue résulte d'abord des déficiences de l'état-major en matière de logistique, particulièrement en Chine : il fallait vivre sur le pays, si l'on ne voulait pas mourir de faim. Il prend aussi la forme d'une activité ludique, et de stratégie d'enrichissement personnel, en particulier chez les officiers. *Last but not least,* il s'agit enfin de terroriser l'adversaire, en démontrant la toute-puissance des soldats de l'empereur. Mission accomplie ? Selon un missionnaire catholique installé en Chine du Nord :

Dans un village, l'armée de passage a brûlé les portes, les fenêtres, le mobilier, les outils aratoires et d'autres objets encore ; elle a mangé ou détruit de grandes quantités de grain, empêché les moissons, et emporté la plupart des animaux et des charrettes. J'ai parcouru maison après maison réduites à l'état de coquille vide. Quand je demandais aux villageois s'ils avaient des cochons ou des poules, ils éclataient de rire, ce que j'entendais comme le rire de personnes au bord de la

* Alcool de grain artisanal, populaire et bon marché.

folie. Pour eux, il était ridicule de seulement demander si des poules ou des cochons avaient échappé aux envahisseurs[10].

Par un mélange d'inconscience et de cynisme, les dirigeants nippons, civils ou militaires, n'évoquèrent jamais publiquement les exactions de leurs troupes – et l'on sait la difficulté à le faire de leurs successeurs, jusqu'à aujourd'hui. Bien plus, ils aimèrent à se présenter comme animés de bienveillance et de compassion à l'égard de ceux qu'en réalité ils massacraient. Emblématique est la déclaration sur les buts de guerre du général Matsui Iwane, commandant en chef des forces japonaises en Chine centrale, alors même que ses troupes marchaient sur Nankin :

> Le premier point est de faire en sorte que le gouvernement de Nankin abandonne sa politique de dépendance vis-à-vis des pays d'Europe et de l'Amérique. [...] Le second point est de pousser les Chinois à reconnaître les troupes japonaises comme leurs véritables amis, qui se sont sacrifiés dans le présent incident* pour sauver les 400 millions de Chinois, et les amener à corriger leurs conceptions erronées issues de la politique antijaponaise du gouvernement de Nankin[11].

Il y eut pourtant des (trop rares) Japonais pour montrer qu'une autre attitude était possible, et pour sauver quelque chose de l'honneur de leur pays – qui peut aussi correspondre à leur intérêt bien compris. C'est cette ambiguïté des motivations que relate, quarante ans après, un vendeur d'appareils photo de la ville d'Odawara, alors sous-officier à Baofeng, dans le Henan :

> Le matin suivant, je reçus du premier lieutenant « T » l'ordre d'exécuter le prisonnier. Si je l'emmenais aux abords du village, les résidents locaux nous verraient. Et comme cela avait été un territoire ennemi jusqu'il y a quelques mois, il se pouvait que des combattants adverses soient disséminés dans la population. Il était évident qu'exécuter le prisonnier aurait renforcé les sentiments négatifs dans celle-ci. Nous étions alors cinquante soldats, sélectionnés dans le rebut et les mal notés de chaque compagnie. Les trois sous-officiers, moi inclus, avaient tous été blessés et sortaient juste de l'hôpital. Nous n'étions pas dans

---

* Jusqu'en 1941, pas de déclaration de guerre entre Chine et Japon ; pour ce dernier, il s'agit d'un « incident ».

> l'état nécessaire à un retour au front. Parmi les prisonniers, il y avait deux Coréens, et l'un d'eux ne parlait pas japonais. Nous sortîmes de la ville, le premier prisonnier assis dans une carriole. Beaucoup d'habitants bordaient notre route, et nous regardaient avec de la haine plein les yeux. Cela me fit frissonner. Je pensais pouvoir disposer du prisonnier sous un grand arbre, et je me dirigeai dans sa direction. Alors que je questionnais le prisonnier sur son identité, son âge, et la raison de sa détention, je ressentis de la compassion pour cet homme, qui avait juste mon âge. Je décidai de le laisser s'enfuir. Mon autojustification était qu'en le laissant partir, je réduirais les tensions avec la population locale. Cela pourrait assurer la sécurité de la garnison de Baofeng. Je dis donc au prisonnier qu'il pouvait filer, mais qu'il ne devait jamais revenir au même endroit. Il devait trouver un autre endroit et y vivre paisiblement. Il sanglotait tout en répétant ses remerciements, « *Xie xie** ». Je visai le ciel de mon fusil, et tirai trois coups de feu avant de m'en retourner. Quand je me retournai, le prisonnier me salua et s'inclina dans ma direction, encore et encore. Puis il courut à la vitesse de l'éclair. Quand j'atteignis le village, tout le monde m'accueillit avec force sourires, et on me dit : « Monsieur, merci pour votre souci. » Je ne sais comment ils avaient vu ce que j'avais fait. Cela se passait en mars 1945**[12].

Il ne s'agit pas de renvoyer dos à dos Japonais et Chinois. Les premiers, au travers de la politique suivie depuis 1928 consistant à diviser la Chine pour mieux y régner, puis, dès 1931 (Mandchourie), par leurs empiétements territoriaux à grande échelle, portent l'entière responsabilité du conflit. Et si l'on ne peut préjuger de l'attitude qu'auraient eue des troupes chinoises occupant le Japon ou détenant d'importants groupes de prisonniers de guerre nippons, il reste que ce furent les Japonais qui maltraitèrent et massacrèrent en masse, à de multiples reprises, civils aussi bien que militaires ayant déposé les armes. Les autorités chinoises aggravèrent cependant les souffrances de leurs concitoyens, au moins à quatre niveaux. La politique de la terre brûlée entraîna des mesures aussi désastreuses que militairement peu utiles :

---

* « Merci », en chinois.

** Donc au moment où l'armée japonaise commence à se replier vers le nord, en prévision de la bataille décisive censée advenir contre les Américains dans l'Archipel lui-même.

ouverture des digues du fleuve Jaune dans le Henan, avec des centaines de milliers de morts à la clé, par noyade et surtout par les famines induites par la perte des récoltes ; incendie de la capitale du Hunan, Changsha, en octobre 1938, face à une offensive japonaise qui en réalité s'arrêta avant la ville. L'approvisionnement des armées chinoises, très déficient, les poussa autant que les forces japonaises à vivre sur le pays, ce qui provoqua famines, résistances et représailles aux dépens des habitants des zones de front. Cette même déficience, mais en matière médicale, entraîna pour l'armée nationale chinoise (on n'a guère de renseignements analogues sur les forces communistes) des pertes probablement supérieures à celles des combats : entre 1937 et 1945, 1,4 million de soldats chinois décédèrent ainsi, ce qui ne fut pas sans effet sur les capacités stratégiques[13]... Certaines situations étaient effrayantes : 80 % de paludéens, 10 % de dysentériques sur le front de Wuning en 1938 ; l'unité chirurgicale la plus proche était à une centaine de kilomètres, qu'il fallait trois à sept jours pour parcourir ; durant tout ce temps, le blessé ne recevait ni morphine ni soins dignes de ce nom, et devait coucher par terre[14]. Dans ces conditions, on voyait peu d'hospitalisés touchés à l'abdomen ou au thorax : ils étaient morts en chemin. On comprend que, en 1943, 44 % des conscrits soient décédés ou aient déserté avant d'avoir rejoint leur unité[15].

Dernière avanie pour la population chinoise, infligée cette fois involontairement : les erreurs militaires. Ainsi, le 14 août 1937, au plus chaud de la bataille pour Shanghai, l'aviation chinoise bombarda-t-elle la Concession internationale surchargée de réfugiés (elle était terrain neutre) en place et lieu des lignes nippones, avec un bilan humain particulièrement désastreux : plus de 1 000 morts. Selon un journaliste :

> Une bombe s'incurva à travers l'air, frappa le Palace Hotel en un choc étincelant, et causa un carnage indescriptible. Un spectacle horrible de mort se découvrit quand la fumée du puissant explosif se dissipa. Les flammes d'une voiture incendiée jouaient sur des corps déformés. En tas informes, là où ils s'étaient blottis pour se protéger, gisaient des cadavres en costume de coolie tournant à l'écarlate – en plein milieu des entrées principales et des arcades des hôtels Palace et

Cathay*. Des têtes, des jambes, des bras avaient été projetés à l'écart des masses de chair écrasées... Le corps d'un policier chinois, un shrapnel fiché dans la tête, était affalé dans la guérite d'où il dirigeait le trafic. Près de là, un enfant éventré[16].

Terreur en Asie du Sud-Est

Le comportement japonais fut plus contrasté hors de Chine. Tout aussi violent là où on résistait (Philippines, communautés chinoises de Malaisie), il ne fut guère marqué de massacres là où c'est la collaboration qui l'emportait (Indonésie, Birmanie, Thaïlande alliée et, sur le tard, Indochine), sinon aux dépens des Occidentaux pris dans la nasse et des groupes autochtones qui les soutenaient. Cependant, là aussi, une exploitation économique radicale (voir chapitre IX) conduisit à énormément de misère, et à des exactions terribles dans le traitement de la main-d'œuvre forcée – d'où une mortalité au total considérable. Et partout, la « chasse aux femmes », signature de l'Armée impériale, entretint la terreur.

Pour les Japonais, en Malaisie et à Singapour, il convenait de prolonger le combat contre le nationalisme chinois. Les *hua qiao* (Chinois d'outre-mer) n'avaient-ils pas puissamment soutenu leur pays d'origine agressé, par des collectes de fonds, par le boycott des marchandises japonaises et par l'envoi de nombreux spécialistes (chauffeurs de camions en particulier)** ? C'est pourquoi, dès leur arrivée, les Japonais imposèrent à la chambre de commerce chinoise de Singapour (qui rassemblait les plus fortunés) une énorme indemnité « de repentance » de 50 millions de dollars-or. Ils fermèrent (le plus souvent définitivement) les écoles privées chinoises où étaient instruits la plupart des enfants de la communauté. Et surtout, dans toutes les villes importantes de la péninsule malaise, ils recoururent à des « purges » (*sook ching*) sanglantes parmi les jeunes hommes, prétendant éliminer pêle-mêle les communistes, les nationalistes proches du Guomindang,

* Les plus fameux de Shanghai, sur le Bund qui borde la rivière Huangpu.

** On peut ainsi voir une stèle à leur gloire dans le grand mémorial de guerre de Kunming (Yunnan).

les pro-Britanniques et les membres (souvent tatoués) des sociétés secrètes criminelles. Parfois, pour s'épargner un tri long et délicat, on préféra fusiller indistinctement tous ceux qui avaient eu le malheur de répondre à la convocation impérieuse de l'occupant, à Singapour en particulier. C'est ce que narra un étudiant à son ancien professeur :

> O. P. W. me décrivit ce qui s'était passé au « camp de concentration » japonais où il avait été examiné. Il dit que des milliers de personnes, toutes chinoises, avaient été réparties en petits groupes et qu'on leur avait ordonné de marcher en file indienne devant plusieurs officiers japonais. Si ces derniers, pour une quelconque raison, n'aimaient pas l'allure d'un individu particulier, on lui demandait de se mettre à part. Apparemment, il s'agissait de sélectionner ceux qui semblaient potentiellement dangereux, tels que les plus costauds ou ceux de style intellectuel. À la fin de la journée, des milliers de sélectionnés furent chargés dans des camions et conduits vers une destination inconnue. Ce tri continua deux jours durant dans au moins six camps de concentration* répartis autour de la ville. Certains pensèrent que les sélectionnés étaient ensuite envoyés hors de Singapour pour servir de travailleurs et d'employés civils aux troupes japonaises. D'autres suspectaient qu'ils avaient été massacrés. Quoi qu'il en soit, tous avaient disparu. Le plus grand groupe de ces sélectionnés fut emmené du camp de Jalan Besar, là où le docteur Lim Tay Boh** alla chercher son certificat de conformité (*pass*). [...] Nous avons appris plus tard que le commandant militaire à Jalan Besar était le pire. Il paraissait considérer les Chinois porteurs de lunettes comme les individus les plus dangereux. On les emmenait, et ils ne reparaissaient plus. Parmi ceux qui disparurent figuraient deux de mes collègues enseignants à l'Anglo-Chinese School. Tous deux portaient des lunettes. Et moi de même. J'aurais sans doute disparu avec eux si j'eusse été au camp[17].

Le futur Premier ministre de Singapour, Lee Kuan Yew, n'échappa lui-même que de peu à un sort funeste :

---

* On parlerait plutôt de centre de tri, compte tenu surtout de la non-permanence de la structure.

** Il sera président (*Vice-Chancellor*) de l'université de Singapour de 1965 à 1967.

Peu après que les soldats japonais eurent quitté ma maison, le mot passa parmi les Chinois qu'il fallait aller au centre d'enregistrement du stade de Jalan Besar pour nous faire examiner. J'assistai au départ de mon voisin et de sa famille, et me dit qu'il serait plus sage pour moi d'y aller aussi, car si j'étais ensuite perquisitionné à domicile par la police militaire japonaise, la Kempeitai, je serais puni. Je me dirigeai donc vers Jalan Besar avec Teong Koo. Il se trouva que son box dans sa maison de coolies (*coolie-keng*) – le dortoir qu'il partageait avec d'autres tireurs de rickshaws – était situé à l'intérieur du périmètre enclos de barbelés. Des dizaines de milliers de familles chinoises étaient entassées dans cet espace étroit. Toutes les issues étaient surveillées par la Kempeitai. Plusieurs civils les accompagnaient – des locaux ou des Taïwanais. On me dit plus tard que beaucoup d'entre eux étaient cagoulés*, quoique je ne me rappelle pas en avoir vu. Après une nuit dans le box de Teong Koo, je décidai de m'en aller en me dirigeant vers le point de sortie, mais, au lieu de me permettre de passer, le soldat de garde m'intima de rejoindre un groupe de jeunes Chinois. Je sentis instinctivement que c'était inquiétant, aussi demandai-je la permission de retourner au box pour rassembler mes affaires. Il me l'accorda. J'y revins donc, et m'y terrai pendant un jour et demi. Puis je tentai à nouveau de m'échapper. Cette fois, sans que je parvienne à me l'expliquer, je passai sans encombre le poste de contrôle. On me tatoua au tampon de caoutchouc le bras gauche et le devant de ma chemise. Le caractère chinois (ou *kanji*)** *jian*, qui signifie « contrôlé », imprimé sur moi à l'encre indélébile, était la preuve de mon innocence. Je rentrai chez moi accompagné de Teong Koo, grandement soulagé. [...] Je découvris plus tard que tous ceux qui avaient été sélectionnés au hasard au poste de contrôle que j'avais passé étaient emmenés sur le terrain de Victoria School et détenus là jusqu'au 22 février, quand quarante ou cinquante camions vinrent les chercher. Leurs mains liées derrière le dos, on les transporta jusqu'à la plage de Tanah Merah Besar, à environ dix miles, sur la côte est, près de la prison de Changi***. On les y fit descendre, attachés les uns aux autres, et marcher vers la mer. C'est là que les mitrailleuses japonaises les massacrèrent. Ensuite, pour s'assurer que personne ne survivait,

---

* Ces hommes de main locaux de l'occupant lui dénonçaient ainsi ses adversaires, anonymement.

** Nom japonais des caractères chinois, communs aux deux écritures.

*** L'une des pistes de l'aéroport international de Changi, construit sous le gouvernement Lee Kuan Yew, passe sur ce lieu de mort, certains restes humains reposant désormais sous le bitume...

chaque corps reçut des coups de pied, fut percé à la baïonnette, et brutalisé de diverses façons. On n'essaya pas d'enterrer les cadavres, qui se décomposèrent à mesure que la marée les recouvrait. Quelques survivants s'échappèrent miraculeusement pour nous fournir ce sinistre récit. Les Japonais admirent avoir tué 6 000 jeunes Chinois dans ce *Sook Ching* des 18 au 22 février 1942. Après la guerre, une commission de la chambre de commerce chinoise exhuma des charniers à Siglap, Punggol et Changi. Elle évalua le nombre des massacrés entre 50 000 et 100 000*[18].

L'effet de terreur fut immense dans des populations que la colonisation britannique n'avait pas habituées à de grandes violences ou à un arbitraire total, en particulier en cette première moitié du XXe siècle. Elle ne toucha pas que les Chinois. C'est ce dont rend compte Mohd Anis bin Tairan, Malais de Singapour :

> Depuis ma maison de l'actuelle Woo Mon Chew Road, le 23 février, j'entendis les mitrailleuses entrer en action dès 9 heures, et cela ne s'arrêta pas avant 3 heures de l'après-midi passées. J'étais très effrayé. Je n'osais pas jeter l'œil dehors. Dans l'après-midi, il y eut cette épaisse fumée venant de la vallée. Une horrible puanteur nous enveloppa plusieurs jours durant, et nous ne pouvions plus rien avaler. Mon frère et moi, nous ne retournâmes dans la vallée que deux ou trois semaines plus tard. [...] Nous vîmes les restes d'une dizaine de corps, qui dépassaient du sol. Mon frère était plus effrayé que moi. Je pensais que c'était effrayant, mais que n'importe comment ils étaient morts. Et nous avions à travailler par là. J'ai trouvé de ce côté un casque et une baïonnette japonais, et je les ai conservés, quoique ma mère m'ait dit de m'en débarrasser[19].

Hors de la Chine, le *sook ching* singapourien fut probablement le plus grand massacre de Chinois. Mais, un peu partout dans la sphère de domination nippone, des « purges » analogues eurent lieu. Cela concerna particulièrement les zones urbaines de Malaisie, où les Chinois constituaient généralement la majorité de la population. Ainsi, dans l'État fédéré du Negri Sembilan

* Chiffre manifestement très exagéré. L'explication figure en détail dans *L'Armée de l'Empereur*, *op. cit.*, note 28, p. 225. Le nombre de victimes est en fait probablement compris entre 5 000 et 10 000, ce qui représente déjà autour de 3 % du groupe-cible (les hommes chinois âgés de quinze à quarante-cinq ans).

– qui ne comptait pas de grande ville –, 2 400 personnes furent massacrées en vingt-sept endroits différents, en mars 1942[20]. Si l'on ajoute les victimes des deux autres États les plus touchés (Johore et Pahang), le chiffre pourrait atteindre les 20 000[21]. Les violences furent ensuite généralement plus sporadiques, mais non moins marquées d'atrocités, spécialement lors d'opérations anti-guérillas aux abords de la jungle. Spencer Chapman, l'officier de la Force 136 du SOE déjà rencontré, en fut le témoin en 1943 :

> Les Japonais avaient juste commencé une offensive contre les Chinois des *kampong* situés à la lisière de la forêt, de Grik jusqu'à Kuala Kubu – sur un front de quelque 150 miles. Ce fut probablement le pire de leurs massacres organisés. Chaque matin, deux ou trois de leurs avions bimoteurs circulaient en cercle, à basse altitude, sur la zone comprise entre la grand-route et le bord de la jungle. Simultanément, un cordon de camions emplis d'Indiens et de Malais* était disposé tous les cinquante mètres sur une section de la route, afin d'abattre quiconque essaierait de fuir. Le cordon se resserrait. Les jeunes hommes en bonne forme étaient mis à part, et disparaissaient – on leur ordonnait probablement de servir de supplétifs aux Japs ou de rejoindre un camp de travail, et on les assassinait s'ils refusaient. Les filles, y compris des enfants de douze ou treize ans, étaient fréquemment violées sur place, ou emmenées servir dans les bordels militaires. Une énorme masse de Chinois furent abattus à la mitraillette ou à coups de baïonnette. D'autres furent enfermés dans des maisons d'*attap*** et brûlés vifs. Tout ce qui avait une quelconque valeur était pillé – le moindre cent d'argent, les montres, les bibelots, les vêtements, les ustensiles de cuisine, et même les légumes des jardins. Le matin suivant, le 19 mai, j'observai ces avions japonais tourner sans trêve, si bas que je pouvais distinguer la figure casquée du pilote regarder vers le bas, et je m'étonnais qu'ils puissent manœuvrer si bas leurs grands bimoteurs, entre les vallées profondes et les pentes boisées. J'allai même jusqu'à la limite d'une plantation d'hévéas et, quoique je ne fusse pas en mesure de voir les *kampong*, je pouvais aisément entendre le crépitement des armes à feu et les cris déchirants des victimes. Alors

---

* En Malaisie, Indiens et Malais – à commencer par leurs organisations politiques – collaborèrent massivement avec les Japonais, qui n'eurent aucune peine à y recruter des supplétifs. Ils étaient particulièrement motivés par la haine des Chinois, vus globalement comme des envahisseurs et des exploiteurs.

** *Attap* : palme utilisée comme toit.

que je me tenais là, plusieurs fuyards couraient comme des fous sur l'allée, en montant vers la jungle[22].

La violence était souvent davantage individualisée, mais elle se voulait exemplaire par son arbitraire et sa radicalité, et exerçait par conséquent un puissant pouvoir terrorisant sur une population qu'on savait peu gagnable à la cause nippone. C'est ce que relate Lim Leong Kim, qui, fuyant Singapour à pied, croyait avoir trouvé refuge sur une plantation de Malacca :

> Le matin du quatrième jour, nous fûmes rudement réveillés par notre hôte, qui nous informa de l'arrivée de soldats japonais sur la plantation attenante ; ils entendaient s'adresser à tous les foyers de la zone. [...] Leur chef commença par se glorifier de ce que son pays avait chassé les Blancs de cette terre. Puis il demanda aux adultes comment se passait leur travail, et combien ils gagnaient par mois. Et ensuite, combien chacun d'entre eux avait contribué au Fonds de secours à la Chine*. La plupart répondirent qu'ils étaient des ouvriers de plantation, et qu'ils gagnaient juste assez pour nourrir leur famille. Et que chacun d'eux avait contribué entre cinquante cents et un dollar [malais] au Fonds de secours. Ils l'avaient fait parce que leurs leaders communautaires les avaient pressés de le faire. Le dialogue se déroulait en malais simplifié**, mais quand un ouvrier affirma ne pas comprendre le malais alors qu'il avait auparavant répondu à des questions dans cette langue, il fut giflé par le chef de l'unité. Ce soldat cria à la foule que leur collègue était un imbécile, et par conséquent un poids pour eux et pour la société. Cet homme ne méritait pas de vivre, hurla-t-il. Quelques instants après, l'ouvrier fut jeté devant un peloton d'exécution. Il mourut devant sa femme et ses deux jeunes enfants[23].

Un peu partout, des têtes coupées et exposées « pour l'exemple » terrifiaient les populations[24]. La pratique fut répétée par la suite, même au cœur de la capitale fédérale, Kuala Lumpur, en 1944 :

---

* Il s'agit bien sûr de la Chine libre, en guerre contre le Japon.

** Le malais simple (ou *bazaar malay*) est depuis de nombreux siècles la langue de communication du monde péninsulaire et archipélagique de l'Asie du Sud-Est. Il permet également aux diverses ethnies de Malaisie de se comprendre.

> Un jour, une arcade rudimentaire en bois fut érigée au-dessus de la rue Bukit Bintang, au carrefour de Pudu. Cinq têtes humaines étaient au sommet de ce « pont ». Beaucoup d'enfants revinrent chez eux à ce spectacle horrible[25].

En Indonésie, les violences massacreuses touchèrent sélectivement les Chinois (mais peu à Java) et les minorités européennes, eurasiennes et/ou chrétiennes. Dans l'ouest de l'île de Bornéo, en 1944, certaines élites autochtones, à commencer par les douze sultans, furent amalgamées à un prétendu complot ; cela se traduisit par une centaine de condamnations à mort. Leur exécution, le 28 juin, est relatée par le sergent-major Miyajima Junkichi, de la Tokkeitai* de Pontianak :

> À leur sortie de la prison, on bandait les yeux des prisonniers et leurs mains étaient liées par-derrière. Dès leur arrivée à Mandor par camion, ils étaient conduits au long d'un petit sentier, une cargaison humaine après l'autre, vers le lieu de l'exécution. À l'œuvre, on distinguait le personnel de la Tokkeitai et les soldats de la garnison (*keibitai*). Ensuite, on demandait aux victimes d'avancer par groupes de cinq à dix personnes à la fois. On ne les appelait pas par leur nom, mais par leur matricule, qui avait été cousu sur leurs vêtements avant qu'ils ne quittent la prison. Puis ils avaient à s'agenouiller ou s'asseoir près d'un trou creusé à l'avance, après quoi on les décapitait, et leurs corps tombaient dans le trou. [...] J'ai toujours pensé qu'ils ne savaient même pas qu'on allait les exécuter. Il n'y eut jamais de tentative d'évasion, avec les bandeaux sur les yeux et les mains liées dans le dos. Ils ne pouvaient marcher tout seuls et nos soldats devaient les guider[26].

Bien loin de là, aux confins de la Nouvelle-Guinée et de l'Australie, le petit archipel des îles Kei (où aucun combat ne s'était déroulé) fut le théâtre d'une tragédie, à l'arrivée (tardive !) des Japonais, le 30 juillet 1942. La petite équipe catholique, seule présence occidentale, fut décimée, le père allemand Münster étant l'unique rescapé**. Il témoigne :

---

* Équivalent pour la Marine (qui administrait Bornéo et une large part des « îles extérieures » de l'archipel) de la Kempeitai pour l'armée de terre.

** En tant que ressortissant d'une nation alliée au Japon.

Monseigneur Aerts fut accusé d'avoir exploité la population, espionné pour le compte des Alliés et caché des armes à feu. Par conséquent, lui et ses collègues seraient emmenés à Amboine*, et internés là-bas. Vers la fin de l'interrogatoire, un jeune musulman** arriva à vélo et tendit une note à l'officier japonais. Son assistant la traduisit, sans mentionner son auteur. Elle disait que les membres de la Mission avaient maltraité les enfants du cru, et les avaient dressés contre le Japon. L'officier s'écria, plein de colère : « Si ceci est vrai, vous méritez tous de mourir. Tous autant que vous êtes vous serez décapités ! » Il répéta plusieurs fois son verdict, à l'intention des nonnes hollandaises qui, pendant ce temps, nous avaient rejoints. Une des nonnes perdit les pédales, et commença à hurler : « Non ! Non ! Je ne veux pas mourir ! » Alors elles furent ramenées dans le cloître par les Japonais. Pour les autres, il n'y avait pas d'échappatoire. Les missionnaires, Monseigneur au premier rang, passèrent une dernière fois devant le bâtiment de leur mission, puis chacun d'eux fut escorté par un soldat japonais sur un endroit sec de la plage et disposés sur une rangée, face à la mer. Un garçon local fut envoyé chercher treize bandeaux et un bol d'eau. Les morceaux de tissu furent trempés dans l'eau, puis étroitement serrés autour de la tête de chaque condamné. L'officier grommela un ordre, et les mitrailleuses crépitèrent. Certains tombèrent immédiatement. Le père Berns et le frère Van Schaik, quoique gravement blessés, tenaient encore sur leurs jambes. Alors, explosant en une fureur aveugle, les soldats japonais chargèrent leurs malheureuses victimes, et les achevèrent de leurs baïonnettes. C'est ainsi que treize vies innocentes cessèrent d'être. La population locale et moi-même, sans pouvoir bouger, avaient été contraints de regarder cette horreur. Un moment après, les garçons de la Mission reçurent l'ordre de tirer les cadavres sur le corail coupant, en mer. Soulever les corps n'était pas admis : ils devaient être traînés comme des animaux. Les enterrer était tout aussi interdit, sous peine de mort. « Nous serons de retour demain, cria l'officier japonais, pour nous assurer de l'obéissance à nos ordres ! » Et les Japonais grimpèrent dans l'un de leurs

* Lointaine capitale de l'archipel indonésien des Moluques.

** Les musulmans sont très minoritaires aux îles Kei, et viennent généralement de l'extérieur. Le catholicisme y est la religion dominante. Les Japonais firent beaucoup d'efforts pour s'appuyer sur l'islam dans les pays où il était majoritaire, et ce dernier le leur rendit bien (formation par exemple en Indonésie de la milice islamique pro-japonaise du *Hizb'ullah*). En revanche, les chrétiens, considérés comme des suppôts de l'Occident et accusés d'être étrangers à la culture asiatique, furent fréquemment persécutés.

> bateaux de débarquement et partirent pour Tuai. Le jour suivant, tous les corps avaient été rejetés sur le sable blanc ; la mer avait refusé de les prendre en charge. La population, pleurant et priant, avait maintenu une veillée funèbre ; mais personne à ce stade n'osait enterrer les morts. Le 1er août, deux jours après la tuerie, quelques braves décidèrent d'enterrer au moins l'évêque – mais cela devait être accompli en secret. Inquiets d'une trahison, ils placèrent des guetteurs tout autour avant de se réunir pour établir leur stratégie. Un jour plus tard, le raja lui-même donna secrètement son autorisation à l'enterrement de Monseigneur dans l'enclos du cloître où se trouvaient les nonnes locales. Le même jour, il finit par décider – à ses risques – d'enterrer les autres corps également. Terrifiée des représailles possibles, la population s'enfuit. C'est alors que, miracle des miracles, nous reçûmes l'appui de nos frères protestants. L'*Orang Kaya* (chef) d'un village protestant situé de l'autre côté du détroit approcha directement les Japonais et demanda la permission d'enterrer les missionnaires. L'officier japonais : « Pourquoi ne nous apportez-vous plus de poisson ? » À cela, l'*Orang Kaya* fournit une réponse orientale emplie de clarté biblique : « Comment pouvons-nous aller pêcher, avec des cadavres de *Tuan** européens flottant tout autour ? » C'est ainsi qu'il obtint l'autorisation d'enterrer les morts ! Et ceci clôt mon rapport, quoiqu'il me faille ajouter que, en dehors de ces missionnaires, les Japonais torturèrent et tuèrent 148 autres chrétiens[27].

Aujourd'hui, quelques touristes aventureux atteignent ce paradis de la plongée sous-marine que sont les îles Kei. Il ne serait pas mauvais qu'ils sachent aussi qu'un jour de 1942, le sable étincelant et les coraux multicolores devinrent l'enfer sur terre.

Aux Philippines, à la différence du reste de l'Asie du Sud-Est, la majeure partie de la population voyait les Occidentaux – en l'occurrence les Américains – davantage comme des alliés que comme des colonisateurs. En effet, depuis 1935, le pays était promis à l'indépendance dans un délai de dix ans, et entre-temps avait pu élire un Congrès et un président dotés de pouvoirs importants, qui collaboraient d'égal à égal avec le chef des forces armées, le général Douglas MacArthur. Les Japonais furent par conséquent considérés comme des agresseurs, seule une petite

---

* *Tuan* : « seigneur » en malais. Désigne par extension les supérieurs hiérarchiques, ainsi que l'interlocuteur qu'on veut honorer.

minorité reprenant leur discours sur la « libération de l'Asie » sous l'égide de Tôkyô. Et une puissante résistance ne tarda pas à se développer, qui en 1944 contrôlait de larges portions du pays (mais aucune ville d'importance). Une fraction était d'obédience communiste (en particulier dans les hautes terres de l'île principale, Luzon), mais la plupart des groupes acceptaient le leadership américain (cautionné par le président en exil aux États-Unis, Manuel Quezon), assez fréquemment concrétisé par la présence de militaires états-uniens dans l'état-major des maquis. L'occupant eut beau installer un gouvernement de collaboration autour de figures reconnues (José P. Laurel en prit la tête), proclamer en octobre 1943 l'indépendance (toute théorique) du pays, sa légitimité demeura très faible. Deux signes en sont l'incapacité des Japonais à imposer une déportation du travail comparable à ce qu'ils faisaient en Indonésie ou en Malaisie, et le refus opposé par Laurel à donner un contenu concret à sa déclaration de guerre de septembre 1944 quand, peu après, les États-Unis débarquèrent massivement dans l'archipel.

Comme en Chine, les Japonais durent par conséquent recourir à la terreur pour tenir en respect une population qu'ils ne pouvaient contrôler autrement. De ce point de vue, ils connurent un certain succès :

> Dans les familles telles que la nôtre, la lutte pour la survie renforça les liens. Les tragédies individuelles accablaient alors quantité de familles. On ne comptait plus les cas de décapitation de fils et de maris par les soldats japonais, parfois causées par le défaut de courbette de Philippins rencontrés sur la route*, ou par des accusations de vol de marchandises que les Japonais avaient en réalité pillées à grande échelle chez les Philippins. Les victimes de ces crimes étaient rarement récupérées par les familles, ce qui par la suite entraînait dans leurs rangs un traumatisme permanent. Jusqu'à aujourd'hui, des survivants éprouvent des cauchemars liés à ces drames. Un grand-père de ma connaissance se réveille au milieu de la nuit, en nage, cinquante-cinq ans après le choc provoqué par les atrocités japonaises à l'encontre des membres de sa famille[28].

* Cas malgré tout exceptionnels. Cela se terminait normalement par une paire de gifles ou, parfois, un tabassage en règle.

Même si l'on ne décapitait généralement pas pour des raisons aussi vénielles, l'imprévisibilité des réactions nippones – parfois totalement démesurées dans leur violence – explique la crainte qu'elles suscitèrent dans la population, peu habituée depuis les durs affrontements des dernières années du XIXe siècle (avec les Espagnols, puis les Américains) à un État-Moloch : les Américains s'étaient montrés des colonisateurs débonnaires, plutôt respectueux des Philippins, à qui ils avaient fourni un système éducatif sans commune mesure avec ce que l'on rencontrait alors dans les autres colonies. Que des rumeurs exagérées, voire sans fondement, aient circulé avec autant d'insistance à l'égard des Japonais est significatif de leurs relations avec les autochtones. Cela put déboucher sur des conduites extrêmes :

> De manière à éviter les troupes japonaises en marche, les anciens avec les petits enfants se cachaient dans les zones densément boisées, à proximité d'une rivière. Au moment du passage des Japonais, on intimait aux petits de rester tranquilles. La petite sœur de l'un d'entre eux, tout juste âgée de deux ans, était une pleurnicheuse, peut-être du fait des temps difficiles qu'on traversait. De ce fait, les anciens décidèrent que si la petite sœur émettait ne serait-ce qu'un gémissement, on la jetterait dans la rivière afin de préserver le groupe entier. Mais, miracle des miracles, alors que les troupes japonaises étaient toutes proches, le bébé fille devint absolument silencieux, sans même la moindre apparence de gémissement. Alors les anciens remercièrent avec profusion le Seigneur pour avoir répondu à leurs prières[29].

Dans certaines régions rurales, à la férocité nippone s'ajoutait celle des guérillas, parfois difficilement discernables des bandits de grand chemin :

> La vie alors était horrible. Très vite, on ne fut plus assuré de se relever le matin car, à n'importe quelle heure de la nuit, des bandits pouvaient venir vous voler et tuer votre famille, l'ordre ne régnant plus. En d'autres mots, nous menions une vie de peur. On ne savait pas qui étaient les ennemis. À côté des Japonais qui pouvaient toujours surgir pour vous tuer, il y avait des guérillas qu'il valait mieux ne pas irriter et qui pouvaient se montrer déraisonnables au point de vous tuer de manière expéditive. Au moment où la libération s'approchait, nous craignions que des troupes japonaises n'entrent à n'importe

quelle heure pour nous tuer tous, dans la mesure où personne n'était en mesure de comprendre leur langue. Nous doutions constamment d'être compris ou non ; être excessivement amical pouvait être la cause de votre mort. Il n'y avait plus la moindre raison d'aimer la vie durant la guerre[30].

Il y eut quand même (comme toujours dans les guerres ?) des exceptions positives, des Japonais plus humains, qui cherchèrent à sauver quelques innocents :

L'expérience qui me marqua le plus dans cette guerre fut le jour où un Japonais ami de mon père le prit à part, la veille du massacre de Calamba, où des centaines de personnes périrent, et lui dit : « Nous Japonais, quand nous perdons, nous nous faisons *hara-kiri*. Mais, avant, nous tuons les gens. Nous ne voulons pas être emprisonnés. Quittez donc la ville immédiatement, vous et votre famille (il était 19 heures), car demain sera le jour. » Et mon père obéit. Nous partîmes à pied et marchâmes la nuit entière dans les rizières, en compagnie de la famille d'un ami très proche, dont la ferme nous servit de refuge pour une semaine environ. Et cela se passa ainsi : le lendemain, à 6 heures, les Japonais rassemblèrent tous les hommes de seize ans et plus, les enfermèrent dans l'église, puis les emmenèrent en bus sur un terrain vague de Real [un hameau de Calamba], où ils furent lardés de coups de baïonnette, et ensuite brûlés. Jusqu'à ce jour, je suis reconnaissant envers ce Japonais sincère et éduqué, exemplaire dans ses manières et loyal envers mon père, son ami. Mon père avait quelques amis japonais et tous étaient courtois et respectueux, comme des gentlemen. Nous, ses enfants, n'eûmes à subir aucune expérience déplaisante pendant l'époque japonaise[31].

On aura noté une certaine dose d'aveuglement, ou d'égoïsme, dans ce récit à la surprenante conclusion. Au moins sera-t-on assuré de la sincérité de ce témoignage.

Dans le Pacifique

Il conviendrait de distinguer entre les archipels conquis par le Japon sur l'Allemagne au début de la Première Guerre mondiale, administrés comme des colonies jusqu'à la conquête américaine de 1944, et ceux que le Japon occupa début 1942, pour une période assez courte. Dans les premiers, on l'a vu, des efforts couronnés d'un certain succès avaient été faits pour conquérir les cœurs, et la solidarité avec les Japonais demeura forte, du moins dans une partie de la population, et tant que la famine ne se déclara pas. Dans les seconds, les relations avec les autochtones furent d'autant plus marquées de tensions que, dès 1943, la guerre y revint. Partout, cependant, la situation s'aggrava avec les bombardements américains, les offensives terrestres ou, au contraire, l'isolement quand l'île, contournée par les offensives alliées, se retrouvait coupée du Japon par l'interruption de toutes les liaisons maritimes ou aériennes (beaucoup vivotèrent ainsi jusqu'à la capitulation d'août 1945).

On s'appuiera d'abord sur le cas des îles Palau, où un important travail de recueil des souvenirs des habitants sur les trente ans de domination japonaise a été entrepris par des ethnologues. Une femme, âgée de quinze ans en 1945, témoigne de terribles violences :

> Les militaires japonais tuèrent les prêtres espagnols*, les Américains rescapés des crashes aériens, et plusieurs lépreux. Je me demande pourquoi ils tuaient les lépreux. C'était terrible : ils leur coupaient la tête et les enterraient dans des trous. La petite sœur de la mère de mon mari fut tuée par l'armée. Elle avait dans les quatre-vingts ans, et était de Ngardmau. [...] les trois lépreux, qui étaient cette vieille dame, un vieillard de Palau et un originaire de (l'île de) Yap, furent emmenés sur la colline par des soldats japonais. L'homme de Yap entendit les Japonais parler entre eux ; ils disaient : « Où devrions-nous faire cela ? » « Nous devrions éviter les espaces découverts, à cause des avions américains. » « Où est le trou que nous avons creusé récemment ? » « Près d'ici. » « Alors nous devrions les découper ici. » Entendant cela, l'homme de Yap tenta de prévenir les deux autres, mais ils ne comprenaient pas le japonais. Aucun moyen de les aider. Il partit en rampant dans la mangrove, et s'échappa par la mer. Les soldats ne purent le retrouver, et ils tuèrent l'homme et la femme de Palau. Tous deux étaient très âgés. Pourquoi fallait-il les tuer ? Ce fut

* Jusqu'en 1899, les îles Palau (étape entre le Mexique et les Philippines) avaient été espagnoles. Puis allemandes jusqu'en 1914, la perte des Philippines par l'Espagne leur ayant retiré tout intérêt pour Madrid.

très triste. L'homme de Yap survécut et retourna dans son île après la guerre. J'ai entendu dire que les lépreux de Ngeremlengui furent tués près d'Ibobang. Je pense que les Japonais n'auraient pas dû les tuer. Ces meurtres ne servaient à rien pour la guerre[32].

Des faits analogues (les mêmes, peut-être : ces îles sont minuscules et peu peuplées) sont relatés par une autre informatrice, Mechas Katalina Katosang :

Les militaires japonais tuaient aussi ceux qui avaient la lèpre. Je connais un homme de Ngeremlengui qui fut tué parce qu'il était lépreux. Sur l'ordre des Japonais, un *junkei* (agent de police palaosien) vint le chercher. Le lépreux lui demanda : « Est-ce qu'ils me tueront ? Je n'ai pas peur de la mort, mais je veux savoir si je serai tué ou non. » L'agent répondit : « Ils ne te tueront pas. » L'homme dit à sa femme : « Je vais le suivre, mais je pense ne jamais revenir à la maison. »

L'informatrice évoque également la fin des religieux venus d'Espagne (pays pourtant neutre dans cette guerre, rappelons-le) :

Il y a un pont dans un endroit dénommé Kokusai, à Ngatpang, et près de ce pont il y avait une hutte. Les pères espagnols y étaient détenus. Une femme de Palau s'arrêta devant, et regarda par la fenêtre. Le père Elías était là, et lui dit : « Ne reste pas là. Les Japonais reviendront dans quinze minutes. Nous avons renoncé à nos vies, mais tu ne dois pas être capturée par eux. » En même temps, le père Marino gisait, épuisé par la faim. Le père Elías demanda donc à la femme d'aller chez un Palaosien dénommé Rudimch et de lui demander d'apporter du poisson et du taro. Je ne sais s'ils purent en manger. Après la guerre, j'allai avec une Palaosienne à cet endroit, et trouvai des tombes. Il y en avait beaucoup. Trois étaient celles des pères espagnols, trois celles de soldats japonais, deux celles de gens de Saipan, et il y avait aussi deux enfants. Celles des pères se reconnaissaient à leurs croix. [...] Près des tombes, nous trouvâmes une hutte. La femme dit : « Allons-voir dedans. » Elle le fit, mais revint vite en disant : « Ça pue ! » Mais elle y retourna. [...] Je pensais que ce pouvait être les ossements des personnes qui avaient été amenées depuis l'Inde*. Ils étaient grands,

* L'informatrice évalue ces Indiens (sans doute des prisonniers de guerre) à « peut-être 2 000 ». Ils avaient sans doute été envoyés aux Palau pour y construire des aérodromes ou des infrastructures portuaires. Beaucoup y moururent.

avec de longues jambes. […] Nous priâmes pour eux, et retournâmes à la maison[33].

Malgré ces tragédies, beaucoup de Palaosiens ne paraissent pas avoir éprouvé une détestation radicale vis-à-vis des Japonais. Vers la fin de la guerre, quand tous souffraient de la faim, mais les Japonais davantage que certains, du fait de leur ignorance des ressources locales, quelques soldats purent trouver un réconfort chez des autochtones eux-mêmes éprouvés.

Aux îles Marshall – elles aussi territoire sous mandat japonais dès l'époque de la Première Guerre mondiale –, l'archipel se trouva dès janvier 1944 partagé entre les atolls conquis par les Américains (de très haute et sanglante lutte à Majuro et surtout à Kwajalein) et ceux laissés aux Japonais, militairement réduits à l'impuissance. Parfois, quand on avait besoin de main-d'œuvre corvéable, on menaçait de mort les autochtones s'ils tentaient de gagner sur leurs pirogues à balancier les îles contrôlées par l'US Navy, où l'on mangeait à sa faim et où l'on n'avait pas à redouter de bombardement. À Mili, par exemple, on cherchait à empêcher les fuites en s'en prenant aux membres des familles de « déserteurs » :

> Dans la mesure où beaucoup s'enfuyaient, on tua ceux qui restaient. Laninlan et son épouse, […] eh bien, son mari fila et elle on la tua, on lui tira dessus. Ils lui firent d'abord sauter les oreilles, pour l'humilier, c'est le genre de choses que les soldats faisaient alors… Ils lui demandèrent : « Veux-tu mourir ? », et elle répondit : « La mort ne m'effraie pas. Si vous voulez prendre ma vie, allez-y. » Ils la firent asseoir dans le sable et lui tirèrent dans une oreille, puis dans l'autre. Alors on lui tira dans les bras. Elle vivait encore, elle ne gémissait pas. Ils lui tirèrent quelque chose comme dix balles dans le corps avant qu'elle ne meure, si grande était sa force. On lui tira finalement à plusieurs dans le cœur, et c'est ainsi qu'elle périt. Tout ça parce que son mari était parti. Parce qu'il y avait une loi japonaise qui disait : « Si vous vous échappez, nous tuerons le reste de votre famille[34]. »

Parfois, à l'inverse, si la garnison nippone entendait conserver pour elle seule la faible ressource alimentaire, on menaçait de mort (par décapitation de masse) les autochtones qui refuseraient d'aller tenter leur chance sur l'océan. Ce fut en particulier le cas à Maloelap, où l'exode forcé de janvier 1945 se révéla dramatique :

Son canoë était bien trop plein. Pour grimper à bord, les gens avaient à flotter dans l'eau en se tenant au rebord, car il était en surcapacité. [...] Nous partîmes, le vent aidant. Mais nous tombâmes sur un autre canoë, endommagé. Alors il fallut prendre des gens de celui-ci pour les mettre dans le nôtre. Il fut donc encore plus surchargé. Plus question de déployer la voile, mais on dit : « Eh bien, laissons-nous porter par la houle jusqu'à Aur. » Cependant, on ne se dirigeait pas par là, on continuait à faire du surplace entre Maloelap et Aur. Cela continua ainsi, interminablement, quatre nuits durant, si ma mémoire est bonne. Quatre nuits sur l'océan, pendant lesquelles on ne peut s'asseoir, où l'on est totalement trempé... Beaucoup restaient dans l'eau, accrochés au canoë. Beaucoup d'enfants moururent. Certains devinrent désorientés, ce que les Marshallais dénomment « avoir perdu tout sens de la direction ». Je ne connais pas l'équivalent en anglais. Leurs esprits étaient atteints, pour certains la conséquence d'un trop long séjour dans l'océan. Beaucoup d'enfants nageaient en permanence, et les requins les mordaient. Ils n'étaient pas très grands... un mètre ou un mètre et demi peut-être. Eh bien, le canoë avançait, mais il capota et se retourna ; on le remit dans la bonne position – six hommes seulement y suffirent. [...] Les avions américains arrivèrent, et les femmes leur firent signe, mais ils ne les repérèrent pas. Nous nous réveillâmes pourtant de notre état d'hébétude, et nous vîmes que nous étions proches d'Aur, nous dérivions dans cette direction. Mais nous n'avions pas de rames, ni d'écope pour le canoë. Nous dérivions avec le vent, et vers 9 ou 10 heures, nous abordâmes un petit îlot au nord de Tabal. Mais notre canot pencha fortement sur le côté. Les femmes qui étaient à bord tombèrent soit sur le stabilisateur, soit entre celui-ci et le canoë, soit devant ce dernier. Eh bien, un jeune homme et moi, nous retirâmes une femme qui était vivante, alors que d'autres tombaient évanouies ou mortes de tous côtés. Je marchai un peu, mais je dus aussi ramper sur mes mains, car j'étais trop faible. J'avais si froid que la sensation d'avoir froid m'avait quitté. Nous avions si faim que la sensation de faim s'était évanouie. On pouvait à peine entendre les gens qui parlaient. Peut-être qu'une seule nuit de plus nous aurait tous achevés[35].

6

Atrocités et massacres géants

Certains des faits que ce chapitre va développer (à commencer par le massacre de Nankin) sont bien mieux connus du grand public que les innombrables autres atrocités de cette guerre, dont les chapitres qui précèdent et suivent fournissent de multiples exemples. Le danger à singulariser excessivement les « méga-crimes » du Japon (ou, dans l'autre sens, Hiroshima) est paradoxalement de laisser croire que, en dehors de cela, cette guerre se serait déroulée somme toute « normalement », et finalement de minimiser le crime de guerre comme système. D'où, jusqu'à aujourd'hui, les tentatives d'explication de ces faits exceptionnels par des circonstances extraordinaires, quand ce n'est pas par la folie ou la perversion de tel ou tel. Or, du point de vue de ceux qui les commirent, ces atrocités ne sortirent guère d'un certain ordinaire, d'une relative routine – ce que les témoignages du temps montrent amplement. Même la propagande chinoise de guerre ne fit pas un sort très particulier au massacre de Nankin. Ce dernier ne doit pas faire oublier les tueries de Wuhan, de Changsha et d'une myriade de villes, bourgs et villages chinois. Le sac de Manille représenta surtout l'extension à la capitale des méthodes éprouvées dans la répression des guérillas philippines. Singapour ne fut pas épurée seule : le processus s'étendit à beaucoup de villes de Malaisie peuplées de Chinois. Quant au bombardement d'Hiroshima (que nous examinerons dans le dernier chapitre), il fut précédé par la destruction de Tôkyô sous les bombes incendiaires, responsables d'un nombre de morts équivalents. Outre que ces grandes tragédies (que rien ne doit permettre de relativiser, et moins encore de minimiser) servent, comme partout dans le monde, de môles de fixation pour la mémoire nationale, elles sont incontestablement d'une ampleur exceptionnelle. *Quantitativement*, elles sortent du lot. Par elles-mêmes, et par le retentissement auquel elles donnèrent lieu, elles firent gravir quelques pas supplémentaires dans la transgression générale des normes morales et juridiques les mieux admises, attisèrent les haines, encouragèrent les volontés de revanche. Bref, elles ont imprimé leur marque de sauvagerie, indélébile, à la guerre de l'Asie-Pacifique. C'est pourquoi il faut s'y arrêter un moment.

On se permettra cependant d'être assez rapide sur le déroulement précis de ces événements. En effet, souvent bien mieux couverts par la bibliographie que les faits relatés dans les autres chapitres de ce livre, et largement parcourus dans mon *Armée de l'Empereur*[1] ainsi que dans nombre d'articles ultérieurs, j'invite le lecteur désireux d'approfondissement à s'y reporter. On se concentrera sur la manière dont tout cela fut vécu, des divers côtés.

La question du cannibalisme

De multiples indications existent d'un cannibalisme de guerre japonais, principalement alimentaire – certaines troupes furent amenées à vivre longtemps dans des jungles pauvres en aliments comestibles –, mais aussi parfois de vengeance. Cela constitua la pointe extrême de la conception purement instrumentale de l'homme qui fut celle du Japon de ces années. Si les Japonais eux-mêmes devaient se réjouir de mourir pour la Cause, *a fortiori* le corps de l'ennemi pouvait sans scrupule être utilisé pour maintenir la force combative des soldats. Cela ne signifie pas que le cannibalisme (dont il n'est pas besoin de rappeler qu'il ne tient aucune place dans l'histoire et la société nippones) ait été monnaie courante, bien loin de là. Il ne fut pratiqué que tardivement dans la guerre, et toujours dans des circonstances extrêmes[2].

D'après les recherches de l'historien japonais Tanaka Yuki, qui reposent cependant presque exclusivement sur les cas avérés de Nouvelle-Guinée, en furent victimes des centaines d'Australiens (parfois surnommés « porcs blancs »), de prisonniers indiens de l'armée britannique, d'autochtones papous (les « porcs noirs »), d'employés civils taïwanais – et d'autres soldats japonais décédés, ou peut-être punis pour avoir eux-mêmes refusé de manger de la chair humaine, voire (aux Philippines) tirés au sort par leurs camarades. Il semble qu'on s'en soit pris en priorité soit à des tués sur le champ de bataille, soit à des prisonniers de guerre malades. Mais l'abattage aurait parfois été planifié : un captif par jour. Les témoignages sont particulièrement abondants dans la vallée du fleuve Sepik, dans le nord de la Nouvelle-Guinée ; un villageois, en particulier, a décrit l'exécution à la mitrailleuse d'un groupe d'habitants, suivie de la découpe et de la cuisson des cadavres[3]. En tout cas, la pratique devint quelquefois une activité normale, organisée, effectuée avec l'accord de la chaîne hiérarchique : le général Aozu Kikutaro rédigea le 18 novembre 1944 l'ordre d'exécuter ceux qui consommaient de la chair humaine, sauf quand il s'agissait d'« ennemis ». La chose fut précocement connue des soldats australiens, qui récupéraient des cadavres des leurs auxquels manquaient cuisses, fesses, entrailles (foie et cœur surtout), parfois cerveaux. Mais la censure militaire fut rigoureuse, jusqu'en avril 1945 : quoiqu'une centaine de cas aient été précisément documentés, il était inconcevable de faire connaître aux familles le sort des leurs. Même par la suite, le juge William Webb (1887-1972), qui présida aux poursuites pour crimes de guerre commis contre des Australiens, décida de « préserver » le public de ces atrocités. Elles furent cependant évoquées dans quelques procès de criminels de classe B ou C : quinze furent poursuivis pour ce chef d'accusation, et deux condamnés.

Ôoka, prisonnier des Américains aux Philippines, rencontra au camp un philosophe qui prétendait avoir un moment servi de garde-manger :

> Fils du patron d'une petite fonderie d'Ôsaka, Akiyama était étudiant à la faculté de philosophie de l'université de Kyôto. La figure mince, de teint clair et de petite taille, il avait de grands yeux proéminents. Il avait une façon désabusée d'abaisser ses paupières qui lui donnait un air particulièrement méditatif parmi des prisonniers rendus eux-mêmes méditatifs sous l'effet inéluctable de l'ennui. Dans la phase finale des combats de l'île de Leyte, il avait fait partie des unités de renfort qui

avaient débarqué sur la côte occidentale de l'île et on disait qu'une fois dans les montagnes, il avait failli être mangé par ses camarades ; mais il ne donnait pas l'impression d'avoir tiré de cette expérience des conclusions particulières[4].

Kiyosawa, à Tôkyô, fort loin donc des lieux de cannibalisme supposé, en entendit également parler :

> Une histoire chez le barbier. Dans le récit de quelqu'un de retour de la ligne de front, les soldats n'avaient pas de nourriture et mangeaient de la chair humaine. Dans la mesure où on ne pouvait savoir le degré de contamination de quelqu'un tué par une balle, ils tuaient des personnes vivantes et les mangeaient. À cette fin, on sacrifiait des prisonniers de guerre. On dit qu'ils étaient placés dans un grand chaudron, on les dégraissait, et on les mangeait. Il ajouta : « Tout le monde se tait à ce propos, mais tout le monde le fait ! » Comme c'était l'heure du petit déjeuner, le barbier dit que toute nourriture lui paraîtrait maintenant impossible à consommer. Dès l'époque d'Attu*, quelqu'un narrait des histoires de contenu analogue. Elles étaient probablement exagérées, mais j'estime que dans une certaine mesure elles pourraient être exactes[5].

Les archipels du Pacifique (du moins les îles contournées par les offensives américaines, et isolées du Japon) furent eux aussi le théâtre de terribles privations, qui purent donner lieu à du cannibalisme. C'est ce que prétend Lele Ram, de Jaluij (îles Marshall) :

> Nous ne savons pas, car nous vivions à distance [des soldats japonais], mais nous avons entendu dire qu'ils mangeaient des gens. Ils mangeaient les Coréens, ils les tuaient et les consommaient, ils allèrent jusque-là ; leurs réserves de nourriture étaient épuisées[6].

Le major américain Ralph Noonan, alors stationné à Guadalcanal où la bataille s'achève, reçoit d'un Marine ces informations plus précises :

---

* L'île d'Attu, dans les Aléoutiennes américaines, prise par les Japonais en juin 1942, fut le théâtre d'une des premières opérations de reconquête, en mai 1943. Elle se termina par une charge en forme de suicide collectif des derniers combattants japonais.

> 24 janvier [1943]. Un jeune Marine au bureau aujourd'hui, il essaye de vendre quelques souvenirs. Il avait un fusil et un casque Jap, toutes sortes de monnaies Jap et six dents en or. [Il] avait capturé des Japs durant la nuit, les avait massacrés pour les souvenirs, et avait étouffé un officier, de façon à ce qu'il n'avale pas ses dents quand les Marines les extrairaient. Ces gamins sont vraiment sanguinaires. Deux causes. D'abord, ils ont déniché sur des cadavres de Japs des objets à l'évidence pris à des Américains de l'île de Wake et des Philippines. Histoire qu'un Marine aurait trouvé sur un Jap le livre de poche et le journal de son frère. Les gars de l'Armée sont aussi âpres que les Marines... J'ai mes raisons de croire que les Japs deviennent cannibales. Un cas précis d'un cadavre américain trouvé avec la chair de sa cuisse découpée. Deuxième cas : après que les Japs eurent été éliminés d'une zone, une patrouille découvrit un ragoût... et la viande était avec certitude humaine[7].

Comme nous l'avons vu, on constate à quel point les cruautés d'un camp entraînaient celles de l'autre. Il n'est cependant pas question de les excuser, et l'on peut penser que, en cette cruciale année 1943 en tout cas, l'armée américaine ferma beaucoup trop les yeux sur ses éléments délinquants ou criminels.

Ces témoignages sont indirects. Celui qui suit ne l'est pas :

> Autour de juin ou de juillet 1945, l'île de Car Nicobar, dans le golfe du Bengale, fut attaquée à deux reprises par les forces britanniques. Après qu'une sentinelle eut découvert une lampe signalant le rivage, qui provenait d'un sous-marin ennemi patrouillant en dehors de l'île, certains Britanniques qui avaient vécu ici avant notre occupation furent arrêtés comme espions. Ils devaient être exécutés. Ce fut fait dans le secret le plus complet. Une double ligne de sentinelles entourait le terrain d'exécution. Les espions furent attachés à des arbres, et ont leur mit un bandeau sur les yeux. Des tombes étaient creusées devant eux. Il y eut d'abord un coup de fusil unique pour chacun, puis ils furent percés à la baïonnette, pour éprouver la bravoure de nos soldats. Les corps furent décapités, pour tester nos nouveaux sabres. Plusieurs hommes, portant des seaux, accoururent et ouvrirent les torses, extrayant les organes internes. Le chirurgien militaire procéda à l'extraction des foies. Je ne pouvais qu'observer ce comportement insensible avec stupéfaction. On répétait que les foies recueillis ainsi étaient secrètement ajoutés à la nourriture des soldats souffrant de fièvres. L'un de ces soldats malades me dit qu'il avait mangé un plat

contenant de la viande, et il se demandait comment elle était arrivée là. Après la fin de la guerre, juste un mois plus tard, l'exécution des espions fut considérée comme un crime de guerre commis par le commandant de la brigade et ses subordonnés – jusqu'au niveau du soldat de première classe. Ces hommes furent pendus à [la prison de] Changi, à Singapour[8].

Des mentions moins précises, éparses, figurent dans d'autres témoignages. Elles ont souvent trait aux Philippines, où des centaines de milliers de soldats japonais durent progressivement se replier dans les montagnes (couvertes de forêts denses) les plus reculées, et où elles tinrent souvent tête aux Américains jusqu'à la capitulation d'août 1945 – au prix de mille souffrances. Ainsi, Matsui Shinji note ce qui suit, plein d'amertume, après avoir confirmé l'étendue de la famine :

> Il nous arriva de trouver un champ de pommes de terre et, après avoir attendu d'être sûrs de l'absence de tirs ennemis, nous ramassâmes autant de patates que nous le pouvions, et nous courûmes vers nos trous individuels pour les dévorer. Les quelques soldats japonais qui survécurent auraient dû s'aider les uns les autres. Au lieu de quoi il y en eut qui se tuèrent dans des explosions suicidaires, il y en eut aussi qui tuèrent leurs camarades pour leur nourriture. La police militaire [Kempeitai] emmenait les soldats qui tentaient de déserter, les accusait de sentiments anti-guerre, et confisquait leur nourriture[9].

Le témoin évoque-t-il le vol de nourriture ou l'assassinat motivé par le cannibalisme ? L'ambiguïté est d'un autre ordre dans le témoignage dantesque de Nishihara Takamaro, qui relate une retraite (à Luzon) en forme de fin du monde ; l'allusion au cannibalisme est on ne peut plus claire, mais rien n'est dit de sa réalisation effective :

> Un camarade dont je ne connaissais pas le nom vint vers moi en rampant. Ôtant ses vêtements, il dénuda son derrière anguleux. Il avait tourné au bleu-vert sombre. « Mon pote, si je meurs, vas-y et mange cette partie », dit-il, en touchant son derrière décharné de son doigt osseux. Je lui dis : « Espèce d'idiot, comment pourrais-je manger un copain de guerre ? » Mais je ne pouvais détacher les yeux de la chair de son derrière[10].

Un peu plus tard, Nishihara tua un chien, à la viande duquel il attribue sa survie.

Cobayes humains

Au procès de Tôkyô, contrairement à ce que beaucoup ont affirmé, la question des expériences médicales (ou pseudo-médicales) sur des cobayes humains involontaires fut évoquée, *inter alia*. Le lieutenant australien John C. Van Nooten, qui avait été détenu à Amboine (Moluques, Indonésie) avec 1 100 compatriotes et Néerlandais, témoigna ainsi pour l'accusation sur des faits d'avril 1945 :

> Il y avait neuf groupes, chacun composé de dix hommes, et chaque groupe n'incluait que des personnes d'état comparable : l'un, par exemple, ne comprenait que des hospitalisés souffrant du béribéri ; un autre, des malades du béribéri, mais non hospitalisés ; un autre, des hommes un peu plus vigoureux ; et un dernier, des hommes à peu près en bonne santé. Un officier médical japonais préleva un échantillon de sang à chaque homme de chaque groupe. Puis il leur fit une série d'injections, supposées être de la vitamine B-1 et de la caséine. Après deux ou trois jours, nouvelle injection, de TAB* cette fois, et la série de piqûres continua pendant un mois. Durant cette période, certains groupes reçurent des rations légèrement améliorées. Le supplément alimentaire consistait en cent cinquante grammes de patate douce et deux cents grammes environ de sauge [*sic*]. Si un homme était toujours vivant à la fin du mois, on lui faisait un nouveau test sanguin[11].

Une cinquantaine de prisonniers moururent dans la période, soit plus d'un sur deux... Il n'y eut pas davantage de *blackout*, au cours des procès des criminels de guerre de rang B ou C, sur d'autres forfaits du même type, particulièrement ceux dont des Australiens avaient été victimes. On révéla ainsi l'imposition d'un régime alimentaire uniquement basé sur le manioc (plus ubiquiste que le riz), à Rabaul (Nouvelle-Bretagne), isolé à partir de 1943

* Typhoïde et paratyphoïde.

– les carences provoquèrent quatre morts sur les treize cobayes ; et l'expérimentation de nouveaux traitements antipaludéens en juillet 1945, toujours à Rabaul (deux victimes sur cinq)[12].

L'utilisation de cobayes humains ne fut en aucun cas réservée à un réseau d'unités spécialisées. La pratique exista apparemment dans l'ensemble des armées de Mandchourie et de Chine, mais sous une forme différente de ce que nous avons vu : le but n'était pas là d'expérimenter des traitements ou des médications innovants, mais d'enseigner les bonnes pratiques chirurgicales aux médecins militaires, qui seraient amenés à effectuer des soins et des opérations d'urgence sur le front. Le cynisme et le mépris absolu de l'armée japonaise pour la vie des autres firent cependant de ces intentions honorables des monstruosités. Un ancien pharmacien de l'hôpital militaire de Linfen (Shaanxi), qui assista en 1943 à une inspection d'Ishii, alors major général, accompagnée d'un film sur les expérimentations de l'unité 731 (voir *infra*), en témoigne :

> Même dans les hôpitaux de l'arrière, il y eut des cas d'expérimentations chirurgicales sur des espions chinois. Le but était d'améliorer les compétences de jeunes médecins militaires inexpérimentés[13] !

Un ancien infirmier qui était basé à Jiujiang, sur le Yangzi, est plus précis :

> Un jour je reçus du responsable des urgences une invitation à venir observer une opération cardiaque. Le chirurgien militaire me demanda de toucher le cœur, et je réalisai pour la première fois à quel point ses battements étaient vigoureux. Quand je quittai le bloc opératoire, deux autres Chinois étaient assis, une couverture les masquant. Je ne pus reconnaître leur sexe. C'était de la vivisection. Mon cœur bat à chaque fois que je m'en souviens[14].

À chacune de ces séances de formation, souvent organisées à l'échelon de la division sur une base semestrielle (mais tous les deux mois à partir de 1943), un ou quelques prisonniers chinois se voyaient blessés intentionnellement, puis opérés, et ainsi de suite jusqu'à ce que mort s'ensuive[15]...

Le crime emblématique, en la matière, est celui de l'unité 731 de l'armée nippone, basée pendant la guerre à Pingfang, près de

Harbin, en Mandchourie. Ishii Shirô, brillant biologiste universitaire, très engagé du côté de l'ultra-nationalisme, et intime des chefs de l'armée du Kwantung, y obtint, en 1936, les considérables moyens nécessaires à la construction d'un complexe de 3 km^2. Celui-ci comprenait une prison, des laboratoires, des ateliers de production d'armes bactériologiques, ainsi qu'un four crématoire. Lors de l'ouverture du centre, en 1938, Ishii fut nommé colonel. Il lui fallait des ressources humaines de première qualité : dès 1936, il avait sous ses ordres un millier d'employés et de chercheurs (dont nombre de jeunes médecins, biologistes, vétérinaires et chimistes issus des meilleures universités), néanmoins soumis à une stricte discipline militaire ainsi qu'au secret le plus absolu sur leurs recherches. Trois centres annexes, situés non loin de la frontière soviétique, avaient pour fonction de fournir leurs « armes secrètes » biologiques aux forces japonaises en cas d'attaque. Un autre était établi à Singapour. Et deux unités indépendantes, quoique en rapport étroit avec la 731, furent mises en place à Changchun, dans le sud de la Mandchourie (unité 100) et à Nankin (unité Ei 1644). Prises ensemble, elles ajoutèrent sans doute 5 000 à 6 000 victimes aux quelque 3 000 de Pingfang[16]. Les recherches étaient parallèles, même si chaque centre avait ses spécialités, comme le venin de serpent pour celui de Nankin, ou encore, au Japon même (Collège médical de l'Armée), la toxine du redoutable et délicieux poisson *fugu*. Ei 1644 disposait en outre d'une chambre à gaz expérimentale pour ses armes chimiques[17]. Les activités des trois unités principales recoupaient à peu près toutes les branches alors connues de la guerre bactériologique : on travailla sur des souches de typhoïde, de paratyphoïde, de dysenterie, de choléra ; mais seuls l'anthrax, le tétanos et surtout la peste furent retenus pour des bombes très spéciales (en céramique ou en porcelaine, pour protéger les précieux germes). Celles-ci furent enfin mises au point en 1943-1944, soit un peu tard dans la guerre pour atteindre une fabrication à échelle industrielle.

Pour aller vite dans la mise au point des armes bactériologiques, et pour tester la capacité du corps humain à surmonter certaines épreuves, des cobayes humains s'imposaient, que la Kempeitai était chargée de fournir. Aucun cobaye ne devait sortir vivant : on multipliait les expérimentations dangereuses sur les sujets les plus résistants. Les derniers furent gazés en août 1945, et tous les cadavres encore en cours d'étude furent brûlés ; puis on fit sauter les bâtiments. Les détenus transformés en cobayes perdaient leur statut d'êtres humains :

> Nous appelions ces prisonniers *maruta*, ce qui en japonais signifie « bûche, bille de bois ». Bien que chacun d'eux ait eu à son arrivée une carte d'identité avec ses nom et lieu de naissance, la raison de son arrestation et son âge, nous lui attribuions un simple numéro. Un *maruta*, un « morceau de bois », n'était plus que le numéro qu'il portait, une partie d'un matériau qui ne servait qu'aux expériences. On ne le considérait pas comme un être humain[18].

Lors du procès de Khabarovsk – en URSS, en décembre 1949, certains membres de l'unité ayant été capturés par l'Armée rouge* –, le témoin Kurakazu illustra le mélange incestueux entre science et système concentrationnaire :

> À chaque étage on trouvait plusieurs pièces faisant office de laboratoire, et au milieu on avait des cellules où étaient gardés les cobayes, ou « bûches ». [...] Je me souviens clairement que, en plus des Chinois, il y avait des Russes parmi les prisonniers. Dans une cellule, je vis des femmes chinoises. [...] Tout le monde portait des chaînes au pied. [...] Trois Chinois n'avaient plus de doigts, et quant aux autres, on pouvait voir les os de leurs doigts. Yoshimura me dit que c'était l'effet des expériences de gel auxquelles il avait procédé[19].

Les scientifiques nippons ne manquaient pas d'imagination en effet. On tentait de renforcer la virulence des bactéries en réinjectant certaines souches sélectionnées d'un malade à un autre. On testait divers germes sur des aliments variés, afin de déterminer le meilleur vecteur :

---

* Tout procès dans l'URSS stalinienne impose de considérer avec prudence la sincérité des débats et la véracité des conclusions. Le recoupement avec les nombreuses autres informations, venues de sources différentes, dont nous disposons désormais amène cependant à considérer comme fiables la plupart des révélations obtenues à Khabarovsk. Rien d'étonnant à cela : les accusés en avaient bien assez fait pour mériter une condamnation ; et, par ailleurs, il convenait de ne pas les charger excessivement, leur libération et leur renvoi au Japon à des fins propagandistes étant déjà programmés.

Les légumes furent reconnus être les plus appropriés à la guerre bactériologique, particulièrement ceux dotés de nombreuses feuilles, le chou par exemple. Les tubercules, du fait de leurs surfaces lisses, étaient moins favorables. L'injection de bactéries dans des produits alimentaires, des fruits par exemple, se révéla plus efficace que la contamination de leur surface. Le meilleur vecteur de maladies infectieuses, selon Ishii, c'étaient les légumes. Puis venaient, dans l'ordre, les fruits, le poisson, et en dernier lieu la viande[20].

Il convenait également de priver l'adversaire de ses moyens de vivre : on s'efforça de sélectionner les zoonoses les plus efficaces, telles que la peste bovine. On observait les effets de la syphilis sur une femme enceinte. On expérimentait des lance-flammes sur les détenus. Certaines expériences étaient particulièrement sophistiquées :

En janvier 1945, nous infectâmes dix prisonniers de guerre chinois avec de la gangrène gazeuse. L'objet de l'expérience était de vérifier la possibilité d'infecter à la gangrène gazeuse par 20 °C en dessous de zéro. On procéda ainsi : les prisonniers furent liés à des poteaux entre dix et vingt mètres d'une bombe chargée de gangrène gazeuse. Pour empêcher ces hommes d'être tués sur le coup, leurs têtes et leurs dos étaient protégés à l'aide de boucliers métalliques spéciaux et d'épaisses couvertures rembourrées, mais leurs jambes et leurs fesses n'étaient pas protégées. La bombe fut détonnée au moyen d'un commutateur électrique et les éclats, porteurs de bacilles, se dispersèrent sur l'ensemble du site. Tous les cobayes furent blessés aux jambes ou aux fesses, et dans les sept jours ils périrent dans de grandes souffrances[21].

Parfois, c'était un avion qui larguait une bombe chargée de puces pesteuses sur les prisonniers attachés aux poteaux. Dans la perspective d'une offensive en Sibérie, on leur gelait les membres dans le rude hiver mandchou, puis on tentait diverses méthodes de réchauffement – ou alors on scrutait (et on filmait) les progrès de la nécrose :

Des expériences de gel étaient pratiquées chaque année dans l'unité, pendant les mois les plus froids de l'année, entre novembre et février. On procédait comme suit : les cobayes étaient emmenés dans le froid de la nuit, vers les 23 heures, et contraints à plonger leurs mains dans

> un baril d'eau froide. Puis on les faisait se tenir debout dans le froid, les mains mouillées, pendant longtemps. Une variante : les cobayes étaient habillés, mais pieds nus et forcés de rester ainsi la nuit, pendant la période la plus froide de l'année. Une fois les gelures déclarées, on emmenait les cobayes dans une pièce où leurs pieds étaient plongés dans une eau à 5 °C, puis on faisait doucement monter la température. Ça nous permettait de trouver des moyens de soigner les gelures[22].

Dans certains cas, les avant-bras complètement gelés devenaient insensibles, et rendaient un son sourd quand on les frappait à l'aide d'un bâton. On essayait sur les malheureux – dont des femmes et des enfants – des bombes au cyanure ou à l'anthrax, des poisons, divers gaz…

> À la fin d'août 1944, sur les ordres de Matsui, je mélangeai un gramme d'héroïne à une bouillie, que je donnai à un Chinois arrêté, qui la mangea ; trente minutes après environ, il perdit conscience et resta dans le coma jusqu'à sa mort, quinze ou seize heures plus tard[23].

On testait le temps qu'il fallait pour mourir de fatigue, de sous-alimentation, de déshydratation, de froid, de surpression atmosphérique, de privation de sommeil. L'infirmier Ishibashi assista à une expérience sur la malnutrition :

> [Il s'agissait] de découvrir combien de temps un être humain pouvait survivre en absorbant seulement des biscuits et de l'eau. On a utilisé deux *maruta* pour cette expérience. Ils ont marché en décrivant toujours le même cercle sur le terrain d'exercice de l'unité, tout en portant sur le dos un sac rempli de 20 kilos de sable. L'un succomba d'abord, mais finalement tous deux moururent. L'expérience avait duré environ deux mois. Ils avaient mangé seulement des biscuits de l'armée et n'avaient bu que de l'eau, si bien qu'ils n'ont pu survivre plus longtemps. Et on ne leur permettait pas non plus de dormir[24].

On peut douter de l'intérêt scientifique d'une telle expérience, comme de bien d'autres, qui au minimum auraient pu être interrompues avant le décès des cobayes. Il est clair qu'une dose de sadisme gratuit y était associée. Les Américains, dont Ishii avait obtenu de n'être pas poursuivi, pas plus que ses adjoints, moyennant une transmission de leurs résultats, se rendirent d'ailleurs assez vite compte de leur faible valeur scientifique. Mais cette compromission sans principe explique qu'il ait été interdit par l'administration d'occupation du général MacArthur de mentionner l'unité 731 au cours du procès de Tôkyô[25].

Nankin : le massacre emblématique ?

Nankin (Nanjing) a été érigé, en Chine et ailleurs dans le monde (y compris au Japon, où la bibliographie est ample), à la fois en plus grand massacre commis au cours des années 1937-1945, et en quintessence de la barbarie de guerre nippone. Avant même la capitulation d'août 1945, ce statut qu'on n'oserait dire privilégié était évident. Ainsi Ôoka, dans son camp de prisonniers de Leyte (Philippines), relate sa conversation avec un compagnon de captivité, coiffeur de son état :

> Un des représentants de cette profession était un vétéran qui avait passé la trentaine, du nom de Suda. Il avait pris part à la guerre avec la Chine dans ses débuts, et participé à la prise de Nankin. Il prenait plaisir à raconter avec un luxe de détails les atrocités qu'il avait commises, non seulement à Nankin, mais à l'intérieur du pays où il avait été stationné par la suite, et cela sur un ton si léger et naturel qu'il ne semblait absolument pas avoir conscience d'avoir mal fait. « Pour arriver coûte que coûte dans les temps à la cérémonie de prise triomphale de la ville, on nous a fait marcher, toujours marcher et après on a eu à boire ; aussi, avec les soldats, il n'y avait plus rien à faire », commentait-il. Suda était originaire de Hirosaki ; mince et de petite taille, il avait la peau blanche des gens du Nord-Est et une barbe épaisse ; il était gentil et bavard. On ne pouvait imaginer chez cette nature enjouée la figure d'un soudard de Nankin. [...] Suda prétendait que les femmes et les filles chinoises n'avaient opposé aucune résistance. Entendant l'histoire de Suda, un de ses collègues coiffeurs, qui avait également fait la campagne contre la Chine, le sergent Sagara, raconta à son tour son expérience. Il n'avait rien commis par lui-même, mais il parla d'une scène dont il avait été le témoin : sur une digue, dans la banlieue de Nankin, une femme, les vêtements déchirés, à moitié nue, l'air absent, se tenait le dos appuyé contre le tronc d'un saule, les jambes allongées devant elle. Je m'abstiendrai de décrire les détails de cette scène, mais ce qui me surprit, ce fut, plus encore que

l'horreur du spectacle, la façon sereine dont Sagara en rendait compte. C'était un bijoutier de Akabane, un garçon affable, d'une courtoisie appropriée à son métier. Lui-même n'avait participé en aucune manière à ces atrocités, mais il pouvait parler de l'aspect des victimes, et des cruautés de ses compatriotes sans la moindre émotion[26].

Le souvenir de Nankin, *horresco referens*, pouvait donc être positif pour beaucoup de militaires nippons : un superbe terrain de jeu où tout était permis, à commencer par le viol.

C'est ce que confirme Ozaki Junko, alors que, collégienne, en quête de nourriture avec sa mère à la fin de l'année 1945 (donc après la défaite), et s'étant arrêtée dans une auberge de village, elle entendit, horrifiée, la conversation de cinq ou six ex-soldats reconvertis dans le marché noir :

> Chacun se vantait de ses exploits de guerre. C'était insupportable de les écouter. Ils riaient grassement du nombre de femmes chinoises qu'ils avaient violées, et l'un d'entre eux raconta avoir observé jusqu'où son bras pouvait aller à l'intérieur du corps d'une femme. [...] Les hommes continuaient encore et encore. « Où était-ce ? » « À Nankin, c'est à Nankin que nous nous sommes le plus amusés. Nous pouvions faire tout ce que nous voulions, et voler tout ce que nous désirions. » Ils dirent que quand les soldats se sentaient épuisés et renâclaient durant les marches, leurs officiers supérieurs leur réclamaient un peu de persévérance, en leur promettant qu'ils pourraient faire tout ce qu'ils voudraient dans la prochaine ville[27].

La conscience de ce qu'eux ou leurs camarades de combat avaient fait à Nankin laissa une trace discrète mais profonde chez les militaires japonais. Huit ans après, en mars 1945, quand les Américains débarquent dans l'île Zamami (à l'ouest d'Okinawa), c'est l'inévitable Némésis qui est redoutée :

> Les vétérans, ceux qui avaient été en Chine, enseignèrent aux villageois ce qui leur adviendrait en cas de capture. Ils utilisèrent des choses comme le massacre de Nankin en guise d'exemple : « Les Japonais ont fait des choses comme cela, disaient-ils. Les Américains, naturellement, feront les mêmes choses. C'est préférable de tuer vos enfants d'abord, et ensuite de mourir de votre propre main, plutôt que de devenir un objet de honte et d'abus, d'être dégradée et violée[28]. »

Le cas n'est pas isolé : des dizaines de milliers de femmes et d'enfants japonais moururent ainsi – à Saipan (Mariannes), à Iwo Jima, aux îles Ryûkyû surtout... – pour expier le crime que d'autres avaient commis, et dont beaucoup avaient si peu conscience. Cette peur des représailles rend également compte de la réticence à se rendre des soldats nippons. La similitude est frappante avec le comportement des soldats et civils allemands (dont des milliers se suicidèrent) face aux Soviétiques, en 1944-1945 : leur armée avait commis de telles horreurs en URSS que tout valait mieux qu'être défait et capturé par l'Armée rouge.

Mais, au vrai, que s'était-il passé à Nankin pour que les choses soient si présentes dans les esprits huit ans plus tard[29] ? La guerre (non déclarée) entre Chine et Japon avait commencé en juillet 1937, et s'était focalisée, d'août à novembre, sur Shanghai, les Japonais finissant par l'emporter, mais au prix de lourdes pertes. Le général Matsui Iwane, commandant le corps expéditionnaire en Chine centrale, décida alors de capitaliser sur ce succès, de transformer la retraite chinoise en déroute, et de briser définitivement tout esprit de résistance des Chinois en remportant une bataille d'anéantissement sur les troupes qui s'étaient concentrées sous les murailles de Nankin, alors capitale de la Chine. L'objectif était donc autant stratégique que symbolique. Matsui n'attendit pas l'accord du gouvernement de Tôkyô et engagea l'offensive de sa propre initiative – chose fréquente en cette période d'indiscipline à prétention patriotique. À la différence de Shanghai, ce fut une promenade militaire, cependant marquée par d'innombrables exactions aux dépens des civils, dans une région particulièrement riche en ressources, et très densément peuplée. Début décembre, les avant-gardes nippones étaient en vue de Nankin, désormais évacuée tant par le gouvernement de Chiang Kai-shek que par l'essentiel de la population, tout particulièrement masculine : on pensait que l'armée japonaise, qui avait démontré depuis la guerre russo-japonaise de 1904-1905 sa volonté de se conformer au droit de la guerre alors en train d'être codifié, ne serait pas un danger pour les femmes et les enfants.

La grande bataille espérée par le commandement nippon n'eut pas lieu : les forces chinoises, déjà passablement démoralisées (les désertions étaient nombreuses), et de plus soumises à des ordres et contrordres de Chiang, dont le commandement se révéla inepte, résistèrent peu à l'assaut déclenché le 12 décembre, et se replièrent en désordre de l'autre côté du fleuve Yangzi (qui borde la ville de trois côtés), au prix de milliers de noyés dans des eaux glacées transpercées par la mitraille des navires japonais. Mais une moitié environ du corps d'armée chinois fut pris dans la nasse, et se rendit par unités entières, souvent sans avoir tiré un coup de feu. Le 13 décembre, la bataille était achevée, et la ville prise, encore presque intacte. Un Comité international autoproclamé, composé essentiellement de missionnaires-enseignants américains, mais représenté par un Allemand membre du parti nazi afin de s'attirer les bonnes grâces du commandement nippon, avait décidé la formation d'une assez vaste zone de sécurité au cœur de la ville, où des réfugiés civils non armés pourraient être exemptés des rigueurs de la soldatesque japonaise. Les chefs militaires, dûment informés, acceptèrent le principe d'une telle zone.

Nankin : l'extermination des prisonniers de guerre

Cependant, dès la prise de la ville, les atrocités commencèrent, d'abord aux dépens des militaires désormais captifs, désarmés et à l'attitude très passive. Les mitraillages étaient de règle, mais de plus petits groupes de soldats étaient décapités au sabre ou transpercés à la baïonnette. Ce fut en tout cas le massacre généralisé et organisé des dizaines de milliers de prisonniers de guerre. Les ordres, dont on en a retrouvé plusieurs, transmis par la voie hiérarchique ne laissent aucune place au doute : il ne s'est pas agi d'exactions spontanées, explicables par un effondrement de la discipline, ou par les manœuvres de quelques esprits pervers[30], mais d'un crime de masse dont l'état-major de l'armée de Chine centrale porte l'entière responsabilité, cependant que les autorités militaires et civiles à Tôkyô sont plutôt coupables d'avoir fermé les yeux et laissé faire. Il s'agissait au fond de suivre le plan concocté depuis Shanghai, malgré l'absence d'affrontement de grande ampleur sous Nankin. L'extermination du corps de bataille le plus expérimenté de l'armée chinoise n'ayant pu avoir lieu sur le champ de bataille, eh bien, on y procéderait *après* la bataille. N'importe comment, comme on l'a vu, dans la mentalité japonaise du temps, des soldats s'étant aussi facilement laissé capturer avaient sombré dans un tel déshonneur qu'ils ne méritaient guère de survivre. D'où sans doute l'absence totale – et accablante – de scrupules manifestée par la grande majorité des combattants nippons.

On peut estimer ces meurtres de PG entre 30 000 et 60 000. Nous ne reprendrons pas ici la longue discussion nous ayant permis d'aboutir à cette évaluation, on se reportera sur ce point aux travaux déjà mentionnés. Il était clair pour les bourreaux qu'à cette échelle de crime, les méthodes artisanales préférées des apprentis samouraïs – l'arme blanche – n'étaient plus concevables. Il fallait passer à une forme d'industrialisation de la mort. C'est donc par groupes de plusieurs milliers, pris sous le tir croisé de plusieurs mitrailleuses, et sur plusieurs lieux dans les faubourgs de Nankin, que furent exécutés les militaires chinois. Répétons-le : aucune tentative de révolte ou d'évasion de masse ne pouvait expliquer ces actes. Au contraire, les gardiens japonais des PG s'étaient étonnés de leur complaisance, en particulier pour la remise de leurs armes. Et on ne peut citer nulle part la moindre résistance significative, n'en déplaise aux fictions chinoises sur Nankin qui se complaisent dans le mythe du combattant héroïque, vaincu mais jamais soumis.

La grosse vingtaine de membres du Comité international, à qui l'on doit l'essentiel des récits contemporains du massacre, récits rapidement publiés sous diverses formes, ont témoigné de ces tueries. Bien entendu, ils n'y avaient pas assisté, mais ils en virent les prodromes et les suites, tout en recueillant les informations de première main de réchappés des fusillades.

Les nombreux civils englobés dans la phase de ratissage au peigne fin, qui dura jusqu'au début de 1938, furent en réalité exterminés en tant que militaires, réels ou simplement potentiels. Qu'ils doivent être distingués des « vrais » civils, dont nous examinerons plus loin les souffrances, est souligné par l'incapacité des membres du Comité international (CI) à faire quoi que ce soit pour les sauver : *befehl ist befehl* (« un ordre est un ordre »). Mais le CI perçut moins clairement le gros de l'affaire, tout simplement parce que, de bout en bout, elle lui échappa, à la petite exception de quelques soldats rescapés, généralement blessés, qui rejoignirent la zone de protection. Il faut recourir, pour comprendre ce qui se passa, à des témoignages provenant du camp des bourreaux. Le journaliste de gauche Honda Katsuichi nous en offrit à partir des années 1980 de saisissants, comme ici le témoignage rédigé au style indirect de celui qu'il dénomme Tanaka Saburô (nom transformé), sous-officier dans la 13e division (de Sendai) :

> Le demi-cercle de mitrailleuses lourdes et légères, ainsi que de fusils, commença à arroser la foule des prisonniers sous un feu concentré. Entre le vacarme de toutes ces armes à feu tirant en même temps et les cris de mort qui montaient de la masse des prisonniers, la scène le long de la berge du fleuve était celle d'un enfer. Tanaka ne cessait de tirer au fusil, mais au centre de tout cela, il vit quelque chose qu'il ne pourra plus jamais oublier : une « colonne humaine » géante, issue de ce que les prisonniers, ne pouvant fuir nulle part, se ruaient les uns sur les autres durant leurs ultimes soubresauts. Tanaka ne sait pas vraiment pourquoi cela se passa ainsi, mais il suppose que les prisonniers, avec ces balles qui les frappaient horizontalement de trois côtés, et étant bien entendu incapables de s'enfoncer sous la terre, essayèrent instinctivement d'échapper aux tirs en grimpant plus haut – même avec leurs mains liées dans le dos –, par-dessus les corps de ceux déjà morts. La « colonne humaine » grandit et grandit jusqu'à ce qu'elle s'effondre, puis le processus recommença, trois fois au cours de la fusillade. Celle-ci se poursuivit une heure durant, ou au moins jusqu'à ce qu'il n'y ait plus personne debout. Il faisait à ce moment-là presque nuit. Et pourtant certains hommes étaient indubitablement encore en vie, certains qui avaient été simplement blessés, et d'autres qui, tombés, jouaient aux morts. On ne pouvait laisser personne de vivant. Si un seul en réchappait, l'ensemble du massacre serait connu du reste du monde, ce qui causerait un incident international. C'est pour cette raison que le bataillon de Tanaka passa la totalité de la nuit à achever les prisonniers. Dans la mesure où ils étaient empilés sur plusieurs couches, démanteler tout cet empilage et inspecter chaque corps individuellement aurait été trop compliqué, alors ils décidèrent d'y mettre le feu. Les prisonniers portaient tous des vêtements d'hiver rembourrés de coton, ce qui fait qu'une fois le feu pris, il ne serait pas facile à éteindre, et de plus les flammes fourniraient assez de lumière pour travailler. Et, bien entendu, si un homme feignait la mort, il bougerait à coup sûr si ses vêtements commençaient à brûler. Les soldats allumèrent des feux disséminés parmi les piles de corps. S'ils scrutaient soigneusement, ils pouvaient voir des prétendus cadavres réagir à la chaleur et se déplacer pour étouffer les flammes approchantes. Quiconque bougeait était immédiatement frappé à mort par

les baïonnettes. Sondant les couches de corps, les soldats se déplaçaient au milieu des flammes éparses qui les léchaient, assénant les coups fatals avec leurs baïonnettes. Leurs bottes et leurs guêtres devenaient collantes du sang et des fluides corporels de leurs victimes. Leurs cris fournissaient une indication sur leur état d'esprit : « Plus on tuera d'ennemis, plus vite on vaincra » ; « Ça, c'est notre vengeance pour tous nos camarades de Shanghai » ; et « Voilà notre cadeau d'adieu pour les familles survivantes ». Pas de place pour le moindre doute. Il n'y avait rien au tréfonds de leurs consciences alors qu'ils transperçaient les survivants, sinon « maintenant nos camarades pourront reposer en paix » et « nous ne voulons pas laisser quiconque serait en mesure de s'échapper et de prouver ce qui s'est passé ». Cela aussi faisait partie de la stratégie de guerre et, surtout, ils agissaient en conformité avec l'ordre du quartier général de Nankin : « Tous les prisonniers doivent être promptement éliminés. » Durant leur action de toute une nuit, ils allèrent au-delà de leur fatigue et pénétrèrent dans une autre dimension, celle d'un indicible épuisement, qui leur fit accomplir leur tâche dans une sorte d'état de transe. Quand ils revinrent dans leurs quartiers au matin du 18, leur aspect était pitoyable, ils étaient couverts de fluides corporels, et souillés de suie. Ils tombèrent instantanément dans un profond sommeil[31].

Nankin : les exactions contre la population civile

Les civils, dont on peut estimer que ceux qui ne s'étaient pas enfuis étaient quelque 200 000 (sur une population initiale d'un million environ), furent soumis pendant sept semaines (soit jusqu'au début de février) à une terreur sans nom. Une manière de permis de tuer, de violer et de piller avait été délivré aux militaires japonais : il ne s'agissait pas, comme pour les soldats chinois, d'obéir à des ordres extrêmes, mais plutôt d'agir comme s'il n'y avait plus d'ordre du tout, les porteurs de fusils se voyant autorisés à profiter à fond de leur force supérieure, les actes les plus vils devenant admissibles. Les guerres anciennes, à commencer par l'Europe, avaient connu ce genre de licence, résumée par le terme « sac » (ou mise à sac) quand une ville avait été prise d'assaut ; vingt-quatre ou quarante-huit heures pendant lesquelles presque tout était permis au vainqueur. Mais, à Nankin, cela dura plus d'un mois et demi ! Le but de l'état-major était double : récompenser aux dépens des Chinois des soldats qui avaient souffert d'une logistique notoirement déficiente ; montrer à une population emblématique – celle de la capitale – à quel degré de souffrance la Chine devait s'attendre si elle s'obstinait à ne pas se soumettre à la direction « bienveillante » du Tennô. À cela s'ajoutait l'*hubris* d'une armée qui, ayant gagné toutes ses guerres depuis plus de quarante ans, pensait alors que frapper un grand coup entraînerait à brève échéance la capitulation de Chiang Kai-shek. Le Japon comme l'Allemagne nazie un peu plus tard n'eurent jamais un comportement plus atroce que dans la période où ils allaient de victoire en victoire (Chine en 1937-1938 ; URSS en 1941). Ce n'est pas le désespoir qui pousse aux pires crimes, mais le sentiment enivrant que le monde est à vous.

D'où une myriade de crimes de faible dimension (mais pas de faible gravité), motivés par le pillage, le viol, ou seulement la distraction. Les Chinois, qui comprirent vite que tout refus d'obtempérer, toute maladresse même pouvaient leur valoir la mort, eurent en outre le sentiment plus qu'angoissant d'un occupant arbitraire et fantasque, avec lequel il fallait s'attendre à tout. Et personne n'était à l'abri – ni les vieillards, ni les enfants, et moins encore les femmes. Rapidement, les résultats funestes des exploits nippons envahirent le quotidien des Occidentaux de Nankin. En porte témoignage un fragment du journal du révérend américain John G. Magee, président de la section de Nankin de la Croix-Rouge, à la date du 22 décembre :

> Quels spectacles j'ai vus aujourd'hui à l'hôpital de la Tour du Tambour ! Le cadavre d'un petit garçon, âgé de sept ans, dont l'abdomen avait été transpercé quatre ou cinq fois à la baïonnette, et que nous ne parvînmes pas à sauver. À nouveau une femme, de dix-neuf ans, enceinte de six mois (de son premier enfant) et qui résista à son viol. Elle fut poignardée environ sept fois au visage et huit fois aux jambes, et elle a aussi une entaille profonde d'environ cinq centimètres à l'abdomen. C'est celle-ci qui lui fit perdre son bébé. On la sauvera. J'ai vu une petite fille de dix ans qui regardait l'entrée des soldats japonais avec son père et sa mère près d'un abri dans notre Zone refuge. Les militaires tuèrent ses parents et lui infligèrent une horrible blessure au coude qui l'estropiera à vie. Une autre femme, employée par l'International Export Company, était dans une maison

de Hsiakwan* quand les soldats entrèrent. Ils tuèrent tous les autres occupants, sans raison, et lui donnèrent au cou un terrible coup de baïonnette, probablement dans l'intention de la tuer. L'incroyable est qu'elle soit toujours en vie, quoique le docteur Wilson dise qu'elle ne pourra plus se servir d'une jambe et d'un bras (elle est morte ensuite). Un autre, un paysan, fut entraîné avec beaucoup d'autres, et abattu à la mitrailleuse comme tant de milliers de civils le furent, mais il ne mourut pas. Le médecin me dit cependant hier qu'il ne survivrait pas[32].

Ce qui frappe dans le texte qui précède, c'est la gratuité d'une large partie de ces meurtres, même si le désir de viol sert de toile de fond à beaucoup (mais les violeurs avaient-ils besoin de tuer toute la famille, et éventuellement la femme violée en supplément, alors qu'aucun recours judiciaire contre eux n'était alors envisageable ?). Ces meurtres *récréatifs* sont d'une certaine façon les pires de tous, car ils signalent le mépris le plus absolu de la vie humaine (mépris, on l'a vu, qui ira jusqu'à la propre vie des militaires japonais), en même temps que l'incapacité la plus totale à se mettre à la place de l'autre. Magee nous en laisse un tableau saisissant :

> [Les soldats nippons] tuaient non seulement tout prisonnier à leur portée, mais aussi un grand nombre de citoyens ordinaires de tout âge. Beaucoup d'entre eux étaient abattus dans les rues, comme on chasse des lapins. [...] Tant de Chinois sont timides, et se mettent absurdement à courir quand on les interpelle. C'est ce qui était arrivé à cet homme. [...] Ces deux soldats Japs n'étaient pas plus troublés que s'ils avaient tué un rat, et ils ne s'arrêtèrent jamais de fumer leur cigarette, de bavarder et de rire[33].

La mort même cesse d'entraîner sinon le respect, du moins la cessation des hostilités. Tel Achille continuant à exprimer sa vengeance aux dépens du corps d'Hector, les Japonais interdirent, plus d'un mois durant, l'inhumation ou même le simple déplacement des cadavres qui gisaient partout dans la ville – qu'on ait été en plein hiver constitua un moindre mal. Et, à la différence de l'*Iliade*,

---

* Quartier du port, où les morts lors de la panique des 12-13 décembre puis de la chasse aux soldats chinois furent particulièrement nombreux.

la démarche de Rabe-Priam auprès de l'ambassade japonaise de Nankin* demeura un échec :

> J'attirai une fois de plus l'attention de M. Fukuda sur le danger auquel nous nous trouvons tous exposés, aussi longtemps qu'un millier peut-être de cadavres sont éparpillés dans la ville sans être enterrés. Ces corps ont été en partie mangés par des chiens. Mais, en même temps, la viande de chien est vendue dans la rue par des Chinois. Depuis maintenant vingt-six jours, je demande l'autorisation d'inhumer ces cadavres, sans aucun succès. Fukuda me promit d'insister une nouvelle fois auprès de l'armée pour que la Swastika rouge** obtienne la permission de le faire[34].

Rabe ajoute ensuite une anecdote à la stupéfiante conclusion, que lui relata son collègue du CI, l'Américain Charles Riggs :

> Mr Riggs me fournit le rapport qui suit, à la suite de son tour d'inspection du jour. Une femme erre dans les rues, les yeux hébétés. Elle est amenée à l'hôpital, où l'on apprend qu'elle est l'unique survivante d'une famille de dix-huit. Ses dix-sept parents ont été fusillés et baïonnettés. Elle vivait aux abords de la porte Sud. Une autre femme du même secteur, qui avait résidé dans notre camp avec son frère, a perdu ses parents et trois enfants, tous tués par les Japonais. Avec le peu d'argent qu'il lui restait, elle avait acheté un cercueil, de façon à ce qu'elle puisse au moins enterrer son père. Apprenant cela, des soldats japonais étaient venus faire sauter le couvercle du cercueil et avaient déchargé le corps dans la rue. Les Chinois n'ont pas besoin d'être enterrés, voilà l'explication qu'ils donnèrent[35].

Pour les courageux Occidentaux de Nankin, ces sombres semaines d'hiver furent un invraisemblable maëlstrom de violence et d'horreurs, tel qu'il n'en apparaît pas même dans le pire des cauchemars. Pour eux tout se mêlait : meurtres, pillages, vandalisme, et viols. La cruauté nippone était comme une hydre. Nous avons davantage tendance à classer ces exactions dans diverses

---

* Aussi curieux que cela puisse paraître, les relations diplomatiques n'avaient pas été rompues entre Chine et Japon – puisqu'il n'y avait pas eu déclaration de guerre.

** La Swastika rouge est le pendant bouddhiste de la Croix-Rouge.

catégories : crimes de sang, crimes sexuels, atteintes aux biens. Cela permet de mieux décrypter l'événement, et de placer les faits dans des séries tant synchroniques (la Seconde Guerre mondiale) que diachroniques (les crimes de guerre, les violences contre les femmes...). Mais le vécu, ce ne fut pas cela :

> Cette histoire est horrible et pourtant il faut la raconter. Je ne sais pas par où commencer ni finir. Jamais je n'avais entendu parler d'une telle brutalité. Le viol ! Le viol ! Au moins mille cas toutes les nuits, et un grand nombre pendant la journée. Le moindre signe de résistance, un semblant de désapprobation donne droit à un coup de baïonnette ou à une balle dans la tête. Tous les jours, nous pourrions parler de centaines de cas ; les gens sont hystériques ; ils tombent à genoux dès qu'un étranger apparaît et *kutow** devant lui ; ils nous supplient de les aider. Ceux qui sont soupçonnés d'avoir fait partie de l'armée, mais bien d'autres encore, sont conduits à l'extérieur de la ville, et descendus par centaines et même par milliers. Même les pauvres réfugiés ont parfois été volés jusqu'à être dépouillés du moindre centime, presque du moindre vêtement, de la moindre couverture... Des femmes sont emmenées tous les matins, tous les après-midis et tous les soirs[36].

Les viols et les autres crimes sexuels (au premier rang desquels la prostitution forcée, généralement après enlèvement) sont, avec les massacres (qui, eux, frappèrent des hommes à la hauteur de 95 % environ), la grande caractéristique du sac de Nankin. Si l'on en croit les sources consultées, les viols ne touchèrent des hommes que très exceptionnellement, contrairement à ce que certains auteurs ont écrit. Les membres du CI ont pour la plupart estimé les viols autour de 20 000 (chiffre évidemment impossible à établir précisément), ce qui est considérable, la population féminine nubile à Nankin se situant sans doute alors aux alentours de 100 000. Évidemment, les femmes jeunes furent touchées de manière disproportionnée, mais, dans l'enceinte de l'université, la plus jeune victime recensée avait neuf ans, et la plus âgée soixante-seize. Les viols furent typiquement collectifs, l'œuvre de petits groupes de soldats en maraude, généralement le soir. Beaucoup se déroulèrent en public, devant les familles ou les voisins, ce qui explique que

* Prosternation traditionnelle devant l'autorité supérieure (souvent orthographié *kowtow*).

les mères ou grands-mères (il y avait peu d'hommes) aient plus souvent été tuées que leurs filles et petites-filles : 83 % des quelque 2 500 victimes féminines recensées avaient plus de quarante-cinq ans, ce qui n'était le cas que de 29 % des 14 000 victimes civiles masculines*[37]. Cela confirme aussi, pour les hommes, le poids des rafles de ceux en âge de combattre. Et, indirectement, cela montre que le meurtre après viol, sans être rare, fut fort loin d'être la règle – là encore nous nous séparons d'autres auteurs. En effet, si l'on prend au sérieux le chiffre de 2 500 femmes tuées (dont beaucoup étaient âgées) à Nankin et aux alentours, ainsi que celui de 20 000 femmes violées, on ne peut que conclure que moins de 10 % des viols se terminèrent par un assassinat.

John Rabe relate un épisode malheureusement alors commun, à la seule particularité que le mort est un homme (il ne s'agissait pas de réfugiés des camps de la zone de sûreté, mais d'une famille demeurée chez elle) :

> Hier, de bon matin, ce soldat japonais avait tenté de violer la femme de Liu, mère de cinq enfants. Le mari était survenu et, avec quelques gifles au visage, avait contraint le Japonais à s'en aller. L'après-midi qui suivit, ce même homme, venu désarmé le matin, revint avec un fusil, rechercha Liu, le trouva caché dans sa cuisine, et l'abattit, quoique tous les voisins aient plaidé pour la vie de cet homme, l'un d'entre eux allant jusqu'à s'agenouiller devant le soldat. Tanaka** promit d'alerter immédiatement l'armée sur cet incident. Je n'ai pas de doute qu'il ait tenu sa promesse, mais nous n'avons plus rien entendu depuis à ce sujet. Nous avons également encore à être informés d'un quelconque châtiment donné à un soldat, au-delà de quelques gifles[38].

Quand des Occidentaux parvenaient à intervenir à temps, ils réussissaient cependant à empêcher ou même à interrompre un viol, sans jamais souffrir d'atteintes physiques graves. C'est ce que rapporte Lewis S. C. Smythe :

---

* Lewis S. C. Smythe, professeur à l'université de Nankin, utilisa ses compétences de sociologue pour mener au printemps 1938 auprès des Nankinois et des villageois des environs une enquête de victimation dans les règles de l'art : avec vingt de ses étudiants, il sonda des échantillons significatifs de la population à l'aide d'un questionnaire normalisé.

** Tanaka Masakazu, vice-consul japonais.

Dans la situation où nous nous trouvons, la chose qui tous nous étonne vraiment, et nous nous demandons combien de temps ce miracle est destiné à durer, c'est que nous, poignée d'étrangers désarmés, parvenions à chasser les soldats japonais des salles des bâtiments scolaires, des chambres des résidences d'étrangers, des portails et des pièces des maisons chinoises, sans que quiconque soit blessé. Souvent, les soldats se contentent de filer. C'est en partie du pur bluff. Si nous baissions les yeux, nous serions fichus. Sperling* est le policier professionnel de notre quartier général, et il est de service toute la journée, intervenant dans presque toutes les maisons de la zone. Désormais, les soldats se mettent à courir en le voyant arriver. Ils sont pourtant tous armés. C'est vraiment un miracle, alors que tout Chinois qui ose dire un mot ou seulement court chercher de l'aide est abattu ou reçoit des coups de baïonnette[39].

Sans réduire si peu que ce soit l'extraordinaire mérite de ces hommes, le « miracle » n'en est pas vraiment un : les soldats recevaient manifestement la consigne stricte de ne jamais s'en prendre aux étrangers, à un moment où le Japon avait pour politique le rapprochement avec l'Allemagne et le maintien de la neutralité américaine. En 1941, l'attitude de la soldatesque changera du tout au tout ! Cela confirme aussi que, face aux civils chinois, les militaires nippons pouvaient certes se comporter suivant leur bon plaisir, mais qu'ils agissaient sans aucun ordre de leur hiérarchie, ce qui les amenait à reculer en cas de difficulté.

Les soldats les mieux organisés, ou les plus soucieux de se ménager une existence de satrape oriental, enlevèrent des jeunes femmes ensuite séquestrées dans leur casernement, où elles étaient de service (sexuel et autre) vingt-quatre heures sur vingt-quatre, jusqu'à ce qu'elles soient « jetées » pour usure prématurée :

Hier à l'hôpital, j'ai vu une femme qui avait été poignardée à plusieurs endroits, et dont la tête était presque tranchée. Elle avait été emmenée de l'université de Nankin avec quatre autres femmes par des Japonais qui disaient avoir besoin de quelques femmes pour faire du blanchissage et les servir. Suivant le récit de cette femme, la plus jeune et la plus jolie d'entre elles avait été violée environ quarante fois par

* Homme d'affaires allemand et, comme Rabe, membre du parti nazi.

nuit, après avoir lavé des vêtements pendant la journée. Elle-même et les autres avaient travaillé le jour, puis étaient violées dix ou vingt fois par nuit. Un jour deux soldats lui dirent de les suivre, ils l'entraînèrent vers une maison déserte et, là, tentèrent de lui couper la tête. Elle a une entaille au cou parfaitement horrible, et le miracle est qu'elle soit en vie. Heureusement aucune partie vitale n'a été atteinte. Elle dit que certains des hommes étaient des officiers[40].

Dans d'assez nombreux cas, les femmes violées furent ensuite incitées ou forcées à se prostituer : on venait parfois les chercher chaque soir dans leur camp. Ainsi se souvient le soldat Tadokoro Kozo, de la 114e division :

> Les femmes étaient assurément les premières victimes... Nous choisissions un endroit au soleil, par exemple aux abords d'un hangar, et nous fabriquions un écran en suspendant des branches garnies de feuilles. Nous obtenions un ticket appelé *sekken* (ticket rouge), estampillé par le commandant de la compagnie, et nous attendions notre tour, le pagne défait[41].

Nankin : une cité dévastée

Les Japonais mirent à profit la désertion presque complète de la ville en dehors de la zone de sûreté pour la piller de fond en comble, de manière très organisée : sous la direction des officiers – qui n'étaient pas les derniers à se servir –, et avec l'aide des camions militaires pour les meubles. Puis on mit le feu, à la fois pour effacer les traces du forfait (y compris, parfois, le meurtre des femmes âgées qui, se croyant protégées, avaient choisi de rester pour éviter les pillages) et pour affirmer la supériorité nippone. Les enquêtes approfondies menées par le CI font apparaître un anéantissement par le feu de 24 % des quelque 40 000 maisons et immeubles, alors que les combats n'en avaient détruit que 2 % ; 63 %, en outre, furent pillées. George Ashmore Fitch, en février, évoquait l'incendie des quatre cinquièmes des boutiques[42]. Miner Searle Bates ajoute que les malheureux réfugiés furent souvent dépouillés de leurs réserves de nourriture et de leurs vêtements – on était, rappelons-le, en plein hiver. En décembre, des militaires vinrent jusque dans les boutiques où le CI écoulait son riz pour un prix symbolique et s'emparèrent des stocks aussi bien que des travailleurs : les magasins durent fermer près d'une semaine[43]. Quand, au printemps, les membres du CI purent inspecter la campagne alentour, ils constatèrent des destructions encore plus étendues qu'en ville, mais il était difficile d'y répartir les responsabilités entre les armées japonaise et chinoise : 40 % des fermes avaient brûlé, près de la moitié des outils agricoles et du cheptel avait été détruite ou volée[44]. Dans un secteur, les neuf dixièmes des buffles avaient disparu, ce qui compromettait gravement la prochaine récolte.

Rabe, dès le 13 décembre, put constater l'étendue de ces pillages impunis :

> Les Japonais marchent à travers la ville en groupes de dix ou vingt, et pillent les boutiques. Si je ne l'avais pas vu de mes propres yeux, je ne l'aurais pas cru. Ils brisent les fenêtres et les portes, et prennent tout ce dont ils ont envie. Soi-disant parce qu'ils manqueraient de rations de nourriture. J'ai regardé de mes yeux la mise à sac du café de notre boulanger allemand, Herr Kiessling. L'hôtel d'Hempel a été « visité » de la même façon, de même que presque toutes les boutiques sur Chung Shang et Taiping Road. Certains soldats japonais tiraient leur butin dans des caisses, d'autres réquisitionnaient des cyclopousses afin de transporter les biens volés en lieu sûr. Mr Forster se joignit à nous pour rendre visite à l'église anglicane liée à sa mission, sur Taiping Road. Deux grenades ont explosé dans l'une des maisons attenantes à l'église. Les maisons elles-mêmes ont été fracturées et pillées. Forster surprend quelques soldats japonais en train de lui voler son vélo, mais ils s'enfuient à toutes jambes à notre vue. Nous arrêtons une patrouille japonaise, et lui faisons remarquer que ceci est une propriété américaine, puis nous lui demandons d'ordonner aux pillards de quitter les lieux. Ils se bornent à sourire et nous laissent plantés là[45].

Bien entendu, il n'était pas possible pour les Chinois de s'opposer si peu que ce soit à cette entreprise de destruction sans risquer la mort :

> Dans de nombreux cas, les membres des familles chinoises qui tentaient de résister à ces démons furent eux-mêmes tués ou blessés. Jusque dans les bureaux de l'ambassade d'Allemagne, l'employé Chao

se vit ordonner, le canon d'une arme sur le front, de livrer toute femme présente en ces lieux. Ayant précédemment vécu à Dairen (Dalian)*, Chao parle un peu le japonais, et il fut capable d'expliquer aux soldats qu'on était à l'ambassade et qu'aucune femme ne se trouvait là. Les menaces se poursuivirent, même après que Chao leur eut expliqué que c'était l'ambassade d'Allemagne[46].

Le résultat, c'est une ville et ses environs (en Chine, les grandes municipalités incluent un vaste glacis rural) littéralement mis à feu et à sang. Cinq semaines après l'entrée des forces nippones, le secrétaire de l'ambassade d'Allemagne, Rosen, en dresse le sombre bilan :

> En un règne de terreur qui dure depuis des semaines, et qui inclut un pillage massif, les Japonais ont transformé le quartier commercial de la ville [...] en un amoncellement de décombres, au beau milieu duquel subsistent quelques immeubles dont les extérieurs paraissent un peu moins endommagés. Ce vandalisme, organisé par l'armée japonaise, se poursuit à ce jour – un bon mois après que les Japonais eurent occupé la cité –, tout comme l'enlèvement et le viol des femmes et des jeunes filles. En cela, l'armée japonaise a érigé un monument à sa propre honteuse conduite. Même à l'intérieur de ce qu'on dénomme Zone de Sûreté, qui grâce au comité Rabe a pour l'essentiel échappé à la destruction, on compte des centaines de cas de viols bestiaux, tous documentés sans contestation possible par des Allemands, des Américains et par leurs assistants chinois. La série de lettres envoyée par le comité aux autorités japonaises contient pléthore de preuves vraiment choquantes. Dès que j'en aurai le temps, je vous en ferai parvenir des copies, avec référence au présent rapport. Mais, dès à présent, je voudrais faire remarquer que des étrangers, et par-dessus tout Herr Rabe et Herr Kröger, tous deux cadres du NSDAP**, ainsi que Herr Sperling, ont pris en flagrant délit de tels forfaits commis par des soldats japonais, et ont risqué leurs vies en les éloignant de leurs victimes[47].

* Capitale de ce qui était alors la colonie japonaise du Kantô (aujourd'hui dans la province du Liaoning, en Mandchourie chinoise).

** Le parti nazi. Notons que Rabe n'avait pas remis les pieds en Allemagne depuis l'avènement de Hitler. Notons aussi, bien entendu, qu'à cette date le nazisme ne s'était pas encore rendu coupable de massacres de grande ampleur.

La situation dans les campagnes environnantes, où le CI ne pouvait intervenir, fut probablement pire encore que celle de la ville. C'est ce que constata un autre membre allemand du CI, l'homme d'affaires Christian Kröger, relatant une excursion du 28 décembre :

> Mon premier voyage à Hsi Sha Shan fut un choc. On nous avait formellement interdit de quitter la ville, mais comme je manquais de nourriture, je pris néanmoins ma voiture. L'armée chinoise en retraite avait déjà brûlé bien des villages et des fermes. Les forces japonaises, cependant, n'entendaient pas s'en laisser conter, et continuaient à incendier à grande échelle, tout en tirant de manière indiscriminée sur des paysans, des femmes et des enfants présents dans les champs, le tout inspiré par cette unique formule : « Débusquez ces diaboliques soldats chinois ! » Dans les champs, et à côté de la route, gisent un nombre considérable de buffles, de chevaux et de mules, déjà largement dévorés par les chiens, les corbeaux et les pies. Le jour, les paysans fuient vers les montagnes avec leurs maigres biens, et seules les vieilles femmes et les hommes âgés restent au village. Mais leurs vies sont elles aussi en péril. Tout au long d'une heure de conduite, je n'ai pas vu un seul être humain vivant, même dans les bourgs les plus importants. Tout avait été entièrement brûlé, ou était mort, ou s'enfuyait dès qu'une automobile était en vue. À la montagne des Mille Bouddhas, un vaste camp de réfugiés s'était formé, avec plus de 10 000 résidents, tous des paysans des environs. Les soldats japonais n'en sont pas pour autant bloqués dans leur élan. Même ici, ils sélectionnent au hasard de jeunes adolescents pour les fusiller, violent les filles ; et les soldats ivres se font un jeu d'utiliser leurs baïonnettes pour embrocher ou sabrer quiconque ils viennent à prendre en grippe, alors que le plus souvent aucune aide médicale n'est disponible. Les images sacrées des temples sont volées ou détruites, et les moines eux-mêmes ne sont en aucune manière protégés contre de telles exactions[48].

Il est notable que, jusqu'au 30 janvier, l'armée japonaise – qui savait être féroce à l'égard de toute marque d'indiscipline vis-à-vis des supérieurs, ou de toute lâcheté au combat – n'a pris aucune sanction à l'encontre des soldats violeurs et assassins :

> Il n'y a pas d'indice qu'une action ait été entreprise – ou si oui, de quel type – par les autorités supérieures contre des responsables individuels, dans la mesure où les Japonais gardent le silence sur ces

> questions, et refusent de comprendre qu'une rude cautérisation de ces méfaits aurait davantage de résultats que toutes les tentatives d'étouffer la vérité. Pour l'armée japonaise, cela semble être un point d'honneur évident que d'assassiner sans formalités tout soldat ennemi qui n'est plus engagé dans le combat (on compte en effet des milliers de cas de ce type), de même que tout homme considéré comme tel par un sous-officier, dont la décision est sans appel[49].

Il y eut ensuite quelques arrestations et condamnations de soldats, mais elles demeurèrent quasi symboliques : dix-huit mois de prison par exemple pour le meurtre d'une Chinoise. Jusqu'en décembre 1939 (soit en plus de deux ans de guerre), en Chine, 420 militaires nippons furent condamnés par des tribunaux militaires pour des viols et meurtres de Chinois, mais aucun ne subit la peine de mort pour cela, alors qu'elle fut infligée des milliers de fois par ces mêmes tribunaux[50].

Tout cela frappait d'inanité le volet à destination de l'extérieur de la propagande japonaise, qui insistait sur la lutte d'une Asie unie contre l'impérialisme et le colonialisme occidentaux, ainsi que sur la supériorité du modèle politique, économique et culturel du Japon. Il s'agissait de remettre une Chine désordonnée et arriérée sur le droit chemin de ses grands ancêtres, dont le flambeau vacillant avait été repris par Tôkyô. C'est ce que nota le lucide Rosen – dont, en dehors même de sa « non-aryanité », il est logique que le nazisme se soit débarrassé :

> Assurément, il est compréhensible que les Japonais, qui jusqu'à maintenant avaient été capables de cacher au public les actes accomplis dans ce pays, soient irrités de ce que des détails précis aient été révélés ici, et qu'ils soient dévastateurs à l'égard de leur prétention d'avoir apporté la lumière et l'ordre à une Chine chaotique, dont la population ne pourrait contenir sa jubilation. Contrairement aux craintes qu'avaient les étrangers, les Chinois ont en réalité conservé une discipline modèle, malgré la pression des multiples raids aériens quotidiens, suivis de combats de rue, et, en dehors de quelques incidents isolés, ils ont respecté les drapeaux étrangers. Alors que les Japonais, bien après que Nankin a été converti à leur avantage en une tranquille base militaire, se sont jetés sur tout, y compris des propriétés allemandes et étrangères – assassinant, incendiant, violant[51].

Depuis le Japon, l'ambassadeur américain Joseph C. Grew, dont on a déjà vu la lucidité, parvint à une évaluation semblable de la situation en Chine. Sa méfiance vis-à-vis des militaires japonais avait été renforcée, peu avant (13 décembre), par l'attaque meurtrière « accidentelle » de l'aviation nippone contre la canonnière américaine *Panay* sur le Yangzi, non loin de Nankin :

> L'écho de l'incident du *Panay* s'était à peine estompé qu'on apprenait l'extrême dureté des forces japonaises lors de la prise de Nankin et leur violation gratuite des droits des Américains, avec le pillage de leurs demeures, ainsi que la profanation de notre drapeau qui, dans de nombreux cas, fut déchiré, brûlé et, en d'autres mots, mutilé. Les Chinois furent apparemment assassinés de façon plus ou moins indiscriminée, tandis que de nombreuses Chinoises étaient violées. Mais, bien sûr, les Japonais ont réponse à tout. En ce qui concerne la profanation du drapeau américain, ils prétendent que les Chinois l'utilisaient eux-mêmes afin de protéger leurs propriétés ; mais cela n'explique pas l'absence d'attention accordée aux certificats en langue japonaise signés par notre consul général, et affichés sur les biens immobiliers américains authentiques. Concernant les cas de viol, ils prétendent que des centaines de professionnelles chinoises avaient fui les maisons publiques de prostitution, et que les soldats s'étaient contentés de les ramener à leur commerce habituel ; et que, n'importe comment, les rapports que nous avions reçus provenaient de missionnaires qui se contentaient de répercuter les dires de leurs employés chinois, alors qu'ils n'avaient pas eux-mêmes été témoins des incidents dont ils se montraient mécontents. On m'a dit que ce que les Japonais voulaient réellement, c'était le retour et la réinstallation pacifique dans leurs activités initiales des familles chinoises et des commerçants qui avaient fui. Mais mon informateur se trouva fort dépourvu face à l'observation que, ayant à faire face à des récits d'exécutions en masse, de meurtres et de viols, il n'était peut-être pas si surprenant que les habitants chinois, plus particulièrement ceux qui avaient des filles, soient un peu hésitants sur l'idée d'un retour. En fait, mon interlocuteur alla jusqu'à admettre qu'il pouvait comprendre leur attitude[52].

Les atrocités nankinoises laissèrent une trace durable en Chine, et compromirent peut-être plus que n'importe quel autre événement les relations d'admiration et même de confiance qui pouvaient jusque-là exister avec le Japon. Un semestre après la prise de la ville, l'avocat japonais Takigawa Masajirô, y effectuant un saut, se rendit compte du traumatisme causé par l'armée de son pays :

> En ces jours, je vivais à Pékin, mais je fis un voyage à Nankin par la Shinpo Line au cours de l'été 1938, motivé par l'étendue des rumeurs sur la tragédie nankinoise. Me rendant compte de ce que la plupart des maisons de la zone urbaine étaient calcinées, je supposai qu'elles avaient été incendiées par les bombardements de l'aviation nippone. J'étais abasourdi de la puissance de ces raids aériens. Pourtant, j'appris lors de mes enquêtes que toutes ces maisons avaient en réalité été brûlées par les soldats japonais, postérieurement à la prise de la ville. Le sentiment de peur face aux Japonais ne s'était aucunement dissipé chez les citoyens de Nankin, même si une demi-année s'était déjà écoulée. Quand je m'adressais gentiment à des jeunes filles ou à des femmes, elles s'enfuyaient et se cachaient, sans m'avoir répondu. Selon les renseignements obtenus du chauffeur qui me faisait visiter, il n'y avait pas une femme demeurant en ce moment à l'intérieur de la ville de Nankin qui n'ait été violée par les soldats japonais[53].

Cette dernière estimation est très certainement largement exagérée, mais on peut comprendre que le viol en quelques semaines d'une femme sur quatre ou cinq ait pu laisser des souvenirs terrifiants, d'autant plus qu'il était souvent accompagné d'autres violences. La tendance irrépressible des victimes est d'ailleurs de surévaluer, de toute bonne foi, l'aspect quantitatif du drame vécu. Que celui qui a été capable de dénombrer un amoncellement de cadavres leur jette la première pierre… Quant aux tués, évalués à quelque 300 000 dans l'histoire officielle chinoise, nous pensons avoir établi que, comme déjà indiqué, les soldats chinois assassinés étaient 30 000 à 60 000. En se basant sur les solides enquêtes menées juste après l'événement par le CI (qui aboutirent au chiffre d'une douzaine de milliers de civils tués intra-muros), et en y ajoutant à la fois ceux qui, n'ayant plus de famille dans la ville, ne purent être alors recensés, ainsi que les victimes des cantons ruraux de la municipalité de Nankin, on aboutit au chiffre approximatif de 30 000. Soit, au total, 60 000 à 90 000 morts. Cela suffit à faire de Nankin, en proportion de sa population, la capitale la plus meurtrie de la Seconde Guerre mondiale, avec Varsovie – et Manille.

D'un massacre l'autre : Manille, 1945

Les huit années de la guerre de l'Asie-Pacifique furent marquées, tant au début qu'à la fin, par des atrocités géantes. Manille répond en quelque sorte à Nankin, en montrant de quoi la soldatesque nippone était capable, et également que la défaite peut être aussi mauvaise conseillère que la victoire. En effet, les circonstances et la fonction du sac de la capitale des Philippines sont bien différentes de celles de l'ex-capitale de la Chine. Les Américains avaient repris pied dans le pays en octobre 1944, au travers du débarquement dans l'île de Leyte, à l'est de l'archipel, suivi par une gigantesque bataille navale qui consacra la perte définitive par le Japon de la maîtrise des mers, et indirectement des airs, faute de porte-avions. Mais plus décisif encore avait été, début janvier 1945, le débarquement sur l'île principale de Luzon, dans le golfe de Lingayen, quelque 200 kilomètres au nord de Manille. Face à une supériorité américaine devenue écrasante, en particulier en termes de puissance de feu, le général Yamashita, qui commandait les forces japonaises aux Philippines, avait résolu de ne pas défendre Manille jusqu'au bout. Une petite arrière-garde devait y procéder à des opérations de retardement et, surtout, à la destruction des installations portuaires, cependant que le gros des troupes gagnait le « réduit » des montagnes du nord de Luzon, couvertes de jungle, et où les chars devenaient inopérants. Or, pour diverses raisons, le plan ne fut pas correctement exécuté. D'une part, il se révéla que les troupes laissées dans la capitale étaient beaucoup plus importantes que prévu : 16 000 marins (privés de navires), plus quelques milliers de soldats. Du coup, le pouvoir décisionnel revenait à l'amiral Iwabuchi Sanji, qui manifesta jusqu'à la caricature, et pour le malheur des Manilènes, la traditionnelle rivalité entre armée de terre et Marine. D'autre part, les quelques tentatives de rompre l'encerclement américain se révélèrent vaines. Iwabuchi se crut donc investi de la mission de résister jusqu'au dernier, ce qui semble avoir correspondu à son caractère, et à l'esprit du Japon de ce temps. Et il se donna les moyens de ses intentions : il fallut un mois entier (4 février-4 mars) aux Américains pour prendre le contrôle de la totalité de la ville. Ni les Alliés ni les Philippins, qui leur faisaient confiance, n'avaient escompté de telles difficultés après les brillants succès initiaux. C'est sans doute pourquoi la plupart des civils (probablement 800 000 au début de la bataille) étaient restés chez eux. Ils avaient cru avoir le sort de Paris, six mois plus tôt ; ils eurent celui de Varsovie. L'état d'esprit des défenseurs de Manille est assez bien indiqué par cette consigne de la Flotte du Sud-Ouest, censée y être basée : « À l'exception des personnels militaires japonais, des civils japonais et des unités spéciales de construction*, toute personne présente sur le champ de bataille sera mise à mort[54]. » L'ennemi était donc partout : tout homme adulte (dès douze ou quatorze ans parfois) était réputé être un guérillero antijaponais. D'où, par exemple, cet extrait d'un carnet récupéré par les Américains : « 9 février 1945 : Brûlé à mort 1 000 guérilleros ce soir[55]. »

La bataille une fois commencée, il devint très difficile de se déplacer à découvert, et de se réfugier en lieu relativement sûr : il y avait les tirs de barrage américains qui frappaient aveuglément, et les sentinelles japonaises qui tiraient à vue. Les civils étaient pris entre deux feux. Les Américains, qui ne s'attendaient pas à pareille résistance, et toujours soucieux de la vie de leurs soldats, nettoyaient la ville maison par maison, en usant massivement, après des scrupules initiaux, de la préparation d'artillerie. Or les civils philippins étaient inextricablement mêlés aux militaires nippons, qui ne se privaient pas de les utiliser comme otages ou comme boucliers humains. À la différence de ce qui s'était passé à Nankin, les violences délibérées n'eurent vraisemblablement pas d'autre propos que la vengeance d'individus désespérés à l'encontre d'une population hostile, qui se préparait à fêter les forces de MacArthur, ainsi qu'une ultime prise de « bon temps » au travers de viols de masse, avant une mort presque certaine. Il n'y eut apparemment aucune consigne claire de destruction de certaines catégories de civils, et le massacre se déroula de manière désordonnée. On ne savait jamais à quoi s'attendre d'un groupe de militaires – tuerie, enfermement, indifférence ou (rarement) aide. Tout le monde était visé, sans discrimination, y compris les enfants, ou les dignitaires qui avaient collaboré (un vice-ministre au moins fut abattu).

* Il s'agit des employés civils des forces armées.

La manière dont se déroula le massacre du célèbre collège universitaire De La Salle (Frères des Écoles chrétiennes), le 12 février, est assez représentatif du *modus operandi* des bourreaux :

> Les Japonais se divisèrent en deux groupes. Le premier poursuivit ceux qui couraient dans l'escalier tandis que le second s'activait dans le foyer. Frère Leo était agenouillé devant le père Cosgrave, demandant l'absolution. Ce dernier levait le bras droit pour faire le signe de croix au-dessus du frère agenouillé, et à ce moment précis, le Japonais le frappa de sa baïonnette. Elle passa sous le bras du père et s'enfonça dans la poitrine du frère. Celui-ci s'effondra contre les jambes du prêtre, qui du coup ne pouvait plus bouger. Alors le Japonais retourna sa baïonnette contre le père Cosgrave. Il fut touché sur la droite de la poitrine, et se retrouva affalé sur le sol. Au cours de cet assaut initial, les trois aînés des fils Vazquez-Prada, de jeunes hommes costauds, furent parmi les premiers à tomber. Leur cadet, Fernando, âgé de cinq ans, fut jeté au sol et un Japonais vint sur lui. Trois fois il balança sa baïonnette sur le garçon, et trois fois il ne l'entailla que légèrement, car il se contorsionnait frénétiquement sur le plancher. C'est alors qu'Helen Vazquez-Prada se redressa et attrapa le gamin. Comme une tigresse enragée, elle se battit. Elle donna des coups de pied, elle mordit, elle balança son poing libre, Fernando sous le bras. Quand l'officier japonais se jeta avec son sabre sur le garçon, la mère fit barrage de son corps. Elle fut tailladée entre les épaules, et une pièce de chair fut arrachée de sa cuisse. Elle para les coups de ses mains et les doigts de chacune furent cisaillés. Frappée en plein abdomen, Helen Vazquez-Prada tomba, mais l'enfant Fernando ne fut pas davantage violenté. L'un après l'autre, ou par groupes, les frères tombèrent, de grands hommes solides à l'orée de la vie. Frère Maximin, qui parlait japonais, s'écria : « Je suis allemand », dans la tentative de calmer les agresseurs, mais en vain. Il se retourna et fila vers l'escalier. Certains frères avaient gagné le cellier, mais ils se ruèrent à nouveau au-dehors. Ils s'agrippaient maintenant à leurs adversaires, luttant pour s'emparer de leurs armes. Tous furent submergés. Quelques-uns moururent instantanément, d'autres s'effondrèrent, gravement blessés, et agonisèrent lentement, douloureusement. Les frères Lucian, Gebhard, Paul et Hubert réussirent à gravir l'escalier. [...] À présent, c'est dans la chapelle que la bande [de cinq soldats japonais] pénétra, et les frères qui se cachaient entre les bancs furent tous passés au fil de l'épée. Ceux qui ne périssaient pas tout de suite saignaient à mort ou ne pouvaient surmonter le choc. C'est alors qu'Antonio Carlos, âgé de

> six ans, désormais parfaitement conscient du danger, jaillit hors du confessionnal. L'un des Japonais partit à sa poursuite, et frappa l'enfant terrifié dans le dos, puis souleva le petit corps empalé sur la lame, et le précipita au sol. Antonio n'avait aucune chance. [...] Rassasiés, les Japonais observèrent leur œuvre. Dans le foyer, les corps déchirés, ensanglantés, aux blessures béantes, étaient dispersés aux quatre coins. Certains gisaient immobiles et calmes, morts. Certains tremblaient ou gémissaient dans leurs spasmes terminaux, et se virent accorder le coup de grâce. Le reste était inconscient, du fait du terrifiant traumatisme ou du choc d'avoir tant perdu de sang. Le plancher était inondé de celui-ci. Les murs étaient aspergés de rouge, là où les blessés avaient été jetés contre eux. En haut des marches, les cadavres gisaient, recroquevillés et oubliés. Tout au long des couloirs et dans la chapelle, morts et mourants jonchaient les lieux[56].

On peut s'étonner d'un tel luxe de détails, dans ce récit composé à partir de multiples témoignages. L'imagination de l'auteur est assurément à l'œuvre, et manifeste une fascination pour la douleur, le sang et le sacrifice qui évoque à bon droit les innombrables représentations baroques à l'espagnole du Christ souffrant ou de la Mater Dolorosa qui parsèment les églises des Philippines. Il reste que l'enquête d'Aluit a été sérieuse, et fondée sur les récits de survivants – car, comme à Nankin, il y eut beaucoup de « mal tués » qui purent rapporter ce qu'eux et les autres avaient enduré. Et cette collection d'expériences vécues demeure unique sur le sac de Manille.

En outre, elle indique assez bien ce que la mémoire collective retient de l'occupation japonaise des Philippines. Le repos du guerrier n'est pas moins terrifiant que l'orgie de massacres qui le précède. Ainsi, au collège De La Salle, dévasté comme on vient de le voir : « ... Un survivant, gravement touché, témoigne de la suite : "[...] les Japonais faisaient la fête. Ils chantaient bruyamment et hurlaient, erraient ivres dans le bâtiment, comme s'ils célébraient quelque exploit. De temps en temps, l'un d'entre eux pénétrait dans le hall, maintenant dégoulinant de sang, apparemment pour vérifier que personne ne bougeait plus[57]." » Comme à Nankin, les tueries s'accompagnèrent de viols en grand nombre : « Selon une infirmière de l'hôpital général : "La nuit, des soldats japonais envahissaient les locaux, à la recherche de femmes. Ils fichaient leurs baïonnettes dans un lit ou dans les murs, juste pour nous effrayer. Presque chaque nuit, nous pouvions entendre une ou plusieurs femmes hurler. Nous étions environ cinquante, mortes de peur, à dormir dans un petit coin sous l'escalier, serrées les unes contre les autres. Les médecins montaient la garde pour nous protéger[58]." »

De véritables harems – très provisoires cependant – furent parfois constitués par des groupes de soldats japonais, comme dans l'un des grands hôtels de Manille :

> Cet après-midi à 17 heures, au Bayview Hotel, les brunes Philippines furent séparées des Caucasiennes et des métisses. Environ 150 Philippines furent emmenées à l'Alhambra Apartment Hotel, dans la rue jouxtant l'arrière du Bayview, et une trentaine furent entraînées au Miramar Apartment sur Roxas Boulevard, à proximité. À l'Alhambra, les femmes furent installées dans une grande salle au second étage, où elles se blottirent sur le sol nu. Les marins et les soldats venaient à toute heure, jour et nuit, et contraignaient celle de cet agglomérat de femmes qu'ils avaient choisie à aller avec eux dans n'importe laquelle des chambres de l'hôtel. Elles revenaient dans la grande salle, ébouriffées, en larmes, et souvent pleines de sang. Une femme était assise sur le sol, s'occupant de son bébé. Un Japonais paraissait très attiré par elle : « Je te donnerai de la bière », dit-il. « Non, allez-vous-en ! » Il reprit : « Je te donnerai du lait pour nourrissons. » « Plutôt mourir. » Alors, le Japonais pinça le bébé au point de le faire crier de douleur. Puis il s'en alla[59].

Les actes de barbarie, quoique non systématiques, se mêlaient fréquemment aux crimes sexuels. Certains de ces actes, qu'on pourrait à bon droit juger invraisemblables, sont cependant corroborés par divers témoignages :

> Pendant longtemps, les histoires de bébés envoyés en l'air par des Japonais cinglés et rattrapés sur la pointe d'une baïonnette étaient considérées comme apocryphes. Mais on possède au moins trois témoignages enregistrés sur de tels incidents. L'un est le témoignage de Rosalinda Andoy, onze ans, qui assista à cela au cours de son supplice dans les ruines de l'église Santo Domingo d'Intramuros. Les autres furent prononcés sous serment par Angeles Barahona, à propos d'un incident au collège Saint-Paul, et par Rosario Fernandez, vingt-cinq ans, sur un autre incident dans la résidence du docteur Herminio Velarde, sur

Tennessee Street à Malate. Les histoires de mutilation génitale furent également caractérisées comme apocryphes. Mais Francisco Lopez fut le témoin d'un tel acte, effectué sur un homme dans l'enceinte du Club allemand, sur San Luis Street, à Ermita. Prudencio Chicote Lalana attesta lui aussi d'outrages commis sur les cadavres de trois adolescentes au cours du massacre advenu dans les ruines de la maison du docteur Rafael Moreta, sur Isaac Peral Street à Ermita. Ces filles furent violées et tuées à coups de baïonnette. Leurs organes sexuels furent découpés avec les lames des armes. Beaucoup de Japonais tirèrent parti de leurs derniers jours pour remplir leur curiosité ou leur désir, en particulier d'avoir des relations sexuelles avec des femmes blanches, par opposition aux orientales, c'est-à-dire philippines ou chinoises. « Ils faisaient les difficiles, attesta Elisa Beliso, ils ne voulaient que des *mestizas* (métisses d'Européens). » Elle parlait des Japonais de l'église et du monastère San Agustin, qui sélectionnaient principalement des Espagnoles et des sang-mêlées sur qui déverser leur lubricité[60].

On aura noté que la prétention nippone à renforcer l'unité entre peuples d'Asie ne s'étendait pas à leur propre sexualité, quelque déviante qu'elle fût. Par ailleurs, ces témoignages en évoquent d'autres, recueillis par les historiens singapouriens : des bébés furent là aussi jetés sur des baïonnettes lors de la prise de Singapour, ce que montre en particulier le musée-mémorial du Malay Regiment (*Reflections at Bukit Chandu*). On doit donc les prendre au sérieux.

Le sauvetage des survivants résulta de la tardive arrivée des Américains. Malgré leur coresponsabilité dans la destruction du centre-ville, ils furent généralement traités en héros – et alliés. La scène qui suit est datée du 23 février et se déroule dans l'église San Agustin, au cœur du vieux quartier espagnol :

Et là, recroquevillée parmi les débris, il y avait une fille, absolument émaciée, squelettique, dont on pouvait à peine dire qu'elle faisait partie du genre humain, ou même qu'elle était en vie. Très fréquemment – chaque minute, peut-être –, son corps entier était parcouru de frissons convulsifs. Des nuages de mouches voltigeaient au-dessus d'elle, comme elles le faisaient au-dessus de tous les corps, ceux des morts comme ceux des blessés. « … c'est pratiquement tout ce dont je me souviens si nettement, du couvent Saint Augustin, dit [le vétéran américain], sauf qu'au moment où je regagnai la porte de sortie, j'aperçus des Chinois qui portaient une civière, et je leur demandai d'aller dans le couvent pour chercher cette fille dont les pieds avaient été coupés. » Les petits porteurs s'exécutèrent. Quand ils repassèrent la porte, la tête de la fille en premier, elle souleva sa main et fit un « V » de la victoire aux soldats. Le rude Henry Keys s'effondra en larmes[61].

Un autre témoignage, issu, lui, d'un Philippin, va exactement dans le même sens :

> Mardi 13 mars, mon père reçut l'autorisation de parcourir les quartiers sud de Manille. C'était un désastre total, et la puanteur de la mort flottait encore partout. Des repères urbains entiers s'étaient volatilisés. On pouvait voir jusqu'à la baie de Manille depuis une longue section de Taft Avenue, et on se trouvait désorienté dans ce nouvel environnement si peu familier. Mais il y avait peu de protestations. Les gens n'étaient que trop contents que les Japonais soient partis, même à un prix aussi élevé. L'attitude de la population était parfaitement claire, si l'on en juge par son comportement à l'égard des prisonniers de guerre. Quand les prisonniers américains marchaient dans les rues de Manille en 1942, les vendeurs du bitume faisaient pleuvoir sur eux de la nourriture, des bonbons et des cigarettes. Quand les prisonniers japonais marchèrent dans les mêmes rues en 1945, les enfants les aspergèrent de pierres. Aucune série de faits ne pourrait être davantage éloquente[62].

La Sphère de coprospérité avait vécu, et laissait place comme ailleurs en Asie du Sud-Est à un éphémère retour du colonisateur, pleinement rentré en grâce (aux Philippines seulement) par l'effet de la comparaison avec les horreurs subies du fait de l'occupant japonais.

7

La chasse aux femmes

La violence la plus caractéristique exercée par l'armée impériale fut sexuelle. Ce ne fut pas, loin de là, la plus meurtrière : les grandes tueries de prisonniers de guerre ou de civils firent des millions de victimes, tout comme les famines provoquées par le pillage des ressources ou par les opérations militaires ; le travail forcé, et tout particulièrement les grands chantiers, en causèrent des centaines de milliers. Pour leur part, les viols, innombrables, ne se terminaient habituellement pas par un meurtre – sinon celui des personnes, le plus souvent des femmes plus âgées, qui tentaient d'empêcher le crime. Même si, légitimement, on inclut dans ces violences les nombreux suicides induits chez les victimes, le nombre de morts, impossible à préciser, se compte probablement en dizaines de milliers. L'autre grand volet des violences sexuelles japonaises, ce sont bien entendu ces « femmes de réconfort » qu'il vaudrait mieux dénommer prostituées militaires de l'armée impériale. Le plus souvent sujettes de l'empereur – elles étaient japonaises ou, bien plus fréquemment, originaires des colonies, en premier lieu la Corée –, ayant la plupart du temps le statut d'auxiliaires de l'armée, le but était d'exploiter leur corps le plus longtemps possible, non de les tuer. La plupart des meurtres dont elles furent cependant l'objet eurent lieu dans la confusion et l'atmosphère suicidaire de la défaite finale.

Et pourtant, depuis une vingtaine d'années au moins, les femmes de réconfort (reprenons par mesure de simplicité le terme consacré, en insistant une fois pour toutes sur le fait que, s'il y eut réconfort, ce ne fut certes pas pour elles) sont devenues dans la mémoire collective universelle le forfait le plus connu et le plus emblématique de la guerre telle que la menèrent les Japonais. Seul le massacre de Nankin le concurrence, mais essentiellement en Chine. Ce système organisé et, pour partie, centralisé de domination masculine absolue retentit trop avec ce que dénonce le féminisme contemporain pour ne pas être ressenti comme particulièrement odieux. Curieusement, cela a fait passer au second plan la question des viols. Pourtant, dans la mémoire des peuples un moment asservis au projet impérial nippon, ceux-ci furent d'entrée de jeu et demeurent depuis lors un élément central. Ils tinrent une place fondamentale dans la terreur qu'inspira l'occupant, car il ne s'agissait pas seulement d'atteintes gravissimes à des personnes, mais aussi d'agressions contre les familles, les communautés et, en vérité, tout l'ordre social. Et, plus encore que pour le travail forcé ou les meurtres, l'arbitraire et le libre cours de la soldatesque paraissaient sans limites, dans cet assouvissement sans scrupule des pulsions des guerriers. D'où, à leur approche, la fuite éperdue de toute femme potentiellement désirable ou, si elle n'en avait pas le temps, sa tentative de se souiller pour paraître repoussante. D'une certaine façon, le traumatisme fut encore plus profond et, en tout cas, plus universel que celui provoqué par les massacres*.

Viols et enlèvements

C'est ce que souligne Sintha Melati, qui participa à Java à la résistance communiste en tant que courrier, et fut emprisonnée en 1944 :

> Plus ces « grands frères » [les Japonais] s'accoutumèrent à leurs positions d'autorité, plus ils avancèrent d'exigences. Ce qui offensa le plus notre dignité personnelle, et celle des pères et mères, fut l'exigence que des filles soient « déposées » pour distraire les troupes japonaises. Cette pratique ne pouvait être tolérée ni par les citoyens des villes, ni par ceux des *kampung*. Les membres du Pangreh Praja [adminis-

* Nous essayons ici de nous placer au niveau de pays entiers, et de la sphère de domination japonaise. Bien entendu, pour les populations directement victimes de massacres, ceux-ci demeurent le trauma le plus fort. Mais, même en Chine, ils furent loin d'être généralisés.

> tration autochtone] qui avaient des filles adolescentes pouvaient les sauver, s'ils en avaient le temps, en les cachant dans des villages ou des bourgades. Sinon, les fleurs tomberaient, souillées avant même d'avoir fleuri. Les filles étaient généralement séduites par les promesses d'être scolarisées à l'étranger (à Tôkyô) ou envoyées à Syonan-to [nom japonais de Singapour]. Mais en réalité on ne les prenait que pour la récréation. Chaque fois que les dignitaires japonais apercevaient une jolie fille, ils demandaient effrontément au *wadena* [chef de district] ou au *bupati* [chef de régence, ou province] qu'elle soit remise au *Gunseikan* [gouvernement militaire] ou à l'un des *chokan* [responsables de résidence]. Les filles razziées de cette façon n'étaient pas conduites dans des écoles outre-mer, mais assignées partout où des troupes japonaises étaient stationnées, jusqu'à la fin de la guerre[1].

Comme la plupart des armées, celle du Japon considérait les besoins sexuels de ses hommes comme irrépressibles ; leur insatisfaction aurait compromis tant la discipline que la capacité à combattre. Cela rencontrait une croyance répandue dans les rangs : avoir eu au moins une fois des relations sexuelles assurerait une meilleure résistance à l'adversité et à la mort. D'où une extrême tolérance à l'égard du comportement des soldats avec les femmes en général (très marginalisées dans la société japonaise post-Meiji, et jusqu'il y a peu), et les étrangères en particulier, alors traitées en butin de guerre. La limite à cette tolérance n'avait rien à voir avec des considérations morales, mais avec les désordres qu'elle pouvait finir par engendrer pour l'armée elle-même : trahison de secrets sur l'oreiller, antagonisation des populations locales en cas de viol, danger de représailles des autochtones sur les soldats eux-mêmes, et par-dessus tout diffusion de maladies vénériennes invalidantes par le recours à une prostitution non contrôlée*. Comme, par ailleurs, les soldats disposaient de très peu de permissions-exutoires, la solution trouvée fut le système des femmes de réconfort. Il fut loin cependant de faire disparaître le recours au viol, qui avait l'avantage de ne rien coûter et pouvait se pratiquer en groupe.

Il est quelque peu délicat de juger où commence la sexualité sous contrainte, et donc le crime sexuel. Dans ses propres rangs, l'armée impériale pouvait développer des pratiques *borderline* :

---

* Dans l'armée, le constat d'une maladie vénérienne est d'ailleurs puni de la perte d'un grade.

> Dans les montagnes de l'île de Cebu*, Tominaga avait eu pour la première fois de sa vie des rapports avec une femme. Les infirmières qui accompagnaient l'armée dans ses opérations devaient réconforter les soldats. À entendre Tominaga, l'infirmière en chef, qu'un officier s'était approprié jusque-là, lui avait fait de sa propre initiative des propositions. Ces infirmières n'étaient pas dans la situation abominable des femmes de confort, mais elles étaient tenues de servir de partenaire chaque jour à un soldat, sous le prétexte de maintenir le moral des troupes dans la montagne. En cas de refus de leur part, elles étaient privées de nourriture[2].

Les témoignages abondent de stratagèmes pour échapper à la concupiscence de la soldatesque. Cela toucha tous les pays où le Japon domina, et tous les milieux. Y compris les Européens et les Eurasiens, comme ici à Malacca (Malaisie britannique) :

> Gertrude La Faber, mère de quatre enfants à l'instar d'Ethel Arwell, vivait à Malacca. La transformation d'un lycée tout proche de chez elle en caserne japonaise la rendait terriblement anxieuse. Elle était réellement et à juste titre inquiète pour ses filles, dont trois étaient adolescentes. La plus jeune, Hyacinth, avait onze ans, et avec elle ce fut facile : Gertrude coupa ses cheveux et l'habilla comme un garçon. Son angoisse à propos des autres, cependant, la persuada de déménager en famille vers une autre propriété, hors de la ville, qu'elle partageait avec une autre femme eurasienne et un jeune couple chinois. Mais la maison, quoique à bonne distance des casernes, n'était pas aussi sûre qu'elle paraissait d'abord. Elle était située sur la grand-route de Singapour, et de temps en temps des officiers et soldats japonais se montraient, escomptant être nourris, pouvoir s'emparer de tous les biens qui leur plaisaient, et disposer d'une compagnie féminine : « Z'avez des filles ? z'avez des filles ? » La seule compagnie qu'on aurait pu leur proposer était celle des deux ménagères d'âge mûr et du jeune travesti : au moindre indice de l'arrivée de Japonais, les trois grandes filles La Faber et la jeune femme chinoise couraient derrière la maison, à travers le jardin et dans les hévéas, les champs et le *belukar*** auquel le jardin était adossé. Elles ne s'arrêtaient pas avant de s'être cachées ou d'avoir gagné des fermes chinoises proches.

* Au centre des Philippines. Les événements se déroulent en 1944.

** Forêt secondaire (broussailles et jeunes arbres), mot malais.

> Les Japonais, parvenus dans la maison, et s'étant vu annoncer que les seules femmes étaient ces deux ennuyeuses ménagères, envoyaient un ou deux hommes patrouiller tout autour. Il arriva une fois qu'une des sœurs La Faber trébuche. Alors qu'elle se remettait sur ses jambes, elle réalisa qu'un soldat approchait, et qu'elle n'avait plus le temps de s'éloigner. Alors elle se glissa et se blottit sous un gros tronc qui était tombé, rassemblant ses pieds, ses mains et ses coudes en dessous, au milieu des herbes folles. Elle resta là, tassée sur elle-même et immobile, jusqu'à ce que le soldat s'en aille. Elle était terrorisée par lui, ou par la possibilité qu'un serpent apparaisse dans les broussailles, la force à se déplacer et donc à se livrer[3].

En Indonésie aussi, la chasse aux femmes se portait parfois sur les Européennes (dont localement la plupart étaient métissées). Et, quand elle réussissait, les effets en étaient dramatiques. La scène se passe dans une école transformée en camp d'internement pour femmes et enfants néerlandais, dans les premiers mois de l'occupation de Java :

> Finalement Petra revint, elle était encore en train de pleurer. Elle tenait une serviette et du savon, et quand elle me vit, elle sanglota plus fort, et me demanda si je voulais bien venir avec elle dans la salle du *mandi* (bain). « Bien sûr », dis-je, et tout le temps où nous marchions, elle pleurait. Quand elle commença à se laver avec énormément de savon, elle me confia ce qui s'était passé pour sa mère et pour elle. La nuit précédant notre arrivée au quartier général japonais*, deux ou trois soldats japonais étaient venus dans leur maison et, très brutalement, avaient emmené son père. Avant que sa mère et elle n'aient une chance de s'échapper ou de se cacher, deux Japonais étaient revenus et s'étaient sans gêne installés dans leur salon. On ordonna à Petra de jouer du piano pour eux, et ils avaient beaucoup apprécié, au point d'avoir entrepris de pétrir son visage et de caresser d'autres parties de son corps. Puis ils avaient commencé à crier, et l'un d'eux avait conduit la mère de Petra dans l'arrière-cours à la pointe de sa baïonnette. Bien qu'il ne l'ait pas blessée, elle s'était sentie terrorisée dans ce noir complet, car elle réalisait parfaitement ce qui allait arriver à sa fille unique. Elle s'était cachée dans le coin le plus distant de la cour. Pendant ce temps, l'autre Jap avait jeté Petra sur le lit

---

* D'où elles avaient été envoyées au camp. Jusque-là les civiles avaient pu rester chez elles.

d'une chambre, et l'avait violée. « Oh Joke, pleurait-elle, rappelle-toi comment nous avons parfois rigolé et dit des plaisanteries quand nous parlions de sexe ? À présent, un de ces sales Japs l'a fait avec moi ! » Elle éclata à nouveau en sanglots. « Je ne me marierai jamais. Je me sens si sale ! » Et elle se lavait, se lavait encore… J'étais époustouflée et sans voix. Ma meilleure amie de lycée ! Elle était si jolie, si pleine d'esprit, si intelligente. Avec ses noirs cheveux bouclés, sa peau claire et ses yeux bleus, elle était une fille remarquable. Pas étonnant que ces soldats soient revenus, mais avec un projet si vicieux ! Je pensais rapidement : « Si c'est ça le début de l'invasion, qu'est-ce qui nous attend encore ? » Mais je lui dis : « Petra, ce n'est pas ta faute ! Tu ne le voulais pas. Maintenant, tu es avec tes amies, et pour l'instant tu es en sécurité. Mais, dis-moi, comment as-tu pu te tirer de là ? » Tandis que je l'aidais à se sécher et à s'habiller, elle continuait : « Je me suis tenue aussi raide que possible, le docteur a dit que je n'étais pas très abîmée. Eh bien, aussitôt que le Jap m'a laissée et est parti de la chambre, je me suis glissée hors du lit et j'ai sauté par la fenêtre. C'est de là que viennent ces plaies. » Et elle me montrait ses genoux, ses coudes et ses mains. « Puis je me suis précipitée vers l'arrière-cour. Il faisait si noir, et heureusement le type ne me suivait pas. J'ai retrouvé Maman. Nous avons escaladé le mur de clôture, tout au fond, et nous nous sommes retrouvées dans un *kampung*. Maman et moi nous étions anéanties, et quand nous sommes tombées sur une barrière en fil de fer barbelé, nous avons essayé de nous taillader les poignets. Nous ne voulions plus vivre[4] ! »

La même peur dominait dans les campagnes philippines, et amenait le même type de contre-mesures :

Si on avait besoin d'aller en ville, on marchait les quatorze kilomètres. Les jeunes filles, tout spécialement, n'étaient pas autorisées à aller en ville, par peur que des soldats japonais ne les trouvent à leur goût… La crainte régnait à la ferme, particulièrement durant les nuits éclairées par la lune, parce que c'était pour les Japonais des moments de patrouille. Les nouvelles circulaient le matin suivant de l'enlèvement de quelques jeunes filles par la patrouille[5].

La situation n'était guère différente à Manille :

Heureusement, aucune des filles de la famille n'eut d'expérience déplaisante en matière de relations avec des Japonais, même si, une fois, des soldats vinrent dans nos rues en plein milieu de la nuit. Les nuits étaient souvent alors marquées par le blackout. Mon père nous cachait dans le *kisame* [combles] de la maison, y compris ma mère. Quand les Japonais inspectaient les pièces à la lampe-torche et découvraient ma petite sœur nouveau-née, mon père leur précisait qu'elle n'avait plus de maman. Il déclarait également : « *Wataksiwa sensei !* », voulant dire qu'il était enseignant. Quelqu'un lui avait dit que les Japonais respectaient beaucoup les professeurs, et heureusement les officiers qui menaient l'inspection étaient de haut rang, et le crurent sur parole. Les parents s'efforçaient alors de déguiser leurs filles en garçons, de manière qu'elles n'attirent pas les Japonais. Pourtant, il y avait quelques femmes qui cohabitaient volontairement avec des Japonais, que ce soit pour la sécurité de leurs familles ou parce qu'elles servaient d'espionnes aux guérillas[6].

Comme on aurait pu le deviner, les méthodes utilisées en Chine n'étaient pas moins crues. S'y ajoute, dans le cas qui suit, une dimension de ruse :

Cachée dans la maison, je vis souvent des soldats japonais venir au village, où ils tiraient sans se priver. Ils tiraient sur des poulets pour les manger, mais laissaient les ailes, les têtes et les pattes*. Ils tiraient aussi sur le bétail. Ils ne cessaient pas le feu sur un bœuf avant qu'il ne s'effondre. Ils ne mangeaient que la viande des pattes, et jetaient le reste. Quand ils nous voyaient, nous les enfants, certains soldats sortaient des bonbons et les jetaient sur le sol. Un enfant hardi ramassait un bonbon et le mangeait. Voyant cela, nous suivions tous son exemple. Alors les Japonais attrapaient les filles de quatorze ou quinze ans. Celles qui n'avaient pas le temps de s'enfuir devenaient leurs victimes. Les Japonais emmenaient les filles dans des maisons abandonnées pour « dormir ». [...] Ce jour-là, nous étions allés dans une boutique désertée pour y chercher des marchandises. Nous y découvrîmes beaucoup de filles enlevées, dont certaines étaient déjà mortes. J'étais terriblement effrayée. Les filles qui vivaient encore étaient trop faibles pour marcher. Ce n'étaient pas mes compagnes avec qui j'étais allée en ville, et je ne sais d'où elles venaient. [...] Après cette rencontre affreuse, nous n'osions plus aller en ville[7].

* Pattes et crêtes sont en Chine des morceaux de choix.

Les « femmes de réconfort » : origines et recrutement

Le système des « femmes de réconfort », parquées dans des « stations de réconfort », trouve son origine dans la prise de Nankin, et l'énorme vague de viols (estimés à 20 000, on l'a vu) qui suivit. Pour réguler la débordante et désordonnée sexualité des hommes de troupe, l'état-major se résolut à mettre en place un vaste réseau de bordels militaires de campagne (pour emprunter le terme consacré de l'armée française), à administration directement militaire, adjoint à d'autres établissements plus vastes dans les villes de garnison, de gestion privée cette fois, mais avec un cahier des charges précis et un contrôle (médical en particulier) exercé par l'armée. Des acteurs aussi bien intentionnés et aussi fondamentalement hostiles à la prostitution que les missionnaires américains de Nankin se résolurent à prendre leur part à la mise en place du système des stations de réconfort. Le 25 décembre 1937, le missionnaire et enseignant universitaire Lewis S. C. Smythe met en scène une étrange conjonction d'intérêts :

> La Swastika rouge travaille avec les Japonais pour essayer d'ouvrir des maisons de prostitution, de façon à satisfaire soldats et officiers japonais sans mettre en danger les demeures privées ! Eh bien, c'est Searle* qui a suggéré ça samedi dernier, très sérieusement [...]. M. Hsu dit qu'ils envisagent deux cantonnements [...], l'un pour les simples soldats et l'autre pour les officiers. Et ce sera sur une base commerciale. Il dit aussi que M. Wang, que nous avons pris comme directeur des opérations [...], a beaucoup de relations dans le milieu criminel de Nankin ! Il a été un de nos hommes les plus actifs. Nous avons intégré un sacré groupe dans notre petite organisation ! Quant aux Allemands que nous avons trouvés, ce sont des gens de confiance. Depuis l'arrivée des Japonais, Rabe a été notre véritable planche de salut. Il peut montrer son brassard à swastika noir et exiger qu'on lui prête attention** ! [...] L'équipe s'esclaffe : Searle, avocat des maisons de prostitution ! avocat du capitalisme[8] !

---

* Miner Searle Bates, missionnaire américain déjà mentionné.

** John Rabe était le représentant de la compagnie électrique Siemens pour la Chine. Membre du parti nazi, il utilisa la proximité croissante entre régimes allemand et japonais pour protéger efficacement et courageusement autant de

Smythe précise dans une lettre du 8 mars 1938 que la première fonction de la commission municipale chinoise désignée par l'occupant avait été l'ouverture de trois bordels pour les Japonais, et ajoute :

> « Nombreux furent ceux qui bénirent l'événement ! » Ce, d'autant plus que les professionnelles, ou au moins les volontaires, ne manquèrent pas : les représentants de M. Wang viennent dans un camp de 10 000 réfugiées « et d'un claquement de doigt firent sortir 28 prostituées ! »[9].

Sous le coup des échéances poignantes de l'immédiat, le changement radical de conception opéré par des missionnaires plutôt puritains est noté par leur proche compagnon de Nankin, John Rabe :

> Et maintenant les autorités japonaises sont venues avec l'idée fabuleuse d'ériger un bordel militaire, et avec ses poings serrés d'horreur, Minnie* est forcée de regarder, tandis que des subalternes autorisés se frayent un chemin dans le Girls Assembly Hall de son école, empli de centaines de *gunyang*. Elle est bien décidée à ne pas en livrer ne serait-ce qu'une seule volontairement. Elle préférerait mourir sur place ; mais quelque chose d'inattendu se produit. Un membre respectable de la Société du Swastika rouge, quelqu'un que nous connaissons tous, que nous n'aurions jamais suspecté d'avoir la moindre connaissance des bas-fonds, prononce quelques mots amicaux dans le hall – et voilà ! Un nombre considérable de jeunes filles réfugiées font un pas en avant. À l'évidence, d'anciennes prostituées, qui ne sont pas tristes du tout de trouver un emploi dans un nouveau bordel. Minnie reste sans voix[10] !

Il est donc difficile de ne pas partager quelque peu les responsabilités : beaucoup de Chinois, et les membres étrangers du Comité

Chinois qu'il le put (il était persuadé que Hitler le soutiendrait). Un buste en son honneur figure au Mémorial de Nankin. Rentré en Allemagne en 1938, il fut désavoué par les autorités, et réduit au silence sans pour autant subir de sanction.

* Minnie Vautrin, missionnaire américaine qui dirigeait une école de filles et fit beaucoup pour les préserver du viol. Traumatisée par le sac de Nankin, elle se suicida en mai 1941, après son retour aux États-Unis.

international de Nankin, qui ont tant fait pour sauver des civils des fureurs nippones, cautionnèrent les premiers bordels militaires, comme un moindre mal face au tsunami de viols qui caractérisait l'avancée des troupes impériales. Et cela ne compromet pas leur actuelle popularité en Chine, en particulier l'image hautement positive qui est donnée d'eux au Mémorial de Nankin. On aura aussi remarqué que, parmi les premières pensionnaires des lupanars, il y avait bon nombre de prostituées professionnelles – ce fut aussi le cas, semble-t-il, de la totalité des filles qui arrivèrent du Japon. Ce sont pour de semblables raisons qu'on fut si long à s'indigner des « femmes de réconfort », dont nul n'ignorait alors l'existence (les bordels militaires avaient pignon sur rue, et on en compta des centaines), alors que les viols de masse, eux, terrorisèrent les uns, scandalisèrent les autres, et ne furent défendus par personne – les responsables civils et militaires fermaient juste les yeux, et de temps à autre infligeaient sans conviction une sanction plutôt légère à un violeur impénitent. Même un film aussi radicalement critique à l'égard du militarisme et de l'impérialisme japonais que *La Condition de l'homme* (*Ningen no jôken*), de Kobayashi Masaki (3 parties, 579 minutes, 1959-1961), qui connut un immense succès public au Japon à la suite de celui du best-seller éponyme de Gomikawa Junpei, contient une longue scène où des prostituées de l'armée viennent en groupe « réconforter » des travailleurs forcés chinois – et c'est l'un des rares moments de douceur dans un film très âpre.

Un autre cas délicat à interpréter est celui des autochtones ayant des relations sexuelles et/ou amoureuses avec des Japonais. Où est, chez l'homme, le départ entre l'affection sincère et l'appétit de domination à bon compte ? Où est, chez la femme, le clivage entre l'amour et la satisfaction opportuniste d'appétits matériels, voire de vengeances, ou encore le dévouement à la sécurité de la famille ? La question se pose aussi à propos de la France occupée : on y est passé d'une approche uniformément accusatrice (la « collaboration horizontale ») à une vision presque aussi uniment disculpatoire, les « tondues » étant regardées comme de pures et simples victimes, au mépris parfois de la réalité de leur comportement. Qu'on considère par exemple la situation à Malacca :

> Tous les quelques jours, on voyait des femmes à la peau claire quitter les maisons de réconfort, puis y revenir. Elles étaient allées faire du shopping. Dans la mesure où c'était peu probable qu'elles soient des Japonaises, ce devait être des Coréennes. Elles avaient les traits de personnes des pays tempérés. Faisant leurs courses à une certaine distance de leurs Maisons, elles utilisaient des trishaws [cyclo-pousses]. Pour autant que nous le sachions, les maisons de réconfort de Malaisie employaient une pincée de femmes locales. Une chose sûre, c'est que beaucoup de femmes du cru étaient contentes d'être liées aux officiers japonais comme maîtresses – particulièrement aux officiers du service administratif. Mais on se doit de préciser que ces femmes avaient agi ainsi davantage en fonction des circonstances dans ces temps si difficiles et risqués que par choix. Ces maîtresses jouissaient globalement d'une vie plutôt confortable : une voiture était fréquemment à leur disposition, elles pouvaient porter de beaux vêtements, manger du riz de qualité (importé du Siam) et beaucoup de poisson ou de viande sur une base quotidienne. En moyenne, on leur donnait des subsides généreux, et les plus avisées veillaient à ce que leurs maris de temps d'occupation leur donnent de temps en temps de quoi s'acheter des ornements en or, et d'autres choses de valeur. Elles n'étaient que trop conscientes du caractère provisoire de leur association, car les anciens maîtres du pays étaient sûrs de revenir[11].

Parmi les internées occidentales d'Indonésie, il y eut également des cas de prostitution choisie. Par exemple au camp de Palembang (sud de Sumatra), où Betty (une petite-fille d'Ernest Kenneison, patriarche depuis longtemps émigré de Grande-Bretagne en Malaisie) se trouvait en 1942, après avoir survécu à un torpillage en mer :

> Assez tôt dans la captivité des infirmières australiennes, les Japonais qui administraient le camp tentèrent de s'en servir comme hôtesses dans un « club », mais sans succès. Quelque temps après, les femmes les plus jeunes furent averties qu'elles iraient travailler à l'extérieur du camp « dans un club ». Gertrude Hinch, la remarquable responsable des femmes anglo-saxonnes, s'accrocha avec les Japonais sur le sujet, alors que les filles en cause attendaient debout. Betty entendit des morceaux de la discussion qui s'ensuivit (y compris les mots « convention de Genève »), et la conclusion fut que seules celles qui voulaient y aller fassent un pas en avant. L'une de celles qui le fit, à l'étonnement de Betty, fut sa meilleure amie (« un genre de fille tellement gentille »).

Cela rendit Betty encore plus furieuse envers les Japonais qu'elle ne l'était déjà, car elle avait l'impression qu'ils lui avaient volé son amie. Pourtant, parfois « l'officier Jap avec qui elle était la ramenait au camp en voiture, et elle m'apportait quelque chose pour me vêtir »[12].

Mais il ne convient certes pas de rosir la prostitution militaire. S'il y eut des volontaires dans ses rangs, ce fut probablement bien loin d'être le cas majoritaire. Ainsi, la capture sur le champ de bataille pouvait y mener, comme l'indique un soldat japonais de la 14e division :

> Durant la guerre, il n'y avait pas de prison pour les prisonnières de guerre [chinoises], alors où étaient-elles conduites ? J'ai entendu dire qu'on en faisait des femmes de réconfort. Cependant, celles qui étaient suspectées d'espionnage ou qui avaient été formées par la Huitième armée de route* n'étaient pas placées dans des stations de réconfort ordinaires, car elles pouvaient s'évader ou contacter des agents de la Huitième armée, ce qui aurait été très dangereux. [...] Elles étaient expédiées vers les fronts de Chine du Nord et du Centre, vers les deux mille ou trois mille postes fortifiés où de petits détachements étaient basés. Dans ces zones, les conditions de vie étaient extrêmement rudes, et les femmes de réconfort coréennes ou japonaises n'y étaient pas habituellement disponibles. Un poste était habituellement ceint de murs, et entouré de blockhaus. Un peloton occupait chacun d'eux. Les prisonnières de guerre étaient détenues dans ces fortins. Elles étaient assignées à des pièces en adobe, séparées des blockhaus, car elles étaient considérées comme dangereuses... La fourniture de préservatifs sur le front était limitée, ce qui explique que beaucoup de ces femmes, violées sans protection, tombèrent enceintes[13].

On utilisa aussi à profusion la ruse et la menace pour remplir les bordels militaires. Ainsi, à Bornéo occidental, qui faisait partie de la zone d'occupation de la Marine, selon les services secrets néerlandais :

> Dans sa quête de femmes, la Tokkeitai ordonna à l'ensemble des employées du Minseibu [administration civile] et des entreprises japonaises de se présenter dans ses bureaux. Là, certaines durent se dés-

---

* Élément central des forces communistes, essentiellement basée au Shanxi.

habiller, et furent accusées de relations sexuelles avec des Japonais. L'examen médical qui suivit révéla que plusieurs étaient vierges. On ne sait pas avec certitude combien de ces infortunées furent contraintes au bordel. Les femmes n'osaient pas s'en échapper, car dans ce cas des membres de leurs familles seraient immédiatement arrêtés et sévèrement maltraités par la Tokkeitai. Dans un cas, il est avéré que cela fut la cause de la mort de la mère d'une des filles concernées[14].

Souvent, c'est la force pure qui était employée, en particulier en Chine et en Asie du Sud-Est. C'est ce que relate, entre mille autres, Maria Rosa Henson, qui vivait dans le centre de Luzon et s'était engagée auprès des Huks (résistants communistes philippins). Elle venait de se faire interpeller à un poste de contrôle, au début de 1943 :

Le garde me conduisit sous la menace de son arme au second étage du bâtiment qui avait été celui de l'hôpital de la ville. Il avait été converti en quartier général, et siège de la garnison. J'y aperçus six femmes. La pièce n'avait pas de porte, juste un rideau. Des soldats japonais montaient la garde à l'entrée de la salle. Cette nuit-là, rien ne m'advint. Mais le jour suivant fut un enfer. Sans avertissement, un Japonais entra dans ma pièce et pointa sa baïonnette contre ma poitrine. Je pensais qu'il allait me tuer, mais il utilisa l'arme pour taillader ma robe et l'ouvrir. J'étais trop effrayée pour crier. Puis il me viola. Quand il eut fini, d'autres soldats affluèrent, et ils me violèrent l'un après l'autre. Ils furent douze à le faire, en rapide succession, après quoi on m'accorda une demi-heure pour me reposer. Et douze soldats de plus succédèrent aux premiers. Ils faisaient la queue hors de la pièce, attendant leur tour. Je saignais tant, et éprouvais tellement de douleur, je ne pouvais même pas me mettre debout. Le lendemain, je me sentais trop faible pour me lever. Une femme m'apporta une tasse de thé et un petit déjeuner de riz et de poisson séché. J'escomptais lui poser quelques questions, mais le garde en faction dans le hall nous empêcha de nous dire quoi que ce soit. Je ne pouvais manger. Je ressentais tellement de douleur, et mon vagin était tout gonflé. Je pleurais, et pleurais encore, invoquant ma mère. Je ne pouvais résister aux soldats, car ils étaient en mesure de me tuer. Alors, que faire d'autre ? Chaque jour, de 14 heures à 22 heures, les soldats faisaient la queue juste en dehors de ma chambre ainsi que devant les pièces des six autres femmes présentes. Je n'avais même pas le temps de me laver après chaque assaut. À la fin de chaque jour, je fermais juste les yeux et je pleurais. Ma robe déchirée devenait toute raide, sous l'effet de la croûte de sperme séché qui s'était formée. Je me lavais avec de l'eau chaude et un morceau d'étoffe, pour être propre. Je pressais le tissu sur mon vagin, comme s'il s'agissait d'une compresse destinée à soulager la peine et le gonflement[15].

Libérée après neuf mois par une attaque de ses camarades Huks contre la garnison, en janvier 1944, Maria Rosa regagne son village, mais a terriblement peur d'être reprise :

Ma mère me tenait cachée à la maison, car elle appréhendait que, si l'armée japonaise me retrouvait, elle et moi nous serions tuées. Pendant des années, je fus hantée par les cauchemars. J'étais jalouse des filles de mon âge, toujours souriantes, l'air très heureuses, qui se réjouissaient innocemment des chants et des danses, ainsi que de la compagnie de leurs amies, alors que je me terrais chez moi. Une année durant, ma bouche ne voulut plus se refermer, et ma salive coulait sur mes joues. J'éprouvais des difficultés à parler. Même mes cheveux se mirent à tomber. La seule vue d'hommes me faisait courir et me cacher. Je pensais que tous les hommes étaient aussi oppressifs que les Japonais. Je me sentais également inutile, car dans mon esprit j'étais devenue sale et souillée à force de viols à répétition[16].

Les méthodes utilisées en Chine en 1938, dans la province du Jiangsu, étaient peu différentes :

Nous entendîmes dire que des troupes japonaises accompagnées de traîtres locaux venaient capturer des filles. Toutes les femmes du village coururent désespérément pour leur échapper. Ma cousine et moi nous nous précipitâmes comme si notre vie en dépendait. Nous franchîmes une petite rivière et nous nous cachâmes derrière une meule dans une cour de ferme ; mais les troupes japonaises nous poursuivaient, et elles nous trouvèrent. Nous avons appris plus tard que les Japonais avaient cherché de jolies filles, pour les mettre dans leurs stations. Ma cousine et moi, nous étions visées pour cette raison. Les soldats lièrent nos pieds avec des cordes pour nous empêcher de nous enfuir. Puis nous fûmes chargées dans une grande brouette, une de chaque côté, et ils nous attachèrent serré avec d'autres cordes. Ils contraignirent des villageois à pousser la brouette jusqu'à la ville de Baipu. Les liens et les cahots nous firent souffrir l'enfer tout le long du trajet. À Baipu, on nous déchargea à l'hôtel Zhongxing. Le patron avait fui devant l'avancée des troupes japonaises, et celles-ci en avaient fait leur station de réconfort. Nous étions si effrayées que nous ne pouvions pas même crier. Quand je regardai alentour, je vis que vingt filles environ étaient déjà là. La caserne contenait quelque cinquante militaires nippons, qui enlevaient dans les villages proches des dizaines de jeunes femmes pour en faire leurs femmes de réconfort. Chacune des filles se voyait remettre un nombre. [...] On racontait que les nombres étaient donnés en fonction de l'allure des filles. J'étais numéro un. Nous n'avions pas le droit de sortir de la station. Il y avait aussi là deux ou trois femmes âgées de Baipu, qui nettoyaient, livraient de la nourriture, de l'eau, etc. Une autre Chinoise âgée supervisait les filles et collectait les paiements. Cette femme nous remettait un yuan environ chaque mois pour nous acheter ce dont nous avions besoin, mais c'était loin de suffire. Comme on ne nous accordait que deux repas frustes par jour, nous avions toujours faim. [...] Je portai mes propres vêtements tout le temps que je fus à la station et, avec le temps, j'eus à demander des habits de rechange à mes parents. Je fus terrifiée quand on me força à servir les militaires. J'avais entendu dire que les soldats japonais poignarderaient tout Chinois et violeraient toute Chinoise qu'ils trouveraient. Le premier jour, je ne pouvais m'arrêter de pleurer, et mon esprit était plongé dans une sorte de stupeur, de sorte que l'une des femmes de ménage demeura dans ma chambre, jusqu'à l'entrée d'un soldat japonais. Il se mit très en colère en me voyant pleurer. Il poussa sa baïonnette contre ma poitrine, grondant à voix basse. Je m'imaginais qu'il allait me tuer, et je m'évanouis presque. C'est alors qu'il me viola. Les soldats venaient à la station plus ou moins tous les sept jours ; en leur absence, nous devions procéder à d'autres tâches. Beaucoup de militaires avaient deux ou trois bandes sur leurs épaulettes, aussi supposai-je que c'était des officiers. Ils payaient la vieille femme en monnaie militaire, pour se procurer des tickets à échanger contre des passes. Pas mal me choisissaient, et j'avais mes clients habituels. Je pleurais chaque jour, espérant que mon mari viendrait me délivrer. Mais l'endroit était solidement gardé par les soldats, et il n'y avait pas moyen qu'il y parvienne. [...] On me garda dans la station trois mois environ. Au cours du septième mois de cette année [1938], M. Yang, un employé qui travaillait pour l'administration municipale fantoche, aida à me libérer. [...] Quand je fus libérée, ma belle-mère prétendit m'interdire tout retour à la maison. Elle ne pouvait supporter les bavardages incessants dans le village, dans lesquels on avançait que j'avais été souillée par les troupes japonaises. Cependant mon mari, Jincheng, m'acceptait. Il disait : « Fenying a été kidnappée par la troupe japonaise, mais ce n'était pas de sa faute. » Il me ramena chez nous en dépit de tout ce que les villageois et ma belle-mère pourraient dire. Malgré cela, je me sentais profondément humiliée par leurs regards méprisants[17].

La violence oppressive et exploiteuse se faisait parfois extrême, au point de menacer la vie des captives, comme ici dans la grande île de Hainan (comté de Ya), en 1942 :

Après avoir travaillé dans le camp de l'unité* pendant quelques mois, je fus emmenée de force dans une station militaire de réconfort japonaise du comté de Ya, et enfermée dans une pièce sombre. [...] C'était au second étage d'une maison de bois à deux étages. Il y avait un lit miteux, sur lequel se trouvait une couette très sale. Également une table et deux tabourets. La porte était verrouillée, et la fenêtre complètement obturée par des planches de bois, si bien qu'il faisait très noir, même en plein jour. Les soldats japonais venaient la nuit, parfois à deux ou trois, parfois davantage encore. Ils me faisaient d'abord me laver, puis me violaient, l'un après l'autre. Certains semblaient être originaires de Taïwan. Les soldats japonais ne mettaient pas de préservatif, et l'armée ne me proposait pas d'examens médicaux. J'étais terrifiée et je leur résistais, mais ils serraient leurs mains autour de mon cou, m'étranglant, et ils me giflaient. [...] Je pleurais fort et tentais d'ouvrir la porte, mais elle était fermée de l'extérieur. À partir de ce jour je ne fus plus jamais autorisée à mettre un pied dehors. La porte ne s'ouvrait plus que pour me passer un seau quand mes intestins l'imposaient ou de la nourriture à avaler. J'avais droit à deux ou trois repas quotidiens, mais je ne me souviens plus de ce à quoi ils pouvaient ressembler, car il faisait si noir que je ne pouvais distinguer clairement ce que je mangeais. Je ne peux pas non plus me rappeler combien de temps je fus séquestrée, peut-être plusieurs mois. Je sanglotais chaque jour, dans une peur horrible. Mes parents furent extrêmement tourmentés après mon départ forcé. Ils supplièrent toute personne susceptible d'obtenir ma libération, mais c'était sans espoir. Après bien des tentatives ratées, ma mère alla voir le chef de corps et s'agenouilla devant lui. Elle pleura, supplia, et affirma qu'elle mourrait devant lui s'il refusait d'accorder son aide. Ne parvenant pas

* Il s'agit d'une force auxiliaire locale de l'occupant japonais. Le témoin, membre de la minorité ethnique Li, a été forcé de servir dans le camp, y compris pour « distraire » les militaires la nuit.

à s'en débarrasser, le responsable alla à son tour supplier les troupes japonaises et aida à organiser mon élargissement. Quand il eut lieu, je ne pouvais plus marcher. Mon bas-ventre était sévèrement infecté et si enflé que je ne pouvais plus relâcher mes intestins sans douleur aiguë. Mes yeux eux aussi avaient été atteints par la torture de la station de réconfort. Toutes ces années qui suivirent la guerre, ils sont restés rouges et douloureux. Je ne peux toujours pas bien voir, et mes yeux pleurent constamment[18].

À l'initiative de la réduction à ce qui s'apparente souvent (mais pas toujours, on y reviendra) à un esclavage sexuel, il pouvait y avoir la famille elle-même – parents ou, dans le cas coréen qui suit, mari :

Je suis tombée enceinte juste après avoir épousé un homme riche, et je donnai naissance à un fils, un beau bébé. Mais mon mari se révéla être violent ; lui et moi nous nous affrontions constamment, à la maison et au-dehors. C'est difficile de décrire à quel point ses coups étaient vicieux – il me bourrait de coups de pied, de gifles ; il me jetait contre les murs, hurlant, m'arrachant les cheveux. Je rêvais de me tondre la tête comme une nonne bouddhiste. J'allais vraiment mal. Finalement, quand je ne pus supporter ses coups davantage, je menaçai de le quitter, et c'est ainsi que mon propre mari me vendit à un marchand. Un Japonais m'emmena de la maison du marchand jusqu'à Séoul ; et de là je fus embarquée pour le Japon, avec cinquante autres femmes. La seule chose qui me préoccupait, pendant les années que je passai à Rabaul*, c'était ce garçon que mon mari avait gardé après m'avoir vendue. Comment oublier son enfant chéri ? Mon fils était la seule raison pour laquelle je voulais désespérément revenir en Corée[19].

Les ruptures familiales et, au-delà, le statut traditionnel très dégradé de la femme coréenne paraissent avoir été des causes majeures de recrutement pour les *comfort stations* :

Je donnai naissance à un fils en 1938. Mon mari avait plus de trente ans, et était très heureux d'avoir un garçon. Il me ramena du varech comestible, une nourriture alors des plus rares. Je pense que nous

* Dans l'actuelle Papouasie-Nouvelle-Guinée.

étions le seul ménage à Koch'ang à avoir un coffre à riz toujours plein. Puis il tomba malade. Il entendit parler d'un bon docteur à Yongch'on, et alla le voir, prenant avec lui tout l'argent provenant de la vente de notre maison. Je fus contrainte d'aller vivre chez mes beaux-parents. Il fut rapidement guéri mais, au lieu de revenir chez lui, il alla au Japon. Quand notre fils eut trois ans, il revint, acheta cinq *majigi** de rizières, et repartit au Japon. Quand il revint une fois de plus, il commença à me battre. Il soupçonnait à nouveau une infidélité. J'avais raccourci mes cheveux, et portais ce qui restait en chignon. Mon mari trouva cela suspect, et n'arrêtait pas de s'en prendre à moi. Puis il me retira mon enfant, et me confia à une agence de placement. On était aux alentours d'octobre 1941, et j'avais dans les vingt-trois ans. À l'agence se trouvaient beaucoup de femmes qui avaient fui leurs familles sans prendre quoi que ce soit avec elles. On nous nourrissait et on nous habillait, mais l'agence exigeait une grosse somme si votre famille voulait vous reprendre. Par conséquent, une fois là, vous aviez peu de chances de rentrer chez vous. La plupart des femmes furent vendues et emmenées en Mandchourie. On me transmit à une autre agence, à Séoul[20].

Les « femmes de réconfort » : une histoire de violence

Pour les nouvelles filles des lupanars militaires, peu informées de ce qui les attendait, et moins encore volontaires, l'entrée en matière fut fréquemment un viol, accompagné de violences et de terreur. Hwang Kumju, une Coréenne emmenée à vingt ans en 1941 en Mandchourie par tromperie, le vécut ainsi :

> Les camions nous amenèrent à un endroit où l'on ne pouvait voir que baraquement après baraquement. Pas une seule maison ordinaire à l'horizon. On nous avait alloué l'un de ces baraquements dénommé *koya*, et nous nous arrêtâmes là pour la nuit. Le nôtre, construit en fer-blanc, était circulaire. Le plancher était fait de planches recouvertes de tatamis. On nous donna à chacune une couverture et une couette. Mais il faisait si froid que nous nous blottîmes les unes contre les autres pour rester au chaud toute la nuit. Je pensais encore alors que notre travail serait de cuisiner pour les soldats et de laver leurs vêtements.

---

* Mesure coréenne traditionnelle, équivalente à 0,6 hectare.

Quelques femmes nous avaient précédées, et elles nous disaient : « Pauvre chou, tu es morte désormais. » Nous leur demandions ce que serait notre travail, et elles répliquaient : « C'est un travail, mais pas dans le sens ordinaire du mot. Fais juste ce qu'on te demandera. Sinon, on te battra à mort. » Le lendemain, des soldats vinrent nous emmener, l'une après l'autre. On m'emmena auprès d'un officier. Il était assis près de son lit, et il me demanda de le rejoindre. Il essaya de m'étreindre. Je résistai, disant que je ferais n'importe quoi – blanchisserie, ménage, etc. Mais il ignora mes paroles, et tenta à nouveau de m'étreindre. Dans la mesure où je continuais à lui résister, il me gifla la figure. Je le suppliais de me laisser, mais il me dit de faire ce qu'on m'avait ordonné, ce à quoi je répondis que je préférais mourir. Il attrapa ma jupe et la tira si vivement qu'elle se déchira à la taille. [...] Maintenant en sous-vêtements, je m'agenouillai devant lui et le suppliai de m'épargner. Il m'attrapa par les cheveux, me souleva et découpa mes sous-vêtements avec un couteau. Trop choquée, je tournai de l'œil. Quand je revins à moi un peu plus tard, il était assis à quelques pas de distance, et essuyait la sueur de son front. Un soldat vint me faire sortir. Je devais maintenir mon sous-vêtement autour de moi, et m'envelopper dans ma jupe déchirée. Les femmes initialement présentes me dirent : « Tu vois ce que nous voulions te dire ? Nous ne pourrons quitter cet endroit vivantes. » Au cours des deux premières semaines, les officiers nous faisaient venir trois ou quatre fois par jour. Les nouvelles filles étaient réservées aux officiers, car elles étaient vierges. Les officiers ne portaient pas de préservatif, si bien que plusieurs d'entre nous tombèrent enceintes rapidement. Mais nous étions naïves et nous l'ignorions. On injectait du « n° 606 » aux femmes enceintes. Elles commençaient à frissonner, leur corps enflait, puis elles commençaient à perdre du sang. Alors on les amenait à l'hôpital pour y subir un avortement. Si cela se répétait trois ou quatre fois, elles devenaient stériles. Après une quinzaine de jours de cette rude prise de conscience, je fus emmenée dans une station de réconfort, laissant mon bagage dans la *koya*. La station était un bâtiment de fortune, où chaque pièce principale avait été subdivisée par des panneaux de bois en cinq ou six petits box. Une couverture pendait à l'entrée de chacun, en guise de porte. Trois ou quatre de ces bâtiments formaient une rangée. J'appris qu'en plus de celles-ci, il y avait plein d'autres stations de réconfort. On ne voyait aucune pancarte à l'extérieur. Le box avait un plancher de bois recouvert d'une couverture ; il était juste assez grand pour qu'une personne puisse s'y allonger, en laissant à une autre personne la latitude de se tenir debout à côté. Chaque jour, quand notre tâche était terminée, nous étions supposées retourner dormir à la *koya*. Mais cela arrivait souvent que des militaires viennent tard le soir, ou même au milieu de la nuit, et nous étions alors trop fatiguées pour retourner dans notre hutte. C'est ainsi que, plus souvent qu'à son tour, nous dormions dans la station. Il faisait très froid, et on n'avait qu'une seule couverture pour s'en protéger. [...] Quand 1945 arriva, le manque de ravitaillement se fit si sérieux qu'on ne nous fournit plus de vêtements. Plus de légumes non plus, pas plus que de sauce de soja et de tofu. Nous avions à manger des boules de riz bouillies dans l'eau salée. Et c'était tout[21].

Les récits des *comfort women* coréennes mêlent souvent grandes violences, désespoir, conditions de travail sordides et moments de répit, fréquemment liés à des marques de solidarité, voire d'amour, dont il n'est pas rare qu'elles viennent de militaires nippons. C'est ce que narre Ha Sunnyo, entraînée par tromperie à Shanghai vraisemblablement en 1941, à vingt et un ou vingt-deux ans :

Après une année environ à Shanghai, je m'enfuis de la station de réconfort un jour d'hiver neigeux. Je courus jusqu'au terminal des rickshaws. Il était tard. Mais je n'avais nulle part où aller. Je ne pouvais communiquer avec personne, car je ne connaissais pas le chinois. Je me pelotonnai dans un coin du terminal et tentai de dormir, en me réveillant souvent. J'avais peur. Le matin, je n'avais toujours pas de point de chute, aussi rentrai-je à la station de réconfort. Je me glissai jusqu'à la cuisine. Je cuisis mon petit déjeuner, comme toujours, et m'assis pour manger. Mais le propriétaire savait. Il arriva et me frappa sur tout le corps, disant qu'il fallait une fois pour toutes me donner une leçon. Quand mes blessures furent à peu près cicatrisées, les soldats commencèrent à venir afin d'avoir des relations avec moi. Je leur résistai, à tel point que le propriétaire me donna un coup de canne sur la tête. Je peux encore me souvenir du sang qui jaillissait de ma blessure, mais ensuite plus rien. Je m'évanouis. Plus tard, on me dit qu'il avait appliqué du tofu sur ma tête pour arrêter le saignement, mais je fus sauvée par une Occidentale qui vivait dans le coin : elle me vit par-dessus le mur d'enceinte, et elle apporta une pommade à mettre sur la blessure. On me raconta que le propriétaire lui répondit de me laisser mourir seule. La voisine avait dans les quarante ans, et elle vendait des vêtements. Une fois, je lui avais acheté une robe avec le pourboire laissé par un officier. Elle s'était souvenue de moi, et vint à mon aide en me voyant pleine de sang. Le lieutenant Yamamoto, qui était l'un de mes clients réguliers, me découvrit au lit, la tête entourée d'un bandage, et il m'amena à l'hôpital pour des soins plus appropriés. Tous les militaires japonais n'étaient pas mauvais. Un autre soldat d'Akasima et lui étaient gentils. Yamamoto avait environ trente ans. Il était grand et solide. Après huit semaines de traitement, la blessure était guérie, et l'œdème régressait. Je conserve une cicatrice de quinze centimètres sur la tête. Après cet incident, on me permit de me borner à faire la cuisine. L'officier qui m'avait amenée à l'hôpital ordonna que je n'aie plus à servir des militaires. Jusqu'à la libération de la Corée en 1945, je fis la cuisine et la blanchisserie pour les autres. Yamamoto me donnait de temps en temps de l'argent de poche pour faire des emplettes[22].

Les « stations de réconfort », ou la vie malgré tout

Si les troupes de garnison recouraient à des lupanars gérés en partenariat public-privé, et concrètement par des proxénètes souvent coréens, plus rarement japonais, les unités de front disposaient des corps auxiliaires militarisés de prostituées. Elles vivaient en symbiose avec la troupe, et couraient les mêmes dangers qu'elle, jusqu'au suicide plus ou moins volontaire en cas de défaite (les meurtres de femmes de réconfort par des soldats semblent être demeurés rares). C'est ce que narre Oh Omok, qui à seize ans, en 1937, croyait aller au Japon comme ouvrière du textile, et se retrouva prostituée dans un camp militaire de Mandchourie :

Nous, les cinq filles qui venaient de Chongup, nous fûmes conduites dans un village de tentes à la périphérie de la base où se trouvaient les unités japonaises. C'était une vraie mer de tentes. [...] On y comptait déjà trente Coréennes. On nous fit entrer. Un soldat me coupa les cheveux et me donna un nom japonais, Masako. Il y avait des femmes dans chaque tente. Elles lavaient les vêtements des soldats et leur faisaient la cuisine. Il n'y avait aucune source d'eau dans le village entier. Les soldats nous apportèrent de quoi manger : du riz mélangé à de l'orge, des épinards ou des radis au vinaigre, de la soupe et parfois des boulettes de poisson. Nous pouvions souvent entendre les canons dans le lointain, et chaque fois qu'il y avait un raid aérien, nous ne pouvions plus allumer la moindre lumière. Au début, j'allais donner leur pitance aux soldats et j'avais à servir les hommes du rang, à avoir avec eux des relations sexuelles. Parmi les responsables qui nous donnaient nos instructions du jour, il y avait des Japonais aussi bien que des Coréens. Nous allions dans une unité spécifique et nous servions cinq ou six soldats, en une journée. Ça allait parfois jusqu'à dix. Cela se passait dans de toutes petites chambres au sol recouvert d'un tatami. Il y avait bien des chambres. Mais nous continuions à vivre dans les tentes. [...] Tant que les soldats étaient en opérations, c'était calme et agréable, mais quand ils revenaient, nous avions à en servir beaucoup. Ils venaient dans nos chambres en un flot incessant. Les premiers temps, je pleurais beaucoup. Certains soldats tâchaient de me réconforter en me disant *kawaisôni* ou *naitara ikanyo*, ce qui signifiait quelque chose comme « pauvre petite chose » et « ne pleure pas ». D'autres me frappaient car je ne comprenais pas leur langue. Si nous leur déplaisions si peu que ce soit, ils nous criaient dessus et nous frappaient : *bakayarô* (« idiote ») ou *kisamayaro* (« salope »). Je compris qu'il me fallait faire tout ce qu'ils voulaient si je désirais survivre. On ne nous donnait rien pour la cuisine et le blanchissage, mais nous étions payées chaque fois que nous couchions avec les soldats. Les tickets qu'ils nous laissaient étaient bleus et rouges. Certaines femmes se mettaient en ménage avec un soldat dans les tentes, et quelques-unes avaient même des enfants. Les soldats utilisaient des préservatifs. [...] Quelque temps après, je devins très proche du lieutenant Morimoto, qui s'arrangea pour qu'Okhui et moi ne recevions plus que des officiers. Dès que nous commençâmes à ne servir que des premiers et seconds lieutenants, nos vies s'améliorèrent beaucoup. [...] Nous nous déplacions avec l'armée. Je ne peux me souvenir de l'unité. Nous gagnâmes le sud de la Chine. Lors de notre stationnement à Nankin, on nous laissa parfois aller au cinéma avec les soldats. Il s'agissait surtout de films de guerre. La station de réconfort se trouvait dans une maison chinoise. Il n'y faisait pas trop froid. Nous avions des robes de style occidental, et nous étions parfois en mesure d'acheter des vêtements chinois[23].

À chaque halte prolongée de l'unité, on mettait en place à la va-vite un semblant de clôture, et le « travail » reprenait :

Après une heure environ, il pouvait y avoir une attaque au mortier des forces chinoises. Un trompette sonnait l'alarme. Les pantalons encore baissés, les soldats couraient en pagaille. Les femmes [...] se jetaient immédiatement face contre terre, se protégeant de leurs valises. Certaines étaient tuées par des balles perdues, mais les soldats s'en moquaient. Leurs brassards où l'on lisait « Femmes de réconfort de l'Armée impériale » encore souillés, une fois de plus elles reprenaient leur marche à l'arrière des troupes[24].

Parfois – surtout dans les garnisons isolées et lointaines –, l'intégration des femmes dans les régiments était très poussée, et cela finit par donner une certaine autonomie aux prostituées. Ainsi de Yi Sangok, parvenue aux îles Palau, dans le Pacifique :

> Aux Palau, juste avant l'éclatement de la guerre du Pacifique, il m'est arrivé de danser *Arirang* sur une scène. Je l'avais apprise de soldats japonais*. Ils chantaient souvent *Arirang*, une chanson populaire qui devint fameuse dans les années 1920 comme chant patriotique. Parfois toutes les filles, maintenant au nombre de quarante ou cinquante, faisaient l'exercice, sous des uniformes et des casquettes kaki de l'armée, dirigées par un militaire japonais. Il nous faisait remarquer même de petites erreurs, telles que le port de la casquette de travers ou un boutonnage de veste défectueux. À rester debout sous le soleil avec un estomac vide, je me sentis mal à plusieurs reprises. Pour cette raison, je fus battue. Quand les clients ne se montraient pas, un homme dans les bureaux nous réunissait pour nous apprendre à lire et écrire le japonais. J'en connaissais déjà des rudiments, alors quand je lui répondis dans sa langue, il me libéra, pour se concentrer sur les autres filles. Peu après notre arrivée, des pionniers coréens commencèrent à affluer. Ils cultivaient la terre, construisaient des routes et bâtissaient des maisons, développant l'île de multiples façons. Une fois que j'allai faire un tour, j'aperçus des Coréens travailler dans les champs. Les émigrants de la province de Cholla** étaient les plus nombreux. Ils nous rendaient visite, ayant entendu dire qu'il y avait des Coréennes dans le bordel. Le propriétaire nous demanda de les servir, mais je refusai[25].

Les militaires japonais étaient donc préférés aux paysans coréens... Il est vrai qu'il n'était guère question de se refuser

* Ce qui constitue un paradoxe : *Arirang* est la chanson coréenne par excellence, celle qu'aujourd'hui encore tout spectacle « folklorique » contient obligatoirement. Cela montre la complexité des transferts culturels, ainsi que le degré d'intégration de la Corée dans l'Empire japonais d'alors.

** Le Cholla représente le quart sud-ouest de l'actuelle Corée du Sud. La région est traditionnellement pauvre.

aux premiers. Mais la capacité d'initiative face au propriétaire est remarquable. On en verra d'autres indices.

Quelle que soit la « station de réconfort », l'organisation, telle que la percevaient les soldats, était toujours plus ou moins la même :

> Les militaires japonais qui utilisent la station de réconfort doivent d'abord se rendre à la billetterie pour y acheter un bon en papier. Il y a trois types de tickets : première classe (des Japonaises), 1,4 yen ; deuxième classe (les Coréennes et les Taïwanaises), 0,8 yen ; et troisième classe (les Chinoises), 0,4 yen. Puis ils vont retrouver les « objets de réconfort » (*weianpin*, en chinois), suivant le numéro attribué avec le ticket ; ils ne sont pas autorisés à choisir une femme comme il leur plaît, et pas davantage à s'attarder au-delà du temps imparti. Un soldat devra payer l'équivalent d'un ticket d'entrée supplémentaire pour chaque cinq minutes de dépassement, et il se verra refuser un tour d'utilisation* de la station[26].

Le sort des prostituées de l'armée fut globalement très sombre. L'humain est cependant complexe, et de petits rayons de vie, voire d'humanité, venaient parfois se glisser dans cette mise au tombeau anticipée que fut l'épreuve, dans la plupart des cas. C'est ce que relate Yuan Zhulin, de Wuhan (Hubei), trompée initialement par une rabatteuse chinoise prétendant rechercher des employées d'hôtel, puis fouettée pour accepter son infortune :

> Ma vie devint plus misérable encore quand je tombai enceinte. Je réalisai que je mourrais tôt ou tard compte tenu des outrages subis de la part des soldats japonais ; et pourtant je ne voulais pas mourir. Mes parents étaient encore vivants, et ils avaient besoin de moi pour m'occuper d'eux. Je pris secrètement contact avec une autre fille du Hubei, dénommée « Rumiko » par les Japonais, et nous avons organisé notre évasion. Mais nous fûmes reprises aussitôt après. Un soldat japonais me tenait par les cheveux, et cognait violemment ma tête contre le mur. Le sang jaillit immédiatement. Le tabassage me laissa des maux de tête incurables, dont je souffre toujours aujourd'hui. Dès les premiers jours de ma détention dans la station de réconfort, un officier japonais du nom de Fujimura s'enticha de moi. Il était

* Généralement hebdomadaire.

vraisemblablement le commandant de la garnison d'Ezhou. Au début, il apportait des tickets pour la passe, comme les autres militaires japonais, mais quelque temps après il insista pour que le propriétaire m'envoie dans son logement personnel. En comparaison avec les conditions de vie de la station, les conditions de vie dans la maison de Fujimura étaient meilleures, mais je demeurais l'esclave de cet officier, sans la moindre liberté. Puis, quelque temps après, Fujimura perdit tout intérêt pour moi. Mais un officier de rang inférieur, Nishiyama, éprouvait de la sympathie pour moi, et il demanda à Fujimura de me donner à lui. Je fus donc emmenée là où la troupe de Nishiyama était encasernée. Ce fut une expérience plutôt inhabituelle qui, jusqu'à ce jour, me fait considérer Nishimaya comme quelqu'un de gentil. Aux alentours de 1941, j'obtins de Nishiyama l'autorisation d'aller rendre visite à mes parents, mais j'appris alors que mon père était mort. Il avait travaillé comme manœuvre. Comme il était de petite taille et très âgé, on le renvoyait fréquemment et c'était difficile pour lui de dénicher un autre emploi. Il mourut de faim. [...] Comme je n'avais plus d'endroit qui pût m'accueillir, je rentrai à Ezhou, où se trouvait Nishiyama[27].

L'impossible retour à la vie normale

Le drame des femmes de réconfort ne s'arrêta pas avec la guerre. Rentrées chez elles dans la plupart des cas, elles furent fréquemment victimes de l'hostilité de leur famille « déshonorée » et de l'ostracisation par leur communauté, qui les accusait de complicité avec l'ennemi. Beaucoup ne purent ni se marier ni enfanter et menèrent une vie misérable :

Comme j'avais été violée par l'ennemi, les gens de mon village cancanèrent sur moi, rappelant que j'avais couché avec des soldats nippons. Je fus incapable de trouver un mari avant mes trente-trois ans, quand quelqu'un m'introduisit auprès de M. Wang, gardien à l'école moyenne (collège) Huaihai de Shanghai. Il avait besoin d'une femme pour l'aider à s'occuper de sa famille après le décès de son épouse, qui lui laissait deux jeunes enfants. Je me mariai avec lui, mais je ne pus avoir d'enfant. Les gens de mon village croyaient qu'une personne souillée par les soldats japonais apporterait la poisse, et serait incapable de quoi que ce soit de bon. Ils disaient que je ne pouvais même pas assurer la croissance des produits de la terre. Je manquais d'éducation et n'avais aucune notion médicale, aussi m'est-il difficile de savoir si ma stérilité était due aux dégâts causés par les soldats japonais. Je suis si embarrassée de parler de tout cela. C'est si dur, mais mon beau-fils et ma bru m'ont beaucoup soutenue et encouragée à dire le vrai et à demander justice[28].

Dans le contexte des campagnes politiques incessantes de la Chine maoïste, les anciennes prostituées fournissaient des suspectes toutes désignées. Le communisme, plus largement, n'aimait guère les victimes, considérées comme lâches et complices de leurs bourreaux. Elles n'avaient d'intérêt que pour mieux mettre en valeur le combattant héroïque. D'où la longue misère et le repli forcé sur elles-mêmes des femmes de réconfort chinoises, comme pour cette habitante de Wuhan déjà citée :

Bien qu'au fond de mon cœur les souvenirs de mon horrible passé m'aient toujours hantée et aient été la cause de nuits sans sommeil, ma vie avec ma mère était relativement paisible. Mais, un jour, à un meeting intitulé « Narrez vos souffrances dans la vieille société et votre bonheur dans la nouvelle » (*yi ku si tian*), ma naïve mère parla de mes misères quand je fus forcée par l'armée japonaise de devenir une femme de réconfort. Cela me causa un grand tracas. Les enfants du voisinage me poursuivaient en criant : « Une putain qui travaillait pour les Japonais ! Une putain qui travaillait pour les Japonais ! » Et, en 1958*, les responsables du comité de voisinage m'accusèrent de m'être prostituée aux Japonais, et m'ordonnèrent de partir dans la lointaine province nordique du Heilongjiang**. [...] Ma maison fut confisquée. Nous passâmes les dix-sept années suivantes à Mishan, dans le Heilongjiang, à travailler la terre, par exemple en plantant du maïs et en récoltant le soja[29].

* Date du mouvement dit « antidroitier », qui expédia massivement au Laogai ou en exil intérieur ceux qui n'étaient pas absolument conformes au nouvel ordre communiste. La libération des survivants n'eut généralement lieu qu'après la mort de Mao (1976).

** Province la plus septentrionale de Chine, au nord de la Mandchourie, au contact de la Sibérie. Des températures hivernales de – 30 °C y sont courantes.

De l'oppression à l'affirmation de soi

L'expérience humaine est trop singulière pour être ramenée à quelques invariants, et pour se laisser découper en tranches. On terminera donc ce chapitre douloureux avec d'amples extraits du témoignage de la Coréenne Yi Yongsuk, qui, trompée par une « amie » sur la possibilité d'un emploi au Japon, aboutit en 1939, à dix-sept ans, dans une station de réconfort du Guangdong, dans le sud-est de la Chine. Dans sa complexité, cette tranche de vie réunit assez bien les divers fils que nous avons précédemment tenté de démêler :

> Nous avions généralement à servir cinq ou six soldats par jour. Mais il y avait des journées où pas un homme ne se montrait, et parfois un ou deux restaient la nuit entière*. Les samedis et dimanches – les week-ends –, nous avions à servir quinze hommes par jour, et parfois nous n'avions même pas le temps de manger. Il y avait à la fois des officiers et de simples soldats. Quand l'un d'eux me choisissait, le propriétaire, ou l'une des femmes les plus anciennes, nous suivait jusqu'à ma chambre, et prenait son argent. Celui-ci une fois versé, on me remettait un ticket avec le montant écrit dessus, ainsi qu'un préservatif. Il m'est aussi arrivé de me faire donner la somme directement, et de la transmettre au propriétaire. Pourtant, normalement, nous collections les tickets et les lui remettions chaque soir. Il les comptait une fois par mois. Il félicitait les filles qui avaient collecté de nombreux tickets, et s'en prenait verbalement ou physiquement à celles qui en avaient peu. Pour ma part, le nombre de mes tickets était dans la moyenne, mais j'avais de fréquentes maladies vénériennes, ce qui avait pour effet de diminuer le nombre d'hommes que je pouvais servir et, en conséquence, mon chiffre en tickets. De ce fait, on m'infligea régulièrement des punitions corporelles. Mes relations avec le propriétaire n'étaient ni bonnes ni mauvaises. Mon esprit avait été brisé par les fréquents tabassages, aussi me montrais-je calme et obéissante. Je l'entendis une fois remarquer combien j'étais silencieuse. Durant la première année, je fis tout ce qu'il m'ordonnait, et je ne prononçai pas un mot sur sa dure façon de me traiter. Chaque semaine, nous allions subir un contrôle médical à l'hôpital. Au plus petit symptôme de maladie vénérienne, on pratiquait sur nous une injection

* Privilège réservé aux officiers, dont le créneau horaire était plus tardif que celui des soldats.

de « n° 606 », en doses numérotées d'un à six. L'injection était si forte qu'on ne pouvait plus toucher à de l'eau pendant une semaine. On nous disait que, si les soldats étaient contaminés, cela réduirait leur esprit de combativité. Par conséquent, il n'était pas question de les servir en cas de maladie. Bien entendu, cela irritait le propriétaire, qui voyait ses revenus réduits, mais il était contraint d'acquiescer.

Avoir tant d'hommes à servir provoqua un gonflement de mes organes sexuels, et je dus me rendre chez un médecin. La première fois, mon estomac me faisait si mal que je pensais qu'il allait exploser. Si je montrais la plus petite anomalie, je ne pouvais plus servir. Mon abdomen gonflait souvent, et je dus séjourner à l'hôpital trois ou quatre fois par an. Après une année d'épuisement à la station, je compris que je devrais faire un peu plus attention à moi. Aussi commençai-je à essayer quelques astuces. Chaque fois que nous nous faisions contrôler, nous avions à nous laver abondamment avec de l'eau salée, mais il m'arrivait de jouer à la malade en montant sur la table d'examen, sans m'être lavée. Je bénéficiais dans ce cas d'une période de traitement, durant laquelle je n'avais pas à servir les soldats. C'était bon d'être hospitalisée, car je n'avais pas à travailler. Mais je détestais les inspections quotidiennes. [...] En dehors des nuits avec les soldats, nous avions diverses tâches à accomplir. Le propriétaire nous enguirlandait pour que nous lavions notre couchage tous les deux jours, et nous avions à changer nos draps tous les jours. [...] Quand nous avions besoin d'argent, nous avions à lui en demander. Il donnait parfois la somme requise, parfois non. Avec cela, nous achetions des sous-vêtements et des cosmétiques, chaque fois que nous avions la chance de sortir. On nous le permettait une ou deux fois par mois, toujours quand peu de soldats étaient attendus. On allait parfois voir un film au cinéma. Il arrivait que le propriétaire nous accompagne, mais nous allions aussi parfois seules, dans des rickshaws tirés par des Chinois qui, s'imaginant que nous étions japonaises, se montraient très obligeants. Vêtements et articles essentiels étaient fournis par le propriétaire, et nous avions à porter des kimonos japonais. Sur la route, il y avait un salon de coiffure géré par un Chinois, et nous nous y faisions de temps en temps faire des permanentes. Après deux ans environ, je commençais à savoir comment tout cela était géré. Une de mes amies me prévint que mon temps de contrat avait expiré, et que désormais je pouvais faire ce que je voulais. Quelques jours étaient passés depuis la date légale, quoique le propriétaire ne m'en ait soufflé mot. C'est pourquoi, un jour, je me soûlai et allai me plaindre auprès de lui. Surpris par ce comportement inhabituel, il répondit qu'il irait me signaler à la police militaire. Je le menaçai : « Si vous voulez me signaler, allez-y donc ! J'irai vous signaler moi aussi. Je sais que mon contrat a expiré. J'irai leur dire à quel point vous m'avez maltraitée. » Et je refusai tout net de servir désormais un quelconque soldat.

Dans notre rue, il y avait un vieux Japonais dont le métier était de présenter des femmes de réconfort aux propriétaires ; il vint me voir un jour et me demanda de but en blanc si je voulais aller quelque part ailleurs. Il se faisait fort de me trouver une nouvelle place. Je lui donnai le feu vert, et quelques jours après il revint pour m'introduire à une nouvelle station. Je déménageai le même jour. En partant, je pris l'argent que j'avais gagné, puisque mon contrat avait expiré. Il apparaissait qu'à ce moment le principe était de partager moitié-moitié mes gains avec le propriétaire. Les femmes du nouvel établissement étaient toutes japonaises. J'étais donc la seule Coréenne. C'était plus spacieux, dans la mesure où chaque femme disposait de sa propre chambre. Les propriétaires étaient un couple japonais, qui vivaient avec leur fils de sept ans et les parents du mari. La femme s'appelait Eiko. La maison était bien plus confortable. La plupart des militaires à venir étaient des officiers, quoique quelques sous-officiers nous rendaient également visite. J'étais libre de les servir quand je le voulais. Mes gains étaient divisés à parts égales avec le propriétaire. Si je gagnais suffisamment d'argent, je savais pouvoir bientôt rentrer en Corée. Mais j'en avais abandonné l'idée. [...]

Un jour, il y eut une fête pour nos clients et pour nous. Il était prévu que nous commandions la nourriture que nous voulions, mais l'épouse commanda des plats de nouilles pour nous toutes. Je n'aimais rien qui soit fait avec de la farine, aussi, moi seule, je demandai du riz. C'est à ce moment que j'entendis la propriétaire dire : « Rien à faire avec cette garce de Coréenne. » C'était supposé être murmuré, mais je l'entendis. Après la fin de la fête, je continuai à boire, car le vin était bon. À la fin je me retrouvai plutôt saoule. Dans cet état d'ébriété, je criai en direction des autres femmes, demandant qui m'avait traitée de garce de Coréenne. Je leur intimai d'avouer. Elles me répondirent qu'aucune d'entre elles ne m'avait dit quelque chose d'aussi horrible. Alors je pointai le doigt vers la propriétaire et lui demandai si c'était elle. Je l'appelai par son nom, Eiko. Je l'attrapai par le col et je la battis. En fait je savais qu'elle avait une relation avec un policier militaire dans le dos de son mari. Alors, pendant que je lui tapais dessus, je m'époumonais en exposant sa turpitude. Je lui dis qu'elle n'avait pas le droit de me traiter différemment des autres filles, puisque j'avais été emmenée dans ce pays spécifiquement pour servir ses compatriotes.

> Je dis avoir l'intention de me plaindre d'elle à la police pour discrimination ; car la police avait clairement spécifié qu'elle devait nous traiter toutes sur un pied d'égalité. En fin de compte, c'est elle qui porta plainte contre moi à la police militaire ; celle-ci m'emmena à la station et m'y fit passer la nuit. Un soldat dénommé Takano Kyôichi était l'un de mes réguliers. Il m'aimait beaucoup. Un jour, il m'apporta une montre en or blanc, mais ensuite il ne reparut plus. J'enquêtai, et on me dit qu'il avait été mis en prison pour vol d'argent. Je le revis une fois, quelques jours avant la fin de la guerre, mais ensuite ce fut fini, jusqu'à ce jour. Certains soldats nous donnaient des biscuits secs, et de temps à autre des pourboires[30].

Yi Yongsuk montre comment, même dans ces pénibles circonstances, on peut remonter la pente, ne plus se contenter de subir, prendre des initiatives, et finalement faire valoir ses droits : celui de mettre fin à un contrat devenu obsolète en récupérant ses gains, celui de changer de demeure à sa propre initiative, celui de n'y travailler qu'à sa guise, celui aussi d'être respectée à l'égal des Japonaises. Ce témoignage étonnant – car il est fort éloigné de l'usuelle description d'esclaves sexuelles violées jour après jour, séquestrées et jetées quand elles étaient trop usées pour continuer à servir – est d'autant plus crédible qu'il est tiré d'un ouvrage militant, publié par un groupe qui fit beaucoup pour mettre la question des prostituées militaires coréennes sur la scène internationale. Mais, si les choses ne tournèrent pas si mal pour Yongsuk, c'est qu'elle était coréenne, et donc membre d'un « peuple impérial » (***kômin***), mis formellement en 1943 à égalité avec les Japonais, au travers de l'abolition du ministère des Colonies et de la « préfecturisation* » de la Corée (et de Taïwan). Il s'en faudrait de beaucoup pour que ces mesures aient abouti à la cessation des fortes discriminations et du racisme dont les Coréens étaient si souvent victimes. Il reste que leur statut était considérablement supérieur à celui des peuples occupés en temps de guerre, ce que les nationalistes coréens d'aujourd'hui ont bien du mal à admettre. On a vu le sort affreux réservé aux captives sexuelles chinoises ou philippines, quant à elles totalement privées de tout droit, et de toute rémunération. Dans leur cas, on peut réellement parler d'esclavage sexuel.

---

* Comme on parle de « départementalisation » à propos de l'Algérie française.

8

Civils enfermés, civils torturés

Le martyrologe des civils sous domination nippone est fourni et complexe. Après tant de meurtres, de massacres, d'humiliations, d'exploitation éhontée – situations qui furent celles d'une grande partie des populations –, il reste à examiner des cas exceptionnels, qui touchèrent essentiellement des populations bien particulières. Ce furent surtout les enfermements en tout genre, subis par des Asiatiques comme par des Européens, et même des Japonais. Les camps de détention ne furent pas réservés aux prisonniers de guerre, et la majorité des civils des pays ennemis capturés par l'armée impériale furent à peine moins mal traités que les premiers. Mais, auparavant, il convient de revenir sur une autre forme de captivité, souvent meurtrière – celle des travailleurs asiatiques les plus cruellement asservis et traités par la machine de guerre nippone –, ainsi que sur les pratiques extraordinairement brutales de la gendarmerie militaire, la Kempeitai.

Esclaves de travail

Les troupes japonaises, on l'a vu, avaient pour habitude de vivre sur le pays conquis, particulièrement en Chine. Mais cela ne concernait pas que les biens, ou les animaux domestiques. Les hommes, eux aussi, étaient parfois contraints de suivre les unités nippones, leur fournissant la logistique de base dont Tôkyô se souciait fort peu. C'est ce que décrit Ishikawa Tatsuzo, dans le récit de 1938 déjà plusieurs fois cité :

> Au cours de la marche, nous perdîmes progressivement beaucoup de nos chevaux militaires, et nous les remplaçâmes par des chevaux chinois et des buffles d'eau. En même temps, nous étions entourés d'un nombre croissant de coolies chinois. C'était une scène étrange, des Chinois nous aidant à attaquer Nankin. Conduisant les buffles par le museau, ceux-ci marchaient d'un pas rapide, pieds nus, portant des pantalons noirs flottants, matelassés. Les soldats marchaient à côté d'eux, tirant sur leurs cigarettes. Ils faisaient reposer sur leurs épaules leur coude droit, celui correspondant au bras qui tenait le fusil[1].

C'était parfois pour les coolies une façon de survivre. Qu'ils soient des paysans ou plus encore des soldats vaincus, apparaître « inutile » aux troupes victorieuses présentait de grands risques. Cela n'empêcha cependant pas les Japonais, une fois le besoin de travailleurs auxiliaires disparu, de liquider parfois leurs coolies au lieu de les libérer.

Il y eut pis encore. À la différence des camps de concentration nazis, le but des camps-chantiers japonais n'était pas de faire mourir ceux qui ployaient sous un labeur écrasant. Mais le résultat fut parfois presque le même : une mortalité effrayante, certainement comparable aux quelque 30 % par an qui semblent avoir été la norme des premiers, sans tenir compte des victimes exterminées (par le gaz) dès leur arrivée au camp. Qu'on écoute par exemple Tan Malaka, le grand personnage du socialisme et du communisme indonésiens d'avant-guerre, qui dut travailler un moment à la mine de charbon de Bayah, dans le sud-ouest de Java, et côtoya en 1944 les malheureux requis par dizaines de milliers pour le chantier ferroviaire qui devait relier la zone minière à Banten, sur la côte nord :

> À cinq ou six kilomètres de Bayah, sur la côte, il y avait un endroit dénommé Pulau Manak, que tout le monde redoutait. En effet, peu de *romusha* en émergeaient sans être contaminés par des maladies fatales telles que les ulcérations purulentes, la dysenterie et le paludisme. On ne fournissait aux *romusha* qu'une nourriture insuffisante, trop peu de médicaments et un personnel soignant inadéquat ; malades et mourants ne recevaient pratiquement aucun soin. Chaque jour, le long de la route, on pouvait voir des *romusha* couverts de lésions infectées qui s'efforçaient d'atteindre un lieu public ou un bâtiment vide, pour s'y étendre et attendre la mort. Dans toutes les villes entre Saketi et

Jakarta, les marchés, les bas-côtés et les espaces vides étaient remplis de cadavres vivants. Parfois, dans les environs de Bayah, on enterrait jusqu'à dix corps dans une seule tombe, du fait de l'indifférence des officiels et du manque de fossoyeurs. Pendant la saison des pluies, les corps étaient empilés dans des fosses à demi emplies d'eau[2].

Quand il y a épidémie, et que le risque de contagion (en particulier par les selles des cholériques) est réel, plutôt que d'isoler les malades et de protéger l'environnement des eaux contaminées, les Japonais prennent parfois la décision de liquider ceux dont ils estiment que, n'importe comment, la force de travail est grandement affectée, et à qui ils ne fournissent pas l'ombre d'un traitement médical (les prisonniers de guerre, quant à eux, disposaient au moins de leurs propres médecins, certes très démunis en matériels et médicaments). Cela fut tout particulièrement le cas sur le chantier ferroviaire Thaïlande-Birmanie. On abandonna des malades dans la jungle, on en empoisonna par la nourriture ou par des injections, on semble même en avoir enterré certains avec les cadavres. On en brûla vif également, par baraquement entier. Tan Choon Keng, assistant médical singapourien, dut exécuter l'ordre infâme du médecin-chef japonais, le docteur Kôno :

> Une nuit, CK (Choon Keng) dut se présenter devant le docteur Kôno, le médecin-officier. Dans l'esprit de CK, le capitaine n'était pas tout à fait le militaire japonais typique, qui s'adonnait aux pratiques sadiques. C'était un homme raisonnable, qui avait à cœur le bien-être de ses subordonnés, y compris les assistants civils de l'hôpital dont il avait la charge. « Emmenez ces récipients au baraquement des ouvriers », ordonna-t-il. Il y avait une dizaine de grands cylindres dans la pièce. CK en était intrigué. Que pouvait-il y avoir dans ces cylindres ? En se dirigeant vers eux, il lui apparut qu'il s'agissait de cylindres de pétrole. Instantanément, la peur, une peur sans nom surgit dans son corps et dans son esprit. Ses pires craintes furent confirmées quand les mots terribles de Kôno jaillirent de sa bouche : « Répandez-le sur le bâtiment et mettez-y le feu ! » CK était sonné. « Mon corps se glaça », se rappelle-t-il. Pour la première fois, l'habituel et spontané « À vos ordres ! » ne parvenait pas à sortir. À la place, CK discuta : « Mais, mon capitaine… ces gens sont encore vivants », et il savait trop bien qu'en s'opposant à un ordre il subirait une punition. Il y avait près de 250 Indiens (Tamouls) et Javanais – hommes, femmes et enfants –

confinés dans un baraquement de soixante mètres de long. Les femmes et les enfants avaient suivi leurs maris et pères jusqu'à ce lieu oublié de Dieu, pour travailler sur le chemin de fer. Les hommes avaient été tentés par un contrat de six mois aux termes idéaux – de la bonne nourriture et beaucoup d'argent (beaucoup pour eux, en tout cas) – et encouragés à amener leur famille avec eux. Tous avaient l'espoir et le désir de rejoindre un jour leurs familles à la maison. Pour ceux du baraquement, une autre chose était commune : leurs ongles étaient tous bleu-noir – signe de la catastrophe imminente. À la différence des prisonniers de guerre qui avaient leurs propres médecins, les travailleurs asiatiques étaient simplement abandonnés à la mort. Du fait de leur grand nombre, les *romusha* étaient plutôt considérés comme des machines, totalement remplaçables et donc jetables. Le seul contrôle épidémique envisagé était de jeter les malades au feu. Les Japonais n'admettaient pas de service funéraire pour les *romusha*. Cela aurait pris trop de temps. Le choléra n'était pas seulement un fléau pour les prisonniers et les esclaves civils. Les Japonais eux aussi craignaient de le contracter. C'était comme une maladie « voyageuse » et virtuellement irrésistible dans le contexte des camps innommables qui jalonnaient la voie ferrée. Elle arrivait en tempête et frappait les faibles comme les forts. Sa victime expérimentait des crampes intenses, sa voix s'évanouissait, ses selles devenaient blanches, et son corps se déshydratait, se ratatinait et mourait en vingt-quatre heures. Un ancien prisonnier australien se souvenait : « Un pote vint vers moi, s'accroupit, regarda vers le bas et vit une excrétion blanche comme du lait ; et il vit que je l'avais vue. Il me lança juste un coup d'œil, et cela me frappa dans l'instant : c'était le regard d'un homme condamné. Il savait qu'il l'avait. Le lendemain matin, il était mort. » On estima qu'au total 750 prisonniers de guerre avaient succombé au choléra. « Êtes-vous certain ? Ne peut-on tenter autre chose ? », plaida CK. À sa grande surprise, le médecin-officier garda son calme et répondit même, doucement : « CK, maintenant écoute-moi. Ces gens sont mourants, on ne peut rien pour eux. » CK, à contrecœur, appela ses hommes qui, comme il l'avait prévu, le questionnèrent sur la décision. « Bon, les gars, on suit juste l'ordre, OK ? » Ils mirent en silence leurs bottes de caoutchouc et coltinèrent les dix seaux de pétrole sombre. Ces marches qui conduisaient aux logements des *romusha* leur semblaient prendre une éternité. Aucun mot n'était échangé entre ces dix hommes, chacun portant le noir liquide. Ils le versèrent sur le toit et les parois extérieures. À l'intérieur du baraquement, ils aspergèrent les bat-flancs mais pas les corps de ces malheureux. Certains travailleurs tentèrent de filer, mais ils étaient simplement trop faibles pour bouger d'un centimètre. CK ne pouvait se souvenir de ce qui lui traversait alors l'esprit. Ses facultés mentales étaient comme gelées en ce moment d'angoisse. Nous déversâmes le pétrole brut sur toute l'étendue du toit, les murs de bois et les planches du couchage. Nous fîmes au plus vite. Je n'osais pas les regarder dans les yeux. J'en entendis seulement quelques-uns murmurer « *tolong, tolong** ». C'était un spectacle pitoyable. Que Dieu me pardonne. Je n'étais pas heureux de les voir brûler vifs. Tous des travailleurs asiatiques, avec leurs femmes et leurs enfants. Ils ne pouvaient plus marcher, leurs ongles étaient noirs. Comme le feu enveloppait le baraquement, je ne pouvais pas les entendre crier, du fait des bruyants craquements du bois qui flambait. La chaleur était très intense, nous courûmes, courûmes... Après cet incident, je ne cessai de me dire à moi-même : y a-t-il un Dieu quelque part ? S'il y avait un Dieu, il n'aurait pas laissé tout cela arriver[3].

Ce témoignage proprement hallucinant recoupe entièrement celui d'un prisonnier de guerre également présent dans la zone, John Coast :

Les Nips considéraient leurs frères asiatiques comme de pures et simples machines, et absolument pas comme des hommes – des êtres humains. En conséquence, quand, chose inévitable, le choléra frappa notre camp quelques jours plus tard, les Nips interdirent à notre officier de santé de perdre son temps avec eux. Leur façon de penser, c'était que les Tamouls qui attrapaient le choléra mourraient, et par conséquent qu'il n'y avait pas à se soucier d'eux, qu'on avait juste à les laisser périr ; il convenait juste d'essayer d'en conserver suffisamment jusqu'à ce que le chemin de fer ait dépassé ce secteur... Une façon courante de se débarrasser des cadavres tamouls était de les jeter dans la rivière en crue. Mais, ainsi que quiconque ayant séjourné entre les bornes 200 K et 240 K** peut en attester, on les laissait généralement en plein air pour mourir, assis ou couchés dans la mare de leurs propres excréments, recouverts d'innombrables mouches contaminées et autres mouches bleues. Un corps adossé à un arbre était réduit en quarante-huit heures à l'état de squelette par les fourmis, les rats et autres créatures, et pourtant le squelette restait là, en position assise,

* « Aidez-moi » en malais.

** Elles correspondent au kilométrage depuis Kanchanaburi, terminus côté Thaïlande.

exactement comme l'homme au moment de son décès. En une autre occasion, quand on en était encore à enterrer légèrement les cadavres, une horrible main fut laissée, dressée au-dessus du sol. Il n'y eut aucune sauvagerie ni souffrance sur terre que ces gens n'aient endurée[4].

La Kempeitai, Gestapo japonaise

On sait que, du côté de l'Allemagne nazie, les forces de répression en pays occupé étaient multiples : SS, SD et bien sûr Gestapo. Le Japon n'avait rien d'équivalent à ce vaste corps militarisé qu'était la SS, ni à cette police spéciale qu'était le SD. C'était en fait l'armée impériale elle-même qui, à l'occasion, mais sans que cela devienne sa fonction principale, réprimait et massacrait les populations, comme à Nankin. D'où la place cruciale de la gendarmerie militaire, ou Kempeitai, qui pendant la guerre élargit beaucoup son recrutement et ses fonctions : 35 000 agents en 1945 (6 000 en 1937), dont seuls 10 000 étaient stationnés au Japon, plus un très grand nombre d'auxiliaires locaux – gardes et interprètes en particulier – et une nébuleuse de mouchards. Comme la SS, il s'agissait d'un État dans l'État, ne relevant guère que du puissant Premier ministre, Tôjô (1941-1944) étant lui-même un ancien du service. Elle avait ses propres prisons/centres de torture ainsi qu'une très grande latitude d'investigation et d'arrestation qui faisait trembler jusqu'aux officiers supérieurs nippons, dont la plupart n'avait sur elle aucun contrôle. En revanche, c'est l'armée qui gardait la haute main sur l'archipel des camps, eux-mêmes réservés aux prisonniers de guerre et aux civils occidentaux des pays ennemis. Enfin, il ne semble pas que les dirigeants de la Kempeitai, corps assez largement décentralisé, aient jamais joué en tant que tels un rôle politique important à Tôkyô. Dernière différence avec la SS, mais similitude avec la Gestapo, qui perdit rapidement son autonomie par intégration dans le vaste système policier du Reich (le RSHA) et par son passage sous la coupe de Himmler.

Du point de vue de l'usage des méthodes les plus barbares, on peut affirmer que la Kempeitai n'eut vraiment rien à envier aux pires bourreaux nazis. On va en voir quelques exemples, qu'on pense pouvoir dire significatifs, et qui ne sont probablement pas encore les pires, puisqu'ils émanent de survivants. Il y en eut assez peu. Comme dans l'ensemble de cet ouvrage, le but est de dévoiler et de comprendre, pas d'instiller l'horreur. L'horreur, cependant, sourd entre les lignes.

Le militaire australien Penrod V. Dean, évadé de Changi, fut un moment accueilli par la Malayan People's Anti-Japanese Army (MPAJA), principale organisation de résistance en Malaisie, d'obédience communiste et surtout composée de Chinois. Il fut récupéré par les Japonais grâce à l'aimable collaboration de villageois malais et indiens, et ramené à Singapour, dans le bâtiment de la YMCA (Young Men's Christian Association) converti en siège local de la Kempeitai. Voici les lieux :

> Les étages au-dessus de nous étaient des salles d'interrogatoire, et nous pouvions entendre des gens crier et se faire crier dessus. Notre enclos comprenait une douzaine de femmes, dont quelques Eurasiennes et surtout des Chinoises, toutes très effrayées ; un certain nombre d'enfants âgés de dix à seize ans ; et une trentaine d'hommes de tous âges – des Chinois, quelques Indiens, un petit nombre d'Eurasiens et deux Européens, parmi lesquels l'évêque anglican de Singapour. Il y avait quatre ou cinq seaux en guise de toilettes, sans aucune intimité pour les femmes et les plus jeunes ; cependant, quand elles les utilisaient, d'autres faisaient écran de leur corps. C'était pour tous une situation à en perdre l'esprit, et nous nous installâmes près de l'évêque, qui nous informa tranquillement de ce qui nous attendait. Pendant ce temps, des gardes entraient et emmenaient diverses personnes. Quand celles-ci revenaient, peu étaient conscientes, et toutes saignaient de blessures à leur nez ou leur bouche. On les jetait à l'intérieur, mais des hommes ou des femmes les portaient immédiatement contre un mur et faisaient ce qu'ils pouvaient pour eux. Certains des prisonniers avaient déjà subi nombre de punitions, tandis que d'autres, comme nous, avaient encore à faire face à la pleine violence de l'inquisition. La cage se transforma en maison de fous à mesure que la journée avançait. Le bruit et les cris provenant des interrogatoires rendaient femmes et enfants morts de peur, et nous les hommes ne nous sentions guère plus braves. Il n'y avait aucun répit, car il y avait toujours quelqu'un d'autre à emmener, et les corps nous étaient jetés toute la journée. Certains des châtiments subis étaient invraisemblables. Beaucoup des Chinois les plus âgés avaient perdu la plupart de leurs ongles des mains et des pieds, qui avaient été arrachés avec des tenailles. D'autres avaient eu des lamelles de bambou glissées sous leurs ongles. Nous apprîmes également que les Japonais recouraient à ce qui était connu comme la torture de l'eau – un tuyau ou un entonnoir était enfoncé dans la gorge, et on vous

faisait avaler de l'eau. Une fois votre estomac dilaté et presque prêt à exploser, on le frappait à coups de canne. Un autre Chinois nous dit qu'on appliquait des électrodes à tous les endroits sensibles du corps, particulièrement les parties génitales. Apparemment, on ne quittait cet endroit qu'après avoir signé une confession, ou sur une civière, mort[5].

Il y avait une certaine routine à suivre, très contraignante, dans cet endroit pourtant hors normes :

À 7 heures, notre petit déjeuner était donné à travers la porte. Une demi-heure après environ, le plat et la cruche étaient retirés, et notre journée de punitions pouvait commencer. La cloche sonnait à 8 heures. Et on prenait la première position, l'agenouillement. Une heure plus tard, nouveau coup de cloche, et on change pour la deuxième position. Et ainsi de suite jusqu'à 17 heures, heure de notre second (et dernier) repas de la journée. Ce fut le programme de nos existences pendant les deux années qui suivirent[6].

Même lieu, même ambiance, mais pour Elizabeth Choy, une Chinoise de Singapour arrêtée dans le cadre de l'enquête qui suivit la destruction par explosion dans le port d'une dizaine de pétroliers nippons (elle n'avait en réalité rien à y voir, mais avait contribué à faire passer du ravitaillement et de l'argent aux prisonniers de guerre de Changi) :

Je fus mise dans une cellule mesurant seulement trois mètres sur quatre. Plus de vingt personnes étaient entassées à l'intérieur. Aussi serrés que des sardines, nous avions à rester agenouillés du matin au soir. La chaleur était insupportable. J'étais la seule femme. À l'intérieur de la cellule, il y avait un robinet et, en dessous, un trou faisant office de toilettes. L'intimité était impensable – nos besoins quotidiens étaient effectués devant tout le monde. La puanteur qui émanait de notre transpiration, de nos déjections et de l'eau stagnante imprégnait la petite cellule, et faisait suffoquer. Il nous fallait ramper à travers une sorte de chatière, sur le côté, pour nous rendre aux interrogatoires. Là, on nous battait, on nous infligeait des chocs électriques et on nous faisait gonfler avec de l'eau : c'était la routine des interrogatoires. La sensation d'avoir un ventre empli d'eau, puis de voir cette eau se ruer hors du corps, cela produit des souffrances à peine supportables. Quand mes interrogateurs comprirent qu'ils ne pourraient obtenir de moi aucune information, ils tirèrent mon mari de la prison d'Outram, l'attachèrent et le firent s'agenouiller à mes côtés. Puis, en pleine lumière, ils me dénudèrent jusqu'à la taille, et m'appliquèrent des électrodes. Les chocs électriques provoquèrent des spasmes de mon corps entier, mes larmes et le mucus de mon nez coulaient sans discontinuer. La douleur était indescriptible, mais cela dut être mille fois pire pour mon mari, qui eut à me voir subir la torture. Les prisonniers n'étaient pas autorisés à parler entre eux. Nous gardions nos lèvres hermétiquement closes, et ne communiquions par le langage des signes que quand les gardiens ne regardaient pas. Je fus détenue dans le centre pendant plus de deux cents jours, et portai le même vêtement pendant toute cette période. Pouvoir se doucher tenait du vœu pieux ; nous nous considérions très chanceux d'avoir un peu d'eau pour laver nos visages. Nos repas quotidiens, quelque minuscules que fussent les portions, étaient poussés dans notre direction à travers la chatière. Vorace, chacun de nous avalait jusqu'au dernier grain de riz. Après avoir subi cette expérience, je me suis jurée de ne jamais jeter de nourriture. Même un grain de riz tombé à terre sera récupéré et mangé. J'enguirlande mes neveux chaque fois que j'en vois un gâchant de la nourriture. À l'extérieur de la cellule, il y avait ce couloir où, chaque jour, des prisonniers sévèrement torturés étaient abandonnés, gisant et hurlant de douleur. Les gémissements des mourants perçaient nos oreilles et nos cœurs. Cela nous tourmentait énormément[7].

Les conditions de détention et les méthodes d'interrogatoire n'étaient pas très différentes à Bandung, dans l'ouest de Java, comme en atteste J. M. Schaap-Bolk, femme pasteur, détenue de mai à septembre 1944, dans un témoignage écrit de février 1946 auprès d'un tribunal militaire néerlandais chargé des crimes de guerre japonais :

Dans la cellule se trouvait un *baleh-baleh* [banc], sur lequel reposaient des planches. Elles n'étaient pas ajustées mais se recouvraient les unes les autres, si bien qu'il y avait des angles aigus, et qu'on ne pouvait s'y étendre confortablement. Il n'y avait ni traversin, ni matelas, ni couverture. On m'autorisait à aller aux toilettes deux fois par jour, mais toute requête pour y aller à d'autres moments était refusée. Je n'avais ni peigne, ni savon, ni serviette, ni vêtements de rechange, rien. Pendant tous ces mois, je ne quittai jamais mes habits, et toutes mes requêtes pour être autorisée à me laver ou à recevoir des vêtements propres furent résolument rejetées. Le jour, je n'étais pas autorisée à m'étendre sur le *baleh-baleh* et certains gardes étaient très stricts à ce sujet. J'avais à marcher ou à me tenir debout, même quand c'était presque impossible du fait des coups reçus. Je fus interrogée par deux Japonais deux fois par semaine en moyenne. Plusieurs autres policiers étaient présents. Au cours de ces interrogatoires, je n'étais pas autorisée à m'asseoir ; si longs qu'ils soient, je devais rester debout. Je fus battue à la main, avec des cordes à nœuds trempée dans de l'eau ou avec des baguettes, tellement qu'il m'arriva de m'effondrer, inconsciente. Au cours de mon second mois avec la Kempei, alors que j'étais évanouie, on coupa mes deux tresses. Je ne m'en aperçus que quand, plus tard, je revins dans ma cellule. Dans la mesure où je ne pouvais que persister à nier toutes les accusations, au cours de la quatrième semaine, on commença à m'infliger le soi-disant test de l'eau. J'étais liée à une table, un tube était enfoncé dans ma bouche et on me faisait absorber de l'eau jusqu'à ce que les Japs décident que c'était suffisant. À ce moment mon estomac était gonflé d'eau, et les Japs entreprenaient de me taper dessus avec leurs poings. La douleur était insupportable. Je peux à peine décrire à quel point cette torture était terrible*. Cela fut répété au cours des neuvième et quatorzième semaines de détention. Chaque session durait une heure environ. Au cours de la sixième semaine, tous les ongles des mains furent arrachés au cours d'un interrogatoire. Après cela, on me traîna jusqu'à ma cellule, car je ne pouvais plus marcher. J'enlevai mon jupon, le déchirai en bandes de tissu, et bandai mes doigts du mieux que je pouvais. Le lendemain matin, l'Indonésien de garde vit les bandages et me les arracha immédiatement. Cela m'arriva encore deux fois par la suite**. Au cours de la dixième semaine, on me suspendit. Cela se passa comme suit : mes bras furent attachés dans mon dos, autour d'un arbre, et une corde reliait mes pieds à cet arbre. D'autres cordes entouraient ma taille et mon cou, avec un tissu entre elles. Puis l'escabeau sur lequel je me tenais fut retiré, si bien que je restai suspendue à l'arbre. Cela dura environ deux heures et demie. Après cela, je me sentis épuisée à en mourir, et tous mes membres étaient

---

* Cette torture par l'eau, mentionnée dans d'innombrables témoignages, semble avoir été la favorite des bourreaux de la Kempeitai.

** Beaucoup de témoignages soulignent que les gardes autochtones (Indiens souvent Sikhs en Malaisie, Javanais souvent proches des mouvements nationalistes en Indonésie) étaient plus cruels encore que les Japonais. Ils étaient certes leurs subordonnés, mais rien ne peut atténuer leur responsabilité personnelle dans ce type d'actes. Pourtant, un nombre infime fut après-guerre jugé et condamné. D'assez nombreux Coréens le furent, mais ils furent ensuite considérés comme les victimes d'une profonde injustice par les nationalistes coréens, et même par la gauche japonaise.

> paralysés, si bien que je dus être portée jusqu'à ma cellule. Au cours du cinquième mois, je fus électrocutée. Cela se passa comme suit : j'avais à me tenir alternativement sur un sac humide et sur une plaque électrique. Simultanément, des électrodes furent pressées sur différents points de mon corps, me donnant l'impression que des aiguilles portées au rouge étaient enfoncées. Après ce traitement, qui dura à peu près une heure, encore une fois je dus être portée dans ma cellule. Voici les tortures que j'ai endurées. En outre, il y avait les tourments quotidiens : n'être autorisée à prendre de l'air frais qu'une fois par semaine, sans qu'on me permette de marcher à l'ombre ; dormir dans une cellule où la lumière brillait toute la nuit, entourée de cafards et de rats qui mangeaient mes habits. Mais le pire fut l'impossibilité de jamais me laver, car on ne me donna jamais la moindre eau pour cela[8].

Par définition, on a peu de témoignages directs sur des exécutions, qui étaient pourtant le devenir presque banal d'une grande partie des malheureux qui passaient par les griffes de la Kempeitai – quand ils n'étaient pas déjà morts sous la torture, de faim ou de maladies non soignées, et parfois par suicide (ce qui était difficile). Néanmoins, M. Chen Wu-chen, un Taïwanais, qui fut à son corps défendant un moment interprète de la Kempeitai à Manille, m'indiqua que tous ceux qu'il rencontra alors (des Sino-Philippins) dans ses geôles finirent exécutés nuitamment sur un charnier proche de l'aéroport. Les rescapés, quant à eux, mentionnent souvent l'exécution (à laquelle, à la différence des camps, on n'assistait pas) de leurs compagnons de détention. Ainsi du sapeur britannique Ernest Lionel Morris, enfermé à Kuching (Sarawak) et longuement interrogé par la Kempeitai à partir de juin 1944 à propos d'un journal personnel qu'il avait tenu – chose formellement interdite – et qui fut découvert lors d'une inspection. Il témoigne du sort d'un Chinois de l'active résistance locale :

> Les Japs étaient obsédés par les espions, et pour de bonnes raisons. Un jour en juin, un Chinois isolé, âgé de guère plus de vingt ans, fut amené par les gardes. Il avait été établi qu'il était membre du mouvement clandestin du coin. Il dut subir les tortures les plus horribles, par l'eau et par le feu, dans l'espoir qu'il donne les noms de ses collègues. Il tint bon, sachant bien qu'il était condamné, et que ses aveux ouvriraient les portes à des représailles, causant la mort de nombreux Chinois. Ses geôliers menacèrent même de tuer son fils de dix mois

devant lui, et ils firent des choses indicibles à sa femme. Finalement, on l'emmena, et nous ne le vîmes jamais plus. Nos gardes nous dirent en jubilant qu'il avait été exécuté, et son corps jeté dans la rivière[9].

Ernest Lionel Morris, dans le cadre de ses interrogatoires, destinés à le faire apparaître comme l'élément d'un complot ourdi avec la résistance chinoise, ainsi que pour avoir introduit dans le camp des journaux (pourtant censurés par les Japonais), ce qui valut la mort à plusieurs de ses collègues, fut lui-même victime de deux simulacres d'exécution. Ils donnent sans doute une bonne idée de ce qui se passa pour les vrais exécutés :

Un soir, peu de temps avant l'extinction des feux, je fus informé de ce que, le matin suivant, ma tête serait tranchée si je n'avouais pas mon implication dans l'affaire des journaux, et on me demanda encore et encore ce que je savais sur Jesselton*. Je n'avais jamais été là, mais je commençais à rêver sur cet endroit que je tentais d'imaginer. Au petit matin, on ne me permit ni exercice physique, ni petit déjeuner, ni conversation. À 8 heures, yeux bandés, on me conduisit dehors, sur le quadrilatère d'herbe (c'est du moins ce que je devinais), et on me fit agenouiller, mains liées et chevilles entourées d'une corde. L'interprète me posa les mêmes questions, une fois de plus. On me laissa un moment considérer ma situation, mais mon cerveau avait l'air de ne plus fonctionner du tout – j'étais vraiment pétrifié de la peur la plus authentique... Et puis – changement de programme – mon bandeau fut retiré et je revins à la cellule n° 3, assisté par des Malais qui m'étaient jusqu'alors inconnus. L'interrogatoire, le lendemain, débuta plutôt calmement, le lieutenant assurant qu'il n'avait aucune envie de me faire du mal – du moins si je cessais de me montrer buté. Deux cigarettes et une tasse de café après, j'étais une fois de plus à terre et battu avec des cannes-épées, ma tête était rasée, et allons-y pour un nouveau ligotage. Qu'est-ce qu'ils savent bien comment attacher un homme de façon à ce que sa tête puisse seulement pendre en avant ! Une nouvelle fois, ce fut la longue attente à genoux au centre du carré

* Aujourd'hui Kota Kinabalu, capitale (alors très modeste) du Nord-Bornéo britannique (aujourd'hui État malaisien de Sabah). La Résistance (essentiellement chinoise) s'empara brièvement de la ville le 9 octobre 1943, y tuant 60 à 90 Japonais. Les représailles furent terrifiantes : 175 exécutions le 21 janvier 1944, et au total peut-être quelque 3 000 morts, soit un habitant sur cinquante de ce protectorat peu peuplé.

d'herbe. Combien de temps on me fit rester là dans cette position, je n'ai aucun moyen de le vérifier. L'élément le plus perturbant fut le cliquetis des crosses de fusil sur l'entourage pavé des vérandas. Je n'étais pas certain : serais-je fusillé ou découpé ? À partir des bruits de mouvement et des voix émettant toutes des hurlements, je savais qu'il y avait beaucoup de monde autour de moi. Dans mon sombre petit monde de derrière le bandeau, j'attendais. Une main fut placée sur ma tête, la forçant à partir en avant – cela ne s'était pas passé jusque-là, et j'étais plus convaincu que jamais que ce coup-ci, j'allais vraiment y rester. Une autre pause, et le plat d'un sabre, froid comme la glace, fut posé sur ma nuque, et laissé là – je sentais maintenant mon estomac comme s'il était lui-même empli de glace. L'obscurité descendit sur moi, mon monde cessa d'être. Je venais de m'évanouir. La première indication comme quoi j'étais toujours vivant fut la réception en forme de claque au visage d'un seau d'eau très froide ; j'avais prouvé pour l'éternité qu'en matière d'acte héroïque j'étais loin derrière dans la file. Tout cela avait été très réaliste, mis en scène jusque dans le moindre détail. Comment aurais-je pu savoir que toute l'affaire n'était qu'un prolongement du système d'interrogatoire – ils avaient joué avec moi au chat et à la souris. Pendant quarante-huit heures, on me laissa pratiquement tranquille, pour me permettre de récupérer autant que je le pouvais. Dire que j'étais complètement brisé est encore un euphémisme. J'en vins à réaliser à quel point le pouvoir de la police secrète était complet et absolu. Le mythe de la convention de Genève gisait en morceaux. Qu'il était facile pour des innocents d'être pris dans le tourbillon de l'histoire ! L'Occidental moyen n'a pas idée d'un État policier à ce degré. Ma propre fragilité se révéla être mon salut, quoique à l'époque je n'étais pas convaincu d'avoir beaucoup d'avenir. Les interrogatoires continuèrent, mais pas aussi intensément qu'auparavant ; le lieutenant se moqua même de moi, à propos de ma réaction lors de l'épreuve ultime. Je ne partageai pas son amusement. Mes compagnons de captivité à ce moment-là incluaient un sergent-major hollandais – un homme très courageux –, le sergent Percy Bent du régiment des Gordon Highlanders et le soldat Goldsborough de l'Artillerie royale*. L'interrogateur fit tout son possible pour établir un

* Tous trois (et douze autres prisonniers occidentaux) furent abattus à la mitrailleuse après avoir été contraints de creuser leurs tombes. Morris se doutait (comme eux-mêmes, dit-il) que l'affaire des journaux et le simple soupçon d'un lien avec les insurgés de Jesselton leur vaudrait la mort, après bien des tortures. Il lui fallait donc absolument éviter de leur être associés. Morris put finalement regagner son camp – un paradis à côté de la prison de la Kempeitai –, avec

lien entre le sergent Bent et moi, sans aucun doute en vue de mettre au jour le complot d'une « cinquième colonne » à Kuching. Je n'avais pas davantage de doute sur la grande solidité de l'organisation mise en place par les Chinois à Sarawak, et plus spécialement à Kuching[10].

On l'aura déjà compris, il valait mieux être en excellente forme, physique autant que psychique, si l'on voulait conserver une chance de s'en sortir. Car le comportement japonais était caractérisé par le mépris absolu, et le refus de toute aide, médicale ou autre. Cette situation ne pouvait qu'accroître le désarroi des prisonniers. Penrod Dean en témoigne, dans sa prison singapourienne d'Outram Road :

> Certains détenus hurlaient jusqu'à ce qu'un garde leur fasse faire silence. D'autres ne s'arrêtaient jamais. Ils étaient juste pris de folie, ils criaient et se tapaient la tête contre les murs. Les fous périssaient inévitablement, la réponse des Japonais à un tel comportement étant de supprimer toute nourriture et de retirer les planches du lit, l'oreiller et le seau de toilette. Après cela, ces prisonniers faisaient le tour de leur cellule tant qu'ils pouvaient marcher, et se finissaient souvent en se tapant contre les murs jusqu'à la mort. C'est alors seulement que la cellule était rouverte, et qu'on emportait le corps pour s'en débarrasser. Absolument aucune tentative n'était faite de les traiter médicalement. La même chose était vraie pour les prisonniers souffrant du béribéri ou de la dysenterie. On ne leur donnait plus rien à manger et bien peu récupéraient suffisamment pour être nourris à nouveau. C'était l'environnement d'une jungle sauvage, dans laquelle les gardes et leurs officiers étaient les prédateurs. Si l'on montrait un quelconque signe de faiblesse, on était perdu[11].

Les internés civils occidentaux : des vécus contrastés

Les civils occidentaux internés par l'occupant nippon furent environ 130 000, la plupart en Indonésie (104 000) et en Chine. À ce chiffre devrait être ajoutée une vingtaine de milliers de civils européens d'Indochine, mais ceux-ci ne furent enfermés que quelques mois, après le coup de force du 9 mars 1945. La

---

interdiction absolue de dire quoi que ce soit, même à ses geôliers japonais, sur ce qu'il avait enduré. Sachant que la Kempeitai ne plaisantait jamais, il se tut donc.

grande majorité des « Blancs » se retrouvèrent dans des quartiers réservés, puis derrière les barbelés. Faute de temps sans doute, les civils d'Indochine ne connurent pas l'expérience des camps, mais beaucoup croupirent en prison, torture à la clé comme il se doit. En revanche, la plupart des Eurasiens disposant de la citoyenneté de leur métropole occidentale furent laissés libres. Ce fut en particulier le cas de plus de la moitié des quelque 300 000 citoyens néerlandais vivant en 1941 dans leurs Indes. Les internés civils, à la différence des prisonniers de guerre, ne furent fréquemment pas enfermés immédiatement, en Indonésie tout particulièrement. C'est l'assignation à résidence qui domina, notamment à Java, plusieurs mois durant. Néanmoins, par la suite, les conditions ne cessèrent de se détériorer : concentrations humaines de plus en plus fortes (essentiellement pour réduire les frais de garde), situation alimentaire de plus en plus désastreuse, violences croissantes. L'épuisement progressif des corps et l'inaccessibilité croissante au marché noir pour la plupart, une fois toutes leurs ressources épuisées, firent monter en flèche la mortalité au cours des derniers dix-huit mois de guerre. Pour les internés civils, elle fut en moyenne de 14 % pour la période de l'occupation, soit deux fois moins que chez les prisonniers de guerre (27 %), mais considérablement plus que la mortalité naturelle, certainement inférieure à 5 % pour quatre ans, compte tenu du faible nombre de personnes âgées.

Les camps de civils furent surtout des expériences féminines et enfantines, les hommes ayant le plus souvent été incorporés sous les drapeaux de leur nation, et ayant par conséquent été internés après sa défaite en tant que prisonniers de guerre. Seuls les hommes trop âgés pour être mobilisés – un assez petit nombre – rejoignirent des camps particuliers, ou furent laissés libres. En Asie du Sud-Est, la séparation des sexes fut strictement appliquée, les garçons devant même rejoindre les camps d'hommes dès le début de l'adolescence. Elle ne le fut pas en Chine, où les familles ne se trouvèrent donc pas disloquées, et ce d'autant moins que là, la grande majorité des hommes n'avait pas été mobilisée, à la fois parce que beaucoup étaient des missionnaires et parce que la Chine n'était pas une colonie. Si on ajoute à cela que les effectifs y étaient plus réduits, et la promiscuité moins grande dans les camps, on comprendra que les conditions y furent moins dures.

L'expérience du camp ne fut pas systématiquement dramatique, en particulier pour les enfants, qui s'accommodèrent plutôt bien de ne pas toujours avoir école (malgré l'intense effort éducatif des adultes), et trouvèrent à l'occasion de palpitants terrains de jeux. De plus, les Japonais ne les maltraitaient pas trop, et parfois les gâtaient*. Fred Lanzing publia (en néerlandais) en 2007 un livre de souvenirs au titre quelque peu provocateur (il s'agit en fait d'une citation de sa mère), et qui indigna certains survivants : *Camp Life Is Paradise for Freddy: A Childhood in the Dutch East Indies, 1933-1946*. En réalité, il fait part de bien des difficultés, mais parle également avec franchise d'expériences positives, du moins vues avec un regard enfantin :

> Nous avions parfois des corvées à accomplir : balayer la rue, nettoyer les drains, des tâches comme ça. La direction hollandaise du camp nous prescrivait occasionnellement des travaux à effectuer hors du camp. Il y avait, perchée dans la montagne, une ferme expérimentale datant des débuts de la période coloniale néerlandaise, connue sous le nom de Leuwigajah. C'était un vaste domaine, doté de champs et de pâturages étendus. Des vaches paissaient dans la pâture, et des porcs étaient dans leur enclos. Nous avions à désherber les lits de légumineuses, nettoyer les enclos, et nous occuper des animaux. L'après-midi, on abattait quelques porcs pour la garnison japonaise de Cimahi. Nous étions très désireux de pareille corvée. On se retrouvait hors du camp – une excursion en soi – et à l'air frais. On vous donnait de la nourriture en plus, et le travail n'était pas vraiment très dur. Nous nous relâchions considérablement. Si jamais un soldat japonais venait nous inspecter, nous nous alertions l'un l'autre, et nous apprîmes rapidement à manifester le comportement ignorant du subalterne : « Conduis-toi seulement comme un coolie stupide, nous répétions-nous, et rien ne t'arrivera. » On était même payés, quatorze cents la journée, ce qui signifiait que l'après-midi, sur le chemin du retour, on faisait un excellent business avec les *heiho***, qui achetaient pour nous le long de la route des plats cuisinés ou des fruits. En outre, nous introduisions en contrebande dans le camp les intestins des porcs sacrifiés, bienvenus

* C'est ce que relate aussi James Ballard, dans son célèbre roman (*Empire of the Sun*, Londres, Gollancz, 1984) transformé en film par Steven Spielberg. Il est vrai que le cadre (un camp familial à Shanghai) n'était pas aussi dramatique que ce que vécurent les Européens d'Indonésie.

** Milice auxiliaire autochtone, qui ici sert de gardes aux internés.

dans la cuisine centrale, et en mesure d'ajouter quelques fines taches de gras au bouillon commun[12].

Au cours de la première année de captivité (la chronologie précise varie bien entendu d'un endroit à l'autre), les conditions générales ne furent pas trop pénibles, et en tout cas on pouvait manger à sa faim. Lydia Chagoll, Belge juive passée aux Pays-Bas, puis aux Indes néerlandaises pour échapper au nazisme, décrit comment, dans le camp de Cideng, à Batavia (devenu Jakarta en 1942), la société coloniale, certes paupérisée et privée de son armée de domestiques locaux, parvint à se perpétuer, y compris avec ses inégalités criantes :

> À Tjideng (Cideng), il y avait des magasins dans le camp. Tjideng était habité par des centaines de femmes possédant tout leur mobilier et tout leur ménage d'avant la guerre, des valises pleines de vêtements et parfois même tout leur trousseau, du moins celles qui avaient emménagé dans le camp dès le début de la guerre. Le troc avec les indigènes par-dessus la palissade était interdit, mais il était pratiqué en permanence. Les échanges entre prisonnières étaient même monnaie courante. Du café contre un lit. Du sucre pour une robe. De l'huile contre un drap. Celui qui n'avait pas assez pouvait toujours se procurer le nécessaire en effectuant diverses corvées chez des privilégiées. De cette manière, on pouvait toujours s'en sortir matériellement, mais moralement[13]...

D'un autre côté, l'humiliation par l'occupant et sa conséquence la plus problématique, l'effondrement moral, étaient déjà bien présentes. C'est ce que montre Jeanne Van Diejen, internée à Amboine (capitale des Moluques, dans le Grand Est indonésien) peu après l'arrivée des Japonais, en avril 1942* :

> En plus des grosses pointures, nous recevions la visite de marins, dont les navires étaient ancrés dans la baie. Il semblait que le camp soit *le* lieu d'attraction. Ils se baladaient en groupes le long des barbelés, observant, critiquant, montrant du doigt, riant et faisant parfois

* La faiblesse des effectifs européens et la relative proximité de l'Australie, vers laquelle une fuite était envisageable, entraînèrent un internement bien plus précoce qu'à Java.

> des bruits étranges. Cela les distrayait manifestement beaucoup, et ils se comportaient tout à fait comme s'ils étaient face à une cage à singes. En retour, nous nous sentions comme des animaux dans un zoo. Bouclés. Séparés du reste du monde[14].

Où la notion galvaudée de zoo humain retrouve une pertinence certaine…

Amboine étant trop exposée aux premières contre-offensives alliées, qui s'y traduisirent surtout par des bombardements intensifs, Jeanne fut en mars 1943 expédiée avec les autres internés bien plus au centre de l'archipel, à Makassar, dans l'île des Célèbes (ou Sulawesi). Elle passa le reste de la guerre dans un camp proche de la ville, à Kampili. Elle eut la chance d'y être dirigée par un des rares officiers nippons à avoir manifesté quelques gestes d'humanité et une certaine compréhension pour ses victimes, le lieutenant de marine Yamaji Tadashi. *A contrario*, cela prouve à quel point la responsabilité des chefs militaires locaux était engagée dans les atrocités commises, ne serait-ce que par leur passivité à leur égard : ils n'étaient nullement obligés de se comporter aussi mal qu'ils le firent. La grande majorité des mauvais traitements infligés fut commise de leur propre chef. Et ils auraient souvent pu résister aux pressions de leurs supérieurs. Yamaji autorisa la réouverture d'écoles, organisa la lutte contre la dysenterie, et permit même la célébration de l'anniversaire de la reine Wilhelmine, partie en exil à Londres :

> Plus tard dans le mois [de juin], Yamaji accepta que l'enseignement pour enfants reprenne. Cela annula la politique, commencée début 1942, qui mettait les écoles hors la loi et se traduisit par la crémation de la plupart des livres. Tant à Ambon qu'à Malino, pourtant, des nonnes et des enseignants laïcs avaient secrètement fait classe aux enfants, défiant les directives reçues. C'est ainsi que, à partir de juillet [1943], nous commençâmes à enseigner publiquement aux quelque 400 jeunes, du niveau primaire à celui du lycée – sans l'aide de manuels, évidemment. Nous couvrions assez bien l'ensemble des matières, à l'exception des quelques-unes pour lesquelles il n'y avait pas de professeur. Nous fîmes cours à l'extérieur, sur l'herbe, dans les baraquements, dans des hangars d'entreposage – partout. L'année suivante, Yamaji accorda l'autorisation de construire un bâtiment en bambous destiné à un jardin d'enfants, une école primaire et un établissement secondaire, le long du canal d'irrigation, près de l'entrée du

camp. Les enseignants firent un travail merveilleux. Bien des filles et des garçons doivent leur avenir à ces professeurs si dévoués. Pourtant, deux de ceux-ci, sœur Wilhelmine et Mme Logeman, ne verront jamais leurs élèves grandir, car elles périrent avant la fin de la guerre. Amélioration majeure dans nos rapports avec Yamaji, non seulement il nous autorisa à célébrer l'anniversaire de la reine, le 31 août, mais encore il en fit un jour férié et nous fournit alors des rations supplémentaires. Nous en étions ébahis, et supposâmes, peu charitablement, que la guerre ne se passait pas très bien pour les Japonais. Cet événement inoubliable fut célébré au travers d'un service religieux *à la fois* catholique et protestant – chose qui auparavant aurait été impensable[15] !

Il convient à ce propos de rappeler à quel point la société néerlandaise était alors divisée en *piliers* assez étanches les uns aux autres, ceux à détermination religieuse étant les plus considérables.

Yamaji s'attacha également à l'hygiène, ce qui ailleurs, on l'a vu, était habituellement le cadet des soucis des responsables nippons :

> Il était vraiment préoccupé par l'état de notre santé, et il fit beaucoup pour combattre la dysenterie, qui avait déjà tué bien des femmes et des enfants. Début août 1943, nous reçûmes des injections contre cette maladie et, pour diminuer le risque de transmission, Yamaji ordonna à toute personne valide de présenter quarante (plus tard trois cents ou cinq cents) mouches mortes – elles étaient les vecteurs majeurs du mal. Certaines zones à haut risque, comme les marécages ou les zones septiques, furent quant à elles aspergées de chaux vive. Les patients dysentériques – parfois plus d'une centaine – furent immédiatement placés en quarantaine, et l'accès à eux fut sérieusement contingenté. Grâce à un effort continu, nous parvînmes début 1945 à ramener le chiffre à cinquante[16].

Yamaji n'était cependant pas un adepte de la non-violence et de la fraternité universelle. En colère, il donnait libre cours à sa violence, sans même imaginer qu'elle pût être injustifiée, qu'elle pût être remplacée par d'autres moyens de faire valoir son autorité, et qu'elle représentât pour sa victime – en l'occurrence une dame âgée – une grave atteinte, aussi bien physique que psychologique :

> [Après les premiers bombardements sur la région, en novembre 1943], Yamaji, de plus en plus nerveux, ordonna à tous d'être dans les tran-

chées dans les minutes suivant la sonnerie d'alarme. Au cours d'une de ces alertes, fin décembre, deux femmes aidaient une vieille dame à se diriger vers l'abri. Elles ne bougeaient pas suffisamment vite au goût de Yamaji, et il cria « *Lekas !* » (« Dépêchez-vous ! ») Comme elles répliquaient qu'elles en étaient incapables, il les gifla immédiatement toutes trois, et leur ordonna de se présenter au poste de commandement. Là, il battit la vieille dame, Grand-Mère Zimmerman, à l'aide d'une canne de bambou, puis la renvoya. Ensuite, il se saisit d'une batte en bois, dit aux jeunes femmes de lever les bras, et les battit jusqu'à ce que leurs derrières soient à vif. Pendant des semaines, elles ne seraient pas en mesure de s'asseoir, ou de dormir sur le dos. « La prochaine fois, rugit-il, vous courrez[17] ! »

Ce n'était pas un accident aberrant, mais une méthode de gouvernement, la seule apparemment qui pût alors apparaître appropriée, même à un chef qui n'avait rien d'un sadique ou d'un haineux, comme l'étaient tant d'autres Japonais de l'époque :

Yamaji venait directement du camp d'hommes de Pare-Pare, où – dans le peu de temps où il y avait été en poste – il avait été redouté pour sa brutalité. Bien entendu, nous ne savions rien de tout cela lors de son arrivée. Sa façon favorite de punir [...] était de battre sa victime à l'en rendre violette avec une branche d'arbre fraîchement coupée. Un prêtre à Pare-Pare avait failli en mourir. [...] Il parlait un malais de cuisine, entrelacé de mots japonais – sa phrase favorite étant « *Musti pukul, dayoh* ? – Il faut vous battre, n'est-ce pas ? ». [...] La rumeur voulait qu'il se montre bizarre au moment de la pleine lune. Que ce soit vrai ou non, nous nous montrions particulièrement prudentes à cette époque, parce que – nous allions vite l'apprendre – une fois qu'il était en colère, il se comportait comme un fou. Durant les vingt-huit mois où il fut notre seigneur et maître, nous apprîmes qu'il avait en permanence peur de perdre la face et de ne pas se faire respecter. C'est par la peur que Yamaji entendait gagner le respect. Sa stratégie était invariablement de diviser pour dominer. Nous apprîmes en outre, à notre désarroi, qu'il possédait une mémoire infaillible*[18].

* Yamaji fut poursuivi après 1945 comme criminel de guerre, essentiellement pour ce qu'il avait infligé aux hommes du camp de Makassar où il avait sévi avant Kampili. Condamné à sept ans de prison, il reçut cependant le soutien d'une partie des ex-internées de Kampili, au travers d'une pétition.

Lydia Chagoll, à propos du nouveau commandant du camp de Cideng, et à un moment où les choses s'y étaient largement dégradées par rapport aux premiers temps, utilise des qualificatifs analogues (y compris celui de « bête féroce »), la différence étant là l'absence de toute humanité chez l'officier responsable :

> Pour Sonei, tous les prétextes étaient bons pour nous imposer un rassemblement. Chaque jour, nous étions harcelées, pourchassées, humiliées et brutalisées. Les appels se suivaient sans cesse. Une punition en entraînait une autre [...]. Sonei avait du pouvoir. Sonei usait de son pouvoir. Sonei abusait de son pouvoir. Et Sonei frappait. Il frappait avec la force d'un géant, avec la violence d'un fou déchaîné. Sonei, un officier de l'armée japonaise, une crapule[19].

Si l'on détaille ce qui choquait le plus les internés, en dehors de ces tabassages en règle auxquels il semble que personne (sauf peut-être les enfants) n'ait été en mesure d'échapper, la tyrannie de la courbette, à refaire dans les règles à chaque croisement de sentinelle, vient sans doute en premier :

> Ces courbettes, notamment lors des appels obligatoires, étaient un véritable supplice. Tous les jours, il y avait au moins un incident. C'est alors que le petit jeu commençait. Ou bien il fallait recommencer le salut jusqu'à ce qu'il soit parfaitement conforme aux normes japonaises. Ou bien rester debout, pendant une demi-heure, une heure ou plusieurs heures. Ou être privé de repas. Ou encore recevoir une dégelée. [...] nous vivions ces saluts comme une humiliation, comme une expression de la tyrannie du vainqueur à l'égard du vaincu[20].

Beaucoup ajoutent à ce qu'avance Chagoll la paire de gifles sanctionnant toute courbette jugée insuffisante.

Pour tous les internés, le manque d'informations – que ce soit sur les proches ou sur le monde – fut en permanence une cause majeure de souffrance et d'anxiété. Sauf exceptions, les Japonais interdisaient tout échange de courrier. Et les missives que la Croix-Rouge internationale tentait de faire parvenir à certains étaient à peu près systématiquement bloquées, plus encore que les colis de vivres, généralement accaparés ou pillés par les gardiens. On ne savait même pas si son conjoint, ses parents, ses enfants étaient vivants. Quant aux nouvelles de la guerre, on ne disposait presque jamais des postes de radio soigneusement dissimulés que d'ingénieux prisonniers de guerre avaient mis en place dans la plupart des camps, en dépit des énormes risques en cas de découverte. Cela donna lieu à un excès de pessimisme en 1944-1945, mais également à un excès d'optimisme dans les premiers mois de captivité, peut-être parce que ce renversement soudain de l'ordre du monde paraissait irréel. On s'auto-intoxiqua de fausses rumeurs, comme le montre Jan Bouwer dans son journal intime, à la date du 16 septembre 1942 :

> Comment tout cela commença ne m'est pas entièrement clair. Le point de départ fut la libération du camp d'internement du monastère « Sterre der Zee » d'un certain nombre d'Amboinais et de Ménadonais*, qui à l'évidence avaient été internés par erreur. La rumeur se répandit subitement que le président américain, Franklin D. Roosevelt, avait annoncé à la radio que le Japon avait accepté de se retirer de Java (d'autres disaient : de l'ensemble des Indes), que les chefs militaires affinaient les détails, mais que les troupes américaines allaient débarquer sous peu. Sans exagération, je peux affirmer qu'au début, 90 % de la population européenne y ajouta foi. Puis cela devint plus fou. Les Indes orientales allaient être échangées contre la Nouvelle-Guinée. Seule la Kempeitai et les fonctionnaires civils japonais resteraient pour maintenir la loi et l'ordre et procéder au transfert officiel du territoire, mais l'armée se retirerait. On se rua sur les boutiques. Les femmes achetèrent de nouvelles robes pour célébrer la libération. Le chiffre d'affaires de la boutique de mode Gerzon atteignit 10 000 florins en une journée. Les gens se procurèrent des stocks d'alcool. On disait avoir déjà vu des Japonais portant des brassards blancs. Lundi dernier, l'euphorie de la victoire se faisait partout sentir. L'atmosphère était à « Eh bien, maintenant c'est fini ». Cela atteignit les camps de prisonniers de guerre. « Plus besoin de nous envoyer des colis, était le message des camps, nous serons chez nous dans quelques jours. » Des femmes arrivèrent de Java-Est pour accueillir leurs maris internés ici. Les Indonésiens eux-mêmes commençaient à y croire. Un cocher de fiacre dit à un passager européen : *« Tiga minggoe lagi boleh bilang koed morning sur »* (« Dans trois semaines nous pourrions dire "Bonjour Monsieur" »). La flotte de libération était en route, Timor avait déjà

* Amboine aux Moluques et Ménado, capitale du Nord-Sulawesi, furent précocement colonisés par les Hollandais, et largement christianisés. L'armée coloniale (KNIL) y recruta beaucoup de ses soldats.

été pris. Un hydravion était arrivé à Surabaya avec des négociateurs américains[21].

Rappelons qu'à l'automne de 1942, la plupart des civils européens étaient simplement astreints à résidence, mais conservaient de multiples moyens de communiquer entre eux.

Les internés civils : faim et humiliations

L'ordre du camp était rude, et souvent impitoyable. Le dilemme était fréquemment le suivant : respecter les consignes, et prendre un risque sérieux de mourir de faim (et, pour les nombreuses mères internées, celui de laisser mourir leurs enfants) ; ou alors trafiquer, voler, se placer dans des réseaux de contrebande, et prendre le risque d'être puni par les Japonais au point d'en mourir. D. W. Bonga, alors au camp de Muntilan 7, au centre de Java, exprime la difficulté de ce choix :

> Les gardes auxiliaires étaient des autochtones, souvent anciens soldats de l'armée royale des Indes néerlandaises (KNIL). Ils avaient été formés aux cruautés de l'armée japonaise, mais ils n'étaient pas admis à porter des armes à feu. À la place, ils portaient des bâtons, taillés pour ressembler à des fusils. Nous avions un surnom pour ces brigands : l'« armée des bâtons ». Notre équipe de travail existait avant notre arrivée. La route de montagne s'arrêtait là où nous avions à travailler. Des morceaux de jungle avaient à être défrichés. Certains étaient si touffus qu'ils avaient à être taillés menu. Après cela, nous arrachions les racines et placions les rocs hors du terrain travaillé. Puis nous pelletions et retournions le sol jusqu'à ce qu'il soit suffisamment meuble pour planter des jardins potagers : des épinards, des choux, des carottes et ainsi de suite, mais nous n'étions jamais autorisées à les récolter. Le commandant n'arrêtait pas de nous dire que des officiers supérieurs arriveraient bientôt pour inspecter les champs, et que ceux-ci devraient montrer que les femmes avaient appris à travailler très durement, au lieu de se complaire dans la paresse ainsi qu'elles l'avaient fait jusque-là. C'est pourquoi les épinards montaient en graine, tout comme les choux, et tout le reste pourrissait dès que les pluies se mettaient à tomber, ou se desséchait quand il faisait trop sec. Et cela dura, dura… Si nous ne travaillions pas assez dur, on nous

criait dessus. Nous faisions juste ce qu'on nous disait, sinon nous étions battues. Comme nous avions très faim au temps de notre emprisonnement, nous essayions assurément de faire rentrer clandestinement quelques-uns des légumes à feuilles, dans nos blouses ou nos plastrons. Mais, un jour, une fille fit accidentellement tomber quelque chose, et le châtiment en fut drastique. Voici comment cela se passa. À la porte d'entrée, nous avions toutes à nous tenir en face les unes des autres, puis on nous ordonna de nous taper dessus mutuellement. Cela a l'air loufoque, mais ça ne l'était pas. Si nous nous mettions à rire ou si nous ne tapions pas assez fort, les soldats et les gardes le faisaient à notre place, en hurlant. Donc nous tapions. Au cas où cela se reproduirait, nous nous préparâmes ensemble à ne pas frapper trop fort, mais juste à faire semblant. Ça ne marchait pas toujours, car certaines filles paniquaient et y allaient de toutes leurs forces. C'était horrible. Emmy revint au baraquement un jour de pluie où, pour une raison ou une autre, le groupe entier de femmes et de jeunes filles avait été puni par les gardes de cette façon, si terrible et inhumaine. Elle était couverte de bleus. Nous nous promîmes après cela de ne plus rien détourner, pour éviter de tels tabassages. Ça n'en valait pas le coup[22].

Le commandant de Muntilan empêchait donc la consommation d'excellents légumes. Soit stupidité, soit sadisme, il entendait compenser ce manque par la consommation forcée de végétaux indigestes, voire toxiques. Avec les conséquences désastreuses qu'on peut imaginer :

Comme notre responsable de camp, une dame fort fougueuse, demandait constamment au commandant de nous fournir davantage de viande et de légumes, ce dernier vint aux cuisines pour vérifier la situation par lui-même. Au moment où l'équipe s'activait à préparer de grands chaudrons de nourriture, il s'enquit du contenu de la poubelle. Quand les dames lui expliquèrent qu'il s'agissait de déchets, il demanda : « Pourquoi est-ce vert ? Vous avez intérêt à le manger ! » À partir de ce moment, les fanes de carotte ou de betteraves, les épluchures de pommes de terre et tout ce que nous avions l'habitude de jeter parce que c'était pourri ou sale eut à être cuit dans la soupe ou les *sayur**. Ce type se tenait en personne au-dessus des marmites de cuisson, pour être sûr qu'on les y mettait ! Et comme toutes les ordures sortaient par la grande porte et étaient inspectées, on avait à

* Ragoût de légumes, typiquement javanais.

le faire. « Dans la mesure où vous jetez autant de “bonne” nourriture, vous n'obtiendrez rien de plus », conclut-il. La soupe ressemblait à une bouillie peu goûteuse, et avait souvent un relent d'amertume. Les diarrhées et les maux d'estomac atteignirent davantage de gens. Et nous n'obtînmes aucun produit frais en plus. Par bonheur, notre famille ne souffrit pas trop souvent de diarrhées vraiment infectieuses, ni de dysenteries. Les gamins eurent de petits maux après certains repas plutôt rudes, mais rien de sérieux. Mais bon nombre de petits enfants ne purent surmonter leurs selles trop molles ; beaucoup tombèrent gravement malades et beaucoup ne survécurent pas. J'estime que notre bonne santé était due, pour une part, au fait que nous avions tous été élevés à ne pas manger quoi que ce soit de non lavé ou de sale. Nous ne pouvions pas même croquer un cookie tombé par terre. Maman avait attrapé la typhoïde au cours de ses premières années aux Indes, et en conservait une grande prudence. Il y a tant de maladies infectieuses sous les tropiques. Même dans notre existence atroce, nous tâchions de nous tenir aussi propres que possible, et espérions un mieux. Une très bonne amie à nous, qui avait trois petits enfants, perdit son plus jeune bébé garçon, ce qui nous secoua terriblement. Bien d'autres jeunes familles suivirent le même chemin. Les enfants avaient souvent des problèmes de santé, et cela ne guérissait pas. Beaucoup de gens supportaient le fardeau de la peur : ne pas se sentir capable de survivre jusqu'à la fin de la guerre[23].

Le système des inspections périodiques semble avoir été destiné à achever de déstabiliser les internés, en même temps qu'à les voler. Qu'on considère par exemple celle narrée par Han Helfferich-Koch, alors au camp d'Ambarawa (Java Centre), en juillet 1944 :

Il est 6 h 30. On s'active normalement à sortir la literie, à nettoyer et balayer, tandis que certaines personnes dans notre chambrée s'habillent derrière le *klambu* [moustiquaire] autour de leur lit, et les garçons qui sont venus de leurs baraquements entrent et sortent. Soudain, dominant tous les autres sons, nous entendons le bruit mat de lourdes chaussures, des voix rudes, cognant, frappant. Comme un essaim de guêpes en colère, une horde de soldats nippons* force l'entrée dans le baraquement, tapant avec leurs carabines contre la porte et martelant

* *Nippon* dans le texte original, ce qui n'est pas très fréquent (abrégé en *Nips*). Rappelons que, par volonté d'authenticité, le nom officiel du Japon en langues occidentales était devenu en 1940 « Nippon ». La propagande japonaise

le sol, jappant et émettant des sons gutturaux. Cette fois, ils nous ont vraiment prises par surprise. Ils nous chassent dehors. Avant que nous ne réalisions ce qui nous arrive, nous avons toutes été poussées hors du baraquement, vers la rue principale. Mais, dans la demi-seconde avant qu'ils ne nous atteignent, j'attrape de dessous mon oreiller le petit mouchoir qui contient un anneau de valeur et un bracelet, et je le fourre à l'intérieur de ma robe. Tout ce que nous tenons dans nos mains, nous avons à le laisser. Quand nous atteignons la rue, nous convergeons avec le flot de codétenus qui lentement bouge en direction du bout du camp. [...] Le soleil se fait rapidement plus chaud, et maintenant il brûle sans merci. Nous attendons, attendons, et la soif nous tourmente, pire encore que la faim. Et les heures passent, lentement... [...] Juste quand nous sentons que ce n'est plus supportable, il y a un mouvement de l'autre côté de la foule, et le mot nous parvient : « Nous pouvons y aller, mais d'abord nous devons être fouillés ! » Lentement, nous nous pressons vers l'ouverture où se tiennent deux soldats nippons et deux de nos femmes. L'une après l'autre, nous avons à passer par la porte étroite ; scrutées de près par les Nips, les femmes font courir leurs mains sur nous, tapotant, tâtant pour voir si nous avons caché quelque chose. La tension parmi nous est terrible, car tout le monde a caché quelque chose dans ses vêtements. [...] Les Nips se tiennent très près et je marche doucement, en traînant les pieds, de façon à ce que le mouchoir que j'ai agrafé aussi bas que possible à mes sous-vêtements ne soit pas visible à travers ma mince robe bien usée. Et si elle le sentait ? C'est ce qui se passe, mais elle me fait un clin d'œil et nous laisse passer rapidement[24].

Le retour à la « maison » n'est pas moins dramatique :

Nous trouvons tout dans un état de chaos indescriptible, comme nous ne l'avions encore jamais expérimenté. Les matelas ont été incisés, le kapok tournoie encore dans tous les sens, rien n'est à sa place. Tout, absolument tout a été sorti des casiers et jeté n'importe où. Des bottes sales de soldats ont entièrement piétiné les draps que nous lavions si soigneusement et laborieusement. Les portraits encadrés gisent en fragments sur le sol au milieu de papiers déchirés et souillés. Mon journal est dans un état effroyable ; les pages ont été arrachées[25].

---

de temps de guerre en anglais ou en français n'utilisait que ce terme. On en est revenu à Japon/Japan après 1945.

Le cas n'a rien d'exceptionnel. Dans un autre camp javanais (Salatiga), les inspections « totales » sont surtout une technique de vol :

> [Les Japonais] confisquaient fréquemment des objets tels que les montres, les bijoux, l'argent et tout ce qui avait de la valeur. Ils volaient tout ce qu'ils désiraient, sous la pauvre excuse de rechercher des postes de radio et des armes. En de telles occasions, je réussissais généralement à m'échapper vers les « toilettes » (rien que des planches par-dessus un fossé), avec une bourse qui renfermait la joaillerie de ma mère. Je prétendais être malade auprès du *honcho* [chef] de notre baraquement[26].

Tout aussi démoralisants pouvaient être les voyages en train d'un camp à l'autre – les Japonais tenant d'une part à empêcher des solidarités trop fortes de se constituer, d'autre part à concentrer toujours davantage les internés dans un nombre réduit de lieux de détention. Première épreuve : on ne pouvait tout emporter, et en particulier les quelques meubles sauvés du domicile ou confectionnés artisanalement. Deuxième épreuve : les convois d'internés n'avaient jamais priorité, et pouvaient durer des temps infinis même pour des distances relativement courtes. Troisième épreuve : pour rendre tout contact avec l'extérieur impossible, portes et fenêtres étaient hermétiquement closes, d'où une chaleur insupportable, et rapidement des odeurs plus que pénibles, alors que les lieux d'aisance étaient réduits au minimum. Le voyage de Dieuwke Bonga d'Ambarawa à Muntilan (une centaine de kilomètres à vol d'oiseau, au centre de Java) fut dantesque, et lui réserva une surprise :

> Le soleil est chaud. Nous avons quelques chapeaux, mais cela ne procure pas de soulagement. Je pourrais boire davantage, mais il faut réserver du liquide pour le voyage. Où est ce train ? Une nouvelle fois, les gardes arrivent en criant, et nous font asseoir pour attendre, ce que nous faisions déjà. Combien de temps jusqu'à l'arrivée du train ? Une heure, deux heures ? Les enfants se mettent à s'agiter. Le soleil est blanc d'incandescence maintenant. Peu de gardes autour de nous. Maman suggère que nous grignotions quelques morceaux du pain sec et collant, ce qui nous assoiffe davantage. La foule se met à bruisser. Les gens se remettent debout. « Le train, le train… » Nous entendons un doux grondement et, oui, dans la distance, une locomotive est en vue. Maintenant nous sommes tous sur nos deux

jambes. Lentement, un train s'immobilise le long du quai, et s'arrête en couinant. C'est une chaleur d'étuve, et il semble que toutes les fenêtres soient obturées par des planches de bois. Femmes et enfants prennent leur *barang* [bagages], mais voici les gardes, hurlant au sommet de leurs voix, criant en japonais et en malais, et nous ordonnant de nous rasseoir, ainsi que de dissimuler et couvrir nos visages. Et de tourner le dos au train. Pourquoi donc ? Nous nous reculons et nous asseyons. Les soldats se tiennent au-dessus de nous, menaçants, les baïonnettes au canon. Nous sommes placées sur l'un des côtés de la zone. Ma tête est entre mes genoux, et j'ai mon chapeau de soleil, mais je suis en mesure de glisser des regards de côté, et j'ai alors le train dans mon champ de vision. Maintenant ses portes s'ouvrent, et, lentement, en sortent des hommes âgés et gris de toutes statures et apparences. Ils sont si vieux, ils peuvent à peine se mouvoir. Ils sont piteusement vêtus. Certains sont soutenus par d'autres, d'autres sont sur des civières et sont portés par quatre vieillards, ou davantage. Quel spectacle tragique ! Ils nous voient, mais il n'y a pas de contact, pas de sourires, pas de reconnaissance. Ils ne sont qu'un amas de misère. Le garde et les *heiho* les poussent vers l'autre côté de la gare. Au moins il y a des camions pour les emmener, mais pas avant que le train ne soit complètement vidé, ce qui prend un bon moment. Iraient-ils au camp Ambarawa-2, d'où nous venons ? Pauvres, pauvres hommes. L'attention des soldats se relâche. Plusieurs d'entre eux sont appelés ailleurs, et de plus en plus de femmes jettent un coup d'œil sur ce qui se passe. L'après-midi entière s'est écoulée, et le soleil a presque disparu. Les derniers camions des hommes âgés sont en train de partir. Et nous sommes encore assises dans cette chaleur humide qui nous consume. Puis il fait nuit... L'officier japonais se rappelle soudainement que nous sommes encore là. Les criailleries recommencent une fois de plus. « *Lekas, lekas !* » [« Vite ! »]. Ils nous montrent le train. Chacun se remet sur ses jambes. Comme un troupeau de bétail, on nous chasse vers le quai et on nous fait monter dans ce train dont tous ces vieillards malades sortent à peine, avec toutes leurs affections et leurs microbes contagieux. J'ai pitié de ces hommes, mais le train n'a même pas été nettoyé ou aéré. Il y a tant de monde que la montée dans les wagons n'est pas rapide. Notre famille est au bout de la file. Nous avons même la chance de pouvoir un peu marcher sur le quai. [...] Notre première réaction, après être entrées dans le malodorant wagon, est d'essayer d'ouvrir les fenêtres, mais la plupart d'entre elles ne bougent pas, elles ont été clouées en position fermée. Oh, qu'est-ce que ça peut puer ici, et qu'est-ce qu'il fait chaud ! un peu d'air pénètre par les portes ouvertes, mais même si nous sommes en début de soirée, il ne fait pas beaucoup plus frais dehors. Mais pourquoi tous ces cris et ces jurons ? Les vieillards se sont-ils révoltés contre la cruauté de leur traitement ? Non, ce sont à nouveau les gardes. Quoi encore ? Personne ne comprend. Oh, ils rentrent dans les wagons… « Bloquez les fenêtres, fermez-les. Il les veut fermées ! », l'appel retentit dans tous les wagons. Aurons-nous à rester assis dans le noir dans ce train puant, dans cet air chaud et lourd ? nous obéissons aux ordres. Que faire d'autre ? N'importe comment, les fenêtres sont obturées par des planches, mais quelqu'un doit avoir essayé d'en ouvrir. Qui a envie de se faire tabasser en un jour comme celui-ci ? Personne n'ose plus toucher aux fenêtres. Et il n'y a aucune lumière à l'intérieur de ce train ! L'embarquement des femmes et enfants avec tous leurs bagages prend un certain temps. Nous tentons de trouver un siège dans le noir[27].

Kampili ne fut pas le seul lieu d'internement au bilan ambigu. Le camp de femmes de Batu Lintang, à Kuching (Sarawak), présente pareillement des signaux contradictoires. D'un côté, le maintien, exceptionnel pour l'Asie du Sud-Est, d'un contact, certes infime, entre internés des deux sexes :

Grande concession : les femmes mariées étaient autorisées à rencontrer leurs maris une fois par mois dans un enclos à cochons situé entre les deux camps. Malgré le lieu, c'était excellent pour remonter le moral, et les épouses tenaient à utiliser tout maquillage encore entre leurs mains, et à arborer tout vêtement préservé pour ce genre d'occasion. Certaines, en vérité, parvenaient à se rendre tout à fait présentables, et un vrai plaisir à regarder pour le reste d'entre nous, si habitué à leur apparence coutumière plutôt crasseuse. Les Nips tenaient un compte attentif du nombre de couples mariés, et celles d'entre nous qui n'avaient pas de mari n'étaient pas admises à rencontrer des hommes du camp voisin. Ces femmes rentraient parfois avec de petits cadeaux, tels qu'un petit morceau de vrai savon, ou un crayon, ce genre d'objets étant pour nous, à l'époque, de vrais trésors. Une âme charitable me passait toujours son mouchoir quand elle revenait d'une telle réunion, et comme elle avait très intelligemment réussi à garder du Chanel n° 5, dont elle avait imbibé ledit mouchoir, je l'emportai au lit avec moi, et passai une nuit délicieuse constellée de rêves glamour[28].

D'un autre côté, progressivement, les choses se gâtent, même si l'on demeure dans le registre de la plaisanterie – cela regardé du point de vue des geôliers hommes, et non pas de celui des victimes femmes d'un harcèlement sexuel :

> La main-d'œuvre locale se fit progressivement plus rare, tout comme les prisonniers de guerre, et la résultante en fut la mise au travail des femmes dans les champs, pour produire des légumes ou d'autres aliments. Étant incapable de bêcher le sol, on m'affecta à l'unité textile, où je travaillais avec six nonnes. On nous faisait marcher chaque jour vers un bâtiment extérieur au camp, équipé de machines à coudre ; et là, nous travaillions de 9 heures du matin à 6 heures du soir, recousant et rapiéçant les uniformes japonais, avec une pause pour le repas de midi. Les six sœurs et moi-même nous étions de l'équipe de couture, et alors que chaque jour nous longions plusieurs camps et postes de garde, nous devions nous incliner devant les sentinelles. Nous pouvions parfois nous en sortir avec un simple hochement du menton, mais si les Nips étaient d'humeur perverse, nous avions à retirer chapeaux et lunettes, et à faire notre courbette pour ainsi dire jusqu'au sol. Après cela, on nous fouillait, quoique nous n'ayons rien d'important à cacher. Quand nous nous trouvions dans l'atelier de couture, nous étions étroitement surveillées, mais nous réussissions à dérober du fil et parfois des aiguilles, qui dans les camps de prisonniers étaient aussi rares que des diamants. Les gardes japonais ne nous embêtaient pas trop, mais les officiers faisaient de leur mieux pour nous ennuyer et nous embarrasser. Ils venaient dans l'atelier, arrachaient des boutons de leurs habits, puis les enlevaient pour nous les donner à réparer. Pendant ce temps, ils marchaient d'un bout à l'autre de la salle, parfois sans même un sous-vêtement. Ils se concentraient habituellement sur moi en tant qu'unique « non-religieuse », et venaient tout contre ma machine à coudre, espérant m'ennuyer au point que je protesterais. Mais, comme infirmière, j'avais vu bien trop de corps nus pour m'en montrer préoccupée ou en colère ; je regardais calmement mais avec mépris le contrevenant de haut en bas, jusqu'à ce que, finalement, il rougisse. Il se rhabillait à la hâte, et partait. En ce genre de moment, les nonnes gardaient la tête baissée cachée derrière la coiffe. Un jour où nous avions travaillé tard, nous passions à proximité du camp des prisonniers de guerre britanniques, quand sonna le gong annonçant leur repas de 6 heures du soir. Pensant que nous étions déjà revenues dans notre camp, les hommes se précipitèrent dehors, nus ; un jeunot, qui nous aperçut soudain, attrapa une poêle à frire dans le baraquement, et la tint devant lui ! (Ces soldats en étaient réduits à ne pas porter grand-chose en plus du sous-vêtement, qui devait être lavé chaque soir ; ce qui voulait dire qu'ils demeuraient

nus jusqu'au lendemain matin). Je ne pus m'empêcher de pouffer de rire au spectacle du garçon à la poêle, et sans y penser, je m'écriai : « Oh, mes sœurs, regardez ! » Les yeux de la mère supérieure scintillaient, mais elle dit calmement : « Sœurs ! yeux vers le bas s'il vous plaît[29]. »

S'agissant du travail à fournir, que la convention de Genève de 1929 réglementait strictement, interdisant en particulier tout ce qui relevait de la participation à l'effort de guerre de l'ennemi, les prisonniers tant civils que militaires surent rapidement à quoi s'en tenir : pas question de refuser quoi que ce soit que leurs geôliers puissent leur imposer. C'est ce que comprirent vite les compagnons de captivité de J. L. Noakes, l'un des internés civils de Batu Lintang, dans un des rares camps où ils étaient mélangés avec les militaires :

Le 14 juillet 1942, on nous déménagea au camp de Batu Lintang. Deux jours plus tard, les internés néerlandais, les officiers et soldats néerlandais, les soldats et détenus indonésiens arrivèrent. Nous nous installâmes plutôt bien, mais les Japonais semblaient être débordés et ne pouvaient rien organiser. Quelques jours plus tard, beaucoup furent mis au travail sur les routes ; mais nous fûmes déconcertés d'apprendre que nous devions aussi fournir des bras pour travailler sur un terrain d'atterrissage. Il y eut une réunion, où beaucoup de gars prônaient le refus de cette tâche, mais le comité, dont j'étais membre, conseilla aux détenus du camp d'aller sur le site et d'examiner le travail à faire. Si on s'apercevait que l'objectif en était militaire, et donc contraire à la convention de La Haye (nous n'étions pas certains que le Japon en ait été signataire)*, alors le comité informerait les Japonais que nous refuserions ce travail. Tôt le matin suivant nous marchâmes jusqu'au train. À notre arrivée sur le terrain, on nous donna des outils et on nous dit de commencer le travail, en excavant sur une vaste zone. Le comité décida que les Japonais n'avaient sans doute pas le droit de nous utiliser pour un tel travail, d'où la démarche de Mr Le Gros Clark** auprès de l'officier japonais. L'officier répondit qu'il n'avait pas le pouvoir de prendre une décision, mais qu'il informerait le capitaine Kassia aussitôt qu'il arriverait ; à sa suggestion, nous donnâmes l'apparence de faire quelque chose. Kassia arriva vers 9 heures, et dès qu'il

* Allusion aux deux premières conférences internationales sur le droit de la guerre, à La Haye (Pays-Bas) en 1899 et 1907. Le Japon avait signé et ratifié la convention qui en était sortie.

** Il avait été *Chief Secretary* dans le gouvernement du Sarawak.

> entendit parler de notre protestation, il sauta sur un chariot, emmêla son sabre dans ses jambes, tomba, grimpa à nouveau puis, au travers d'un mauvais interprète, nous dit (en malais) « *Siapa yang tida mahu kerja, pergi sa blah sini* » (« Celui qui ne veut pas travailler, qu'il aille se mettre de ce côté »), indiquant un emplacement vide. Cinq hommes s'y avancèrent, mais le reste de notre compagnie, y compris ceux qui la veille au soir étaient si fermement résolus à ne pas travailler pour les Japonais, demeurèrent là où ils étaient. M. Verheul, le représentant néerlandais, essaya d'expliquer que nous n'avions pas d'objection au fait de travailler, mais à ce type particulier de travail, et il fut vivement giflé pour sa peine. Kassia nous informa alors que quiconque refusait de travailler serait fusillé, et ordonna aux quatre solitaires de retourner de l'autre côté. Le soir, on nous fit tous défiler et Kassia s'adressa à nous. Il nous indiqua que nous aurions à travailler où l'on nous l'ordonnerait, et que la mort par fusillade serait le châtiment en cas de refus. Le martyre ne nous attirait pas[30].

Maintenir un semblant de vie privée était un défi permanent, et généralement perdant. Difficile pour des individus, la promiscuité forcée était plus pénible encore pour les familles, et pour les couples. Cela concernait surtout la Chine, la séparation des sexes étant ailleurs rigoureuse. D'où cette lettre d'Anne Norman à ses co-internés Betty et Godfrey Gale, encore émue en 1980 du précieux don qu'elle avait reçu dans son camp de Pudong, zone marécageuse proche de Shanghai – et aujourd'hui son nouveau centre futuriste :

> Puis-je vous remercier encore pour le prêt de votre « chambre d'ascenseur » au CAC (*Civilian Assembly Centre*), il y a trente-cinq ans, dans laquelle nous célébrâmes mon 21e anniversaire ? C'était assurément l'une des seules chambres « privées » de l'ensemble du camp ! À coup sûr le plus prisé de tous les cadeaux qu'on ait pu faire alors au camp, avec une intimité de quelques heures. Une si gentille attention de votre part. Vous souvenez-vous de la fête ? Mrs Habecost avait rassemblé des babioles depuis des semaines pour le gâteau d'anniversaire ! Et chacun avait collecté des objets et économisé pour la fête. Ça a vraiment été une merveilleuse célébration d'anniversaire, et je suis sûre que personne n'en a jamais eu d'aussi unique[31].

C'est un lieu commun de dire que ce qui empêche un détenu de désespérer, ce sont les contacts avec l'extérieur – à la fois pour se prouver à soi-même qu'on n'est pas oublié, et pour conserver un horizon au-delà des barbelés et des miradors. En outre, dans les camps japonais, les pénuries en tout genre étaient telles que recevoir de temps à autre un colis pouvait être une question de vie ou de mort. De ce point de vue, le moins qu'on puisse dire est que les geôliers ne se montrèrent guère coopératifs : colis subtilisés, pillés, ou à la distribution retardée de plusieurs mois, quand ce n'était pas d'années entières. Lors de la capitulation de 1945, les ex-détenus, à leur grande colère, découvrirent souvent colis et courriers qui leur étaient adressés, et qui dormaient depuis longtemps dans les réserves du camp, alors que certains d'entre eux auraient pu en être sauvés. Beaucoup, en Asie du Sud-Est, ne reçurent jamais rien, ou seulement un ou deux colis en quatre ans. En Chine ou au Japon, la Croix-Rouge internationale, qui se chargeait des transmissions, fut davantage en position d'agir, et les prisonniers ou internés furent nettement mieux pourvus. La réaction à l'été 1944 d'une détenue néerlandaise du camp de Glugur (à Medan, Sumatra) est caractéristique :

> Nous avons reçu un merveilleux présent de la Croix-Rouge américaine. [...] Nous étions si heureuses que nous ne savions quoi faire. Nous pouvions difficilement contrôler nos nerfs. Imaginez donc, après deux ans, recevoir du chocolat et des conserves de viande, de beurre, et du savon, et du lait en poudre, et de la confiture – et pour chacune un paquet de Chesterfield ou de Camel, vingt cigarettes ! Nous avons commencé immédiatement à échanger certains produits. [...] Les conserves ont à être partagées entre trois, quatre ou sept personnes, mais nous sommes si reconnaissants. [...] Ah, boire à nouveau du café au lait ! Nous pouvons à peine le croire[32].

Il reste que les colis pouvaient aussi donner lieu à de sérieux conflits, comme le narre Betty Gale, du camp de Pudong :

> C'est difficile à croire, mais un groupe d'Américains dit : « Ces colis viennent des États-Unis, et donc ils sont pour les seuls Américains, et pas un seul n'ira aux Britanniques rubiconds. » Au début, nous restions incrédules, puis nous fûmes furieusement en colère. La Croix-Rouge est une organisation internationale, et tous les colis sont pour tous les prisonniers alliés, quel que soit le pays qui les a envoyés, les États-Unis ce mois-ci – et, espérons-le, la Grande-Bretagne le mois prochain[33].

Internés civils : la fin, mais quelle fin ?

Pour les internés civils, comme pour les prisonniers de guerre et les populations en général, plus l'on avançait dans le temps, pire ce fut. Le transfert de la gestion des camps à la seule armée entraîna la suppression des petits espaces d'autonomie des internés. Et la propagande se fit de plus en plus pesante :

> Je pense que c'est à la mi-1943 que les choses commencèrent à tourner vraiment mal. Notre camp fut soudainement placé sous supervision militaire, ce qui signifiait que des règles et normes administratives plus strictes étaient imposées. Jusque-là, nous avions encore une forme d'école, des lieux de culte, des distractions et d'autres activités sociales, quoique techniquement ils n'aient pas été autorisés. Désormais, nous étions forcés d'écouter un Jap proclamer la puissance d'Hirohito et autre propagande du même acabit, et le message était traduit en malais, puis de là en hollandais. La conclusion, c'est que dès lors nous étions les sujets de l'autorité militaire japonaise. Les garçons âgés de dix-huit ans et plus furent immédiatement exclus du camp, et je perdis ainsi un de mes amis. Ceux de onze ans et plus étaient placés dans un baraquement distinct. Les garçons suffisamment grands et forts, quel que soit leur âge, avaient à se rassembler hors du camp pour se voir donner des missions de travail. Puis vint la recherche d'un garçon qui puisse crier à pleins poumons. Comme cela me correspondait et que j'étais le plus maigre du groupe, on me sélectionna pour diriger la gymnastique quotidienne. Chaque matin, ce fut « *kokomin taiso-ichi, ni, san, shi* », etc. J'avais à conduire l'exercice pendant environ une demi-heure, puis chacun avait à vaquer aux tâches assignées. Une de mes obligations était d'emporter les ordures à travers deux portails, l'un conduisant au camp et l'autre vers le monde extérieur, de sorte qu'il y avait un espace entre eux. Comme d'habitude, je portais à la ceinture de mon short une épingle avec la phrase « *Nederland zal herrijzen* » (« Les Pays-Bas se relèveront ») gravée, accompagnée de tout petits drapeaux hollandais et britannique. Un début d'après-midi, un combattant de la liberté indonésien servant les Japonais reconnut l'épingle et me dénonça au commandant. Diable, j'étais dans de beaux draps ! Le Jap voulait voir tout ce que j'avais dans les poches. Parmi d'autres objets, ils trouvèrent des petits messages de ma petite amie[34].

L'alimentation, de plus en plus déficiente, rendait les lourdes exigences de travail et les brutalités nippones toujours plus insupportables. Et vint un moment de « décompensation », comme on dit en termes médicaux, un moment où l'on commença à mourir en masse. Ce fut rarement avant 1944, mais les tout derniers mois de la guerre furent atroces – et la plupart, privés de toute information, bien loin des zones de combat, n'avaient pas la moindre idée que ce fussent les derniers mois. Pour tous, on y reviendra, la bombe d'Hiroshima et la capitulation nippone furent la divine surprise, le viatique qui, *in extremis*, leur permettait de vivre encore. Le sinistre camp de Muntilan, en ce début de 1945, s'était transformé en mouroir :

> Imaginez, ne pas pouvoir donner suffisamment à manger à vos petits, et à vos grands, et en plus savoir que quoi qu'ils aient à manger, ce n'était pas bon pour eux ! Combien Maman et toutes les autres mères ont dû souffrir de cette cruelle réalité, que délibérément on affamait à mort leurs propres enfants. Comment un être humain peut-il infliger un tel sort à un autre humain, cela me dépasse toujours. Les enfants mouraient, des adolescents normaux mouraient. Ils mouraient affamés. Une fille de seize ans qui travaillait avec nous dans le groupe *patjol* [des houes] mourut elle aussi. Elle s'était vidée de toute énergie. On demanda sur son lit de mort à la mère de notre professeure de gymnastique si elle avait encore un souhait que peut-être sa fille pourrait satisfaire. Elle demanda un œuf à la coque, et il ne fut pas possible de trouver un seul œuf dans tout ce grand camp. Il n'y avait plus de souris, plus de rats, plus de grenouilles, plus de sauterelles, plus de vers de terre – tout ce qui pouvait à la rigueur être mangé avait disparu ! Mais le travail esclave continuait. Nous pataugions pieds nus dans le compost et les piles d'ordures pour les transporter d'un endroit à un autre. La puanteur, dans cette chaleur tropicale, était suffocante. Une fois, il nous revint de vider une mare située devant le terrain de rassemblement du camp. Quelques coolies indigènes avaient drainé l'eau sale, jusqu'à la couche noire sale du fond. C'était aux femmes de prendre le relais. Elles avaient à piétiner, pieds nus, et utiliser leurs mains pour fouiller le fond et « trouver quelque chose de valeur », comme le leur dit le commandant du camp. Il suspectait probablement que des femmes avaient jeté leur argent et d'autres objets de valeur dans la mare quand arriva l'ordre de remettre tout cela. Eh bien, il ne gagna pas grand-chose avec cela. Les cuillers d'argent, les bijoux, les florins d'argent, et tout ce que les femmes trouvèrent, elles le firent

passer rapidement à celles qui les assistaient et se tenaient près du bord de la mare, ayant à emporter la boue épaisse. N'importe comment, tout en était recouvert, de sorte que pratiquement rien ne fut remis au commandant. Il était visiblement déçu. L'un dans l'autre, c'était un travail puant. Tout était fait pour nous humilier et nous décourager[35].

La vision du camp de Kampong Makassar, près de Jakarta, en 1945 par l'écrivain néerlandais Beb Vuyk est plus dramatique encore :

Je n'oublierai jamais l'odeur de la dysenterie bacillaire, du sang et du mucus. Tous les patients vraiment sérieux étaient emmenés à l'hôpital surchargé ; le restant demeurait dans le baraquement, sur des couchettes larges de cinquante centimètres, malades et bien portants n'étant donc distants que d'un demi-mètre. Vous mangiez votre portion de riz, et à côté de vous un enfant souillait le matelas. Vous laviez votre assiette dans un seau posé à même le sol devant vous, et à quelques dizaines de centimètres quelqu'un était assis sur un pot plein de sang et de mucus, dans une puanteur de décomposition. Et, la nuit, vous dormiez sur le même matelas, entre un enfant fiévreux, délirant, hautement contagieux, et votre voisin, lui aussi fiévreux, si près de vous que vous pouviez vous toucher coudes et genoux à tout moment. Vous vous efforciez de trouver ça normal, car vous ne vouliez pas vous permettre de réaliser à quel point était critique la situation de cette foule sous-nourrie, entassée bien trop près de vous, dépourvue de désinfectants, presque sans *obat* [médicaments], à la merci d'une maladie infectieuse. Si à l'occasion une pleine conscience de cela vous assaillait, le désespoir vous envahissait. Les deux bambins d'une jeune femme qui gisait non loin de moi étaient atteints de fortes fièvres, l'un du fait de la malaria, l'autre du fait de la dysenterie. Le plus jeune était né alors que son père était déjà parti depuis des mois, la femme n'ayant ensuite plus jamais entendu parler de lui. Elle dit : « Cela fait longtemps que j'ai cessé de verser des larmes sur ce fait qu'il se peut que mon mari ne me revienne jamais, mais je peux pleurer des nuits entières sur l'aversion que je ressens maintenant pour les petits corps fiévreux et embrasés de mes propres enfants. » Nous étions assis à l'extérieur, quoiqu'il soit bien tard, et que les Nippons observaient de près si certains sortaient de leurs baraquements. Cette nuit-là, une nuit éclaboussée de lune à la beauté irréelle, le *banjir* [« inondation »] du désespoir s'acharna sur nous. Et ainsi nous tenions-nous dans les nuages de mort et de pourrissement, et chaque jour le plus costaud aidait à traîner le plus faible à l'hôpital, et le plus malade, le vieux et les jeunes enfants mouraient et étaient enterrés dans une natte, car il n'y avait plus de bois pour un cercueil, dans un pays riche en arbres. Une courte prière, le camion s'approchait et les infirmières de l'hôpital poussaient le cercueil dessus, tout en remettant la croix de bois. Une fois le moteur démarré, le sergent nippon sautait sur le marchepied et c'est ainsi que, gardés jusqu'au bout, nos jeunes enfants étaient conduits jusqu'à leur tombe de soldat[36].

Même l'optimiste invétéré qu'est Fred Lanzing décrit en termes tragiques l'état de déréliction, juste après la libération de 1945, du vaste camp de Cideng (ou Tjideng), à Jakarta :

Je fis du stop dans une Jeep anglaise jusqu'au grand camp de femmes de Cideng, le seul endroit de Jakarta qui me semblât familier. Le camp avait l'air désolé, complètement différent de ce que j'avais vu un an auparavant, quand je l'avais quitté avec ma mère et ma sœur. C'était un spectacle terrible. Tout était dégoûtant, sale, avec des produits domestiques cassés jetés un peu partout, les jardins désormais négligés transformés en bourbiers, avec de petites mares d'eau verdissante, à l'odeur écœurante, et les maisons en ruine. Tout ce qui était en bois avait été brûlé. Les extérieurs avaient été piétinés, jonchés de foyers primitifs, de pots brisés et de boîtes de conserve rouillées. Tous les cloaques débordaient, cependant que les tuyaux de drainage étaient bouchés de fétides suintements couleur bronze. Cela sentait la merde et les poux, les mouches fourmillaient partout. L'endroit croulait sous les milliers de femmes aux yeux vides et les enfants émaciés. Rien d'étonnant à ce que Lady Mountbatten ait éclaté en sanglots quand elle visita Cideng en octobre 1945, durant son inspection des camps en forme de périple[37].

Sa vision correspond exactement à celle expérimentée quelques mois plus tôt par Lydia Chagoll, qui y revint après un séjour au camp de Grogol :

Tjideng avait changé. Plus petit qu'avant, mais surpeuplé. Des milliers de femmes et d'enfants dans des maisons en ruine*. Tant les

---

* Une des différences principales entre camps d'hommes et de femmes semble avoir été le défaut de maintenance et de réparations dans ces derniers, ce qui dégrada rapidement le cadre de vie. Les Japonais laissaient les détenus entièrement responsables de celui-ci : les compétences masculines spécifiques et le

choses que les gens dans un état pitoyable. [...] Tjideng avait changé. C'était une porcherie, un effroyable capharnaüm, un entrepôt plongé dans un chaos inouï. Nous étions entassées à cinq, six, sept, à dix par pièce, sur des matelas posés à même le sol, rampant les unes sur les autres. C'était la même chose dans chaque pièce de chaque maison attribuée aux nouvelles venues. Où se laver ? Où aller aux toilettes ? Tout était toujours occupé[38].

La grande majorité des souffrances endurées étaient dues aux Japonais. Mais pas toutes. Les aviateurs alliés y eurent aussi leur modeste part, car les bombardements touchèrent de nombreux lieux en 1944-1945, parmi lesquels quelques camps (ou, on l'a vu, le « ghetto » de Hongkew à Shanghai). Et l'on a même l'impression que les aviateurs pouvaient y prendre quelque plaisir. C'est ce que décrit Jeanne Van Diejen, au camp de Kampili, ce fatal 17 juillet 1945 :

Nous sautions en l'air et nous nous congratulions : « Ce sont des avions alliés ! », et, les yeux humides, nous les regardions passer au-dessus de nous. Ce devaient être nos libérateurs et, pleins d'espoir, nous scrutions le ciel bleu, cherchant des tracts. [...] La même escadrille de B-24 Liberator que nous avions vue plus tôt volait à basse altitude droit dans notre direction, et largua une ligne de barils qui s'ouvraient en altitude. « Des bombes », pensions-nous. Nos têtes baissées, nous nous raidissions dans l'attente des explosions. Mais tout ce que nous entendions, c'étaient des bruits mats, assourdis. « Ça doit quand même être des tracts ! », espérions-nous, assises sur nos talons. Mais comme les avions nous avaient dépassé, une femme releva la tête et s'exclama :

---

maintien de l'organisation militaire chez les prisonniers de guerre furent des palliatifs, inexistants du côté féminin. Selon Lydia Chagoll (*Une enfance dans les camps japonais...*, Bruxelles, Éditions Luc Pire, 2000, p. 80) : « Personne ne possédait d'outils. Et personne n'a songé une seule fois à se fabriquer un outillage de fortune. C'est une des raisons qui expliquent l'énorme détérioration des équipements dans les camps de femmes. Les femmes étaient incapables de prévenir ou de réparer le délabrement des baraquements, des conduites d'eau et d'électricité. Et les Japonais laissaient tout pourrir. Cela ne les intéressait pas le moins du monde. Ce n'était pas leur affaire. » Il est significatif que les bâtiments occupés par des religieuses aient été les mieux entretenus des camps de femmes. En revanche, le souci de propreté de la personne et de l'environnement immédiat chez ces dernières réduisit l'occurrence de certaines maladies, de peau en particulier. Elles firent également des miracles avec le peu de vêtements et de tissus qu'elles conservaient, ce qui joua positivement sur leur moral.

« Ils larguent des bombes incendiaires ! Regardez ! Le champ de manioc est en flammes ! » Abasourdis, nous regardâmes tout autour et vîmes que la porcherie était également en feu. En quelques secondes, l'air fut déchiré par les cris perçants de cinq cents cochons terrifiés, coincés à l'intérieur. Tout près de nous se trouvait un cylindre enflammé, qui menaçait de mettre le feu à une haie et au pavillon des dysentériques, juste à côté. Willy Fuhrie courut jusqu'à la bombe et l'éteignit avec des poignées de terre juste ramassées. Des flammes qui jaillissaient non loin attirèrent notre attention : les cages à poules brûlaient elles aussi. Peu de temps après nous entendîmes le rugissement des flammes et les claquements du bambou qui explosait : plus de la moitié du camp était en train de brûler. Mme Van Sandik se leva en hâte et courut en direction du bâtiment en feu pour être avec les enfants qui avaient été laissés à sa charge. Les flammes jaillissaient, hautes comme trois ou quatre étages et rayonnaient une chaleur intense, cependant qu'une massive colonne de fumée noire tourbillonnante assombrissait le ciel. Les Liberator revinrent, vague après vague, pour larguer leur charge mortelle sur les maisons et les baraquements, ainsi que sur les femmes et les enfants en train de courir, devenus fous de terreur. C'était un enfer ! Autour de nous, tout était maintenant en flammes, et pourtant les avions retournaient pour jeter encore davantage de bombes incendiaires. Certaines, qui restaient liées les unes aux autres comme un casier de bouteilles, tombaient au beau milieu de personnes hurlantes. Dans la plupart des cas, les bandes épaisses qui maintenaient les bombes ensemble se brisaient à mi-hauteur – comme probablement elles étaient prévues devoir le faire –, et les bombes, dont certaines brûlaient déjà, se dissociaient pour suivre chacune sa trajectoire jusqu'au sol. [...] Comme nous ne nous sentions pas en sécurité dans la tranchée à demi terminée qui longeait notre maison, nous courûmes toutes trois vers les *sawah* [rizières]. Les avions, qui à présent venaient vers nous, continuaient à tirer sur tout ce qui bougeait. [...] L'avion revint en formation avec les autres, et son mitrailleur poursuivit son jeu sanglant sur trois femmes sans défense. Combien de temps dura ce supplice, je ne le sais pas. Certains dirent que c'était une heure ; d'autres dirent davantage. J'avais l'impression que plusieurs heures étaient passées avant que le mitraillage ne cesse, et que l'horrible bourdonnement de ces avions ne s'évanouisse dans la distance[39].

Deux jours après, un autre bombardement, cette fois avec des bombes conventionnelles, fut la cause d'un second carnage, plus limité. À ce stade de la guerre – moins d'un mois avant sa fin brusque –, les Alliés disposaient d'une totale maîtrise du ciel. Qui plus est, un mois auparavant, des avions d'observation P-38 avaient tourné autour du camp, enregistrant à l'évidence qu'il s'agissait de femmes et d'enfants – tout comme le perçurent les appareils volant bas du 17 juillet. Il est donc incompréhensible et inadmissible que ces deux bombardements, accompagnés du mitraillage des fuyards, aient pu se produire. Cela indique sans doute que la guerre est lieu d'erreurs et d'absurdités sans nombre, mais aussi que la cruauté tranquille et l'insensibilité aux autres qui caractérisaient l'armée impériale avaient déteint sur ses adversaires.

On laissera à Lydia Chagoll le soin de dresser une conclusion, à laquelle on ne peut qu'adhérer :

> Nous n'étions pas tatouées comme du bétail. Nous ne servions pas de cobayes pour des expériences médicales. Nous n'étions pas gazées. Et pourtant, si cela avait duré à peine quelques mois de plus, nous serions toutes mortes sans que personne le sache. Nous, les femmes et les enfants des Indes néerlandaises, nous n'existions plus. Ni pour les Japonais ni pour le reste du monde[40].

Ne pas fétichiser un mode d'humilier, de torturer, de mettre à mort : c'est l'intention qui compte, en sachant que dans certaines circonstances un mélange de négligence absolue pour les conditions de survie d'un groupe et d'instrumentalisation toute aussi absolue de sa force de travail peut aboutir à un résultat assez proche d'une volonté exterminatrice caractérisée. Savoir reconnaître un génocide, dont les Japonais ne se sont pas rendus coupables, c'est chose essentielle. Mais à condition que cela n'amène pas à relativiser d'autres meurtres de masse délibérés, dont se sont rendus coupables, en particulier, les archipels concentrationnaires du Japon, de l'URSS de Staline, de la Chine de Mao Zedong, ou de la Corée du Nord de la dynastie Kim.

Les Japonais comme internés

On a déjà évoqué les prisonniers de guerre japonais. Des civils nippons, ou originaires de l'Archipel, furent également internés. Certains pour peu de temps : les dizaines de milliers de Japonais établis en Asie du Sud-Est, dans les colonies des États-Unis, de la Grande-Bretagne et des Pays-Bas, entre les 7-8 décembre 1941 et leur libération progressive, à la suite des conquêtes rapides du premier semestre 1942. On en sait peu de chose, mais ils ne paraissent pas avoir subi de mauvais traitements (nul doute sinon que la propagande japonaise en eût fait grand cas).

Bien mieux connu est l'internement aux États-Unis de quelque 120 000 citoyens d'origine japonaise (les *Nisei*, plus de 60 % du total) ou de nationalité autre, essentiellement japonaise (la première génération des immigrants, les *Issei*). Il est choquant qu'un pays juge bon d'entraver ainsi la liberté d'une partie de ses propres citoyens, et cela a d'ailleurs entraîné d'importantes réparations financières dans les années 1980. Il reste que cet internement, contrairement à ce qu'on avance parfois, ne fut ni universel (ni le centre, ni l'est des États-Unis, ni surtout Hawaii ne furent touchés), ni permanent : en 1944, beaucoup furent relâchés, avec parfois interdiction de retourner sur la côte ouest avant la fin de la guerre. Surtout – et le lecteur des pages qui précèdent ne peut qu'y être sensible –, il ne fut pas marqué de la volonté de faire du mal aux internés. Personne n'eut faim dans les camps américains, personne ne périt dans des travaux exténuants, personne ne fut battu ou violenté gratuitement, personne ne fut délibérément humilié. Les familles déplacées disposaient de maisonnettes avec un petit jardin, les enfants allaient à l'école, et bien entendu on pouvait lire tous les journaux américains que l'on voulait. Il reste que l'internement lui-même, additionné au déplacement souvent de plusieurs milliers de kilomètres, fut difficile à supporter, en particulier pour tous ceux, fort nombreux, qui se voulaient de bons citoyens américains.

Le racisme – c'est pratiquement devenu aujourd'hui la vérité officielle aux États-Unis – fut-il à l'origine de cette épreuve ? Si l'on en juge par l'atmosphère « anti-Jaune » de l'époque, particulièrement sur la côte ouest où vivaient la plupart des *Nisei*, certainement en partie. Mais il n'est guère probable que ce fût là la motivation de l'administration Roosevelt. On pouvait à bon droit se méfier quelque peu, à partir du moment où l'on sut que beaucoup des *Nisei* (y compris de nationalité américaine) présents au Japon en décembre 1941 s'étaient volontairement engagés dans l'armée impériale, et que, en Asie du Sud-Est, à mesure que l'avance militaire japonaise s'y étendait, un certain nombre de braves photographes ou blanchisseurs nippons étaient apparus à leurs voisins ébahis en uniforme d'officiers japonais. La controverse subsiste à propos de l'étendue des réseaux d'espionnage japonais aux États-Unis que le déchiffrement des codes de Tôkyô aurait révélés*, mais qu'une fraction significative des Nippo-Américains ait souhaité la défaite de leur pays d'accueil ne fait aucun doute. On va en juger à partir de l'extraordinaire témoignage de Yasutaro Soga (de Hawaii), rédigé dès janvier 1946 (il n'était libéré que depuis novembre) et initialement publié en japonais, sur quelques camps américains à discipline renforcée, destinés aux « fortes têtes » parmi les *Nisei*, à ceux soupçonnés d'un lien direct avec l'État japonais, et enfin à un certain nombre de prisonniers de guerre.

La description du camp de Lordsburg (Nouveau-Mexique) est frappante, d'autant qu'elle vient d'un partisan (relativement modéré) de l'armée impériale :

> À l'ouest se trouvaient les baraquements des soldats et au sud un hôpital magnifique, qui paraissait incongru en un tel lieu. À côté des bureaux administratifs de niveau bataillonnaire et régimentaire**, chaque régiment disposait de quatre salles à manger avec cuisines, d'une infirmerie, de deux bâtiments de bains et douches, d'une salle de ravitaillement, d'une salle de réunion, d'une bibliothèque, d'un magasin, d'une salle de récréation, et d'une menuiserie. À l'intérieur du camp, il y avait aussi un centre de presse, un terrain de softball, un court de tennis, un court de volley-ball, un terrain de golf, et un jardin potager. L'eau arrivait par un petit canal dérivé d'un barrage lointain, et du gaz naturel nous fournissait de l'énergie. Bien que nous soyons installés dans un désert, l'eau était abondante et sa qualité plutôt bonne. Nous pouvions utiliser les douches aussi souvent qu'il nous plaisait et à n'importe quelle heure, ce pour quoi nous étions particulièrement reconnaissants. Globalement, les facilités à Lordsburg étaient proches de la perfection, et le système d'autonomie marchait bien.

---

* Déchiffrement qu'il n'était pas question alors de révéler indirectement en arrêtant ou en dévoilant lesdits espions, la priorité étant accordée à la gestion des opérations de guerre.

** On comptait environ 1 500 internés, qui comme dans les autres camps états-uniens s'auto-administraient entièrement, les gardes se contentant de surveiller et de ravitailler. Sur le modèle de l'armée, ils étaient répartis en trois bataillons, eux-mêmes subdivisés en quatre régiments.

> Certains se plaignaient des repas, mais j'estimais qu'ils étaient plutôt bons. Depuis le début, les autorités militaires étaient généralement libérales dans la façon de nous traiter, ce qui nous donnait une plus grande impression de liberté. Il n'y eut jamais de rassemblement ou d'appel comme à Sand Island*. Les autorités ne comptèrent l'ensemble des internés que deux fois[41].

La comparaison avec les camps d'internés occidentaux que nous venons d'observer se passe de commentaire. Cela montre l'inconvénient d'utiliser les mêmes termes pour des réalités si profondément différentes. Passe encore si, derrière le mot, on se préoccupait d'investiguer la chose. Mais c'est rarement le cas.

Ces conditions de détention pour le moins tolérables n'empêchaient pas les internés d'éprouver une grande démoralisation, qui avait des effets parfois curieux :

> Le premier de l'An 1942, notre premier Nouvel An après notre arrestation, nous n'obtînmes même pas un morceau de *mochi* [« gâteau de riz »], et nous ne nous sentions pas en fête du tout. Nous étions emplis d'anxiété, de frustration et de désespoir – non seulement pour nous-mêmes, mais aussi pour nos familles, que nous avions laissées au loin. À moins qu'un homme ne soit extrêmement confiant et optimiste, il était prévisible que ses « nerfs » se manifestent ou qu'il commence à faire preuve d'un comportement étrange. Je notais que ceux qui avaient adoré fanfaronner à l'extérieur étaient maintenant déprimés, devenant les ombres d'eux-mêmes. D'autres encore, refusant de regarder la réalité, s'accrochaient à leur statut social d'avant-guerre, ce qui provoquait des problèmes pour tout le monde. Quand on en est réduit à vivre de la manière la plus basique, nos qualités et nos défauts sont clairement exposés. Globalement, les enseignants et les prêtres, globalement parlant, démontraient qu'ils étaient les pires de tous. Je n'étais pas seul à penser ainsi. Mais, bien entendu, il y avait des exceptions : beaucoup de professeurs et de membres du clergé sont gens respectables. Je regrette d'avoir à dire, cependant, que dans le camp 1 la plupart d'entre eux m'ont déçu. Pendant notre détention, nos esprits devinrent dissolus. Cette vie sans joie, si morne, continuait jour après jour. Pour sortir un peu de l'ennui, de plus en plus d'hommes s'adonnaient à un discours salace. Même ceux qui semblaient être des hommes au strict sens moral adoptaient rapidement

---

* Son premier camp, au large d'Honolulu, à Hawaii.

ce langage ou ce comportement discutables. Suivant un médecin, ces gens étaient déjà mentalement anormaux. Le prêtre shintô d'un sanctuaire d'Inari était dans la vie civile un brave homme, quoiqu'un peu efféminé. Il devint mentalement instable ; il assurait qu'il était enceint, et rendit les choses très difficiles au docteur Miyamoto. Avec le temps, il devint violent, et à une occasion nous fûmes contraints de le surveiller chacun à notre tour pendant trois jours et trois nuits. [...] Le prêtre promit de s'amender, et heureusement il alla mieux. Le camp était entouré d'une solide clôture de barbelés. À trois mètres de la clôture, il y avait une ligne blanche, que nous n'étions pas admis à franchir. Celui qui le faisait néanmoins était considéré comme un fugitif, et pouvait être abattu. Malgré cela, une nuit un prêtre shintô et un moine bouddhiste surnommé « Cinquième rang junior » franchirent la ligne. Le principal d'une école japonaise de ville négligea lui aussi la consigne, afin de partir en quête de coquillages rares. Dans les deux cas, les gardes fermèrent les yeux sur leur conduite, et tous trois revinrent sans incident[42].

Beaucoup d'*Issei* et certains *Nisei* se sentaient aussi peu américains que possible, au point de refuser à leurs fils la conscription aux États-Unis. Cela ne les empêcha pas d'essayer de s'appuyer sur la Constitution de 1787, avec le soutien d'avocats d'origine nippone – on est aux États-Unis, pays de la chicane :

Quand j'arrivai à Lordsburg, ceux qui y étaient déjà arrivés d'Hawaii étaient désireux de rentrer au Japon*. Ils me recommandèrent de faire de même. Beaucoup de ceux du Continent partageaient leurs inclinations. Pour ajouter à notre anxiété, il y avait l'inquiétude concernant une possible conscription de nos enfants nés en Amérique, ainsi que la réunion avec nos êtres chers dans des camps familiaux ; les négociations à ce propos se poursuivaient. Les Japonais du Continent étaient particulièrement hostiles à ce que leurs enfants partent à l'armée des EU, et ils engagèrent des actions en justice à plusieurs endroits. Certains avocats japonais des États-Unis les soutenaient et les encourageaient, arguant de ce que le gouvernement des EU avait discriminé négativement les

---

* Comme dans toutes les guerres modernes, il y eut des échanges d'internés civils entre belligérants, organisés sous les auspices de la Croix-Rouge internationale. Ceux qui conservaient la nationalité japonaise y étaient éligibles. Cela se fit à plusieurs reprises, *via* des paquebots du Portugal, pays neutre, Lourenço Marques (aujourd'hui Maputo), capitale du Mozambique, étant la plaque tournante.

citoyens nippo-américains en les enfermant dans des camps, en violation de la Constitution ; par conséquent, les Nippo-Américains n'avaient aucune obligation de se soumettre à la conscription. Bien entendu, cet argument n'aurait pas mené loin devant un tribunal, mais bien des Japonais l'applaudissaient. Le 26 septembre 1942, sous le masque d'une conférence sur le shintoïsme, le révérend Yoshiaki Fukuda de la Mission Konko (Lumière Dorée) dénonça la politique américaine. Il soutenait que tous les Japonais des États-Unis devraient s'établir après la guerre dans le Pacifique Sud. Bien entendu, il disait cela parce qu'ils croyaient fermement que le Japon gagnerait la guerre. Je pense cependant qu'il était incorrect et irresponsable de sa part de présenter une proposition aussi audacieuse devant tant d'internés naïfs. Un jour, une discussion fut lancée en vue d'échanger des opinions concernant le futur des Japonais (y compris les *Nisei*) aux EU après la guerre. Lors de cette réunion également, M. Fukuda dénonça la conscription des *Nisei* et soutint la migration vers le Pacifique Sud. Je m'opposai à lui en disant : « De telles choses doivent être décidées au niveau de l'individu, et des circonstances qu'il a vécues. Les Japonais de Hawaii sont dans une situation totalement différente. La question de la conscription des *Nisei* n'a rien de neuf. Dans la mesure où ce sont des citoyens américains, les *Nisei* sont obligés de servir leur pays, et ce serait une erreur pour les *Issei* d'essayer d'empêcher ce processus. » Sur le coup, personne ne dit rien, mais ensuite je fus critiqué et étiqueté pro-américain[43].

Au camp de Santa Fe (Nouveau-Mexique), où le narrateur fut expédié en juin 1943, les internés disposaient d'un émetteur radio pour le camp. Il devint un vecteur – spontané – de la propagande japonaise :

Les émissions sur les affaires courantes étaient très populaires. Depuis l'entrée en guerre, les informations étaient censurées et il y avait trop de propagande. Pour couronner le tout, les gens tendaient à croire ce qui leur plaisait, de sorte qu'il était délicat de déterminer ce qui était vrai et ce qui ne l'était pas. La plupart des internés étaient des gens simples. Quand des victoires japonaises étaient annoncées, ils accueillaient les informations avec des applaudissements et devenaient instantanément joyeux. S'ils entendaient que les Britanniques ou les Américains faisaient des progrès, ils critiquaient l'émission. Certains présentateurs essayaient de flatter leurs auditoires, et on peut leur reprocher de s'être vendus. Ceux qui en savaient davantage estimaient que c'était stupide, et arrêtèrent d'écouter. Les cuisiniers dans la salle du mess étaient pleins d'idées. Quand de bonnes nouvelles à propos du Japon étaient diffusées, ils plaçaient toujours sur chaque plateau un petit pain avec le drapeau au Soleil levant. Ils nous servaient parfois du *sekihan* [riz blanc et haricots rouges], pour célébrer. Je pense que c'était très amusant[44].

Le camp se transforma véritablement en une manière d'îlot de l'Empire nippon éloigné de ses bases, un peu comme ces îles du Pacifique contournées par les offensives américaines, et demeurées complètement isolées pendant les dernières années de guerre. On y célébrait Pearl Harbor, d'une manière qui, si elle avait été connue, aurait suscité colère et haine chez 99 % des Américains. Que la presse n'en ait pas été le moins du monde informée, alors qu'à l'évidence les gardiens du camp devaient en savoir quelque chose, suffit à prouver que l'administration Roosevelt n'avait aucunement l'intention de jouer sur le « péril jaune », dont on trouve pourtant d'innombrables mentions dans les médias et chez certains politiciens américains de la période. Voici donc ce qui se passa le 7 décembre 1943* :

> Une cérémonie honorant la mémoire des soldats tombés fut tenue le matin dans le square. Nous nous inclinâmes dans la direction du Palais impérial, nous chantâmes deux fois l'hymne national et observâmes un moment de silence. Un discours fut prononcé par le directeur général Kondo. Après la cérémonie, un paquet de thé vert parfumé, donné par la Croix-Rouge japonaise, fut distribué à chaque interné par les chefs de baraquement**. Un grand drapeau au Soleil levant fabriqué avec du papier usagé fut déployé dans la salle du mess de la ville haute. Tout cela aurait posé problème dans le monde de l'extérieur, mais ici cela n'en causait pas le moindre[45].

L'influence exercée directement sur les internés par les autorités japonaises était d'une ampleur incroyable, au travers de leurs

---

* On remarquera que la commémoration est calée sur la date américaine de l'attaque. En effet, compte tenu du décalage horaire entre les deux rives du Pacifique, on était alors le 7 décembre à Honolulu, alors que c'était déjà le 8 à Tôkyô.

** Les colis venant du Japon à l'intention des internés aux États-Unis leur parvenaient donc. On l'a vu, la réciproque était loin d'être vraie.

émissions radiophoniques qu'on écoutait librement (les internés occidentaux du Japon ne couraient certes pas un risque comparable !). Et ce, même quand, à l'automne 1944, l'armée impériale se trouvait en réalité en très mauvaise posture dans le Pacifique :

> Pendant plusieurs jours précédant le 22 octobre, les émissions de Tôkyô étaient bourrées de communiqués déclarant que 80 % des Japonais des États-Unis aidaient l'ennemi, et qu'on s'occuperait d'eux en fonction de cela après la guerre. Certains présentateurs laissaient même entendre que les internés étaient libérés sur parole en fonction de leur coopération. Ceux qui venaient de recevoir leur avis de libération sur parole furent saisis de panique ! Plus tôt, quand des producteurs de fruits à court de main-d'œuvre de la région du camp avaient sollicité nos responsables pour obtenir des travailleurs aidant à la cueillette des pommes, certains internés avaient manifesté leur intérêt pour le travail. Les émissions radio et l'implication qu'au travers de ce labeur ils collaboreraient avec l'ennemi conduisirent à l'annulation soudaine des candidatures, et le malaise se poursuivit quelque temps. J'étais indifférent à ces émissions idiotes[46].

Il ne faudrait pas croire que ce genre de situations ait été strictement limité à un camp très particulier comme Santa Fe, uniquement masculin et concentrant des *Issei* particulièrement suspects. Sans qu'il soit aisé d'en percevoir la normativité*, un énorme camp essentiellement familial comme Tule Lake (Californie du Nord), qui à lui seul regroupait 15 % de la totalité des internés (c'était le plus vaste des dix centres de regroupement), subit lui aussi l'influence et la violence de l'ultranationalisme nippon. Selon Soga :

> Parmi les internés de Tule Lake, deux groupes étaient constamment en conflit l'un avec l'autre : un pro-Japon, surnommé la faction « déloyale », et un pro-Amérique, ou faction « loyale ». Une telle division de pensée se retrouvait dans tous les centres ou camps de déplacement, mais elle était particulièrement sérieuse à Tule Lake. Le groupe pro-Japon mit en place un réseau d'espionnage pour ras-

* On peut se demander s'il est seulement possible d'enquêter sur ce point essentiel aux États-Unis aujourd'hui, sans risquer d'être disqualifié pour « racisme » et exposé à la vindicte, y compris judiciaire, des Nippo-Américains. Il est bien moins risqué de dénoncer le « racisme blanc » à l'encontre des *Nisei* et *Issei*.

> sembler les informations sur ceux qui sympathisaient avec les EU. Ils infiltrèrent divers groupes, placèrent certains individus sous surveillance et utilisèrent les rassemblements pour recueillir des informations sur leurs ennemis. Ils sélectionnèrent certains de leurs membres pour entreprendre des actions directes contre l'ennemi au travers de mesures extraordinaires. Si cela échouait, ils projetaient de dénoncer l'ennemi au gouvernement japonais après la guerre. Une fois une personne identifiée comme pro-américaine, on l'intimidait en jetant des excréments humains sur sa maison, ou même des selles bouillies sur ses fenêtres. Les familles concernées avaient peur de ce que penseraient les autres et s'empressaient de nettoyer sans se plaindre. En juillet 1944, après le meurtre [par égorgement] de M. Hitomi*, la peur des internés pro-Amérique se transforma en panique. Treize familles fuirent dans un baraquement séparé et isolé, laissant tout derrière elles. Certains des soldats chargés de récupérer leurs possessions devaient sympathiser avec la faction pro-Japon, car, en allant collecter les biens d'une des personnes, ils demandèrent : « Où sont les bagages du chien ? » La population internée du camp de Tula Lake était de 18 000 en octobre 1944. Il y avait beaucoup de familles, si bien que cela ressemblait à une ville au Japon. Comme il y avait beaucoup de jeunes filles, les amours fleurirent. Encouragés par l'incertitude du devenir, ils donnèrent lieu à des comportements imprudents et impulsifs. Quarante à cinquante bébés naissaient chaque mois. Les écoles en langue japonaise n'étaient pas autorisées dans les centres de regroupement, mais on en comptait sept à Tule Lake, deux étant spécifiquement dénommées Première et Seconde Écoles nationales[47].

La fin désastreuse de la guerre pour le Japon ne dessilla pas les yeux des nationalistes japonais des camps nord-américains. Bien au contraire : que leurs geôliers redoublent d'efforts pour les persuader que le Tennô et son armée avaient capitulé était pour eux la preuve de la situation en réalité très difficile des États-Unis, qui cherchaient à camoufler un arrêt des hostilités provoqué par leur propre défaite. Air connu du complotisme, qui tel un trou noir de la pensée s'alimente de tout ce qui passe à sa portée, en s'écartant toujours davantage de la réalité. Et comme, parmi les internés, tout le monde ne participait pas à ce rêve éveillé, les violences redoublèrent après le 15 août 1945 contre ces « traîtres »

* Il gérait la coopérative.

qui osaient prétendre que le Japon avait perdu, et que le roi (ou plutôt l'empereur) était nu. Seule la dissolution des camps, en novembre-décembre 1945, mit fin aux tensions et, on l'espère sans trop y croire, aux illusions des extrémistes.

Soga narre cette situation extraordinaire où c'est quelque part dans le désert du Nouveau-Mexique que se situe le dernier îlot de résistance du Japon en guerre :

> La plupart des internés [de Santa Fe] ne voulaient pas accepter la réalité de ce qui arrivait. Ils prétendaient que les relations de la dévastation causée par les bombes atomiques étaient de la propagande, et que la déclaration de guerre de l'URSS contre le Japon était une ruse, qui cachait une stratégie dissimulée. Ils se complaisaient dans cette manière de vœu pieux pour y trouver un réconfort, ce qui était compréhensible, mais cela les entraînait dans des spéculations démesurées et irresponsables. Puis arriva la nouvelle stupéfiante de la capitulation inconditionnelle du Japon. [...] Passant au travers de toutes les fausses rumeurs et de l'incertitude du camp, j'étais capable de me tenir au courant de ce qui se passait au Japon grâce à un ami qui écoutait les émissions japonaises en ondes courtes. J'échappais à mon baraquement bruyant chaque fois que je le pouvais au travers de promenades le matin et le soir avec d'autres « traîtres » – comme les foudres de guerre appelaient ceux d'entre nous qui croyaient que le Japon avait été vaincu. [...] À ce moment, les rumeurs du camp commencèrent à s'intensifier. Pearl Harbor et Honolulu avaient été dévastés par une « double » bombe atomique. Les États-Unis avaient été démilitarisés. On avait fait sauter le canal de Panama, et ainsi de suite. Pas mal de gens croyaient ces histoires. Dans le camp, on ne manquait pas de diffuseurs de sornettes. À compter du 23 août, le journal [des internés] cessa de paraître pendant quelques jours, du fait de la commotion causée chez les lecteurs, dont certains critiquaient même des points mineurs dans un article. [...] Le matin suivant [31 août], quelqu'un diffusa la rumeur d'une rupture des pourparlers entre le Japon et les EU, et d'une reprise des hostilités. Des cris de joie pouvaient être entendus partout dans le camp. M. Hiroshi Tahara, un maître d'école de Papaikou, hospitalisé depuis quelque temps, décéda le 1er septembre. Ses funérailles eurent lieu trois jours plus tard. Dans son éloge funèbre, un autre instituteur fit cette remarque : « M. Tahara est décédé sachant que la paix était finalement advenue, et que le Japon avait rempli ses desseins dans cette guerre sacrée. » [...] Les rumeurs continuaient. Le 4 septembre, un interné

> annonça que les écoles japonaises allaient rouvrir à Hawaii, avec des professeurs venant du Japon. Les hommes exultaient dans les baraquements, disant que là était la preuve que le Japon avait gagné la guerre. Ce n'était rien moins que de la folie. [...] Un service à la mémoire des morts à la guerre fut organisé par la fédération bouddhiste, et eut lieu dans le théâtre la nuit du 14 septembre. Le révérend Joei ouvrit la séance en assurant que le service honorerait les morts des deux camps, ce qui était louable. Cependant, dans son sermon, le révérend Enryo Shigefuji de Fresno exprima des opinions qui montraient clairement qu'il ne comprenait pas la situation actuelle. J'étais surpris de son ignorance. Tout d'abord, il attaqua les États-Unis pour leur utilisation illégale et injuste des armes atomiques. Voilà qui était admirable. Puis il nous informa : « Le Japon était si en colère de l'inhumanité de cet acte qu'il élimina en trois jours le corps expéditionnaire américain en Asie orientale tout entier, et contraignit les États-Unis à capituler. » On disait du révérend Shigefuji que c'était un religieux hautement éduqué, alors je me demandais ce qui s'était passé. [...] Le révérend fut loué pour avoir exprimé sans peur ses opinions, et fut considéré comme un héros[48].

Tout cela, considéré à distance, paraît à la fois loufoque et atterrant. Guère plus, cependant, que l'assurance d'un récent président américain d'avoir gagné des élections en réalité perdues, assurance qu'il parvint à faire partager à un grand nombre de ses compatriotes. Plus sérieusement, cela indique la très grande prégnance qu'une idéologie totale (dont le totalitarisme n'est que la forme extrême, pleinement transformée en actes) peut exercer sur des esprits, même en l'absence de moyens de coercition, et sans la moindre notion d'intérêt matériel. On en tirera aussi la triste conclusion que ce qui empêcha la masse des Japonais de l'archipel de réagir comme ceux de Santa Fe, et leur permit d'accepter somme toute aisément l'idée de la défaite, ce fut l'intensité des bombardements, y compris nucléaires, qu'ils avaient subis, bombardements face auxquels la DCA et la chasse japonaises se montraient totalement impuissantes. Les victimes et leur vaste entourage ne pouvaient plus douter de qui était en train de gagner la guerre...

9

Pillage, exploitation, humiliation

En Chine, du fait de la taille de la population, mais aussi de l'hostilité principielle de beaucoup de Japonais face à ce pays qui osait leur résister, le pillage atteignit une ampleur extrême, et une quasi-systématicité.

Vols institutionnalisés

Les conséquences en furent d'autant plus dramatiques que bien des Chinois, à l'époque, n'avaient en temps normal qu'à peine de quoi se nourrir. En témoigne le reportage de 1938 déjà cité d'Ishikawa Tatsuzo, *Soldats vivants* :

> Il y avait un buffle d'eau attaché sous un auvent près d'une ferme un peu à l'écart du hameau. Les soldats décidèrent de se l'approprier, aussi l'interprète jeta-t-il un coup d'œil dans la maison à travers la porte de derrière. Une vieille femme, toute ridée, attisait tranquillement le feu sous le poêle.
>
> — Hé, grand-mère, dit l'interprète, se tenant à la porte, nous sommes des soldats japonais, et nous avons besoin de ta vache. C'est moche pour toi, mais tu as à nous la laisser prendre... Au moins on te laisse en vie, et à la fin de la guerre, on te la rendra, ta vache.
>
> L'animal commença à cheminer sur la route poussiéreuse. Les soldats étaient de bonne humeur. Ce continent [chinois] disposait de richesses infinies, toutes prêtes à se laisser posséder. Ils commençaient à considérer les droits de propriété, et les biens eux-mêmes des

autochtones exactement comme ils considéraient les fruits sauvages – quelque chose dont on pouvait s'emparer à volonté[1].

Ce mépris absolu pour les populations, cette conception strictement instrumentale de leurs biens – et de leurs vies – se doublaient souvent d'une volonté de nuire, sourde ou éclatante. C'est ce qui advint lors du froid hiver de la région de Baoding, dans le Hebei, en 1937 :

> Les gens du commun qui vivent autour de nous dépendent ordinairement, pour leur combustible, de feuilles, d'herbes et de tiges de céréales – ils n'ont donc guère besoin de bois*. Mais les Japonais cherchent du bois partout, qu'ils utilisent de façon fort prodigue pour faire de grands feux. Résultat : le bois disponible étant désormais épuisé, ils se mettent à se servir en portes, cadres de fenêtres, meubles, outils aratoires, et même poutres de maisons ainsi démantelées – pour les brûler. Une de nos réfugiées nous disait aujourd'hui, les larmes aux yeux, qu'elle avait ainsi perdu un métier à tisser, transformé en bois de feu : « C'était ma seule ressource pour vivre[2]. »

Le pillage gagna aussi les produits d'usage industriel, et Shanghai (hors concessions) en souffrit rapidement :

> L'enlèvement systématique des métaux dans les zones situées au nord de la Soochow Creek, auquel nous avons déjà fait allusion dans les colonnes de ce journal, donne lieu à beaucoup d'anxiété chez les observateurs neutres. Le mot « systématique » est utilisé à juste titre, car des équipes de coolies chinois, sous la direction d'un contremaître, et contrôlées par les Japonais, ont depuis des semaines inspecté maison après maison, usine après usine, toutes propriétés chinoises, enlevant non seulement du métal qu'on pourrait considérer comme de la ferraille, mais aussi toutes sortes d'objets métalliques, des bouilloires aux petits moteurs. La façon dont cela se passe entre difficilement dans la définition usuelle du pillage, où des soldats en maraude s'emparent de ce qu'ils peuvent porter eux-mêmes, mais revient plutôt à l'enlèvement soigneux et systématique de toute pièce de métal trouvable sur une propriété chinoise. Manifestement, les Japonais nettoient les zones nord et est dans le

* Les vastes plaines de Chine du Nord, très peuplées, laissent fort peu de place à la forêt.

but d'accroître leurs ressources en ferrailles destinées à produire des munitions, et comme mesure de précaution contre toute éventualité à laquelle ils pourraient éventuellement avoir à faire face. En vérité, comparé aux besoins du Japon, ce qu'ils peuvent emporter de Shanghai n'est pas très impressionnant. Cependant, si l'on a l'espoir que la réhabilitation puisse bientôt commencer à Shanghai, le départ de machines essentielles, qui ne peuvent en aucun cas être considérées comme des ferrailles, le transport au loin de machines qui pourraient à nouveau fonctionner, représentent un des coups les plus cruels qu'on pouvait porter à la prospérité future de ce port. Des machines coûtant des centaines de milliers de dollars, destinées à la fabrication de textiles et d'objets en caoutchouc, et jusqu'aux plus petits moteurs entraînant des machines-outils ; des barres de métal de plusieurs tonnes, mais aussi des petites pièces ne coûtant qu'une poignée de dollars – tout cela est emporté au loin, et l'on a toutes les raisons de craindre qu'un Shanghai traité de cette façon mettra des décennies à récupérer[3].

Le pillage concerna aussi l'Asie du Sud-Est et le Pacifique. Dès l'arrivée des Japonais à Ternate, capitale des Moluques du Nord (Indonésie), les exactions se déchaînèrent :

> Le pillage commença. De toute part, des Japonais poussaient ou tiraient des charrettes, bourrées de vélos, de machines à coudre, de machines à écrire, et même de tapis enroulés. Chaque objet était chargé dans une péniche de débarquement et transporté vers les navires. Ils détruisirent le mobilier dans les maisons désertées des Hollandais et, devant le bureau du Résident, allumèrent un feu pour brûler tous les documents officiels. C'était un désordre absolu et, désespérés, nous zigzaguions à travers cette pétaudière. Personne ne nous prêtait attention, ce qui renforçait notre sensation d'être de simples spectateurs d'un mauvais film[4].

On aura noté à quel point le vol était inextricablement mêlé de vandalisme, ce qui constituait une constante dans le comportement de l'armée impériale.

Aux îles Salomon (à Bougainville), la mission catholique française n'échappa pas aux exactions, pimentées d'une étrange rencontre :

Le dimanche 13 [septembre 1942], ce fut Turiboiru qui reçut la visite des soldats de l'empereur. Le P. Poncelet* a décrit la scène dans son Journal :

« Dès qu'ils parurent sur le chemin, j'allai au-devant d'eux, en soutane et ma croix de profession sur la poitrine, et les attendis devant l'église. Ils étaient huit, des marins et des policiers, avec des sabres et des revolvers. Ils me firent l'inclination rituelle, et l'un d'eux m'adressa la parole en latin :

— *Salve, Pater.* (Bonjour, Père.)

— *Salve, Fili.* (Bonjour, mon fils.) *Tu es baptizatus ?* (Êtes-vous baptisé ?)

— *Etiam, ego nominor Gabriel.* (Oui, je me nomme Gabriel.)

— *Fac signum Crucis.* (Faites le signe de la croix.)

Il le fait correctement en prononçant les paroles exactes.

— *Tu es sacerdos ?* (Vous êtes prêtre ?)

— *Nequaquam, sed per annos tres fui in seminario Sancti Justini apud Taikou, in Corea.* (Non, mais j'ai été au séminaire Saint-Justin, à Taikou, en Corée, pendant trois ans.) »

Il me demanda alors d'entrer à l'église. Tout le groupe l'y suivit. Il fit une prière à genoux, les autres restant debout et faisant des inclinations et des sourires aux statues. Je les conduisis ensuite à ma maison, où ils se restaurèrent. Ils me demandèrent si, dans la région, il y avait des *spies* [espions]. Gabriel se tint bien, m'expliquant qu'il n'était pas japonais, mais coréen. Bientôt, je m'aperçus que ses compagnons disparaissaient et se faufilaient dans les chambres. Sans doute voulaient-ils se rendre compte si j'avais chez moi un poste de radio, mais ce qui apparaissait comme certain, c'est qu'ils s'emparaient des objets qui leur convenaient : canifs, ciseaux, lunettes, stylos. L'un voulut mettre la main sur la plus belle couverture de la maison ; j'intervins et lui dis que c'était là la propriété de la Mission et qu'il devait la laisser. Le bonhomme dégaina son long sabre et se mit en position pour me foncer dessus. « Prends-la donc », lui dis-je. Il remit son arme au fourreau, se redressa, me fit une profonde inclination et me dit avec un grand sérieux : *Thank you.* Et voilà comment il proclamerait partout que le missionnaire lui avait fait gracieusement un joli cadeau[5].

---

* Jean-Baptiste Poncelet, de l'ordre des Maristes.

Livraisons et accaparements

Dans la résidence de Bogor, à Java, les paysans étaient contraints de livrer à des organismes publics entre 40 % et 75 % de leur récolte de riz, suivant la taille de leur rizière. Dans la résidence voisine de Banten, c'était 75 % pour tous[6]. La situation était pire encore dans la région de Makassar (Célèbes) :

> L'Armée impériale saisissait 80 % du riz et des légumes, s'emparait de presque tous les fruits, et exerçait un contrôle strict sur la production laitière. Chaque poule avait à produire un nombre précis d'œufs pour les fils du Dai Nippon, et si le quota n'était pas rempli, les Japonais infligeaient une punition aussi immédiate qu'inhumaine. En conséquence, beaucoup de volatiles furent atteints de maladies imaginaires, et disparurent des *kampung** avec leurs propriétaires, qui cherchaient refuge dans les forêts et les montagnes, là où les Japonais ne les retrouveraient pas[7].

Ces pillages, ces accaparements pouvaient apparaître anarchiques et absurdes à ceux qui les subissaient. Ils résultaient pourtant de choix politiques assumés : le bien-être, et même la possibilité de survivre des populations devaient être sacrifiés sans état d'âme à la splendeur de l'Empire et de son armée. Cela se traduisit par un mélange de contraintes et de prélèvements. Peu à peu, les réserves des particuliers et des petits négociants s'épuisèrent, et courant 1944, il n'y avait plus assez, et parfois plus rien, dans bien des lieux et pour bien des produits.

C'est ce qu'explique dans ses Mémoires l'un de ceux qui mirent en place cette politique, Miyamoto Shizuo. Il admet l'échec, mais semble passer à côté de ses conséquences tragiques pour la population. Le riz fut au centre de cet échec et de cette tragédie :

> Pour satisfaire la demande de riz, le Gunseikambu [administration militaire] fit de l'accroissement de la production alimentaire, et particulièrement du riz, sa priorité fondamentale, et dépêcha des experts agricoles japonais dans les campagnes. Cela aboutit à des livraisons de riz plus importantes que ce que l'armée avait requis. De façon à

* Village du monde malais.

calculer précisément la demande de riz des secteurs militaire et civil (la demande venait surtout des civils) et de distribuer du riz partout à Java, l'état-major interdit les mouvements du riz hors de chaque Résidence, et y fixa les livraisons de céréales. Des véhicules de l'armée furent fournis pour les transporter vers le secteur civil. Pourtant, en mettant en place les livraisons, leur montant fut arbitrairement augmenté par les niveaux inférieurs de l'administration. L'interdiction de la circulation du riz hors de la Résidence fut ressentie par la population comme extrêmement répressive. Et, qui plus est, la question du maintien d'un flot de riz régulier, déjà compliquée par les difficultés de transport, fut encore aggravée par les contrôles japonais sur le prix du riz comme mesure anti-inflationniste. Il est désormais établi que notre politique du riz a été complètement inutile, du fait de notre incapacité à reconnaître suffisamment tôt qu'il n'y aurait pas d'attaque australienne en direction du nord[8].

Le vêtement fut frappé de pénuries encore plus graves que la nourriture. On n'en mourait pas, mais l'humiliation de certains fut extrême. Peu à peu, la population se transformait en agrégat de mendiants décharnés vêtus de haillons, incapables de conserver ne serait-ce que l'apparence de la dignité :

La demande annuelle en textiles à Java avant-guerre était de 100 millions de yards [90 millions de mètres]. En janvier 1944, le stock était de 50 millions, dont la plus grande partie avait été confisquée au cours des premiers temps de la guerre, et soigneusement préservée. Après la pacification de Java, le Gunseikambu s'empara des quatre usines textiles qui opéraient pendant la période hollandaise, et en confia la gestion à des compagnies japonaises. Elle essaya de développer l'activité par l'implantation de machines et d'experts venus du Japon, et d'accroître la production textile en la concentrant sur les tissus les plus simples, tout en encourageant la culture du coton. Les besoins de l'armée venaient en premier, le reliquat pouvant être consacré aux besoins des civils. Pourtant, dans la mesure où l'importation de matériaux japonais devint peu à peu impossible, nous fûmes contraints de puiser dans les réserves stockées. Et, du fait des besoins de l'armée, il fut indispensable de réquisitionner la part de textiles allant aux civils. Comme presque rien du stock existant ne restait dans les mains des autochtones, la pénurie atteignit le point où la population avait à recourir à des sacs de jute en guise de vêtements, et des procédures spéciales durent être instaurées pour distribuer les linceuls dans lesquels les morts étaient enveloppés. L'armée elle-même eut à faire des économies autant que possible, par exemple en rapiéçant les uniformes[9].

Les accaparements touchaient aussi l'immobilier. Militaires et civils japonais profitèrent d'un très grand nombre de confiscations, en particulier aux dépens d'Occidentaux :

> [À Shanghai], non seulement les Japonais ont réquisitionné toute propriété supposée avoir un intérêt militaire, mais ils s'emparent également de résidences privées au rang desquelles, malheureusement, se trouve notre appartement, sis au dernier étage d'un bâtiment moderne appelé Tower Apartments. Il y a quelques semaines, un couple japonais sonna à notre porte, s'inclina légèrement quand j'ouvris la porte, entra poliment et nous fit comprendre qu'ils souhaitaient « inspecter » notre demeure. Ils étaient jeunes, plutôt timides, et la jolie épouse portait un kimono délicat. En dépit du fait que Maman savait bien que nous aurions à renoncer à notre appartement, et ce, sans la moindre indemnisation, elle parla aux visiteurs de manière amicale, et leur fit visiter, ouvrant les placards, expliquant le mode d'emploi de la bouilloire, et montrant même la vue depuis le balcon. Son comportement ne me surprit pas : j'estimais que cela reflétait la fameuse « hospitalité sibérienne » dans laquelle elle (et nous !) avait été élevée. Mais ma sœur pensait que Maman cherchait peut-être à tenter d'éviter une situation désagréable qu'elle ne parviendrait pas à contrôler. Ayant trouvé notre résidence à leur convenance, le couple japonais annonça dans son pauvre anglais son intention d'emménager d'ici une semaine. Maman les traita si poliment que tout se passait comme si elle leur faisait une faveur. « J'espère que vous vous y plairez », dit-elle. Ils semblèrent surpris. Ils ne s'attendaient pas à une telle hospitalité de la part d'une personne dont ils prenaient le logement*[10].

Il y eut aussi accaparement des métaux précieux. À Java, ce fut assez tardif : un arrêté du 20 décembre 1944 fixait précisément le montant à récolter par municipalité et district administratif. Tous étaient concernés, y compris les Indonésiens, mais bien sûr les plus riches (ou ceux qui l'avaient été), et dont la position se trou-

---

* L'auteur ajoute, en note : « Quand nous retournâmes finalement après la guerre dans notre appartement, le jeune couple japonais l'avait entièrement nettoyé et repeint, à notre avantage, peut-être en marque d'appréciation pour l'accueil aimable de ma mère. »

vait être la plus précaire, se trouvaient les plus visés : Européens, Eurasiens, Chinois, Arabes*. Il s'agissait, tout à fait officiellement, de financer des commandos-suicides prêts à intervenir en cas de débarquement allié. Le journaliste néerlandais Jan Bouwer nota dans l'entrée du 12 janvier 1945 de ses carnets** :

> La remise de l'or et des métaux précieux contre rémunération est un racket aussi grand que le fut l'« enregistrement des étrangers » il y a quelques années. Les montants inférieurs à 150 florins sont payés avec une générosité feinte par les banques japonaises chargées de la collecte, de l'évaluation et de la compensation, mais si vous êtes suffisamment cinglé pour apporter quelque chose valant davantage, 1 000 florins par exemple, le centre des impôts est contacté, et on lui demande de vérifier si vous n'auriez pas des arriérés de paiement pour votre impôt additionnel de guerre, votre impôt sur le revenu, votre capitation ou votre taxe sur la propriété. Si jamais c'est le cas [...], alors, pour commencer, le montant total de vos arriérés est déduit de ce qu'on vous doit [...], et si vous vous imaginez qu'au moins vous percevrez le reste en cash, vous vous trompez lourdement. En lieu et place, un compte courant est ouvert à votre nom à la Yokohama Specie Bank, où le reliquat est déposé, duquel vous êtes autorisé à retirer 45 florins par mois pour vivre. Bien des objets précieux disparaissent ainsi dans la clandestinité, et pour l'instant la communauté indo-européenne*** ne semble pas disposée à accepter la collecte[11].

Dans le Pacifique, le cas très particulier des îles occupées contournées par les offensives américaines, et par la suite complètement isolées du Japon, souvent jusqu'à sa capitulation, entraîna des conflits croissants entre soldats et autochtones, chacun étant de plus en plus concentré sur un but unique : ne pas mourir de faim.

---

* Les Arabes d'Insulinde, petite minorité de riches commerçants, et de grand prestige chez les autres musulmans du fait de leur maîtrise de la langue sacrée, sont originaires d'Arabie du Sud (Yémen, Hadramaout, Oman).

** Le cas de Bouwer est étonnant : émigré en 1940 pour échapper à l'occupation allemande des Pays-Bas, il réussit à se cacher de 1942 à 1945 dans le jardin transformé en jungle de sa maison de Bandung, tout en conservant le contact avec un petit cercle, et à tenir un journal très complet de ces années. Il fit paraître ce journal en 1988, sous le titre *Het Vermoorde Land*. Une action en justice a rendu ce livre presque introuvable.

*** Les Indo-Européens (ou *Indos*) sont des Eurasiens de nationalité néerlandaise.

Les Japonais, dotés du monopole de la violence, détournèrent à leur profit la plus grande part des maigres ressources de ces isolats, sans aucune considération pour ce que les autochtones considéraient comme leurs propriétés. Ainsi, sur le grand atoll de Chuuk (Truk), qui avait été une base essentielle de la Marine nippone :

> J'étais dans la montagne et je tâchais de déterrer mes taros doux*. C'est alors qu'un soldat japonais apparut et me demanda qui j'étais ; je répondis que j'étais Osong. Il me dit : « Pourquoi voles-tu le taro doux du chef ? » Je répliquai que, non, il m'appartenait. Alors il m'arriva dessus et commença à me frapper. Après un moment, je courus vers la ville, loin de la montagne. Mais il me donna la chasse jusqu'à ce qu'il me trouve. Il me ramena dans la montagne, où il m'attacha mains et jambes, et me suspendit à environ cinquante centimètres du sol. Le chef appela ses soldats, et avec une batte de base-ball ils entreprirent chacun à leur tour de me frapper, dix fois. Dix coups de tous ces soldats, je sentais toutes mes forces m'abandonner. Je pensais que je mourais. Mes os étaient brisés, en morceaux. Ma chair pendouillait. Puis le chef annonça : « Si quelqu'un utilise cette latrine, il doit aussi frapper Osong. » C'est ainsi que quand l'un d'entre eux y allait, il prenait la batte et me tapait dessus au passage. Au retour, même chose. À ce moment, j'étais sûr que la mort approchait. Ma vie s'en allait un peu plus à chaque visite à la latrine. À 3 heures, on me dépendit et on me détacha. Un de mes frères, Chipen, eut à me porter car j'agonisais. Un homme de Chuuk arriva et me massa. Je vomissais du sang pendant qu'il le faisait ! Il fut trois mois avant que je n'essaye seulement de remarcher et de sortir de notre maison. Puis mes forces commencèrent à revenir[12].

L'expérience d'un autochtone des îles Palau (à Melekeok) fut similaire, en encore plus dramatique :

> Dans l'ultime phase de la guerre, beaucoup de gens furent tués par les militaires. Un jour, j'entendis des coups de feu, et je vis deux hommes morts sur la route. Des deux côtés, il y avait des champs de patates douces. Ils avaient tenté d'en voler quelques-unes. Ils avaient fait semblant de tomber à genoux, et quand ils s'étaient relevés, ils avaient essayé d'en cacher. Je pense qu'ils étaient coréens. En ces temps-là, une personne pouvait être tuée pour une patate[13].

---

* Tubercule comestible, très commun dans le Pacifique (où il constitue l'une des bases de l'alimentation) et en Asie du Sud-Est.

Travail contraint, travail forcé

Le Tribunal de Tôkyô, dans son jugement final, incrimina dans les termes les plus sévères le travail forcé des civils asiatiques sous domination japonaise. Leur statut réel fut considéré comme analogue à celui des prisonniers alliés (militaires ou civils), et leur sort plutôt pire* :

> [Le recrutement de la main-d'œuvre se fit] à coups de fausse promesse, et par la force. [...] On distingua peu ou pas ces travailleurs forcés des prisonniers de guerre et des internés civils. Tous étaient traités comme des travailleurs-esclaves qu'on pouvait utiliser jusqu'à la limite de leurs forces. [Pour cette raison, le jugement considère nécessaire d'inclure] ces travailleurs forcés sous le terme d'internés civils.

Et il ajoutait :

> Le gouvernement japonais ferma les yeux sur les mauvais traitements subis par les prisonniers de guerre et les internés civils, en négligeant et évitant de punir ceux qui se rendaient coupables de les maltraiter, ou en prescrivant des sanctions insignifiantes et inadéquates à la faute commise. Ce gouvernement a également tenté de camoufler les mauvais traitements des prisonniers et internés, ainsi que leur meurtre[14].

Il convient cependant de ne pas simplifier outre mesure. De même que, pour la France, on distingue le Service du travail obligatoire (STO) du volontariat et de la Relève qui l'avaient précédé, réservant en 1945 aux seuls mobilisés du STO le titre de « déportés du travail », de même y eut-il, au moins dans les colonies nippones, de nombreux volontaires pour aller travailler au Japon, avec l'espoir de meilleurs salaires et, éventuellement, d'une qualification professionnelle. Peu à peu, cependant, sous la

---

* Cela fait partie des nombreuses occurrences dans ce jugement de crimes commis spécifiquement contre des Asiatiques. Pourtant, de nombreux auteurs ont prétendu que cette « justice des vainqueurs » ne s'était occupée que des violences commises contre des Occidentaux...

pression des nécessités de la guerre prolongée, on passa de plus en plus à une forme ou une autre de travail forcé : relativement régularisé et assorti d'un contrat de travail dans les colonies, essentiellement sur le mode de la rafle et de l'arbitraire le plus total dans l'empire de guerre. Dans ce dernier cas, « travail esclavagiste » serait l'appellation la plus appropriée, car il n'y avait ni contrat ni salaire. Dans les deux cas, cependant, la violence fut présente, de bout en bout, ne serait-ce que parce que toute « désertion » du poste de travail exposait à des sanctions très graves pouvant aller jusqu'à la mort.

On comptait déjà 1,4 million de travailleurs coréens en 1941, pour la plupart venus au Japon sans contrainte autre que celle de la misère. Six cent soixante mille arrivèrent au cours des quatre années suivantes, jusqu'en mai 1942 par recrutement en Corée des grandes sociétés nippones, puis au travers de l'administration coloniale assistée par la police, et enfin, après septembre 1944, par mobilisation dans le cadre de la loi sur la conscription généralisée. En mars 1945, on trouvait 134 000 mineurs coréens au Japon, ce qui représentait un tiers de la main-d'œuvre du secteur, et la moitié dans les puits d'Hokkaidô, les plus durs[15]. Dès septembre 1939, on peut parler de travail forcé dans un nombre croissant de cas. Non seulement beaucoup de travailleurs n'étaient pas libres de quitter leur emploi d'affectation, mais leur temps de service était fréquemment prolongé unilatéralement par leur employeur. S'ils voulaient partir, on leur opposait le « manque de moyens de transport » vers la Corée[16]. Et la majeure partie de leur salaire était placée sur un compte bloqué, jusqu'à l'expiration de leur contrat : ils ne touchaient que le minimum vital. Le travail forcé concerna au total 810 000 Coréens, qui ne demeurèrent cependant pas tous au Japon jusqu'en 1945 ; 44 % furent envoyés dans les mines, 24 % dans l'industrie, 18 % dans les travaux publics. La « grande » année fut 1944, avec 380 000 mobilisés. Il n'y en eut qu'une dizaine de milliers en 1945[17]. Au total, une soixantaine de milliers de Coréens auraient péri au Japon ; et une dizaine de milliers figurèrent parmi les victimes des deux bombes atomiques, les usines d'armement étant particulièrement nombreuses à Hiroshima[18].

Le glissement d'un travail libre, difficile mais aux conditions relativement acceptables, à un travail sous contrainte de plus en plus présent est très sensible dans les carnets de guerre inédits de Kim*, parti travailler dans une mine d'or d'Hokkaidô :

> C'était à l'automne de 1939. Une réunion sportive d'automne eut lieu à l'école élémentaire publique de Seong-hwan. [...] Je m'y suis rendu et y ai croisé Seo Sangpil, de Dong-ri. Il m'annonça : « Je vais aller à Hokkaidô ; et si possible, je compte rendre visite à ton frère à Osaka. » En l'entendant, j'ai eu envie de partir avec lui, et je lui ai demandé comment faire. Il m'expliqua qu'il y avait une personne de l'entreprise d'Hokkaidô venue chercher des travailleurs au bureau administratif du canton ; j'y suis donc allé le rencontrer. Jeong Yong-seop**, le responsable, me répondit ainsi : « Les conditions du travail sont favorables, le travail est fait avec des machines, les repas et le logement seront pris en charge par l'entreprise. L'indemnité repas est proposée à trente sen*** par jour. Si ça te convient, je te prie de m'en informer. » Il voulait probablement me rassurer ; mais, pensant que le salaire mensuel d'un secrétaire en Corée était seulement de vingt-sept yens, il avait raison de l'avoir dit. En rentrant à la maison, j'ai exprimé à mon père le désir de partir à Hokkaidô. Les travaux aratoires de l'année étaient terminés. Le 1er octobre 1939, je suis parti en laissant ma femme derrière moi. Sur le bateau en partance, chargé de sept cents travailleurs coréens, tout le monde pleurait, ne sachant pas si un jour on pourrait retourner au pays. Le navire qui nous a amenés à Hokkaidô était celui qui transportait le charbon de l'île vers la Corée. On dormait par terre sur un tapis. J'avais vingt-trois ans à l'époque. J'avais en poche un contrat de travail de deux ans. Dès notre arrivée à la mine, on nous amena au sanctuaire shintô local, et nous obligea à saluer l'esprit gardien de la mine. Arrivés au foyer, on se débarrassa des bagages. Le foyer s'étendait sur plusieurs bâtiments ; l'un d'entre eux était composé de quatre chambres, qui accueillirent vingt-cinq personnes chacune. Chaque chambre mesurait vingt-cinq tatamis****. [...] Un bâtiment était consacré à la restauration. Kimura, un Coréen marié avec une Japonaise, s'est occupé avec ses deux assistants du repas pour deux cents personnes. [...] Ils nous ont apporté une grande bassine de riz, la soupe au miso et le radis mariné, et ils nous ont préparé des *bentos* pour le déjeuner. [...] On travaillait au

---

* À la demande de sa famille, son nom a été modifié.

** On remarquera qu'il s'agit d'un Coréen.

*** Centime de yen.

**** Soit environ 40 mètres carrés. 1 tatami = 1,656 m^2.

sommet de la montagne avec les Japonais. Pendant la pause déjeuner, on s'est promené pour cueillir des *tarae* [une sorte de kiwi] partout en montagne. [...] On a aussi coupé les arbres morts en montagne pour faire du bois à feu en prévision de l'hiver.

Je descendais travailler dans une galerie de mine à 350 mètres de profondeur. Juste après avoir terminé le travail de jour, j'ai voulu monter dans le wagon qui s'était arrêté à la plate-forme d'embarquement. J'ai couru pour l'attraper, mais, arrivé juste à deux pas, je l'ai vu démarrer très vite devant moi et remonter vers la sortie. J'ai failli monter dans ce wagon, mais un pas de plus en avant m'aurait fait risquer de tomber dans un puits de cent mètres de profondeur, où l'on n'aurait même pas pu me retrouver mort. J'en ai eu la nausée des jours durant en y repensant, je me sentais tomber malade. [...] La galerie de mine d'Oho recevait mille travailleurs en une journée. Il y avait un restaurant pour cinquante personnes à l'orée d'une galerie de 350 mètres de longueur. [...] Les convoyeurs de minerai et les mineurs de choc du fond de la galerie transportaient de la poudre explosive qu'ils utiliseraient dans la journée. Il était interdit d'en apporter à l'intérieur du restaurant, mais ils ont souvent contrevenu à cette règle. [...] Les Japonais fumaient du tabac qui s'appelait *kiseru*. Ils le hachaient menu et le mettaient dans une pipe à très petite tête. Ils l'allumaient et prenaient une bouffée qui brûlait tout le tabac, et ainsi de suite. Ils s'amusaient souvent à souffler la cendre rougeoyante du tabac sur les personnes voisines. Ils le firent jusqu'au jour où il y eut une explosion. Des braises du tabac étaient tombées sur de la poudre que des travailleurs avaient apportée, et cette explosion a tué sur le coup treize personnes. [...]

En 1940, au printemps, je me suis porté volontaire pour travailler sur le port. Les gens qui y travaillaient gagnaient plus en salaire journalier que les mineurs : le montant mensuel pouvait monter jusqu'à soixante yens. J'avais voulu apprendre à piloter les machines pour gagner plus d'argent, comme certains autres. On avait deux jours de congé par mois, j'en profitais pour faire le coiffeur pour les autres avec une personne de Chonan, de façon à gagner davantage. Une journée de coiffure nous permettait de gagner presque le montant du salaire journalier qu'on gagnait au port. L'entreprise nous a permis d'amener les membres de nos familles. J'ai ainsi pu faire venir ma femme, mon père, mon fils de quatre ans, et ma fille d'un an. Le foyer de l'entreprise était un bâtiment qui accueillait huit familles. Chaque famille avait une chambre de 8 tatamis (13 m^2) et une cuisine dont la surface équivalait à 4,5 tatamis (7 m^2) [...]. La pénurie des ressources [notamment pétrolières] a mis le Japon en situation difficile. Les fournisseurs étrangers en produits de guerre n'acceptaient plus la monnaie japonaise, et le Japon a dû les payer en or. Le Japon a alors embauché des Coréens pour excaver l'or de la mine ; mais, par manque de travailleurs, il a commencé à en réquisitionner. Du coup, les conditions de travail se sont vraiment aggravées. Comme les salaires baissaient beaucoup et que le labeur était obligatoire, il arriva que des gens prennent la fuite. Une fois, un homme essaya de fuir pendant la nuit. Il fit semblant d'aller travailler sur le chantier, mais il y passa juste pour traverser la montagne située derrière le chantier. Le lendemain matin, il parvint dans un village où des gardes de la mine habitaient. Il dit à son hôte qu'il était parti de la mine, et qu'il avait besoin d'aide. Mais l'hôte appela l'entreprise, et un garde est venu l'attraper. Il fut rendu à la mine et gravement battu. En cas d'échec des fuites, ceux qui avaient été capturés étaient battus. Mais la fuite n'a pas cessé d'exister*.

Des travailleurs ont été recrutés pour les travaux publics. Dans les villes, des voyous versaient des pécules propres à enjôler les travailleurs, en leur disant qu'ils pourraient faire le travail qu'ils voudraient, qu'ils pourraient négocier le salaire qui leur conviendrait. Cependant, une fois embauché, le travailleur était traité comme un prisonnier. Les voyous s'appelaient *dagobeya, dago* signifiant le poulpe. Les voyous sont des personnes qui en mangent d'autres, comme le poulpe mange ses tentacules. La structure de surveillance était la suivante. Les travailleurs étaient abrités dans une pension. La pension n'avait qu'une entrée devant laquelle un garde *bokasira* [une personne qui porte un bâton] restait à surveiller. Le matin à 6 heures, le *bokasira* rentrait dans la pension réveiller les travailleurs en tapant l'oreiller en bois long de 180 cm sur lequel les travailleurs mettaient leur tête pour dormir. Si quelqu'un tape sur du bois, on a mal à la tête à cause de la vibration transmise. Sous la surveillance du *bokasira*, les travailleurs allaient à la cantine prendre le petit déjeuner, puis au travail à 7 heures. Ils devaient toujours marcher en file indienne. La tâche n'était pas vraiment dure : il s'agissait de construire une digue pour empêcher la sédimentation des galeries de mine. Mais la surveillance était rigoureuse, et les gardes pouvaient facilement exploiter les gens. Un capitaine et un lieutenant de gendarmerie vinrent examiner la situation exacte, se faisant passer

* Selon Weiner (*Race and Migration in Imperial Japan*, Londres & New York, Routledge, 1994, p. 206), quelque 90 000 travailleurs coréens auraient « déserté » avant la fin de 1942 ; 36 % des mineurs, en particulier, se seraient enfuis au cours de la même période. La plupart auraient réussi. Mais il y eut aussi de véritables chasses à l'homme, avec participation villageoise, qui aboutirent parfois au meurtre des fuyards.

pour des travailleurs. Après quelques jours, alors qu'ils traînaient pour se lever, le *bokasira* arriva pour les battre, mais un de ces deux gendarmes l'a attrapé, mis sur le dos et frappé au sol. Le signal d'alarme a sonné, tous les *bokasira* se sont rassemblés. Les deux soldats ont sorti leur pistolet en menaçant les gens s'ils bougeaient. Ce jour-là, le chef de la police, appelé par les *bokasira,* est arrivé. Le capitaine et le lieutenant ont révélé leur identité, ordonné au chef d'enlever sa casquette et l'ont giflé. « Comment peux-tu laisser pourrir cette situation d'exploitation si cruelle qu'aucun homme ne pourrait la supporter, et la défendre ? », l'ont-ils invectivé en lui ordonnant de démissionner et de fermer le chantier. Le chef et la police furent extrêmement vexés, mais n'ont pas voulu fermer le chantier[19].

Kim renouvela son contrat en 1941, et rentra sans encombre en Corée en 1943.

L'usage de la force fut parfois particulièrement cru, comme le montre cette mésaventure commencée sur une petite route de Malaisie, aux dépens d'un ouvrier tamoul des plantations d'hévéas :

> Je travaillais sur la plantation de Kuala Selangor. Un jour que je marchais sur la route [...], un camion militaire japonais s'arrêta, et les soldats me dirent quelque chose en japonais. Je ne les comprenais pas. Ils me forcèrent à embarquer dans le camion. Il y avait déjà là trente autres personnes. Je ne portais qu'un short et une paire de sandales. Je les suppliai de me laisser aller chez moi pour prendre une chemise et une couverture. Les soldats refusèrent ; au lieu de cela, ils m'amenèrent directement à Kuala Lumpur et me jetèrent dans un train de marchandises en direction du Siam. Là-bas nous commençâmes par défricher une jungle épaisse. Les Japonais ne me donnèrent ni chemise ni couverture pendant sept mois. J'avais à travailler dans la jungle et à dormir sur le sol en bambou d'une hutte, à demi nu et sans aucune couverture[20].

On rapporte aussi, toujours en Malaisie, des séances de cinéma généreusement offertes à la population par l'armée japonaise où, à l'issue du film, le public se découvrait pris dans la nasse d'un cordon de soldats : tous les hommes en âge et en état de travailler étaient directement embarqués en direction du mouroir thaïlandais. Dans la plupart des cas, cependant, les rafles de main-d'œuvre furent mieux planifiées et plus systématiquement organisées, avec un recours essentiel aux autorités locales, dont la responsabilité était ainsi lourdement engagée. Il s'agissait en effet d'éviter les désordres et les fuites, inévitables en cas de recours trop brouillon à la brutalité. Les pays occupés par l'Allemagne connurent aussi ce genre de situations…

C'est assurément en Chine occupée que les exactions en matière de travail forcé furent les plus vastes. Dans la plupart des cas, l'affectation était relativement proche, et sur le continent. Cela commença dès l'arrivée des troupes japonaises, en 1937, comme ici à Zhenjiang, sur le Yangzi, non loin de Nankin, telle que le vécut le petit industriel Zhang Yibo :

> C'est quand les soldats arrivèrent pour la première fois que le travail forcé fut le plus drastique ; cela ne s'améliora un peu que quand la garnison se trouva bien installée. Certains travailleurs participaient à la logistique du transport, ce qui les amena jusqu'à Yangzhou et Nankin ; d'autres furent mis au travail dans les unités stationnées localement. On les emmenait sans tenir compte de leur âge ou de leur position sociale : tout un chacun pouvait devenir leur esclave. Au milieu de janvier, par exemple, quand l'ordre se fut amélioré et que les gargotes de nouilles eurent rouvert, une douzaine d'hommes furent raflés et emmenés, alors même que nous y mangions. Même des gens qui travaillaient pour le Comité d'autogouvernement* étaient attrapés. Mon troisième fils, qui n'avait que douze ans et était immature, se vit intimer l'ordre de porter le bois que des soldats étaient venus voler un matin. Il ne revint qu'au soir tombé, sans qu'on lui ait donné à manger de la journée entière[21].

Nombreux furent aussi ceux emmenés au Japon, surtout quand la mobilisation y devint totale :

> En 1943, le manque de main-d'œuvre était devenu le problème le plus pressant pour les industries de guerre. En avril, avec trois collègues, les Chantiers navals Mitsubishi de Nagasaki** m'ordonnèrent d'y transporter 820 ouvriers de Chine du Nord. Quand je rendis visite à l'Association des ouvriers de Chine du Nord, à Pékin, des repré-

* Structure locale de collaboration, contrôlée par l'armée nippone.

** Les chantiers navals Mitsubishi constituaient l'objectif de la bombe atomique de Nagasaki, en août 1945. Ils ne furent d'ailleurs pas détruits.

> sentants de trente-deux usines d'armement venant de l'ensemble du Japon se pressaient dans le bureau. Nous attendîmes à notre auberge, jusqu'à réception de l'ordre d'aller chercher les travailleurs à Changzhou. Quand je demandai au capitaine japonais qui commandait la zone de Changzhou comment les travailleurs avaient été rassemblés, il me répondit qu'ils avaient été capturés comme jeunes délinquants qui passaient la nuit à faire la fête. Le lendemain, on lia cinquante d'entre eux avec une corde, et je les conduisis à la gare en une marche de deux kilomètres, flanqués de soldats japonais et du Nouveau gouvernement*, dotés de baïonnettes. Parmi ceux qui observaient cette marche, il y en avait qui me regardaient avec colère, et des femmes – probablement des mères – avaient les mains jointes. Quand le train de marchandises bourré de travailleurs s'ébranla, ces mères sanglotèrent et frappaient le quai de leurs deux mains. Un navire charbonnier transporta les travailleurs qu'on avait massés à bord. Quand nous atteignîmes Shimonoseki, la politique avait changé. Ces travailleurs furent expédiés vers les mines de charbon ; on me dit qu'ils y avaient été traités brutalement. Je me contentais de suivre les ordres de ma société, mais encore aujourd'hui mon cœur se serre à ce souvenir[22].

L'autre grand pays du travail forcé fut l'Indonésie, que ce soit au profit de travaux ponctuels à proximité du domicile – les moins meurtriers –, de grands chantiers (chemins de fer, aérodromes, routes, fortifications...) quelque part dans l'Archipel ou, pour plusieurs centaines de milliers de Javanais, la déportation au loin, en particulier sur le chemin de fer Thaïlande-Birmanie. Dans tous les cas, la rémunération était absente ou symbolique, la sous-alimentation de règle, les soins médicaux inexistants alors qu'il s'agissait souvent de zones hautement paludéennes, et les brutalités innombrables. Dans cette organisation à grande échelle (des millions de personnes au total) de ce qu'on ne peut dénommer autrement que travail esclavagiste, qui reprenait en les aggravant les pires pratiques (d'ailleurs alors largement abandonnées) de la domination coloniale, les Japonais virent leur entreprise facilitée par la collaboration parfois enthousiaste de la plupart des nationalistes locaux, qu'ils soient d'inspiration laïque (comme Sukarno, leur chef de file incontesté) ou musulmane (qui fondèrent sous

---

* Collaborateurs chinois affiliés au gouvernement de Nankin de Wang Jingwei.

l'égide nippone diverses milices, telle le Hizb'ullah – l'Armée de Dieu). Sukarno plaida publiquement, avec son éloquence coutumière, en faveur de la mobilisation des *romusha* – les travailleurs manuels, un mot japonais passé dès lors dans la langue indonésienne –, présentés comme l'avant-garde de la libération de l'Asie face aux « diables » anglo-américains*. Triste avant-garde, tombée sans gloire par centaines de milliers dans les excréments de la dysenterie ou du choléra, les grands frissons fébriles de la malaria ou l'œdème dévorant le corps du béribéri. Sintha Melati, résistante communiste, en donne un aperçu à propos du percement d'une voie en direction de la côte sud de Java :

> À cette époque, les Japonais recouraient au travail forcé pour percer le tunnel du Sud. Chaque *Rukun Tetangga* [association de voisinage]** avait à y contribuer, de sorte que le quota de cinq hommes par semaine et par village puisse être atteint. On ne faisait aucune différence entre les riches et les pauvres, les jeunes et les vieux. Quiconque protestait contre ce travail était amené aux autorités militaires. Le projet Ne Yama, situé dans la région de Popoh, régence de Tulungagung, incluait le creusement d'un canal de drainage des marécages de Campur Darat et le percement d'un tunnel à travers une montagne. Bien qu'il ait été annoncé que le but du tunnel était de résoudre les problèmes d'inondation à Tulungagung, la main-d'œuvre était simultanément utilisée pour la construction de la prison fortifiée de Sinai, sur la côte sud. Des dizaines de milliers de personnes avaient à être enrôlées chaque jour à Ne Yama ou à Sinai. On les dénommait « les *romusha* de Ne Yama ». Le nombre de décès était terrifiant : des centaines de personnes quotidiennement. Si un membre de l'une des équipes de cinq personnes mourait, les quatre autres avaient à porter à pied leur collègue jusqu'à son village d'origine. La distance de Lodoyo à Ne Yama n'était pas inférieure à la cinquantaine de kilomètres. Les villageois étaient payés seulement cinq roupies par jour, assez pour une portion de riz. Tout espoir que les travailleurs aient pu avoir de revenir chez eux était amenuisé par le manque absolu de nourriture et par la pression constante subie pour continuer à creuser la montagne avec des herminettes et des marteaux. Leurs corps étaient amaigris

* Cela n'empêcha pas Sukarno de devenir le premier président de l'Indonésie indépendante (1945-1967), et de demeurer le héros national par excellence, dont l'aéroport de Jakarta porte le nom, comme à Paris celui de Charles de Gaulle…

** En japonais : *tonarigumi*.

et desséchés – et leurs os visibles sous la peau. Souvent, ceux qui soutenaient leurs camarades étaient si mal qu'ils ne pouvaient même pas supporter leur propre poids. De sorte qu'il y avait énormément de malades et de cadavres qu'on laissait affalés au beau milieu de la route et sous les arbres à la lisière de la jungle. En vérité, c'était un signe des temps que les cadavres n'aient été considérés que comme des déchets – et les squelettes ambulants ne choquaient plus personne. Des files de gens s'allongeaient le long de la rivière, pas pour du riz, mais pour une cuillerée d'écorce bouillie de quinquina*. Les marécages étaient infestés de malaria tropicale[23].

Y eut-il donc dans l'archipel insulindien des endroits encore pires que le chemin de fer Thaïlande-Birmanie (voir chapitre 4) ? Oui, peut-être. On ne connaît toujours pas le bilan précis de la mortalité sur les chantiers des chemins de fer de Banten (dans l'ouest de Java) et de Pekanbaru (dans le sud de Sumatra), mais elle atteignit assurément dans chaque cas les dizaines de milliers, et donna lieu à des souffrances et à une misère tout à fait comparables à celles du « chemin de fer de la mort », bien mieux connu du fait de la présence d'un grand nombre de prisonniers de guerre occidentaux, dont beaucoup nous ont laissé des récits écrits. À un assez petit nombre de Britanniques et de Néerlandais près (à Pekanbaru), il n'en alla pas de même en Indonésie. Voici ce que constata le père de la narratrice Dieuwke Wendelaar Bonga (elle-même internée à Java), qui fut un moment déporté à Sumatra :

> Les hommes rassemblés dans ces camps vivaient dans des cabanes autochtones dont les toits de chaume fuyaient comme des paniers percés. Quand ils descendaient de leurs *bale-bale* [estrades de bois], leurs pieds nus se couvraient de boue, elle-même alimentée par la pluie et les débordements de rivière. L'humidité de la jungle donnait naissance à des hordes de moustiques porteurs de malaria, à la dysenterie, aux parasites et aux moisissures, qui tuaient les hommes comme des mouches. Les *romushas* étaient complètement laissés à eux-mêmes pour s'en défendre, et après leurs longues journées de

* Les premiers (et longtemps les seuls) médicaments antipaludéens, connus des Jésuites installés en Amérique centrale dès le XVIIe siècle, étaient basés sur l'écorce du quinquina, diffusée sous le nom de quinine. La chloroquine, médicament de synthèse, en est dérivée. Les Indes néerlandaises transplantèrent l'arbre sous forme de plantations, et devinrent le premier fournisseur mondial de quinine.

> travail, si cruelles, ils avaient encore à trouver leur nourriture dans la jungle. Parfois, nos hommes pouvaient distinguer leurs appels au secours dans les profondeurs de la forêt : « *Tulung, tulung !* » On interdisait strictement aux prisonniers néerlandais et britanniques de fréquenter ces pauvres gens. On les menaçait de tabassages en règle, ou pis encore. Des cadavres de ces esclaves étaient souvent retrouvés dans la jungle, complètement décharnés. En une seule année, 23 000 hommes périrent dans ce trou de l'enfer, dont la plupart étaient des *romushas*. Les civils – ingénieurs, médecins, juristes, hommes des plantations, enseignants comme Papa – et les militaires accomplissaient tous un travail d'esclave dans l'environnement le plus atroce, ce à quoi aucun d'entre eux n'avait jamais été soumis. Les Japs cognaient, brutalisaient, affamaient les hommes, et ça les amusait. Ils paraissaient haïr ceux qui étaient de grande taille avec des yeux bleus. Papa nous disait qu'il gardait toujours les yeux baissés. S'il les regardait droit dans les yeux, il pouvait à coup sûr s'attendre à une gifle, ce qui lui était arrivé une fois. Juste après avoir frappé Papa, le soldat lui avait offert une cigarette, qu'il ne pouvait bien sûr pas refuser. Mais il nous confia qu'il aurait préféré la lui jeter à la figure[24].

Aux Philippines, les autorités locales de collaboration parvinrent longtemps à éviter les rafles de masse à destination des chantiers de travail, en faisant valoir aux Japonais que cela ne pourrait que renforcer l'active résistance. En particulier, il n'y eut aucune expédition de main-d'œuvre vers l'étranger, à la différence de l'Indonésie voisine. Le fait est également significatif de l'attitude bien plus réservée de la plupart des dirigeants philippins demeurés au pays (à commencer par leur chef de file, José Laurel) à l'égard du panasiatisme nippon : les ponts ne furent jamais complètement rompus, ni avec le gouvernement en exil aux États-Unis, ni avec la résistance non communiste. Et les collaborateurs d'idéologie (les *Makapili*), s'ils formèrent une milice redoutable au service de l'occupant, demeurèrent à la marge du pouvoir. Cependant, quand les combats se rapprochèrent de Manille, et que le gouvernement Laurel refusa de s'engager autrement que formellement dans le conflit, les Japonais acculés perdirent toute retenue envers la population civile. On a vu la violence paroxystique qui accompagna le siège de Manille. Mais cela se traduisit aussi par des rafles sauvages de main-d'œuvre, pour des travaux d'intérêt militaire de proximité :

> Au moment où les Japonais perdaient la guerre, ils se retournaient contre les populations. Mon mari gagna les collines et rejoignit la guérilla. La vie était un cauchemar. Le son d'un camion japonais approchant nous paralysait de peur. Je vis mon seul frère, encore un adolescent, ligoté et emmené avec plusieurs autres hommes dans un véhicule militaire pour travailler sous la contrainte sur un aérodrome. Lui qui n'avait jamais manié une hache dut abattre des cocotiers sous le regard colérique des soldats nippons. Dieu voulut qu'il échappe à ses gardes, qui se saoulèrent à mort quand ils surent que les Américains approchaient. Mon beau-père, vieux et malade, fut enfermé pendant plusieurs jours dans l'église avec tous les autres hommes de la ville, sous bonne garde, et sans toilettes. Les femmes et les enfants stationnaient devant la porte de l'église avec de la nourriture, au cas où les gardes en autoriseraient la distribution. Mais, fréquemment, les aliments étaient saisis et jetés. L'épouse du maire, une Américaine, fut attachée à un poteau électrique au cœur de la ville et laissée presque nue, sans nourriture, pendant des jours et des nuits[25].

Même dans les archipels sous mandat japonais du Pacifique, la situation se détériora pour les travailleurs micronésiens, de plus en plus maltraités et mal nourris, comme en atteste Parang Namono, de Chuuk (ou Truk) :

> De nouveaux Japonais remplacèrent ceux de la précédente administration [civile]. C'étaient nos chefs, et ils se comportaient avec nous de manière brutale. Ils nous battaient souvent, avec du métal ou tout autre objet. À cette époque, le travail devint plus dur, exactement à l'opposé de nos emplois précédents. On nous dit de travailler dur, parce que c'était pour la guerre, et si nous ne le faisions pas ils nous battraient parce que c'était aussi pour leur chef, Tennô Heika, que toutes ces choses et tout ce travail étaient accomplis. Nous travaillions jour et nuit. Parfois notre heure de déjeuner était raccourcie. Nous regardions souvent les horloges et nous nous rendions compte que c'était déjà l'heure, mais nous devions continuer à travailler du fait de l'exigence japonaise d'achever les chantiers de la guerre. Nous étions aussi forcés de manger notre repas plus rapidement : nous avions l'impression de ne jamais avoir eu notre pause de midi[26].

Aux îles Salomon, plus au sud-est du grand océan, et par là bien plus proches dès 1942 de la ligne de front, beaucoup d'îles se retrouvèrent isolées par les offensives américaines, et soumises à des bombardements fréquents. L'administration japonaise livrée à elle-même dut alors improviser, en particulier en matière de ravitaillement. Cela passa souvent par une surexploitation des salariés, et par de multiples contraintes pour les autres, comme dans la modeste île de Buka :

> En janvier 1944, il [Gotô, l'administrateur civil] avait perdu tout espoir de recevoir du secours de l'extérieur. Il lui fallait donc envisager un système qui lui permit de ravitailler les troupes d'occupation ; il inaugura l'ère des *jardins*. Il passa dans tous les villages, accompagné seulement par une petite garde du corps de six hommes, expliquant sa méthode : des terrains seraient réservés à des cultures dont les produits seraient destinés aux Japonais – il les désignait lui-même ; un soldat résiderait à demeure dans chaque village et deux ou trois coolies aideraient les Buka-boys aux travaux de jardinage ; les attributions du militaire de service seraient très larges. De fait, le *Sambuka*, c'était le nom de ce fonctionnaire, se révéla homme à tout faire : réunissant les habitants matin et soir pour l'hommage aux morts, donnant les directives pour le travail de la journée, rappelant les bonnes manières et l'étiquette japonaises, faisant faire des exercices militaires à tous les éléments mâles du village, transmettant les instructions de Gotô et donnant les nouvelles « réconfortantes », délivrant les laissez-passer aux villageois désireux de se rendre au-delà des limites de son secteur, sonnant le couvre-feu et vérifiant dans chaque hutte si tous les habitants avaient bien réintégré le domicile pour la nuit. Les chefs locaux dépendaient évidemment de ce représentant de l'empereur et de Gotô. On conçoit que certains *Sambuka* devinrent rapidement des tyrans. Ils l'étaient tous dans le domaine de la nourriture. « Ces Japonais, note le père Montauban, qui chez eux sont, dit-on, si sobres, ici ils étaient des goinfres ; j'en ai vu faire le tour des maisons le soir, au moment où l'on préparait le repas, et se faire servir dans chaque foyer un copieux dîner… » Les coolies n'avaient droit qu'à une maigre pitance. Et bientôt chaque village dut entretenir les coolies malades, impotents ou infirmes, que l'on évacuait de Bougainville. En principe, ces pauvres gens, mis au rebut, devaient subvenir eux-mêmes à leurs besoins ; on les voyait aller dans la forêt chercher des racines ou des feuilles. Bien des indigènes, touchés par leur détresse, leur donnèrent à manger. Il est vrai que c'était souvent un moyen d'éviter ce qui s'était produit maintes fois, l'arrachage des taros des jardins, dont les malheureux dévoraient la racine faute de connaître le mode d'emploi.

Quelques-uns y perdirent la tête, car le *Sambuka* ne pardonnait pas un tel vandalisme, et les Buka-boys estimèrent qu'il était préférable, pour tout le monde, de fournir à ces affamés des taros cuits ou des serpents, dont ils se montraient friands. Combien de ces coolies moururent à Buka ? Des centaines. À tel point que la plantation de cocotiers de Hangan, qui couvrait près de cinq hectares, dut être transformée en cimetière, et, par-dessus les tombes, les Japonais ordonnèrent que l'on plantât des patates, au grand scandale des indigènes, dont c'était heurter gravement les convictions religieuses.

Quelques mois plus tard, Gotô fut encore obligé de trouver une formule nouvelle. Les bombardements détruisaient régulièrement ses stocks les uns après les autres ; à Haleha, à Otsian, à Nova, à Malasang, les magasins n'étaient plus en sûreté, et il fallait tenir. Il conçut le projet d'un camp où seraient concentrées les provisions, où seraient entreprises de vastes plantations et où pourrait mieux s'orchestrer la propagande. [...] La première loi économique du camp fut que chaque travailleur devait pourvoir à sa nourriture ; la première loi morale : l'interdiction aux femmes d'y pénétrer. Le résultat pratique de l'application de ce règlement fut que les épouses déposèrent les provisions de leurs maris dans un village voisin, Telatu, et que les Buka-boys vinrent les y chercher. Pourquoi ces mesures ? Parce que Gotô voulait faire de son camp une sorte de caserne, école des caractères autant que centre laborieux. Les travailleurs y étaient réveillés au son du clairon et se rendaient rapidement au rassemblement. Le contingent de chaque village formait une ligne en profondeur, conduite par un *kaigun-boy** armé de son bâton réglementaire. Face à ces colonnes s'élevait une estrade où se tenait Gotô ; au-dessous de lui, les instructeurs. Le rituel commençait par la vérification de la bonne tenue de sa lignée par chaque *kaigun-boy*, qui levait ensuite son bâton vers Gotô. Puis c'était l'hommage aux morts, dont les cendres étaient exposées au centre du camp ; sur un signal, tous s'inclinaient à angle droit, gardant le silence pendant quelques minutes ; on se redressait ensuite pour chanter un hymne patriotique. Gotô** donnait alors ses ordres pour la journée : tel village se rendrait à telle plantation, tel autre à telle autre. Et c'était la dispersion des colonnes. Le retour de la corvée s'effectuait vers 15 heures. Le clairon sonnait le rassemblement pour la cérémonie en l'honneur des héros et le chant de rigueur, que les

* Mélange de japonais et de pidgin. La *Kaigun* est la Marine impériale. Le *kaigun-boy* est l'un de ses combattants, ou un auxiliaire local.

** L'autoritarisme assorti d'exactions du lieutenant Gotô Daisaku lui valut d'être condamné à mort par les Australiens lors d'un procès à Rabaul.

indigènes avaient surnommé *La Marche du Pacifique*… C'était ensuite l'heure de l'instruction militaire, et tout le monde pivotait aux ordres, chargeait à la baïonnette, symbolisée par de simples lances, sur les Américains, idéalisés sous la forme de troncs de bananiers… L'ennemi était facilement transpercé de part en part, les *Buka boys* se disant entre eux : « Le malheur est que les Américains ne se laisseront pas faire comme les bananiers[27] ! »

Disette et famine

La Chine occupée vécut des années de grisaille – près de huit pour une bonne part des grandes villes de l'est du pays. La rupture de la plupart des liens avec l'extérieur, l'accaparement des richesses par les Japonais et leurs collaborateurs locaux, la violence de la répression plongèrent dans la pauvreté une part majeure de la population, alors que les deux décennies précédentes avaient été le théâtre d'un certain essor économique et social[28]. C'est ce que constate dans un long rapport de mai 1939 l'American Information Committee, basé à Shanghai. À propos de la prestigieuse cité de Hangzhou (Zhejiang), ancienne capitale de la dynastie Song :

> Aujourd'hui c'est une ville morte, dont certaines portions paraissent avoir été désertées. La moitié de la population de 600 000 s'en est allée*. Dans les rues, on voit principalement des très vieux ou des très jeunes, et peu nombreux sont ceux correctement vêtus. Les gens ayant richesse, position sociale, influence et capacité de leadership sont massivement partis, quoiqu'un petit nombre de leaders chrétiens soit resté, pour s'occuper de ceux dans le besoin. La désolation se fait particulièrement ressentir le soir, quand seules les plus grandes rues sont éclairées et que peu de gens osent sortir. La pauvreté est évidente, de tout côté. « La ville entière n'est guère différente d'un vaste camp de réfugiés », me dit l'hiver dernier un travailleur de l'humanitaire. Les autorités locales donnèrent pendant les mois d'hiver des repas à quelque 50 000 personnes ; l'Église et des sociétés privées y ajoutèrent 7 000 à 10 000 repas. Les conditions sont maintenant meilleures, mais

* Les villes de l'est connurent un exode considérable, par crainte des Japonais, soit vers les villages à l'écart des voies de communication, soit vers la Chine libre de l'ouest.

il y a beaucoup de chômage, les prix du riz sont élevés, et il y a peu d'espoir d'une vraie reprise, car Hangzhou est maintenant isolée des routes commerciales de la soie et du thé, dont elle dépendait tant par le passé. Aujourd'hui, les paysans préfèrent livrer leurs produits de l'autre côté de la rivière Qiantang, en Chine libre* : ils vendent ainsi à leur propre peuple, et évitent les taxes imposées par l'occupant. Les guérillas sont également connues pour avoir brûlé des cocons [de ver à soie] destinés à la ville. Les secteurs industriel et artisanal n'ont pas connu de vraie reprise, et le commerce de détail s'est considérablement contracté. La plupart des magasins sont ouverts, mais les affaires sont très réduites. Beaucoup de boutiquiers admettent que leur principale raison pour ouvrir est d'éviter ainsi la menace de confiscation qui pèse sur les locaux vides. Les taxes sont élevées et le transport est coûteux, sauf pour les marchandises japonaises. Certains commerces nippons ont ouvert, mais de nombreux entrepreneurs de cette nation sont venus, sont demeurés un moment, puis ont plié bagage, considérant à l'évidence la ville comme dénuée de perspectives d'avenir[29].

L'Asie du Sud-Est fut globalement moins accablée, la population s'y trouvant moins dépourvue, en particulier parce qu'elle était généralement moins dense. Le sort des grandes villes, cependant, fut particulièrement dramatique, du fait de l'effondrement des réseaux commerciaux. Une place aussi prospère que Singapour, vers où l'on émigrait de partout, devint l'un des pôles asiatiques de la misère et de la faim. Et les expédients ne firent que retarder la montée de la mortalité : 54 ‰ en 1944, contre 20 en 1940. Wee Hock Chye fut témoin de ce processus fatal :

Chaque famille se voyait attribuer des cartes de rationnement pour le riz et le sucre, ainsi que des coupons pour le textile. Les stocks de riz publics étaient protégés par de la chaux, pour prévenir leur destruction par les moisissures ou leur détérioration par les charançons. Cela imposait aux consommateurs de laver le riz à grande eau avant de le cuire, pour éviter les maux d'estomac, ou pis encore. Ces stocks qui avaient été entreposés trop longtemps tournaient au jaune durant la cuisson, mais si le riz avait été correctement lavé, cette coloration était sans danger. Les rations, comme de bien entendu, n'étaient pas suffisantes pour une alimentation normale, et tous ceux qui pouvaient

* Même à proximité des grandes villes, de vastes zones échappaient au contrôle et à l'autorité des Japonais.

se l'offrir recouraient au marché noir. Ceux qui ne le pouvaient pas se procuraient du *keledek* [patate douce] et de l'*ubi kayu* [manioc], ajoutant ces tubercules au riz en train de cuire. C'était en réalité une pratique bien connue des plus pauvres des Chinois, qui y recouraient déjà en temps de paix. C'est pourquoi la demande de ces deux légumes continua à croître, et ceux qui en avaient le plus besoin traînaient derrière les chariots chargés de tubercules, dès qu'ils étaient signalés dans les environs. Peu après, les boulangers se mirent à faire un pain à partir du maïs, avec de la poudre de sagou* en additif. Ce pain très brun n'était pas trop mauvais au goût, si du moins on le mangeait au sortir du four. Mais, trente minutes plus tard, il devenait dur comme de la pierre, et il convenait de le faire recuire à la vapeur pour arriver à le manger. Les *Mee-makers* [fabricants de nouilles] se concentraient sur la fabrication de *Kueh-teow* [*sic*], mais cela demandait du riz, et celui-ci était à la fois rationné et de prix administré. Quelles qu'elles soient, les aides matérielles qu'ils recevaient ne leur suffisaient jamais. Ils dépendaient par conséquent du marché noir, comme tous ceux acharnés à répondre à la demande des restaurants et des vendeurs de rue[30].

Pour lutter contre les pénuries croissantes, mais aussi pour encadrer le commerce privé et mieux contrôler la population, les Japonais instituèrent divers organismes dans leurs conquêtes. Mais la situation ne fit qu'empirer, comme le décrit à propos de Singapour un Chinois d'une famille protestante de la classe moyenne :

Du fait des pénuries rapidement croissantes, les autorités militaires japonaises décidèrent de contrôler la vente du sucre, du sel, du poisson, de la viande et des fruits au travers d'agences gouvernementales ou de syndicats (ou cartels) dénommés *Kumiai*, qui, à ce qu'on nous disait, assureraient un rationnement équitable des produits de première nécessité. Mais, dans la pratique, le système des *Kumiai* attribuait aux autorités militaires et à leurs soutiens privilégiés le privilège de choisir avant tout le monde ce dont ils avaient besoin en volailles, viande, poisson, fruits et même légumes. Puis leurs employés faisaient leur sélection, et finalement ce qui restait, et était de qualité inférieure, se voyait vendu au public. Pour des raisons de sécurité, chaque personne vivant à Singapour avait été enregistrée sous un système rigide de voisinage, avec les noms, âges et autres particularités physiques de tous ceux qui vivaient dans chaque maison, le chef de famille étant tenu

* Issu de la pulpe du tronc de l'arbre sagoutier.

responsable du comportement des siens. Personne n'était autorisé à s'absenter de chez lui, ne serait-ce qu'une nuit, sans l'autorisation du président d'un groupe de foyers, dénommé l'officier Une Étoile. On lui remettait un badge de métal avec une étoile dessus. Les groupes de foyers étaient regroupés autour d'un officier Deux Étoiles. Au-dessus, les surintendants Trois Étoiles avaient en charge un district entier, sous la surveillance des officiers nippons. La population de Singapour fut ainsi rapidement organisée dans le cadre d'un système policier rigide, par lequel ses déplacements pouvaient être vérifiés quotidiennement et restreints, si nécessaire. Les officiers Une Étoile devaient faire un rapport sur tout membre d'un quelconque foyer montrant des signes de manque de loyauté ou d'irrespect. En même temps, les autorités militaires se servaient de ces Une, Deux ou Trois Étoiles pour la distribution du riz et du sucre de l'État, dont les prix étaient contrôlés. La guerre s'éternisait, et le manque de riz devenait de plus en plus aigu. La farine de blé n'était plus disponible. Le stock entier avait été réquisitionné par les autorités japonaises, pour son usage propre. On faisait désormais du pain de manioc, de maïs ou de sagou, et les miches de pain vendues au public étaient dures comme de la brique. Il convenait de les faire cuire à la vapeur avant de les découper. De la même façon les nouilles, précédemment faites de farine de blé, étaient maintenant faites de farine de sagou ou de manioc, et on les trouvait presque immangeables. Le bœuf, le porc et le poulet coûtaient si cher que les chiens et les chats commencèrent à disparaître des rues. La racine de manioc, auparavant méprisée, remplaçait le riz comme aliment de base. Je m'arrangeai pour contacter un ancien collègue qui s'était reconverti dans l'agriculture, parce qu'il avait trouvé qu'il pouvait gagner bien davantage en vendant ses productions. Il nous offrit un lopin de terre pour nos propres cultures. Deux ou trois d'entre nous plantaient du manioc à nos heures perdues, et après quelques mois nous en avions suffisamment en réserve pour que nos familles puissent par là profiter d'un complément à notre maigre ration de riz. Nous avions parfois envie de viande, mais avec un salaire de maître d'école, il était impossible d'acheter du bœuf ou du porc[31].

Les derniers temps de l'occupation nippone furent particulièrement durs, à peu près partout. On faisait main basse sur tout ce qui permettait de se sustenter un moment. Aux Philippines, l'intensité des combats qui suivirent le débarquement américain d'octobre 1944 aggrava la situation :

> Le dernier mois, la nourriture se fit si rare que nous mangeâmes des aubergines pas plus longues que le pouce. C'était cela, ou se les faire voler dans notre jardin. Notre chat disparut, et nous soupçonnâmes qu'il avait été mangé. Nous finîmes aussi par mettre à cuire la mère-poule, qui était devenue un animal de compagnie pour la famille. Ma sœur et moi nous hésitions à en manger. Mon père rapporta pour la dernière fois un régime de bananes, acheté avec un sac rempli de monnaie japonaise*[32].

La famine était particulièrement sévère dans les grandes villes, les possibilités d'auto-alimentation y étant réduites, et les strictes restrictions aux déplacements ainsi que le principe d'autarcie provinciale empêchant un ravitaillement normal venant de l'extérieur. Manille fut ainsi touchée :

> Petit à petit, la nourriture devint rare. Des sentinelles japonaises étaient postées à des emplacements stratégiques où elles confisquaient tout aliment trouvé sur des civils. Les maisons étaient fouillées pour la même raison, sur des indications fournies par des collaborateurs japonais. Toute résistance était suivie de coups et de torture. La conséquence naturelle en fut une disette généralisée. Pour survivre, les Philippins mangeaient du copra [noix de coco] rôti [plat alors populaire sous le nom de *kastaniyog*], du *camote* [patate douce], ou encore des feuilles et pousses de *kangkong* [épinards] et de *camote*. Le riz étant aussi rare que l'or, beaucoup d'habitants des villes consommaient du riz *sisid* [de plongée], ainsi nommé parce que le grain venait de navires coulés et avait séjourné sous l'eau. Gonflés, les grains avaient une odeur et un goût répulsifs. Pour la viande, les gens immolaient des chiens et des chats. Au marché de Pritil, de la viande cuite de ces animaux domestiques, têtes bien en vue, était vendue sans se cacher. Il devint clair que seuls les aliments que les Japonais refusaient de manger pouvaient être absorbés par les Philippins[33].

Tout cela ne suffisait qu'un temps à éloigner les effets désastreux de la faim, qui une fois les réserves (extérieures et corporelles) épuisées commença à faucher les vies en grand nombre :

---

* Il s'agit des billets imprimés par les autorités d'occupation, qui n'avaient cours que dans un territoire déterminé. Leur cours officiel étant forcé, on ne se gêna pas pour faire marcher la planche à billets. La conséquence en fut une énorme inflation, et une déconnexion complète entre les prix du marché noir et ceux du marché officiel… où l'on ne trouvait presque plus rien à acheter.

On vit des gens en train de mourir par manque de nourriture, de médicaments et de bien d'autres produits de première nécessité. Beaucoup de gens sur les trottoirs mendiaient quelque chose qui leur permette de conserver leur précieuse vie ; ils étaient très gravement malades. [...] Certains avaient de larges blessures ouvertes avec de la vermine, d'autres des maladies de peau, ils paraissaient très sales, certains mangeaient mais il était impossible de dire quoi. Je vis deux jeunes hommes portant des habits dégoûtants, minables, en lambeaux, qui tenaient quelques légumes ; ils paraissaient ne pas s'être lavés depuis des mois. Leur odeur était nauséabonde : on les repérait à cinq mètres. Que faisaient donc ces deux créatures ? Ils étaient en train de rôtir un gros rat... Je n'avais jamais vu personne en manger. Quand je revins chez moi, je décidai de ne plus passer par ce chemin. Dans certaines des rues que j'empruntais pour aller à Divisoria, la plupart des malades étaient déjà recouverts par la natte sur laquelle ils dormaient – ils étaient morts. D'autres étaient en train de rendre l'âme. J'aperçus également une femme d'âge moyen qui luttait pour se tenir sur ses jambes – elle était peut-être très malade. Elle avait le béribéri. Son visage était gonflé, ses lèvres boursouflées, et de grosses mouches tournaient autour d'elle. Elle pouvait à peine bouger. Soudain, sa main perdit l'appui d'une barre de bois, et elle s'effondra. Elle trembla, et deux minutes après elle était morte, ses yeux grands ouverts[34].

La situation n'était en rien meilleure en Indonésie, en particulier à Java, île de loin la plus peuplée, et de ce fait importatrice nette de produits alimentaires, de riz en particulier. La rupture des relations avec l'extérieur et les prélèvements élevés de main-d'œuvre forcée bouleversèrent le fragile équilibre nutritionnel d'avant-guerre. La famine, qui fit peut-être 2 millions de morts (sur une cinquantaine de millions d'habitants), essentiellement en 1944-1945, fut probablement la plus massive d'Asie du Sud-Est occupée. Une Néerlandaise eurasienne (et pour cette raison non internée) en fut le témoin à Jakarta :

La misère dans les rues était insupportable à voir. Des mendiants emmitouflés dans des sacs de jute, ou entièrement nus et porteurs des plaies les plus hideuses gisaient les uns à côté des autres. Leurs visages ressemblaient à la pleine lune, et leurs abdomens étaient incroyablement dilatés. En centre-ville, je vis plusieurs corps être chargés sur une benne à ordures ; de son pied botté, un Jap frappait beaucoup d'autres misérables qui, au plus petit signe de vie, étaient autorisés à rester allongés là. [...] Pauvreté, pauvreté et misère partout ! Pas de médicaments, pas de vêtements, pas de nourriture. Mon Dieu, pensai-je, combien de temps ceci doit-il encore durer ?

Beb Vuyk, écrivain de profession, était également dans la capitale, en décembre 1944 :

Le mendiant qui gisait sous l'arbre devant la boulangerie depuis des semaines est mort. Chaque jour des mendiants meurent ; leurs corps restent au bord de la route et sont enlevés une fois par jour par le camion-poubelle. [...] « Il est décédé dans l'après-midi et est resté là jusqu'à l'après-midi suivant », me dit la femme du boulanger. [...] Sa place a déjà été prise par une femme avec enfant. Elle est couchée sur un morceau de natte usagée, dont un autre morceau est attaché autour de sa taille, et autour de son ventre énormément enflé. Ses bras et ses jambes sont des bâtons, et son visage est boursouflé par l'œdème, de telle façon que ses yeux paraissent profondément enfoncés. L'enfant est un squelette, agrippé tel un animal aux replis de peau vides que sont ses seins. Une éruption couvre la totalité de sa tête. Je place une paire de *pisang* [bananes] auprès d'elle. Elle les arrache alors que ma main est encore là, et commence à les manger, sans les peler. Alors que je suis dans la boulangerie, je la vois nourrir son enfant avec des morceaux qu'elle a mâchés[35].

Le témoin manilène déjà cité indique à quelles extrémités en étaient arrivés ceux qui, vu la demande, se lançaient dans la contrebande de riz :

Comme notre maison était proche du nœud ferroviaire de Tayuman, j'ai observé personnellement comment des Philippins trompe-la-mort osaient l'impossible. Ces contrebandiers cachaient leurs sacs de riz n'importe où, et même dans la locomotive des trains de marchandise, afin d'échapper à la détection des gardes japonais. Dès que le train ralentissait, parce qu'il approchait de la gare de Tutuban [à Manille)], ces casse-cous poussaient par-dessus bord leurs sacs de riz, auxquels ils étaient reliés par une corde nouée à la taille. Perdant l'équilibre, ces braves ne pouvaient pas davantage contrôler les mouvements rotatifs de leur corps. Ceux qui étaient suffisamment rapides à réagir évitaient les lourdes roues en mouvement ; ceux qui l'étaient moins se trouvaient cisaillés à mort ou grotesquement mutilés. Ils risquaient leur vie et leur intégrité physique pour protéger leur riz des foules affamées qui attendaient patiemment le long des voies. Les vautours humains qui prospéraient sur les malheurs des autres venaient intégralement prêts. Ils avaient des bidons vides, des petits sacs ou des boîtes cabossées à remplir avec le riz des morts et des blessés. Des ruées infernales s'ensuivaient régulièrement, et dans la mêlée des sacs étaient déchirés, répandant le riz sur le sol imbibé de sang. Je m'émerveillais des mains adroites, grandes ou petites, qui ratissaient et ramassaient le riz à toute vitesse, en réussissant à éviter de le souiller de sang humain. Quant aux propriétaires du riz qui surmontaient les périls du saut par-dessus bord (quelques-uns seulement), ils se relevaient en hâte et plaçaient leurs sacs sur leurs épaules. S'ils n'étaient pas escortés, ils tombaient eux aussi victimes des hordes mourant de faim. On utilisait alors une sorte de tube court aiguisé en biais d'un côté. Une fois que le propriétaire avait tourné le dos, les sangsues se glissaient par-derrière et enfonçaient discrètement leur tube dans un sac de riz, pour permettre au précieux grain de s'écouler dans leurs boîtes vides. Les propriétaires n'osaient pas confronter la foule, par peur de se faire écharper. Chanceux était celui capable de gagner son domicile avec ne serait-ce que la moitié de sa charge initiale[36].

Marché noir et trafics

Qui dit restrictions aux déplacements dit contrebande – on vient de le voir. Et qui dit cours forcé des monnaies, ou strict contrôle des prix, dit marché noir. Cela exista même sous une dictature aussi meurtrière que celle des Khmers rouges : nécessité fait loi. Sous la domination des Japonais, violente mais erratique, et trop distendue pour être vraiment efficace, les trafics en tout genre fleurirent. Y compris au profit de beaucoup de Japonais, qui pouvaient s'en faire des acteurs directs soit en profitant de leur plus grande liberté d'action, soit en rackettant les trafiquants locaux. Revendre des biens volés était aussi une excellente option :

Les soldats japonais s'adonnaient pendant les premiers mois de l'occupation à la vente hautement profitable de vélos au marché noir. Et ceux qui pouvaient acheter des bicyclettes presque neuves et en excellent état de marques réputées telles que Raleigh et Hercules s'en montraient heureux. Les vendeurs les avaient à l'évidence pillées durant les jours de désordre qui avaient suivi la chute de Singapour. Argent et bicyclettes changeaient de main, mais malheur à ceux qui se faisaient pincer pendant la transaction, car ni le vendeur ni l'acheteur n'échapperait à la colère de la Kempeitai, la police militaire japonaise[37].

Le marché noir, sous toutes les latitudes, équivaut en tout cas à un transfert massif de richesses des acheteurs (essentiellement les classes moyennes urbaines, et bien sûr les internés) vers les vendeurs (les agriculteurs, les marchands) et ceux qui les « protègent ». C'est ce système que décrit Chin Kee Onn, Chinois de Malaisie, dans un livre publié dès 1946 :

> Les départements administratifs de chaque État*, réalisant l'exode des biens de première nécessité, fixèrent rapidement des listes de produits dont l'exportation était strictement prohibée. Mais toutes ces règles furent sapées par les pots-de vin et la corruption. Les licences d'exportation ou de transit pouvaient être achetées. Les fonctionnaires de l'armée, de l'administration, de la police, des douanes, des transports, ainsi que les détectives, tous « fermaient l'œil » en contrepartie d'un pot-de-vin ou du produit d'un racket. Tous ces paiements, les marchands les ajoutaient à leurs « coûts ». Il en allait de même des charges accrues de transport ou de main-d'œuvre. L'argument de base des trafiquants qui cherchaient à se justifier était le suivant : « Regardez nos coûts, regardez nos risques, regardez nos dépenses en capital ! » Ils signifiaient par là que l'accroissement des coûts rendait complètement impossible la conduite des affaires sur le marché officiel, avec des prix contrôlés. Les négociants de Malaisie qui allaient au Siam acheter des produits alimentaires n'étaient pas seulement victimes d'un change désavantageux, mais aussi de toutes les formes de corruption du côté siamois. Par conséquent, quand ils revenaient avec du riz, du sucre, du sel, des cigarettes et autres marchandises, ils étaient contraints de recourir au marché noir pour faire un profit. Ils évoquaient eux aussi « les coûts, les risques et la faiblesse du bénéfice ». Les moyens de transport ferroviaire étaient considérablement réduits, parce que les besoins de l'armée passaient en premier. La pénurie sur les rails, couplée avec un manque de camions (avec les voitures automobiles, ils avaient été réquisitionnés par l'État et par certains *Kaisha***), signifiait que les petits marchands ordinaires qui n'avaient pas de relais dans

* La Malaisie était une fédération de sultanats protégés par la Grande-Bretagne.

** *Kaisha* : « association patronale » (en japonais).

l'administration ne pouvaient pas réaliser grand-chose. Il n'y avait par conséquent aucune compétition qui en valût la peine avec les puissants groupes. Ceux-ci avaient les connections nécessaires, et c'était eux qui fixaient les prix. Quand on voulait se procurer des aliments, il fallait soit s'adresser au marché noir, soit mourir de faim[38]...

Mépris, démoralisation, intoxication, résiliences

Si tous les sujets de l'empire de guerre nippon ne subirent pas de violences, tous ou presque eurent de multiples occasions de se sentir profondément humiliés. Les soldats de l'empereur, souvent très jeunes, se comportaient en gamins malfaisants, à qui il était risqué de refuser son vélo ou sa fille, et dont les ordres, y compris les plus absurdes, ne devaient pas être discutés. Un nœud de presque tous les récits de l'occupation est la rencontre redoutée avec une sentinelle nippone, fréquemment suivie d'une paire de gifles encore plus cuisante pour l'honneur que pour la joue – et plus le donneur de claques est jeune, pire c'est*. Ainsi à Malacca (Malaisie) :

> Toute personne ayant besoin de croiser une sentinelle avait au préalable à s'arrêter devant elle et lui présenter une courbette. Il convenait en premier lieu de lui faire face et de se mettre au garde-à-vous. Puis d'abaisser la tête, le cou et les épaules de quarante degrés, ou davantage. Si l'on en faisait moins, on serait considéré comme ayant manqué de respect, et pour cette raison la sentinelle vous infligerait une bonne claque sur le visage ou un coup violent sur un quelconque endroit de votre corps – que vous soyez homme ou femme. Dans les premières semaines de l'occupation, beaucoup étaient giflés ou frappés pour n'avoir pas exécuté la courbette correctement. Ceux punis pour « courbette irrévérencieuse » incluaient des professionnels, des professeurs et pas mal d'entre eux étaient des femmes. Avec les sentinelles japonaises, il n'était pas question de s'incliner nonchalamment. Dans leur esprit, quand elles montaient la garde, elles protégeaient les biens de l'empereur Hirohito[39].

---

* Dans toute l'Asie du Sud-Est, toucher la tête de quelqu'un est un tabou essentiel.

L'aviateur britannique James Home précise la technique de la gifle et du coup :

> Être « giflé » par les Japs ne doit pas être confondu avec les tapes pour rire parfois échangées entre Européens. Cela consistait en un poing serré propulsé depuis la cuisse avec une force maximale et aboutissant sur votre visage ou votre crâne, avec des mouvements répétitifs rapides. Les coups venaient régulièrement et représentaient très peu de chose pour leur auteur. Ils étaient pour les Japonais aussi insignifiants que le battement d'une paupière. Si vous étiez incapable de supporter le tabassage, ou si vous vous affaliez délibérément en pensant que votre agresseur abandonnerait, vous aviez fait votre première erreur, car la botte entrerait maintenant en scène, à la joie manifeste de son propriétaire. Si vous pouviez éviter de flancher ou de montrer un quelconque signe de détresse, vous pouviez « sauver la face », ce qui, quelle que soit votre façon de le comprendre, était leur second commandement[40].

L'effondrement progressif du niveau de vie, et plus encore l'anomie d'un régime d'occupation où la force primait systématiquement le droit entraînèrent une perte générale des repères, des solidarités collectives et de la moralité. Ce qui est dit des Philippines ne concerne pas que ce seul pays :

> Ce fut durant la guerre que des gens ont appris la manière de voler pour survivre. Plus tard, voler devint un mode de vie pour d'autres. Je me souviens que, pendant la guerre, on ne pouvait rien laisser d'une quelconque valeur qui ne soit attaché ou surveillé. Avant la guerre, on pouvait laisser sa porte non verrouillée, et rien ne disparaissait. Nous laissions nos vélos dans la rue, et ils étaient encore là le lendemain matin. Pendant la guerre, nous avions à attacher nos vélos, à les barder de chaînes de fer, et cependant nous les perdions[41].

La guerre, en Chine occupée en tout cas, entraîna un rebond spectaculaire de la consommation de drogue, en baisse constante avant guerre du fait des strictes mesures prises par les autorités du Guomindang pour réprimer son trafic. Les Japonais furent en la matière particulièrement hypocrites. Comme chez eux, ils prétendirent lutter pour l'éradication du fléau. Mais, alors que dans l'Archipel et ses colonies des dérogations à l'interdiction n'étaient accordées qu'à titre exceptionnel, essentiellement en faveur de vieux consommateurs endurcis ou malades, avec pour résultat une consommation réduite à l'insignifiance, de semblables dérogations, théoriquement compassionnelles, furent distribuées très libéralement en Chine. Bien plus, de nombreuses fumeries, hôtels et points de vente (219 rien qu'à Nankin, fin 1939) reçurent des licences leur permettant de vendre légalement de l'opium – et souvent illégalement de l'héroïne, dans le trafic de laquelle des Japonais étaient également intéressés. On pouvait aisément obtenir des licences temporaires pour des mariages, des obsèques, des fêtes. Il n'y a pas de preuve que l'intention nippone ait été de dissoudre l'esprit de résistance chinois dans les vapeurs de l'opium, contrairement à ce qui fut officiellement prétendu par la Chine libre, jusque devant le tribunal de Tôkyô. En réalité, l'intérêt de l'occupant était immédiat et terre à terre : se financer grâce à un trafic qu'il contrôlait dans une large mesure (l'essentiel du pavot était alors importé d'Iran), et permettre à ses collaborateurs chinois de s'autofinancer. On en revenait en fait aux travers de la colonisation européenne en Asie du Sud-Est, quand, au début du XXe siècle, la taxe sur l'opium était parfois la première recette fiscale.

Miner Searle Bates, missionnaire américain à Nankin, fait le point, dans une lettre ouverte du 22 novembre 1938 :

> La présente génération n'a jamais connu à Nankin cette offre et cette consommation d'opium à grande échelle, ni cette vente ouverte propre à attirer le pauvre et l'ignorant. L'opium était utilisé de manière privée et semi-privée par certains marchands et fonctionnaires, généralement âgés, et par peu d'autres gens. Durant les cinq dernières années, l'usage de l'opium avait été particulièrement limité, étant donné les pressions plutôt sérieuses et sans cesse renforcées à l'encontre de ce commerce, et du fait de l'effort d'éducation des trois dernières décennies. L'héroïne était pratiquement inconnue, et extrêmement coûteuse (800 à 1 200 $ l'once). Mais les changements de l'année 1938 ont amené une révolution du mal. Aujourd'hui, l'opium et l'héroïne sont fournis en abondance par les autorités publiques ou par ceux qui jouissent de leur faveur et protection. Des dizaines de milliers de personnes sont devenues toxicomanes, y compris des enfants et de nombreux jeunes des deux sexes. Des milliers d'autres participent au trafic. [...] Une génération nouvelle se forme sous une autorité publique favorable aux narcotiques. Certains officiels sont des consommateurs notoires, et qui

ne le cachent pas. Les recettes publiques sont fondées sur la ruine des corps et des esprits. Chacun peut se procurer de la drogue aisément et pour pas cher. De plus, des fumeries dûment patentées font de la publicité dans les rues, prétendant que leurs produits accroîtraient la santé et la vigueur des usagers[42].

C'est peut-être après avoir pris connaissance de cette lettre que le *North China Daily News*, quotidien anglophone de référence en Chine, publia le 24 décembre 1938 un éditorial cinglant sur l'envolée du trafic de drogue :

On ne peut analyser la question que de deux façons. Soit ce commerce est parrainé dans le cadre d'une politique non déclarée de ruine morale et physique du peuple chinois, soit il s'agit simplement d'un racket que pour une raison ou une autre les autorités japonaises ne jugent pas nécessaire de supprimer. Il n'y a aucun doute quant à leur capacité de mettre un point final immédiat à l'ensemble de ce trafic – s'ils le voulaient réellement. Ils seraient les premiers à s'irriter de la moindre suggestion de leur incapacité en la matière, et l'échec à prendre les mesures appropriées pour son éradication totale fait peser un lourd fardeau de culpabilité sur les épaules japonaises. Cela n'a aucun sens de chercher à suggérer que la responsabilité réelle serait celle des gouvernements provisoires qui ont été mis en place à Peiping (Pékin) et à Nankin. Ce ne sont que des façades derrière lesquelles le Japon tire les ficelles du pouvoir. Leur autorité n'est pas fondée sur la volonté du peuple qu'ils gouvernent, mais seulement sur celle que les envahisseurs leur ont déléguée. Par conséquent, c'est à la source de cette autorité que la responsabilité de ce problème doit être attribuée. Sur un tel état de choses, il est impossible d'avoir des mots trop hardis. Quelle que soit la raison de ce trafic, il est clair que sa continuation constitue une tache sur le blason japonais[43].

Si l'on en croit la dépêche qui suit de l'American Information Committee, datée du 2 juin 1939, l'appel ne fut pas entendu par l'occupant. L'exemple de Suzhou (Soochow) montre également le lien organique entre drogue et prostitution :

Le secteur hôtelier est en plein boom, car, avec la protection des pouvoirs de fait, les hôtels sont devenus des centres de consommation d'opium, de jeux d'argent et de prostitution, plus de la moitié de leurs ressources en dérivant. Les diverses formes de prostitution sont plus étendues et voyantes que jamais auparavant, avec des filles parfumées traînant dans les portes d'entrée ou guettant depuis l'accès de leurs maisons, protégé de rideaux. Beaucoup ont été nouvellement ouvertes au long de certaines des rues principales. Quelques établissements, tels que le Fuji Club, se sont ouvertement lancés dans le recrutement d'« hôtesses », avec un salaire garanti représentant le triple de celui d'un ouvrier d'usine. Un hôpital signale une multiplication par quatre des cas de gonorrhée féminine par rapport à l'avant-guerre. Quant à l'opium, il est là en abondance, car en tant que business produisant des taxes pour les collecteurs d'impôt, il est sans rival. Il y a la taxe de transport de Shanghai à Soochow – pour ne rien dire de ce qui se passe avant l'arrivée à Shanghai ; chaque fumeur doit s'enregistrer et payer sa taxe, chaque fumerie doit payer de trois façons – une licence pour pouvoir ouvrir, une redevance mensuelle qui dépend du nombre de lits, et une taxe sur chaque once de la drogue consommée. La police militaire visite quotidiennement chaque fumerie, vérifie les comptes et inspecte la liste des fumeurs, afin de vérifier qu'aucun soldat japonais ne s'adonne à cette pratique que d'autres groupes de ses compatriotes patronnent dans la population chinoise[44].

Une minorité des petites minorités d'Occidentaux échappa à l'internement : les ressortissants des nations alliées (Allemagne, Italie...) ou neutres (Américains et Britanniques en Chine occupée jusqu'en décembre 1941, Français jusqu'en mars 1945, Suisses, Suédois, Portugais, Espagnols tout le temps). Il y avait aussi des réfugiés et parfois des aventuriers, souvent apatrides, principalement issus de Russie (Russes blancs, Juifs) ou d'Europe de l'Est (nouveaux réfugiés juifs principalement polonais de 1940-1941, y compris les quelques milliers qui avaient reçu de « vrais-faux » visas de transit du courageux consul japonais de Kaunas, en Lituanie, Sugihara Chiune). Leur vie, à Shanghai, hésitait entre le sordide et l'excitant, dans une atmosphère de trafics qui, toujours davantage, cédait la place à la misère. C'est ce que constata Olga Ilyina, résidente dans le grand port entre 1939 et 1942. Elle cite un ami russe blanc :

« En quelques années, notre situation s'est terriblement dégradée. Ceux qui avaient des moyens ont pu s'enfuir à temps. Les laissés-pour-compte, imprévoyants ou fascinés par la ville, ont d'abord tenté de sauver les apparences. Misant sur leur éducation, sur leurs anciennes conditions sociales d'avant la révolution, ou encore officiers pendant la guerre civile, bon nombre se sont même parés de titres de noblesse, princes ou princesses, ou de grades, généraux ou colonels. Jusqu'à ce que l'indigence emporte les plus vulnérables, épaves brisant brutalement l'image de supériorité des étrangers et d'un Shanghai bastion du privilège des Blancs. Pour les autres étrangers, qui les voient demander l'aumône, gisant sur un trottoir, ou encore devenues concubines ou prostituées, ces Russes personnifient la déchéance de ceux qu'une guerre ou une révolution dans leur pays transforme en fugitifs. » Micha s'interrompt et me fixe, comme s'il craignait que ses propos m'aient inquiétée. Il semble analyser la situation en collectionneur de timbres qu'il est, étalant du bout des doigts des séries pour en apprécier l'ordre et la valeur. « Mais nous prenons aussi une sorte de revanche, à moins que nous ne soyons poussés par le désespoir, en des moments d'exubérance ou même de folie. Pour certains, en particulier pour les Chinois, ce sont les signes d'un sauvage abandon souvent déclenché au long d'une nuit de fête et de beuverie. Tous les soirs, jusque tard dans la nuit, vous rencontrerez des Russes dans tous les bars. » Ses explications sont imprégnées de tristesse, comme s'il s'agissait de situations aussi malheureuses qu'inévitables : « Les hommes jouent dans les orchestres et, croyez-moi, beaucoup ont du talent. Vous aurez le temps de vous en rendre compte. Les femmes dansent avec les clients, souvent pour une somme misérable, sous la forme d'un ticket détaché d'un carnet. Nos femmes sont belles, mais moins dociles que les Chinoises. Dans tous les grands hôtels, vous trouverez des orchestres russes et des chanteurs. » Puis, avec un rire un peu contraint : « Nous apportons ici ce brin de nostalgie slave dont tout le monde raffole. »[45]

Autre minorité européenne non internée, toujours à Shanghai : les Juifs, dont la plupart, réfugiés, avaient la nationalité polonaise... ou allemande*, quand ils n'étaient pas apatrides. Or le Japon n'était pas en guerre avec leurs pays d'origine. Ils conservèrent donc une liberté analogue à celle de leurs voisins chinois, subissant cependant les mêmes privations qu'eux. En revanche, à partir du 18 mai 1943, la plupart durent s'installer dans un « ghetto », dans le quartier de Hongkew. À la différence de l'Europe du temps, les Juifs n'y étaient cependant pas systématiquement maltraités, ni isolés, et moins encore assassinés : beaucoup conservèrent leur

* L'ambassade allemande en Chine tenta d'obtenir du Japon que les passeports allemands des Juifs ne soient plus reconnus. En vain.

emploi à l'extérieur du ghetto, et ils étaient loin d'être les seuls à vivre à Hongkew. La plupart des morts violentes furent infligées par les bombardiers alliés. Ce fut cependant pour beaucoup l'entrée dans une vie de grande précarité :

> Les réfugiés étaient ségrégués dans quarante blocs carrés de bâtiments croulants (environ quatre blocs de front sur douze rangs). Les rues – ou plutôt les étroites ruelles – sont parsemées d'immondices et de décombres. La plupart des maisons n'ont ni toilettes, ni cuisines, pour des familles qui vivent entassées dans une seule pièce. Les locataires sont contraints d'utiliser des toilettes extérieures, d'acheter de l'eau potable aux vendeurs de rue, d'aller aux rares bains publics, et de cuisiner dans les ruelles ou sur les toits plats à l'aide de braseros japonais *hibachi*. Nul besoin de préciser qu'il n'y a pas de chauffage en hiver. Compte tenu de cela, Maman et moi ne fûmes pas surprises qu'Heinz* ne nous invite pas à visiter sa chambre, décrite comme « petite, une étuve en été et une glacière en hiver, avec des vitres manquantes et une porte voilée impossible à fermer ». Il y a deux lits de cordes côte à côte, l'un pour Heinz et l'autre pour un vieil homme malade. Ils ont heureusement des toilettes dans le hall (une pour douze résidents), ainsi qu'un lavabo avec eau courante froide – un luxe ! Heinz et son compagnon de chambre reçoivent un repas gratuit par jour, distribué par le « Fonds culinaire » juif. Seuls les enfants bénéficient d'un repas supplémentaire, au dîner. Il y a tant de maladies horribles à Shanghai que Maman se fait du souci pour les réfugiés malnutris et de moindre résistance aux affections. Et pourtant, en dépit de toutes les tensions et des pénuries, les réfugiés sont parvenus à organiser une communauté fonctionnelle – la *Gemeinde*. Des comités régulent la distribution des aliments secs, des vêtements, des fournitures médicales (achetées au marché noir à des marchands japonais et chinois). Beaucoup de mini-bibliothèques de prêt sont apparues, avec des livres en allemand, yiddish, polonais et anglais. Trois quotidiens en allemand sont publiés, ainsi qu'un en polonais et en yiddish, sur des papiers dont la qualité varie du médiocre au déplorable, selon ce qui est disponible. Une compagnie théâtrale enthousiaste a été formée, ainsi qu'un groupe d'opérette qui prévoit de commencer la saison prochaine par *Le Baron tzigane* (de Johann Strauss fils). Il y a un magnifique orchestre symphonique qui se produit constamment à guichets fermés. Des hôpitaux ont été ouverts dans des bâtiments

* Un jeune réfugié juif allemand, seul de sa famille à avoir pu partir.

délabrés, et des médecins réfugiés ont fondé une Association des médecins européens. L'éducation des enfants est l'objet de tous les soins. L'anglais en est le médium, tandis que l'hébreu est enseigné dans des classes spéciales ; il y a même une école de l'ORT*, avec des élèves âgés de quatorze à soixante ans, qui suivent gratuitement des cursus de six mois en menuiserie, électricité et mécanique. La plupart de leurs outils sont fabriqués par les élèves eux-mêmes, et certaines de leurs productions sont vendues pour procurer des ressources à leur école. À l'automne 1943, un Berlinois nommé W. Y. Tonn fonda la *Volkshochschule*, l'université des réfugiés. C'est un ami de mes parents, qui l'admirent grandement. La *Jüdische Gemeinde* [Communauté juive] est un organisme religieux et culturel démocratiquement élu, présidé par le très respecté Leopold Steinhard. Il s'agit de contribuer à l'administration des réfugiés, et on y trouve un bureau d'arbitrage animé par des avocats de grande qualité – les Juifs de la Diaspora ont toujours préféré résoudre leurs problèmes eux-mêmes plutôt qu'en inférer aux autorités. Pour éviter l'apparition de mendiants juifs – un spectacle honteux et anxiogène –, la *Gemeinde* délivre à présent des tickets spéciaux (surnommés « tickets de mendiants ») de valeurs variées, qu'on utilise pour l'achat de produits essentiels, tels que la nourriture et les vêtements, dans des magasins déterminés. Comment ne pas me sentir fière de ma judéité ? Heinz nous conduisit à travers le « Hongkew Street Bazaar », où des nappes brodées, des alliances de mariage, des couverts, de la belle porcelaine, des vêtements, et même des dents en or sont troqués contre des sardines, des médicaments, des bougies et des lames de rasoir. Bien des marchands des quatre saisons sont d'anciens universitaires, et nous avons entendu qu'on s'adressait à l'un d'entre eux comme « Herr Professor Doktor Kohn ». Mais maintenant, sans considération pour leurs anciennes professions et leur statut social, des architectes, des ingénieurs et des professeurs acceptent n'importe quel emploi disponible, que ce soit du colportage, du nettoiement, de la plonge dans les restaurants ou du gardiennage[46].

Dans l'infortune, on assiste malheureusement souvent à la guerre de tous contre tous pour des biens raréfiés, ou tout simplement pour survivre. Mais, à l'inverse, on constate parfois un resserrement inattendu des rangs face au danger (par exemple les bombardements, comme dans le texte qui suit), et à l'ennemi

* L'ORT organise des écoles de formation professionnelle pour adultes juifs partout dans le monde.

commun. C'est ce qui se passa – parfois – entre Juifs et Chinois à Shanghai, la chose étant facilitée par l'absence d'antisémitisme chez ces derniers :

> [...] Papa revint à la maison, le visage gris et l'air hagard. Nous osions à peine lui poser des questions, mais un moment après il murmura : « Les choses sont graves, très graves. Plusieurs dizaines de réfugiés ont été tués, des centaines ont été blessés et mis à la rue. Beaucoup de Chinois ont également subi de lourdes pertes. » Plus tard dans la nuit, mon ami Max m'appela depuis Hongkew. « Je vais bien, me rassura-t-il. N'aie pas peur. Le raid aérien était très effrayant, mais il n'y a pas eu de panique. Les unités médicales d'urgence ont été déployées immédiatement, et les médecins réfugiés se sont tout de suite occupés de tous les blessés, sans discrimination entre Juifs et Chinois, y compris les mendiants ! » Max me décrit comment les réfugiés juifs découpaient leurs derniers draps et leurs nappes chéries pour en faire des bandages, et comment les Chinois aidaient à porter les blessés au milieu des décombres. Ils proposaient également de transporter les lourdes charges vers les cliniques : lits d'enfants, matelas, seaux d'eau. « Maintenant nous sommes tous frères ! », s'écria Max avec son enthousiasme juvénile*. Quand je répétai ses mots à la famille, Papa s'éclaira visiblement. « *Zamechatelno* » (magnifique, en russe), répéta-t-il plusieurs fois. Hitler n'a pas été capable de détruire l'esprit juif, et des siècles de répression n'ont pas davantage tué la bonté inhérente des Chinois[47] !

---

* La fraternité de souffrance entre Juifs et Chinois est le thème dominant dans le passionnant musée des Réfugiés juifs de Shanghai.

10

Sortir de la guerre : d'Hiroshima à la capitulation du Japon

À la différence de l'entrée dans la guerre, échelonnée comme on l'a vu de juillet 1937 à mars 1945, la sortie du conflit se fit pour la grande majorité des belligérants partout en même temps, dans les jours qui entourèrent le 15 août 1945, ou au cours des quelques semaines qui suivirent. De ce point de vue, l'Europe fut davantage dans le flou : l'Italie capitula dès septembre 1943, et quand l'Allemagne la suivit en mai 1945, son empire de guerre n'était plus que l'ombre de lui-même, depuis six mois au moins. Le cœur du Reich avait été envahi dès la fin mars. Le Japon, quant à lui, jusqu'au 8 août, n'avait pas encore perdu grand-chose en termes de territoire ou de population : quelques îles dans le Pacifique, la Nouvelle-Guinée, une partie des Moluques et de Bornéo, l'essentiel de la Birmanie et des Philippines (où l'on se battait cependant encore), une portion de la Chine du Sud. L'ensemble des colonies nippones, y compris la Mandchourie, était solidement tenu. Si la flotte impériale avait été étrillée au point d'avoir perdu toute possibilité d'action cohérente, ou même de défense des côtes, l'armée comptait encore plusieurs millions de soldats nullement démoralisés (comme le montrèrent les combats d'Okinawa, entre avril et juin 1945, les plus acharnés de toute la guerre et, pour les Américains, les plus meurtriers). Certes, leur matériel laissait grandement à désirer, le ciel était totalement aux mains des Américains (jamais la chasse et la DCA allemandes n'avaient été aussi affaiblies), et en conséquence déplacer de grandes unités dans l'Archipel était devenu très problématique. Le Japon avait perdu toute capacité non seulement à gagner la guerre, mais même à s'opposer efficacement à un débarquement américain dans les quatre îles principales de l'Archipel.

Il n'avait, en revanche, pas perdu sa capacité de nuisance. Compte tenu des précédents proches (Okinawa, Iwo Jima, mais aussi Luzon aux Philippines, où le général Yamashita s'accrochait à son réduit des hautes terres du nord), Washington pouvait raisonnablement s'attendre à des combats acharnés, de longue durée (on les estimait autour d'un semestre, en remontant vers la capitale à partir de l'île méridionale de Kyûshû), et terriblement meurtriers, pour la population civile comme pour les Américains. Les pertes à escompter pour ces derniers avaient été estimées non à un million de morts comme on le lit souvent, mais autour de 80 000 – ce qui aurait quand même doublé les pertes états-uniennes de la guerre du Pacifique*. Il semble que ce premier chiffre sans aucun fondement, ni de calcul stratégique ni de simple bon sens, ait d'abord été émis par Winston Churchill dans un discours aux Communes le 16 août 1945[1], le premier qu'il fit non seulement après Hiroshima, mais aussi après son éviction forcée du gouvernement après sa défaite électorale ; il s'agissait sans doute pour lui de décharger sa conscience de sa coresponsabilité assumée dans les attaques nucléaires (il avait été depuis longtemps mis dans le secret du projet Manhattan, qu'il avait approuvé sans réserve), alors qu'il avait souvent indiqué sa répugnance pour les assassinats en masse de civils que représentaient les bombardements massifs en Europe.

Précisons encore, car, contre toute évidence, on lit et on entend souvent le contraire, qu'aucun dirigeant militaire ou civil du Japon n'avait la moindre intention de capituler, ou d'accepter des conditions de paix « humiliantes ». La seule divergence d'ampleur opposait la plupart des militaires, totalement jusqu'au-boutistes, acceptant un suicide national dans l'honneur tout en espérant le

---

* Ce chiffrage était fondé en particulier sur le rapport relativement constant dans la guerre du Pacifique entre morts japonaises et morts américaines : six ou sept pour une, ce qui tient compte du suicide presque systématique des troupes nippones vaincues. Cela signifiait que, compte tenu des effectifs engagés par le Japon sur son propre sol (théoriquement plus de 2,5 millions de soldats, mais dont beaucoup n'avaient qu'une capacité à combattre et même à se déplacer très limitée), on s'attendait de son côté à 500 000 ou 600 000 morts militaires (et vraisemblablement bien davantage de morts civiles).

découragement des Américains devant les pertes subies, et une coterie de politiciens ayant l'oreille de l'empereur, dirigée informellement par le prince Konoe Fumimaro (qui avait été deux fois Premier ministre), qui envisageait une paix de compromis, avec pour « lignes rouges » le maintien de l'empereur dans ses prérogatives, celui de l'armée, qui aurait organisé sa propre démobilisation, l'absence d'occupation étrangère et la préservation des colonies d'avant-guerre (donc le retour à la situation du 17 septembre 1931, avant la mainmise sur la Mandchourie). Toutes choses évidemment contradictoires avec la capitulation sans condition que les Alliés s'accordaient à vouloir imposer, comme ils l'avaient fait pour l'Allemagne. La principale branche à laquelle les modérés se raccrochaient était, bizarrement, l'URSS de Staline. Celle-ci, en effet, avait signé avec Tôkyô en avril 1941 un pacte de neutralité qui avait résisté à l'attaque allemande contre l'URSS (juin 1941) tout autant qu'à l'alliance de combat entre Washington et Moscou (décembre 1941). Au début de juillet 1945, le ministre des Affaires étrangères, Tôgô Shigenori, tenta de faire jouer à l'URSS le rôle de médiateur avec Washington et Londres. Il ignorait qu'on s'était déjà mis d'accord à Yalta (février 1945) pour que l'URSS intervienne contre le Japon trois mois après la capitulation allemande, le temps de la laisser souffler et de déplacer vers la Sibérie orientale suffisamment d'unités de combat. Ce qui explique la stratégie purement dilatoire des Soviétiques vis-à-vis des Japonais.

Les Soviétiques remplirent scrupuleusement leur promesse, en déclarant la guerre au Japon le 8 août 1945, et en envahissant immédiatement la Mandchourie, le nord-est de la Corée et la partie sud de l'île de Sakhaline avec des forces puissantes (89 divisions, 1,5 million d'hommes, 3 700 chars et autant d'avions). Dans le Mandchoukouo qui s'écroulait, ce fut la dernière *blitzkrieg* de la Seconde Guerre mondiale : la prestigieuse armée du Kwantung (forte de près d'un million d'hommes, avec les troupes stationnées en Corée), certes privée d'une grande partie de son matériel lourd, expédié pour faire face aux Américains, fut taillée en pièces en quelques jours, avec pour la première fois dans l'histoire du Japon des prisonniers par centaines de milliers. Les Japonais avaient donc subi une double défaite, militaire autant que politique, puisque l'option d'une paix de compromis disparaissait.

Demeurait l'option du suicide patriotique des « Cent millions », que la propagande glorifiait depuis des mois, jusqu'à l'écœurement. Celle-ci se trouva cependant simultanément sapée, car le ciel était tombé sur la tête des habitants de l'archipel, sous la forme des deux bombes atomiques des 6 et 9 août. Passe encore de mourir glorieusement en un combat inégal. Mais périr calcinés en masse, emportés comme d'insignifiantes fourmis par des souffles monstrueux, ou transformés en troupeaux de zombies hébétés, où était la gloire ? Or les explosions rapprochées dans le temps d'Hiroshima et de Nagasaki firent craindre qu'on n'en soit qu'au début d'une campagne d'anéantissement de toutes les villes de l'Archipel – c'était d'ailleurs le plan des Américains de le faire croire, alors que la bombe au plutonium du 9 août laissait en réalité leur arsenal nucléaire vide. Même alors, les modérés (ou les réalistes) partisans d'une acceptation (tardive) des conditions de la menaçante déclaration alliée de Potsdam (25 juillet) ne l'emportèrent sur les jusqu'au-boutistes, d'une courte tête, que grâce au poids que le timoré Tennô jeta enfin dans la balance. Tôkyô transmit le 10 août son accord, ce qui fit croire à beaucoup chez les Alliés (y compris dans leurs armées) que la guerre était terminée (les Japonais et les populations occupées n'en surent rien, bien entendu). Mais l'exigence du maintien de l'empereur retarda encore de quelques jours la capitulation, facilitée par la transmission de l'assurance que cette question serait réglée en tenant compte de l'avis du peuple japonais. Une ultime tentative de putsch militaire, dans la nuit du 14 au 15, essaya en vain de faire marcher le temps à reculons. Et, le lendemain à midi, ce fut le discours du Tennô, écouté au garde-à-vous, tête baissée, par l'ensemble des Japonais. Le ciel, une nouvelle fois, tombait sur la tête de tous ceux, probablement encore très majoritaires, qui n'envisageaient même pas que la guerre puisse être perdue, et moins encore sans affrontement décisif.

Hiroshima et Nagasaki

La destruction de ces deux villes par des bombes atomiques constitue assurément l'épisode le plus souvent cité et probablement le mieux étudié de la guerre de l'Asie-Pacifique, surtout parce que ces attaques nucléaires demeurent à ce jour uniques. Elles projettent leur ombre effrayante sur notre avenir incertain, rien ne permettant de garantir que ce type d'armes ne soit plus utilisé. Mais ce n'est pas dans cette optique quasi transcendantale et intemporelle que nous en parlerons ici. Le feu nucléaire introduisait certes une ère nouvelle, mais il correspondait également à la conclusion de ce conflit de huit ans. Et, si son horreur est toute particulière, elle faisait suite à bien d'autres horreurs qui infligèrent en quantité des morts tout aussi sordides, et ne furent pas forcément mieux vécues par ceux qui en réchappèrent (ainsi, le taux de décès chez les ex-prisonniers de guerre australiens fut, jusqu'à leurs soixante-dix ans, nettement plus élevé que celui du « groupe-témoin » de leurs camarades de combat qui n'avaient pas été capturés)*[2]. Comme, par ailleurs, les modalités et les conséquences de ce bombardement de type nouveau sont bien connues, et aisément accessibles à quiconque s'y intéresse, nous nous concentrerons sur la manière dont il fut vécu, sur la façon dont la société japonaise réagit, sur les réflexions qu'il entraîna, et sur les conséquences politiques.

Les témoignages sur la bombe atomique sont généralement dramatiques au-delà du dicible. Il reste que, parfois, la forte propension des Japonais à traiter les épisodes de la vie (et particulièrement la mort) sur un mode d'abord esthétique ne laissa pas de côté les explosions nucléaires. C'est ainsi que les vécut, au début, M. Hashimoto, assurément parce qu'il eut la chance de les contempler d'une gare ferroviaire située à une certaine distance de la ville :

> Je vis s'élever dans le ciel au-dessus d'Hiroshima un immense nuage menaçant, flanqué de deux autres plus petits qui s'étiraient comme un écran doré. Je n'avais jamais rien vu d'aussi magnifique de toute ma vie ! [...] J'atteignis Yokogawa autour de midi. À ce moment-là, tout, jusqu'à la gare de Yokogawa, avait été ravagé par le feu. De

* À notre connaissance, seule l'armée australienne procéda à ce type de suivi systématique, qui fournit en outre des informations précises sur le type d'affections rencontrées, en particulier de façon chronique (ainsi les dépressions et l'anxiété furent-elles très fréquentes). Pendant les quinze années qui suivirent la guerre, le taux de mortalité des ex-prisonniers fut quatre fois plus élevé que celui de leurs camarades.

grosses gouttes de pluie commençaient à tomber, et je me souviens de m'être réfugié derrière la gare, à l'abri de l'auvent d'une maison que les flammes n'avaient pas encore atteinte. [...] Lorsque j'atteignis le pont ferroviaire de Misasa, j'aperçus au sol des traverses qui brûlaient. Là, dans la première guérite que je croisai, je vis mon premicr mort. J'aperçus beaucoup d'autres corps dans les réservoirs à eau, qui luttaient pour trouver un peu d'air. C'était un spectacle épouvantable. [...] Vous savez, à cause de l'asphalte qui fondait, mes chaussures étaient complètement détruites. Plus tard, lorsque des chaussures de l'armée furent distribuées, j'en demandai une paire puisque les miennes étaient abîmées, mais on me les refusa. Où en étais-je ? Ah oui ! Ceci pourra paraître absurde maintenant, mais lorsque la bombe a explosé – j'ignore combien de bombes ont réellement été larguées – j'ai clairement vu descendre deux parachutes. Il y avait vingt ou trente soldats qui les regardaient aussi, et ils se sont mis à applaudir de joie en pensant que les B-29 avaient été abattus et qu'on voyait leurs pilotes en train d'essayer de se sauver. Ces soldats se trouvaient-ils dans le même train que vous ? demandai-je.

— Oui, me répondit-il en gesticulant. Oh, ce beau nuage ! Il n'était ni rouge ni jaune. Sa beauté défie toute tentative de description.

— Ses contours se découpaient-ils avec netteté ? demandai-je.

— Oui, tout à fait. Ses contours étaient aussi nets qu'une ligne droite qu'on aurait tracée dans un ciel parfaitement bleu. D'autres lignes de contour se déployèrent les unes après les autres[3].

Pour ceux qui étaient *dessous*, la vision fut bien sûr tout autre... et aucun ne se plaignit de la perte d'une paire de chaussures ! Chose étrange, peu se souviennent d'avoir expérimenté le *don*, le bruit d'une explosion énorme, relevé au contraire par tous ceux demeurés à distance. Anesthésie des sens par l'éclair aveuglant (au sens précis du terme) que tous mentionnent comme moment initial de la catastrophe ? Kijima Chizuko entendit quelque chose, mais elle était encore à une certaine distance de l'épicentre :

Un jour, des avions américains inondèrent Hiroshima de tracts. Je n'en vis aucun moi-même, mais on me dit qu'ils contenaient une recommandation aux citadins innocents d'évacuer la ville. Les Américains dirent qu'ils ne voulaient pas de pertes civiles. La police militaire donna des ordres qui nous interdisaient de lire les tracts et nous commandaient de les ramasser et de les remettre aux autorités. « Ce ne sont que des ruses des diables d'Américains et de ces sauvages de Britanniques », nous dirent-elles. L'ordre qui nous interdisait de lire n'avait pas de sens. Dans la mesure où nous avions totalement confiance en l'invincibilité du Japon, nous n'aurions dans tous les cas probablement pas cru ces tracts. Et pourtant nous étions effrayés, parce que nous savions que, récemment, les Américains avaient opéré un raid aérien massif sur la ville voisine de Kure*, où d'innombrables civils avaient péri. Le 6 août 1945 était chaud et beau, comme la veille. Peu après mon petit déjeuner, quand retentit l'alarme indiquant un raid aérien, je filai mettre le pantalon et la veste rembourrée que tous nous portions en pareil cas. Mais, juste au moment où j'allais emmener mon fils à l'abri, c'est la fin d'alerte qui sonna. J'ôtai veste et pantalon tout en ouvrant le dressing pour des vêtements propres quand il y eut un éclair surnaturel et un grondement prodigieux. Le moment d'après, j'étais projetée au sol par une onde brutale. Puis tout devint sombre. Attrapant mon fils, je bondis dans l'allée en terre battue constituant l'accès à ma demeure. J'entrepris de courir vers l'abri, mais m'arrêtai juste devant. À l'extérieur, le sol était couvert de tuiles brisées et de morceaux de verre. J'étais pieds nus. Je changeai rapidement d'avis et, poussant mon fils sous le plancher, je rampai à sa suite[4].

Matsumoto Sakoto, elle, était suffisamment proche pour que tout s'effondre autour d'elle :

Soudain un énorme éclair balaya tout. Enfilant quelques vêtements, j'allai chercher ma fille de deux ans, qui jouait sous une chaise dans le salon. Encore heureux qu'elle ait été à l'intérieur. Souvent, en été, elle jouait dehors sans rien d'autre qu'une culotte. Tout d'un coup, alors que je la serrais contre moi, la maison s'effondra, nous clouant sous les décombres. Mes premiers efforts pour nous en extirper n'aboutirent qu'à faire tomber sur nous davantage de débris. Lentement et précautionneusement, je m'en sortis en rampant. Cela prit longtemps. Une fois à l'extérieur, je fus effarée par ce que je voyais. Chaque construction dans cette ville paraissait avoir été rasée. Rien n'était plus debout qui puisse offrir un repère familier de ce qui existait seulement quelques minutes auparavant. Le mont Eba, qu'on n'apercevait jamais de notre maison, se révélait clairement face à moi. Dans les tourbillons de poussière et de fumée, je pouvais distinguer des figures humaines fantomatiques qui se déplaçaient dans notre direction depuis l'est.

---

* Kure était la base navale la plus importante du sud du Japon, et siège de l'École navale.

Les rues étaient ensevelies sous les gravats, et les gens bougeaient au milieu de ruines. Certains étaient complètement nus. D'autres avaient un pantalon. Seuls quelques-uns portaient des paquets. Au début, je crus voir des lambeaux de vêtements qui pendaient sur certains d'entre eux. Puis je réalisai que la peau était écorchée de leurs corps et dévoilait la chair nue. Une femme – j'eus un certain mal à déterminer son sexe –, dans son errance, ne se souciait pas de son propre état, mais appelait les noms de ses êtres chers. Quand mon propre mari était décédé, quelque temps auparavant, j'avais cru savoir ce que signifiait enfer ; mais ce que j'avais expérimenté alors ne pouvait se comparer à ce qui nous confrontait les uns et les autres dans cette ville détruite et en feu. L'incendie avait commencé à s'étendre dans toutes les directions. Pas un seul membre des brigades d'incendie, qui d'habitude se pavanaient avec un tel sentiment d'importance, ne se trouvait dans les parages. J'entendis quelqu'un crier que nous devions nous hâter si nous voulions traverser la rivière, le pont Oguchi ayant pris feu. Je décidai immédiatement de le faire et de me diriger vers le pied de la montagne, à l'ouest de la ville. Cela paraissait constituer le seul endroit sûr. Un homme qui marchait devant moi s'effondra. Lui tendant la main pour l'aider, je m'aperçus qu'il était déjà mort. L'un après l'autre, les gens mouraient, certains d'entre eux en suppliant pour un peu d'eau à boire. Puis il commença à pleuvoir, de larges et lourdes gouttes fouettant les chairs blessées des brûlés. Dans leur douleur, ces gens s'échappaient vers les champs voisins pour s'abriter sous n'importe quel végétal. Un moment après, je notai quelque chose d'étrange dans cette pluie. Elle n'était ni claire ni fraîche, mais sombre, turbide et visqueuse, comme du pétrole. Elle adhérait à mes cheveux et à ma peau, déjà recouverts de la poussière rougeâtre des débris de ma maison effondrée[5].

Le lendemain, 7 août, la ville et surtout ses habitants offraient à un nouveau venu un spectacle pour lequel l'épithète « dantesque » semble avoir été forgé :

« J'ai dû littéralement marcher le long de la voie ferrée pour arriver jusqu'ici, mais elle était jonchée de câbles électriques et de wagons fracassés. Partout gisaient des cadavres et des blessés. Lorsque j'ai atteint le pont, j'ai vu une chose épouvantable. C'était inimaginable. Il y avait là un homme, figé comme une pierre, assis sur une bicyclette inclinée contre le parapet du pont. Il était mort. On a peine à croire que quelque chose de tel puisse arriver ! » Il le répéta deux ou trois

> fois, comme pour se convaincre lui-même que ce qu'il disait était vrai, puis il reprit son récit : « On eût dit que la plupart des morts se trouvaient sur le pont ou sous lui. On pouvait voir que beaucoup de gens étaient descendus sur la rive pour boire de l'eau, avant de périr sur place. J'ai vu un petit nombre de survivants encore dans l'eau. Eux et les cadavres flottants, que le courant emportait, s'entrechoquaient. Des centaines, des milliers de gens, qui avaient fui vers le fleuve pour échapper au feu, ont dû périr noyés. Mais le spectacle offert par les soldats était encore plus effroyable que celui des morts flottant dans le fleuve. J'en ai croisé je ne sais combien, brûlés de la tête aux hanches. Là où leur peau manquait, on voyait leur chair humide et moisie. Ils devaient porter leurs calots militaires au moment de l'explosion, car leurs cheveux noirs n'étaient pas brûlés. Du coup, ils avaient l'air de porter des bols laqués sur la tête. Et ils n'avaient pas de visages ! Leurs yeux, leur nez et leur bouche étaient rongés par le feu ; quant à leurs oreilles, elles paraissaient avoir fondu. L'un de ces soldats, les traits du visage ravagés, à qui il ne restait plus que ses dents blanches, désormais saillantes, m'a demandé de l'eau, mais je n'en avais pas. J'ai joint les deux mains et j'ai prié pour lui. Sans doute étaient-ce là ses derniers mots. Tous ces gens étaient à ce point brûlés que je me suis demandé s'ils ne s'étaient pas trouvés sans vêtements quand la bombe a explosé[6]. »

Les blessures sont terribles, en particulier les brûlures de ceux qui n'étaient pas complètement à l'abri lors du monstrueux flash initial, « plus clair que mille soleils » (pour reprendre le titre d'un ouvrage célèbre sur Hiroshima), dont on sait qu'il transforma certains murs de granit en plaques photographiques, où l'on distingue l'ombre vague de malheureux qui, un instant avant d'être littéralement vaporisés, protégèrent la pierre de l'éclair. On décrit des yeux fondus, coulant sur les joues, mais ceux-là n'eurent guère le temps de se plaindre avant de périr.

Beaucoup d'autres, plus à distance, mais qui scrutaient ce bombardier américain isolé, apparemment bien peu menaçant, subirent de tragiques conséquences :

> Le docteur Koyama dirigeait le service ophtalmologique tout en s'acquittant de certaines tâches administratives. Je demandai à ce dernier quelles observations il avait pu faire sur les patients souffrant d'affections oculaires. Il me répondit :

> — Ceux qui regardaient l'avion ont eu le blanc de l'œil brûlé. Apparemment, l'éclair de lumière a traversé leurs pupilles, laissant une zone aveugle dans la partie centrale de leur champ de vision. La plupart des lésions oculaires sont des brûlures au troisième degré. Elles sont donc incurables.
>
> Ceux qui avaient été brûlés au visage ou ailleurs sur le corps avaient bien de la chance, pensai-je. Car même si nous devions conserver d'affreuses cicatrices, au moins nous ne sortirions pas de là aveugles[7].

Par une sorte d'hébétude ou par un effet d'habitus culturel, les blessés d'Hiroshima se plaignent étonnamment peu, et le silence domine :

> Pour le père Kleinsorge*, homme d'Occident, le silence dans ces bosquets au bord de la rivière, où des centaines d'êtres atrocement blessés confondaient leurs souffrances, fut l'un des traits les plus effroyables, les plus épouvantables de son expérience. Ceux qui avaient mal se taisaient ; personne ne pleurait, ou ne criait de douleur encore moins [*sic*] ; pas une plainte ; de tous ceux qui succombèrent, pas un seul ne mourut bruyamment ; les enfants mêmes étaient muets ; très peu de gens parlaient, simplement. Et quand le père Kleinsorge donna à boire à certains blessés dont le visage disparaissait presque sous les brûlures, ils burent chacun leur tour, puis se soulevant légèrement, lui firent une petite révérence pour le remercier[8].

Les très jeunes eux-mêmes semblent partager cette résignation, qui est peut-être plus simplement une perte de sensibilité à son propre sort :

> À Tenjin-machi, près de l'épicentre de l'explosion, me dit M. Kobata, j'ai rencontré quatre collégiens affreusement brûlés. Épouvantablement malades et abandonnés à eux-mêmes, ils étaient assis en petit cercle au bord de la route. Je m'arrêtai et demandai à l'un d'entre eux où était sa maison. Il me répondit que c'était là sa maison, puis il me demanda de dire à sa mère et à sa sœur, si je devais les rencontrer, de ne pas perdre de temps à le chercher parce qu'ils allaient tous mourir. Les autres acquiescèrent de la tête. Le sort de ces garçons était d'autant plus tragique qu'on ne pouvait rien faire pour eux, et

---

* Membre d'une petite communauté de jésuites allemands, donc non internés, en tant qu'alliés du Japon.

donc ils demeuraient là, assis sous un soleil brûlant, dans la poussière et au milieu des décombres. Les larmes me montèrent aux yeux. Un des garçons me demanda si je pouvais leur procurer un peu d'ombre. Empruntant à des soldats quelques nattes de paille et des plaques de tôle galvanisée, je leur fabriquai un abri. Je demandai à un autre où se trouvait sa maison, mais il était trop faible pour dire autre chose que *« ya »*, et je ne parvins pas à comprendre s'il venait de Yano, Yagi ou Yaga. Je coupai en deux les quelques tomates que je m'étais procurées pour le déjeuner et j'en pressai le jus directement dans la bouche de chacun d'entre eux. Ils pouvaient à peine avaler, mais tous murmurèrent *« oishii ! »*, c'est délicieux ! L'un d'eux me supplia de lui donner de l'eau, mais comme je n'avais pas de récipient sur moi, je lui dis que j'allais essayer de lui en apporter dans mon chapeau. Je m'exécutai, puis je pris congé d'eux en leur promettant d'essayer de trouver une équipe de secours pour venir s'occuper d'eux. J'avais quelques morceaux de *jintan**, et je les partageai entre eux tous. J'eus beau chercher, je ne trouvai aucune équipe de secours, et toute la nuit la pensée de ces pauvres garçons m'occupa l'esprit. Lorsque je partis de chez moi le lendemain matin, je pris avec moi différentes choses que je croyais pouvoir être utiles à leur confort. Puis je partis à leur recherche et ne tardai pas à les trouver. Mais ils étaient morts, blottis les uns contre les autres, dans le même petit cercle où je les avais laissés la veille au soir[9].

L'hypothèse d'un choc psychique aussi profond (même si davantage réversible) que le traumatisme physique, et dont on peut se demander s'il ne constitua pas une façon de tenter de s'accommoder tant bien que mal de ce dernier, est confirmée par cette description hallucinante d'un peuple zombifié :

Après le *pika***, la population tout entière avait été réduite à un état général de faiblesse physique et mentale. Ceux qui en étaient capables marchaient en silence vers la banlieue et les collines avoisinantes, totalement brisés et privés de volonté. Quand on leur demandait d'où ils venaient, ils tendaient un doigt vers la ville et disaient « de là » ; et lorsqu'on leur demandait où ils allaient, ils désignaient la direction opposée et disaient « là-bas ». Ils étaient à ce point brisés et

* Bonbon médicinal japonais.

** *Pika* (« éclair ») ou *Pikadon* (« éclair-déflagration ») : nom couramment donné au Japon à l'explosion nucléaire.

hébétés qu'ils se mouvaient et se comportaient comme des automates. Leur allure avait étonné les observateurs étrangers. Ils témoignaient avec stupéfaction du spectacle qu'offraient ces longues files de gens avançant imperturbablement sur un chemin étroit et cahoteux, alors qu'une route facile et sans heurts, allant dans la même direction, se trouvait à proximité. Ces étrangers ne pouvaient comprendre qu'ils assistaient à l'exode d'une population se mouvant dans le royaume des songes. Un peuple brisé avait abandonné une ville détruite ; par quels moyens et en suivant quel chemin, cela n'avait aucune importance. Certains avaient suivi les voies de chemin de fer ; d'autres, comme instinctivement, avaient choisi des sentiers ou des rizières ; d'autres encore s'étaient traînés le long de rivières à sec. Chacun avait suivi son propre chemin sans autre raison que la présence de quelqu'un d'autre devant lui. Tandis que le jour finissait, sans horloge et sans calendrier, il me semblait que j'étais suspendu hors du temps[10].

Les enfants – ceux qui ne furent pas gravement blessés ni rendus orphelins – furent peut-être ceux qui s'en tirèrent le moins mal. Une rédaction scolaire de 1946 de Nakamura Toshio, âgé de dix ans, suggère en tout cas le maintien d'une forme d'extériorité face à l'événement :

Le jour avant la bombe, je suis allé me baigner. Le lendemain matin, j'étais en train de manger des cacahuètes. Je vis une lumière. Je fus renversé et jeté à l'endroit où dormait ma petite sœur. Après qu'on nous eut sauvés, je ne pus pas voir plus loin que le tram. Ma mère et moi, nous avons commencé à faire des paquets de nos affaires. Les voisins marchaient autour de nous, brûlés et pleins de sang. Hataya-san me dit de me sauver avec elle. Je lui dis que je voulais attendre ma mère. Nous sommes allés dans le parc. Le vent s'est mis à souffler très fort, en tournant*. À la nuit, un réservoir à gaz a brûlé et j'ai vu le reflet dans la rivière. Nous sommes restés dans le parc toute la nuit. Le lendemain, je suis allé jusqu'au pont de Taiko et j'ai rencontré mes petites amies Kikuki et Murakami. Elles cherchaient leur mère. Mais la mère de Kikuki était blessée et celle de Murakami, hélas, était morte[11].

---

* Ces tourbillons extrêmement violents, plusieurs heures après l'explosion, sont mentionnés dans de nombreux témoignages. Ils furent à coup sûr causés par les incendies géants déclenchés par la bombe, qui modifiaient la circulation de l'air. Le même phénomène fut observé à Tôkyô lors du bombardement du 9 mars 1945, ou à Hambourg détruite par les Alliés.

Réalité ou hallucination ? L'un des témoins d'Hersey, Mlle Sasaki, sortant pour la première fois de l'hôpital le 9 septembre, ne reconnut plus sa ville – ce qui n'avait rien d'étonnant –, mais vit à sa place une sorte de jungle quelque peu méphitique :

> Un détail, surtout, qu'elle remarqua, lui donna la chair de poule. Partout, perçant, escaladant, recouvrant les décombres, dans les caniveaux, sur les berges du delta, s'agrippant et se mêlant aux tuiles et à la tôle des toitures, grimpant le long des troncs d'arbre carbonisés, s'étendait un tapis de verdure fraîche, vivace, luxuriante, optimiste ; il n'était jusqu'aux fondations des maisons en ruine qui ne vissent cette verdeur s'élancer et monter. L'herbe folle dissimulait déjà les cendres ; les fleurs des champs s'épanouissaient sur la carcasse de la ville. La bombe n'avait pas seulement laissé intacts les organes souterrains des plantes ; elle les avait stimulés. Partout, ce n'étaient que bleuets et glaïeuls, ansérines, volubilis et belles d'un jour, pois à cosses velues, pourpiers, bardanes, sésames, panics et pyrèthres. Notamment dans une certaine périphérie, à proximité du centre de la ville, le séné (*sickle senna*) renaissait avec une vigueur extraordinaire : non seulement ses tiges se dressaient parmi les cendres des anciennes pousses consumées, mais elles jaillissaient en de nouveaux endroits, au milieu des briques, par les crevasses de l'asphalte. De fait, on eût dit qu'une cargaison de graines de cette plante s'était déversée sur la ville en même temps que la bombe[12].

Si les bombardements nucléaires jouèrent un rôle capital dans la décision japonaise de capituler, ils ne provoquèrent en aucun cas l'effondrement du front intérieur. Les rayons gamma ne perturbèrent pas la mystique impériale, seul élément structurant qui survivait dans cette atmosphère de fin du monde :

> Un visiteur interrompit ma méditation. C'était un employé du service des Affaires générales du Bureau des communications, auquel incombait la terrible responsabilité de protéger l'effigie de l'empereur en cas d'urgence. Il se trouvait à bord d'un tramway, qui venait tout juste d'arriver à Hakushima, lorsque la bombe avait explosé. Se frayant un chemin à travers les rues enténébrées et contournant les maisons effondrées, il s'était débrouillé pour rejoindre le Bureau avant les flammes. En arrivant, son premier geste avait été pour l'effigie de l'empereur. Se précipitant au troisième étage, il avait forcé la porte

en fer qui donnait accès à la pièce où elle était accrochée. Puis, avec l'aide de MM. Awaya, Oishi et Kageshira, il la transporta jusqu'au bureau du directeur et demanda à M. Ushio ce qu'il devait en faire. Après délibération, il fut décidé que l'endroit le plus sûr était le château d'Hiroshima, d'où semblait s'élever moins de fumée qu'ailleurs. Sur quoi, l'effigie fut placée sur le dos de M. Yasuda et le cortège se mit en route, M. Kageshira en tête, M. Ushio fermant la marche et MM. Ayawa et Oishi couvrant les flancs. Ils commencèrent par se diriger vers le jardin intérieur du Bureau, annonçant qu'ils allaient emporter l'image de l'empereur en lieu sûr. À deux ou trois reprises, ils répétèrent : « L'effigie de l'empereur va être transportée au champ de tir de l'est par le chef des Affaires générales ! » Ceux du personnel et des patients qui entendaient cette annonce s'inclinaient bien bas, tandis que la procession se dirigeait vers l'entrée de derrière du bâtiment. Soudain, on s'aperçut qu'on avait oublié le drapeau du Bureau des communications, accessoire nécessaire au rituel observé pour le transport de l'effigie. M. Ayawa fut choisi pour aller le chercher. Mais avant qu'il eût pu revenir, la procession, menacée par le feu, s'était mise en marche sans lui. À l'entrée du château, on expliqua à un soldat le but de la mission. Comme on lui demandait quel était le chemin le plus court menant au champ de tir, il répondit que ce dernier serait bientôt la proie des flammes. La procession changea donc de destination et se dirigea vers le parc d'Asano Sentei. Après que le cortège eut rejoint les rives du fleuve Ôta, que longe le parc, le chef Ushio emporta l'effigie de l'autre côté pour la mettre en lieu sûr. Au cours de son périple, le cortège avait vu défiler beaucoup de morts et de blessés, et aussi des soldats près des baraquements. Il y avait de plus en plus de victimes à mesure qu'il se rapprochait des rives du fleuve. Le long de la ligne du tramway qui borde la lisière occidentale du parc, les morts et les blessés étaient si nombreux qu'il était difficile d'avancer. À un moment, cela devint même impossible, tant la foule autour du cortège était dense. C'est là que les quatre hommes se mirent à crier : « L'effigie de l'empereur ! L'effigie de l'empereur ! » Alors tous ceux qui le purent, soldats ou citoyens, se levèrent et saluèrent ou s'inclinèrent en silence. Ceux qui ne pouvaient se lever joignirent les mains en signe de prière. La foule s'entrouvrit miraculeusement et l'image fut portée en triomphe jusqu'au fleuve ! « C'était sublime !, s'exclama M. Yasuda. Quand j'ai remis l'effigie de l'empereur au chef Ushio et que celui-ci est monté à bord d'une embarcation que la providence avait mise là, je ressentis une grande peine. Un officier tira son épée et donna des ordres à haute voix pour la traversée du fleuve. Les officiers alignés le long de la rive se mirent au garde-à-vous et saluèrent. Les civils se redressèrent et s'inclinèrent. Je ne peux expliquer ce que j'éprouvai, mais je priai pour que rien n'arrivât à l'effigie de l'empereur[13]. »

Ce témoignage laisse rêveur. Une population vient de subir ce que beaucoup considèrent aujourd'hui, avec quelques arguments, comme la pire tragédie ponctuelle de l'histoire du monde, les cadavres se comptent déjà par dizaines de milliers, et tout ce qui semble compter pour certains rescapés, peut-être pour une majorité, c'est le sort d'une banale photographie d'un être banal – ce Tennô pour lequel on serait bien en peine de mentionner un seul trait de caractère fort, une seule particularité, sinon son intérêt pour la biologie marine... Périsse le monde pourvu que subsiste l'image ! Cela montre en tout cas le degré de fascination hypnotique dans laquelle vivaient les Japonais depuis une dizaine d'années au moins, fascination qui leur fit perdre tout contact avec le réel – exactement comme ces autres Japonais internés aux États-Unis dont nous avons vu qu'ils étaient persuadés à l'automne 1945 de la victoire de l'Empire. Cela montre aussi que, contrairement à ce qu'avance une certaine vulgate progressiste et systématiquement antiaméricaine – particulièrement répandue dans les milieux universitaires américains –, le peuple japonais, même après Hiroshima, même à Hiroshima, n'était nullement disposé à jeter l'éponge, et était davantage prêt à mourir qu'à accepter la défaite.

Les indications en ce sens fourmillent. L'une des plus caractéristiques, datée du 11 août – cinq jours après la bombe, quatre avant la capitulation –, est narrée par l'attentif Hachiya, alors en permanence dans son hôpital :

> Nous venions d'apprendre la nouvelle du bombardement de Nagasaki lorsqu'un homme arrivé de Fuchu nous sidéra en nous racontant que le Japon possédait aussi cette arme mystérieuse, mais que, jugée trop effrayante pour qu'on en mentionnât même l'existence, elle avait été jusqu'ici tenue secrète et sans usage. Reprenant son récit, l'homme nous dit qu'une unité spéciale de la Marine venait d'utiliser cette arme sur le continent américain et qu'il tenait cette information du Grand Quartier général lui-même. La frappe avait été portée par une escadrille de six bombardiers transpacifiques, dont deux n'étaient

> pas rentrés. On disait que ces deux-là avaient piqué sur leurs cibles pour garantir le succès de l'opération. Si San Francisco, San Diego et Los Angeles avaient été touchées de la même façon qu'Hiroshima, quel chaos devait à présent régner sur ces villes ! Enfin le Japon ripostait ! L'atmosphère changea du tout au tout dans notre salle d'hôpital, et pour la première fois depuis le bombardement d'Hiroshima tout le monde fut d'humeur joyeuse. Ceux qui avaient souffert le plus étaient aussi les plus heureux. Des plaisanteries s'échangeaient. Certains commencèrent à entonner un chant de victoire. On pria pour nos soldats. Tout le monde était à présent convaincu que la victoire avait changé de camp[14].

On est frappé du peu de réalisme de cette rumeur, ne serait-ce que parce qu'à l'époque aucun avion n'aurait été capable de franchir les immenses distances séparant ce qui restait de bases japonaises de la côte californienne. Il reste que, ayant éprouvé l'horreur du feu nucléaire, beaucoup de Japonais se réjouissaient de faire éprouver la même souffrance à d'autres civils. D'autres rumeurs, moins chargées de sens, avaient parcouru les survivants dès le 6 août, en particulier pour tenter de comprendre comment un unique avion avait pu causer tant de dégâts :

> On entendit le bruit de moteur d'avions qui approchaient. Quelqu'un dans la foule, non loin de la famille Nakamura, cria : « Les voilà qui reviennent nous punir encore. » [...] La pluie commença à tomber. Mme Nakamura garda ses enfants à l'abri du parapluie. Les gouttes devinrent d'une grosseur anormale et quelqu'un cria : « Les Américains nous aspergent de pétrole. Ils vont nous mettre le feu ! » (Ce cri de terreur s'inspirait d'une des théories que l'on se chuchotait de groupe en groupe dans le parc, sur l'étendue du sinistre, savoir : qu'un seul avion, survolant la ville, avait pulvérisé de l'essence et, de façon ou d'autre, y avait mis le feu d'un seul coup, en une seconde.) Mais les gouttes étaient évidemment de l'eau, et au fur et à mesure qu'elles tombaient, le vent se fit de plus en plus violent ; puis soudain – probablement par suite de la prodigieuse convection provoquée par la ville en flammes – un cyclone s'abattit sur le parc. D'énormes arbres s'écrasèrent ; les plus petits étaient déracinés et volaient dans les airs. Plus haut dans le ciel, un invraisemblable cortège d'objets plats tournoyait dans la trompe du cyclone : ferrailles, débris de tôle, papiers, portes, morceaux de nattes. Le père Kleinsorge couvrit d'un lambeau

d'étoffe les yeux du père Schiffer, de peur que le blessé, affaibli, n'allât s'imaginer qu'il devenait fou[15].

Quelques Japonais, loin d'Hiroshima, comprirent cependant rapidement de quoi il retournait, le Japon ayant lui aussi entrepris des recherches – peu concluantes, au point d'être pratiquement abandonnées – en vue d'un armement nucléaire. Iida Momo, sorti des meilleures écoles de Tôkyô, fut de ceux-là. Apprenant dès le 6 août qu'une « bombe hautement destructive de type nouveau » avait frappé, et qu'on demandait à la population de porter des vêtements blancs pour s'en protéger, il commente :

> Chez nous, on comprit immédiatement que c'était une bombe atomique, en partie parce qu'il y avait eu des rapports occasionnels sur la recherche nucléaire au Japon – je crois qu'une question avait même été posée devant la Diète à ce sujet –, et en partie parce que mon père était en tout état de cause intéressé par ce genre de choses. Je me souviens de lui en train de nous expliquer sérieusement qu'avec la puissance de l'atome, une bombe de la taille d'une boîte d'allumettes serait en mesure d'incendier la totalité du monde. Bien entendu, nous réalisions que le passage du communiqué concernant les vêtements blancs était ridicule. C'était juste un exemple typique de militaires s'emparant d'un fait scientifique – que les choses blanches repoussaient les radiations – et le transformant en absurdité. Mais, durant les quelques jours consécutifs au 6 août, je parvins à surmonter ma peur des abris antiaériens, et chaque fois que j'entendis l'annonce du repérage à proximité d'un appareil américain de reconnaissance, je me suis précipité vers l'abri le plus proche aussi rapidement que n'importe qui d'autre[16].

Frank Fujita, ce soldat d'origine nippone de l'armée américaine fait prisonnier, et plus tard contraint à participer à Tôkyô à des émissions de propagande en anglais, apprit avec un peu de retard ce qui s'était passé :

> Mercredi 8, les Japonais entreprirent de nous éclairer. Nous nous demandions ce qu'il se passait, quand Domoto arriva et convoqua une réunion collective. Ce devait manifestement être un point d'information tel que nous en avions normalement les samedis matin. Il se conduisait de manière très étrange, se montrait agité au point

de communiquer de l'embarras. Il commença enfin, avec l'habituelle rengaine : « L'Amérique est une très mauvaise nation. Ils n'ont aucun respect pour la vie et ne sont qu'une bande d'assassins. » Nous étions bien entendu habitués à ce genre de déclarations au cours des points d'information, aussi fîmes-nous signe que nous le savions déjà. Où était la nouveauté ? Il nous dit que ce matin [*sic*] un avion américain avait survolé Hiroshima et y avait largué une bombe. Cette bombe avait complètement oblitéré la ville et tué cent mille personnes. Nous prîmes bien entendu cette information de la même façon que nous avions pris les autres, comme celle prétendant qu'un de leurs fameux aigles avait abattu un avion américain avec une boule de riz. Nous souriions tous, et quelqu'un dit que, pour sûr, ce devait être une sacrée bombe. Domoto répliqua : « C'est la pure vérité ! Ça s'est vraiment passé ce matin ! » Quand il s'aperçut que nous ne le croyions pas, il devint cinglé, et sortit en claquant la porte tout en nous disant de rester là où nous étions jusqu'à son retour. Il alla dans le bâtiment de devant, et peu après revint avec une liasse de télégrammes et de télex, qu'il fit circuler parmi nous. Mon visage se glaça et les cheveux sur ma nuque se dressèrent à la lecture de dépêches du monde entier concernant la bombe atomique d'Hiroshima et la destruction de la ville. Nous étions tous abasourdis. Je ne parvenais pas à imaginer comment une puissance si terrifiante pouvait être contenue dans une seule bombe, larguée par un unique avion. Jusque-là, nous ne prêtions guère attention aux avions solitaires qui nous survolaient depuis un certain temps, mais vous pourriez parier votre dernier dollar que désormais nous y prendrions garde. Je coinçai le major Cox à la première occasion, et lui suggérai que le moment était venu de nous enfuir vers les montagnes. Il rétorqua que cette nouvelle bombe pousserait probablement les Japonais à réagir, et que nous devrions plutôt rester encore un petit moment et voir ce qu'il adviendrait. Je lui rappelai la menace : « Plus les Américains se rapprocheraient de Tôkyô, plus nous nous rapprocherions de la mort. » Il n'avait pas oublié, dit-il. Mais il estimait hautement probable que la bombe amènerait la fin de la guerre, et qu'il ne serait guère avisé de partir à ce stade[17].

Témoignage très instructif, malgré l'incertitude sur sa date (6 ou 8 août ?). Ainsi, les responsables de la radio, et *a fortiori* ceux de l'État, surent à peu près tout de suite ce qui s'était passé à Hiroshima – les canaux de communication intérieure fonctionnaient, et les médias étrangers étaient suivis. Ils comprirent que c'était très grave, tout en laissant dans l'incertitude la population, à Hiroshima et ailleurs.

L'explosion de Nagasaki, beaucoup moins documentée que celle d'Hiroshima, fit certes à peu près moitié moins de morts*, mais cette terrible « piqûre de rappel » fit beaucoup pour décourager l'élite dirigeante de persister dans le combat. Peng Ming-min, de Taïwan, observa la bombe depuis un village (Tameishi) proche de la ville :

> Trois jours plus tard, j'étais à l'intérieur de la maison, en train de parcourir les journaux, lorsque j'entendis le bourdonnement d'un avion dans le ciel. Soudainement, il y eut une lumière aveuglante, comme si une énorme lampe à magnésium avait été déclenchée dans la pièce. L'éclair fut immédiatement suivi par un terrible bruit de métaux entrechoqués, comme si la terre avait été frappée par un gigantesque marteau. Notre maison trembla violemment. Quelque chose me poussa à crier en formosan : « Qu'est-ce qui se passe ? », au moment où, regardant à l'extérieur, je vis un énorme nuage noir au-dessus de Nagasaki. Puis le grand champignon blanc s'éleva au-dessus de la ville. Plus tard, une légère averse tomba soudainement d'un ciel parfaitement clair. Dans l'heure qui suivit, mon frère se précipita à la maison. Il avait reçu un appel urgent. On avait ordonné à tous les médecins de se rendre à un certain endroit, pour être transportés à Nagasaki. Il prit un déjeuner rapide, rassembla son équipement médical, et partit très vite. Cet après-midi-là, nous entendîmes dire que Nagasaki avait été détruite, *zenmatsu* (« rayée de la carte »). Les Américains avaient encore utilisé leur nouvelle arme. La rumeur courut qu'à Nagasaki tout le monde était mort. Quand mon frère revint, tard dans la nuit, il était dans un état de choc et il avait des nausées. Il pouvait à peine parler et il devait faire des efforts pour trouver les mots avec lesquels nous décrire ce qu'il avait vu. La ville telle que nous la connaissions avait disparu. Là où elle était, tout était maintenant mort. Il repartit à l'aube, le jour suivant, pour aider à rechercher et à traiter les survivants qui s'efforçaient de s'extraire des ruines. Certains avaient d'effroyables blessures et d'incroyables histoires étaient racontées par les gens qui commençaient à arriver au

* Essentiellement parce que la bombe fut par erreur larguée sur un quartier périphérique (et fortement chrétien !), séparé du centre et des usines côtières par de hautes collines. Paradoxalement, ni le centre historique ni les chantiers navals Mitsubishi (objectif principal) ne furent gravement touchés.

> village en provenance de la ville détruite. [...] La déflagration avait provoqué des dommages qui ne correspondaient pas à un schéma rationnel. Des structures de béton tenaient encore debout mais toutes les parties qui étaient en bois ou en d'autres matériaux combustibles avaient été instantanément consumées. On racontait que dans des salles de classe, seuls des petits tas de cendre blanche marquaient les emplacements où les élèves étaient assis à leurs pupitres au moment fatal, tant la chaleur avait été intense. La majorité des étudiants de l'école de médecine avait péri et, parmi eux, se trouvaient les quatre jeunes Formosans qui m'avaient si généreusement donné leur sang. Il y avait une ironie tragique dans le fait que leurs vies précieuses se fussent brusquement éteintes et que je dusse vivre. L'un des meilleurs amis de mon frère, le Dr Lin, et sa femme habitaient le centre-ville au moment où l'explosion atomique se produisit. Miraculeusement, toutefois, ils furent indemnes et survécurent. Bien qu'ils n'aient pas eu d'enfants avant la guerre, ils en eurent plusieurs, parfaitement normaux, par la suite[18].

Cela attire notre attention sur le fait que bien des non-Japonais furent victimes des bombes atomiques : au moins 10 000 Coréens (les Nord-Coréens, jamais en mal d'exagération, disent 50 000), qui ont désormais leur monument commémoratif bien en vue à Hiroshima (il fut longtemps maintenu à l'écart), des Taïwanais, et même quelques prisonniers américains. Le Japon d'alors, tout comme l'Allemagne, comptait des millions de travailleurs étrangers – surtout des coloniaux –, parfois venus en famille, des étudiants des pays colonisés ou occupés, des dizaines de milliers de prisonniers et d'internés occidentaux.

Les souffrances provoquées par les explosions nucléaires ne s'arrêtèrent pas, on le sait bien, à leurs effets immédiats. Le « mal des rayons », dont on ne découvrit les effets que progressivement, provoqua la mort rapide (en quelques jours ou quelques semaines) de personnes apparemment sorties indemnes, ou presque. Mais, pour les survivants, qui avaient absorbé de moindres doses de radiations, il se traduisit aussi, des années, voire des décennies plus tard, par des leucémies fréquemment fatales. Quand on le sut, cela entraîna aussi l'isolement social des survivants, les *ibakusha*, sur lesquels l'ange de la mort paraissait avoir étendu l'ombre de ses ailes. Souvent interdits de mariage, voire d'emploi ou d'amitié, ils subirent en quelque sorte une double peine, alors que la plupart d'entre eux ne virent même pas leur espérance de vie raccourcie. C'est ce que narre Ôkawa Masako, de Nagasaki, alors âgée de huit ans :

> Bien qu'elle n'ait été blessée qu'à la jambe, un mois plus tard ma mère mourut. L'une après l'autre, mes deux petites sœurs, apparemment indemnes, la suivirent. Quoique je grandisse normalement, j'étais défigurée. Tous mes cheveux étaient tombés, et les autres enfants m'embarrassaient horriblement avec leurs railleries : « Petite chauve ! petite chauve ! » En mars de l'année suivante, mon soldat de père, rapatrié de Taïwan, revint à Nagasaki et se remaria. Mais mon espoir d'une existence nouvelle et paisible fut brisé par la lutte pour la vie que durent mener toutes les victimes des maladies de la bombe, qui en tuèrent des milliers et condamnèrent des milliers d'autres à d'interminables journées clouées au lit, ainsi qu'au désespoir. Initialement, j'avais l'impression d'être complètement guérie, mais je ne pouvais jamais me sentir en sécurité. La honte de mon défigurement me tourmentait constamment. Quantité de petits fragments de verre retirés de mon visage avaient laissé des cicatrices visibles. Celles-ci tournaient au bleu-noir, comme des tatouages. La grande fissure qui allait d'au-dessus de mon œil gauche au sommet de mon crâne guérit en formant un grotesque bourrelet de chair. Mes camarades de classe se moquaient de moi et m'appelaient « gâchis » ou « monstre ». Certaines personnes riaient en me croisant dans la rue. D'autres étaient plus gentilles, et me demandaient pourquoi je ne lavais pas l'encre sur ma figure. Je me répétais constamment la question : « Qu'ai-je fait pour mériter cette punition ? » Comme les autres femmes, je voulais être jolie et admirée. Ce qui m'accueillait dans mon miroir n'offrait aucune consolation à ma détresse. Après avoir réussi mes années de collège, je commençai à remarquer l'apparition des symptômes de la maladie des rayons si redoutée : nausées périodiques, hypotension artérielle, hypersensibilité au froid, hémorragies internes et taches pourpres aux bras et aux jambes. Quoique ces taches disparaissaient, elles revenaient habituellement en quelques jours pour m'emplir de l'horrible perspective du jour où elles me couvriraient entièrement, et où je mourrais[19].

Masako survécut, au moins les trois décennies qui suivirent la guerre. Les morts et les blessés des deux bombes eurent-ils leur utilité, à leur corps défendant ? Permirent-ils de sauver d'autres vies, en écourtant la guerre ? C'est ce qu'affirma devant le Tribunal international de Tôkyô un très haut responsable nippon, le marquis Kido Koichi, intime de l'empereur s'il en fut, et son ministre du Sceau privé (chargé de l'administration des biens de la Couronne) :

> C'est mon intime satisfaction d'avoir pu contribuer à sauver quelque vingt millions de mes compatriotes innocents des ravages de la guerre, de même que des dizaines de milliers de victimes américaines potentielles, qui auraient été provoquées par la prolongation de la guerre jusqu'à sa fin amère, au cas où nous aurions affronté l'invasion américaine en une bataille décisive sur nos îles principales[20].

Fatal 15 août

On l'a dit, la guerre aurait pu s'achever dès le 10 août, avec l'acceptation – tardive – par le Japon des termes de la déclaration interalliée de Potsdam (25 juillet). Et, dans les troupes américaines, on commença dès lors à célébrer bruyamment la fin des hostilités. Mais, pour les autorités de Tôkyô, le sort de l'empereur était une incertitude majeure, et un éventuel point de blocage. Elles reçurent de Washington la confirmation de ce que, la reddition devant être inconditionnelle, il faudrait sur ce point s'en remettre à la future administration d'occupation, mais aussi que celle-ci agirait au mieux des vœux de la population nippone – ce qui pouvait être interprété comme une manière de garantie pour la monarchie. Quoi qu'il en soit, le Tennô s'en contenta, et enregistra le 14 son discours radiodiffusé sans précédent dans lequel, en termes contournés mais suffisamment clairs, il annonçait la défaite et la fin des hostilités. Une tentative de coup de force des militaires ultras eut lieu dans la nuit (et une quête désespérée du disque de l'annonce impériale), mais demeura sans effet. Quelques chefs de l'armée s'ouvrirent rituellement le ventre, quelques kamikazes, même après le 15, tentèrent de s'écraser sur des navires alliés, et ce fut tout. Le choc n'en fut pas moins prodigieux pour une population toujours persuadée dans sa masse de la nécessité de poursuivre la lutte.

C'est ce que montre la lettre à un ami américain du pasteur protestant Tanimoto, rescapé d'Hiroshima. On remarquera qu'il minimise certainement le traumatisme, les dernières lignes n'étant pas vraiment cohérentes avec ce qui précède, ou avec le témoignage qui suivra :

> À l'heure d'après-guerre, se produisit un miracle de notre histoire. Notre empereur nous fit entendre sa voix sur les ondes, directement, à nous, petites gens, ses humbles sujets. Le 15 août, on nous dit que nous allions entendre une nouvelle de la plus haute importance, et que nous devions tous être à l'écoute. Je me rendis donc à la gare d'Hiroshima. Un haut-parleur, là, se dressait parmi les ruines de la gare. Beaucoup de civils, tous recouverts de bandages, certains s'aidant de l'épaule de leur fille, d'autres soutenant leurs pieds blessés à l'aide de cannes, écoutèrent la voix à la radio et quand ils purent se rendre compte que c'était l'empereur, ils s'écrièrent, des larmes plein les yeux : « Félicité sublime – c'est Tennô lui-même qui nous parle, nous exhorte et c'est sa voix qu'il nous est donné d'entendre en personne. Grand et parfait est notre contentement, d'un si grand sacrifice. » Quand enfin ils apprirent que la guerre était terminée, c'est-à-dire que le Japon était battu, bien entendu, ils furent profondément déçus, mais ne s'en plièrent pas moins aux ordres de leur empereur, avec calme et courage, sacrifiant de tout cœur à la paix éternelle du monde, et le Japon se remit en marche sur de nouvelles voies[21].

Ce type de réaction au discours de l'empereur n'était pas propre à la ville bouleversée d'Hiroshima. Takahashi Aiko, ménagère à Tôkyô, manifeste le même état d'esprit : enthousiaste et combatif au départ, accablé et désorienté à la fin, sans toutefois l'idée de contester la décision du dieu vivant :

> La plupart des gens pensaient que l'importante annonce communiquée en personne par l'empereur ce midi serait une exhortation, qui pousserait le peuple à redoubler d'efforts alors que la guerre s'approchait des îles principales. Les gens paraissaient excités à cette perspective, pressentant que l'heure avait finalement sonné. Après tout, ils avaient été vigoureusement entraînés au maniement des lances de bambou avec lesquelles ils espéraient transpercer l'ennemi au moment de son débarquement, ou même retourner des tanks. Notre peuple avait été contraint à la guerre sans en avoir la moindre connaissance. Maintenant que le conflit était sur le point de se terminer, les gens refusaient de l'admettre. C'était un triste spectacle. Midi arriva. Sans que qui que ce soit l'ait suggéré, chacun se tint debout devant ma radio. Avec une voix dénuée d'émotion, pesante, et cependant tremblante, Sa

Majesté lut sa déclaration de la défaite du Japon. Chaque mot, chaque phrase pénétrèrent mon cœur au plus profond. Je pouvais sentir mes yeux se mouiller, puis je ne pus me retenir davantage et je dus éponger mes yeux à l'aide d'un mouchoir. Tristesse et joie. Joie et tristesse. Mes sentiments étaient si terriblement mélangés que je ne savais comment les dissocier, ou les réunir. Alors que la guerre en arrivait à son point final, il y avait tant de choses dont nous aurions pu discuter, mais nous n'étions pas d'humeur à parler de quoi que ce soit[22].

À quelques encablures de la gare d'Hiroshima où se trouvait le pasteur Tanimoto, au Bureau des communications qui jouxtait l'hôpital du même nom, le docteur Hachiya écouta lui aussi, avec une petite foule de fonctionnaires, la voix peu distincte qui sortait d'une radio grésillante :

M. Okamoto, le chef du Bureau, qui était resté debout près de l'appareil, se tourna vers nous et nous dit : « L'émission a fait entendre la voix même de l'empereur, et il vient de nous dire que nous avons perdu la guerre. Jusqu'à nouvel ordre, je veux que vous mainteniez vos activités. » Comme je m'étais préparé à ce que l'émission radiophonique nous prescrivît de creuser des tranchées et de nous battre jusqu'au bout, ce message inattendu me laissa interdit. C'était la voix de l'empereur que nous avions entendue, et il nous avait lu une proclamation impériale de capitulation ! Mon appareil psychique avait cessé de fonctionner, et mes glandes lacrymales aussi. Comme d'autres dans la pièce, je m'étais mis au garde-à-vous à l'évocation du nom de l'empereur, et pendant un moment, nous étions tous restés silencieux dans cette posture. Mes yeux s'enténébrèrent, mes dents se mirent à claquer et je sentis une sueur froide couler le long de mon dos. Après un moment, je retournai silencieusement à l'hôpital et me couchai dans mon lit. Encore et encore les mots de « bataille perdue » résonnaient à mes oreilles ! Le calme régna dans la salle pendant un long moment. Finalement, le silence fut brisé par un bruit de sanglots. Je regardai autour de moi. On ne distinguait aucun air de bravoure ; tous les visages exprimaient plutôt le désespoir et la désolation. Petit à petit, les gens commencèrent à murmurer, puis à parler à voix basse, jusqu'à ce que, venue de nulle part, une voix s'écria : « Comment avons-nous pu perdre la guerre ? » À la suite de cet éclat, de multiples accès de colère se déchaînèrent.

— Qui pourrait être assez lâche pour reculer maintenant ! ?

— On ne peut pas nous tromper à ce point !

> — Je préfère mourir que d'être vaincu !
> — À quoi bon avoir souffert ainsi ?
> — Ceux qui sont morts ne peuvent plus rejoindre le ciel en paix maintenant !
> Soudain, l'hôpital fut en proie au tumulte, et personne ne pouvait rien y faire. Beaucoup de ceux qui avaient été de fervents partisans de la paix, ou d'autres qui avaient perdu toute inclination pour la guerre à la suite du *pika*, exigeaient maintenant à grands cris que la guerre continuât. À présent que la capitulation était un fait accompli, irréfutable et définitif, il n'y avait plus moyen de calmer ceux qui venaient d'en être informés. Puisque tout était perdu et qu'on ne pouvait donc craindre de perdre davantage, tout le monde cédait au désespoir. Je commençai à partager le même sentiment – il fallait se battre jusqu'au dernier sang et puis mourir. Pourquoi s'acharner à vivre dans un corps mutilé ? N'était-il pas préférable de mourir pour son pays et de couronner son existence de perfection, plutôt que de vivre dans la honte et le déshonneur ? Le seul mot de « capitulation » avait produit un choc plus considérable que le bombardement de notre ville. Plus j'y pensais, plus je me sentais affligé et misérable. Mais l'ordre de capituler avait été donné par l'empereur, et nous ne pouvions rien objecter à cela[23].

Il y eut donc pendant un moment, pour la première (et dernière) fois, une velléité de révolte belliciste contre la parole impériale. Et elle venait des rescapés, tous recrus de souffrances et de deuils, de la bombe d'Hiroshima ! C'est dire à quel point, même alors, le rétablissement de la paix apparaissait difficile, et le consentement des Japonais fragile. Il eût sans doute suffi qu'une partie de l'élite dirigeante fasse ouvertement scission et proclame la reprise des hostilités pour qu'elle obtienne l'adhésion enthousiaste d'une population pour une large part absolument incapable de concevoir la défaite, et lui préférant le suicide. Les Américains le percevaient parfaitement, et c'est pourquoi ils tinrent tant à faire valoir ensuite la carte maîtresse que représentait le Tennô, au point d'échanger sa domestication contre une absolution plénière de toute responsabilité dans le choix de la guerre et de son cortège d'horreurs, à l'encontre de la vérité historique aussi bien que de la volonté de beaucoup de pays alliés.

Dans quelques cas, il y eut véritablement tentative de continuer le combat. Sans surprise, cela concerna surtout les *Tokkôtai*

(« Corps spécial d'attaque »), connus ensuite sous le nom de kamikazes. Saitô Mutsuo s'y entraînait alors, sur la base aérienne de Kumagaya, non loin de Tôkyô :

> À midi [le 15 août], on se rassembla à l'endroit approprié le plus proche, qui se trouvait être la salle du petit village de Takekawa, où nous avions été entraînés. Nous nous mîmes au garde-à-vous devant la radio, tous dans nos uniformes de parade, sabres attachés à nos ceintures. Malheureusement, la radio de la salle du village était très mauvaise, et il était difficile d'entendre ce que l'empereur disait. Ensuite, nous commençâmes à nous disputer sur ce qu'il avait voulu dire. L'un de nous dit : « C'est à cause de la déclaration de guerre de la Russie. Sa Majesté nous adresse seulement un appel spécial à combattre plus durement. » Mais quelqu'un d'autre répliqua : « Alors qu'est-ce que c'était que cette formule sur "la paix pour toutes les générations futures" ? Est-ce que ça ne signifie pas une acceptation de la Déclaration de Potsdam ? » « Dans ce cas, dit une troisième personne, c'est la capitulation. » [...] Je me sentais empli de regrets et d'amertume, mais, simultanément, je pensais : « Peut-être vais-je survivre. Peut-être que cette chose qu'on dénomme paix va venir... » Le jour suivant, plusieurs choses se produisirent presque en même temps. Tout d'abord, un officier arriva en avion de la base aéronavale d'Atsugi, à proximité, et nous tint ce discours : « L'émission que vous avez entendue hier était un fake. Elle a été produite par des éléments malfaisants et défaitistes au sein des conseillers de l'empereur. Le désir véritable de Sa Majesté est que nous combattions jusqu'au dernier soldat. » Quand nous entendîmes cela, la plupart d'entre nous pensèrent que ce devait être vrai. Après tout, cela correspondait à tout ce qu'on nous avait enseigné ces quatre dernières années. D'autres avions arrivèrent d'Atsugi et de Honjô, et lancèrent des tracts disant la même chose. Mais, peu après, un homme arriva du Quartier général impérial, et nous fit un autre discours, disant que le programme radiodiffusé était authentique. L'empereur, selon lui, s'inquiétait du devenir des générations futures, nous devions rester calmes et ignorer les agitateurs. Nous n'étions guère mieux éclairés quand nous allâmes nous coucher, mais le lendemain, au lever, nous réalisâmes que, pour ce qui nous concernait tout au moins, la guerre était terminée, car pendant la nuit quelqu'un avait retiré les hélices de tous les avions de la base. Qui que ce fût qui ait raison, nous ne pouvions plus rien faire du tout avec des avions sans hélices. Plus tard, le même jour, un des gars de l'escadron – c'était un volontaire, il était allé tout droit

de l'école au collège des cadets de l'armée – prit une mitraillette, se fourra le canon dans la bouche, mit son pied sur la gâchette et tira[24].

Les velléités restèrent donc des velléités, et assez rapidement l'atmosphère commença à changer du tout au tout. La colère contre les Alliés se retourna en colère contre les chefs de l'armée impériale qui non seulement avaient tout perdu, mais avaient si manifestement menti à la population sur les chances pour le Japon de gagner la guerre, et sur l'évolution désastreuse de celle-ci. Le docteur Hachiya en atteste, dès le 22 août, sur un registre bien différent de celui qu'il développait une semaine plus tôt :

> M'arrêtant près des ruines d'un entrepôt militaire, au sud de l'hôpital, j'aperçus les cadres calcinés et tordus, couverts de briques et de tuiles cassées, de deux motocyclettes. Mais je ne vis aucune arme. « Comme l'armée a proprement évacué les lieux ! », pensai-je ! Le premier bâtiment à prendre feu avait été un hangar en bois qui s'élevait près du côté sud du Bureau des communications. Il n'en subsistait rien, excepté quelques tuiles éparpillées. De là, les flammes s'étaient propagées au Bureau et à l'hôpital. L'armée avait inutilement détruit de nombreuses maisons dans la zone pour prévenir les incendies, mais épargné cette boîte hautement inflammable ! Dans un rayon de cinquante mètres autour de l'hôpital, un bâtiment sur deux avait été démoli. C'était la raison pour laquelle l'hôpital n'avait pas été complètement consumé par le feu. Mais un inutile hangar en bois, laissé aux abords d'un quartier militaire, avait été la cause de bien des dommages, qui eussent pu être évités, sur nos bâtiments et nous-mêmes. Vous pouvez comprendre le mépris, et même la haine, que nous inspiraient nos dirigeants militaires. Leur cruauté et leur stupidité étaient sans limites. Nos droits individuels étaient bafoués et nous ne pouvions jamais savoir à l'avance lesquels de nos propos nous attireraient leur colère et leur vindicte. Un jour, M. Mizoguchi avait été interrogé en gare d'Hiroshima par un membre de la police militaire, et ce petit agent de l'ordre, ne pouvant relever aucune infraction, l'avait giflé avec pour seul prétexte le fait qu'il avait l'air d'être coréen. Quittant les ruines de ce détestable périmètre, symbole de notre oppression, je retournai à l'hôpital pour prendre mon petit déjeuner[25].

Hachiya poursuivit son virage à 180 degrés et, quand les troupes américaines d'occupation furent annoncées, un petit mois après la capitulation, il était prêt à s'en accommoder, sans crainte ni rancœur. Ce n'était cependant pas (encore) le cas de tous ses concitoyens, dont beaucoup s'affolèrent. Manifestement, le venin de la propagande militariste continuait d'exercer son œuvre. Et les Japonais, informés par mille canaux discrets des atrocités commises par leur armée dans les pays conquis, ne voyaient pas pourquoi une armée étrangère, à son tour, ne se conduirait pas à leur encontre de la même façon. Ils se mirent donc à se comporter comme les Chinois, à bon escient, l'avaient fait en 1937 et ensuite :

> Le bruit courut dans la journée que les forces alliées allaient débarquer au Japon. Cette rumeur provoqua l'agitation dans une grande partie de la population d'Hiroshima. Notre hôpital ne fut pas épargné, et de nombreux patients prirent la fuite. Lorsque je fis ma ronde dans l'après-midi, les salles étaient quasiment désertées. Même Mme Susukida, dont les blessures n'étaient pas guéries, avait quitté les lieux sans en demander la permission. Dans l'ensemble, les femmes étaient plus effrayées que les hommes, parce que quelqu'un avait fait courir le bruit qu'on pourrait s'en prendre à elles. Pour quelle raison cette peur s'était-elle propagée, je l'ignorais, car on avait pu observer des Américains et des Anglais circuler dans les ruines d'Hiroshima depuis le début de septembre. Mon sentiment était que nous n'avions rien à redouter, parce que les Occidentaux étaient un peuple civilisé qui n'avait pas pour habitude de se livrer au maraudage et au pillage. Le mieux que je pouvais faire était de rédiger des écriteaux en anglais, de les accrocher près des entrées de l'hôpital et de hisser sur le balcon un drapeau de la Croix-Rouge. Voyant que ce bâtiment abritait un hôpital, ils comprendraient quelles étaient nos responsabilités vis-à-vis des malades et s'abstiendraient de nous causer des ennuis[26].

Pour Peng Ming-min, ce Taïwanais résidant au Japon, l'arrivée des Américains était d'autant moins redoutée que la capitulation nippone signifiait l'émancipation des colonies de l'empire – ce que les intéressés, on va le voir, comprirent immédiatement. En revanche, la panique initiale de beaucoup de Japonais (et surtout de Japonaises) est ici confirmée :

> Immédiatement après l'annonce radiodiffusée, faite par l'empereur, de la reddition du Japon, des avions américains commencèrent à nous survoler à basse altitude. On entendit dire que les prisonniers de guerre

> alliés avaient été libérés et que ces avions leur parachutaient des vivres. Tout le monde croyait qu'un débarquement américain était imminent. Beaucoup de femmes et de jeunes filles du village se réfugièrent dans les collines, emportant avec elles leurs lances bien effilées. On leur avait souvent dit que tous les Américains étaient des démons, des bêtes et des violeurs, et elles le croyaient. Les Américains finirent par apparaître dans nos parages vingt jours après la capitulation. Mon frère et moi rencontrâmes une Jeep sur une route de montagne, à proximité du village, et nous fûmes surpris et intéressés par ce véhicule, que nous voyions pour la première fois. Des soldats, blancs ou de couleur, commencèrent à arriver dans le village et, immédiatement, l'image des Américains changea de manière radicale. Ce fut un curieux passage, très émotionnel, d'un extrême à l'autre. Les démons auxquels on s'attendait apparurent comme des êtres humains particulièrement bienveillants et secourables. Ils distribuaient des bonbons aux enfants, des cigarettes aux hommes âgés et on raconta d'extraordinaires histoires de premières rencontres. On rapporta bien quelques vols et quelques viols, mais, dans l'ensemble, les Japonais furent extrêmement étonnés que des vainqueurs puissent si souvent leur manifester de tels égards. Par exemple, quand le camion du village, surchargé, tomba en panne un soir sur la route de la montagne, une Jeep américaine s'arrêta à ses côtés, le conducteur prit soin d'éclairer le véhicule avec ses phares et il aida le chauffeur harassé à effectuer la réparation. Les passagers et le chauffeur en restèrent saisis. Les militaires n'intervinrent pas dans la vie du village. Des patrouilles américaines parcouraient de temps en temps les rues en voiture, mais les habitants ne furent jamais inquiétés. Un jour, j'eus une conversation sur le bord de la route avec deux Américains qui étaient dans une Jeep. Je leur expliquai, entre autres, que je n'étais pas japonais, mais chinois de Formose. J'éprouvais comme un choc de faire cette distinction ouvertement et pour la première fois[27].

On voit ici à quel point une propagande aussi mensongère que celle du Japon militariste se retourna contre elle-même une fois les faits (le comportement généralement correct, voire amical des Américains) mis en regard de la théorie (la monstruosité anglo-saxonne). Celle-ci n'y résista pas, et emporta dans sa chute l'ensemble de la propagande de guerre, ainsi prise en défaut sur un point central. Cela eut pour heureuse conséquence une occupation presque immédiatement bien plus paisible qu'on ne le prévoyait à Washington, ce qui permit de diminuer rapidement les effectifs considérables qui avaient été initialement planifiés afin d'empêcher toute résistance armée.

La guerre ne s'était pas terminée pour tous les Japonais le 15 août. Dans les quelques territoires déjà conquis où ils vivaient, les angoisses et les heureuses surprises avaient été semblables. Ainsi, à Okinawa déchirée par la terrible bataille qui dura d'avril à juin 1945, Matayoshi Mitsuko narre les atermoiements des civils face à une reddition apparaissant pourtant inévitable, la terreur face aux Américains – toute conditionnée par la propagande – et la confiance peu à peu acquise face aux vainqueurs :

> Nous trouvâmes une grotte dans une falaise, nous y entrâmes et nous y installâmes. Avant longtemps, les Américains nous appelèrent sur des haut-parleurs, nous demandant de sortir et promettant de bien nous traiter. Mais leurs tanks nous effrayaient tant que nous courûmes en direction de la mer. Les hommes qui pouvaient nager sautèrent dans l'eau et se dirigèrent vers une rive lointaine. Mais ma mère et moi rejoignîmes un groupe d'une vingtaine de personnes résignées à attendre leur capture. Dans notre groupe, il y avait un ancien gardien de prison avec sa femme et ses six enfants. Sa fille de quatorze ans avait été blessée à la cuisse par un obus. Sa chair grouillait déjà de vermine. Le père voulait emmener tous ses autres enfants vers la sécurité d'un camp d'internement, puis revenir la chercher. Elle ne pouvait marcher seule. Elle se lamenta et supplia qu'on ne la laisse pas seule, mais son père n'en tenait pas compte. Sa grand-mère âgée resta pour veiller sur la fille, qui, voyant sa famille l'abandonner, commença à la maudire, et jura grossièrement qu'elle ne pardonnerait jamais à son père. La vieille dame assise à côté d'elle était sourde, et ne pouvait entendre ses serments. Avant de nous diriger vers l'effrayant groupe d'Américains noirs et blancs tout proche, ma mère et moi nous recouvrîmes nos visages de saleté et de suie, afin de nous rendre aussi peu attirantes que possible. Nous ignorions ce qu'ils nous feraient. Alors que nous accomplissions nos premiers pas sous l'aveuglant soleil, des soldats japonais qui pour leur part n'entendaient pas se rendre nous murmurèrent de prendre garde à nous. Les Américains nous mirent en file et nous fouillèrent avant de nous emmener au camp de prisonniers de guerre de Gushikami. Sur le camion, des soldats nous offrirent des cigarettes et des sucreries. Nous avions si peur qu'elles soient empoisonnées que nous ne les acceptâmes pas, même après que les Américains en eurent mangé pour tenter de nous prouver que la nourriture était saine. Au camp, je fus soulagée d'apercevoir beaucoup de visages familiers. Le

matin suivant notre arrivée, je demandai à l'ancien gardien de prison ce qu'il était advenu de sa fille abandonnée. Il répondit que les Américains ne voulaient pas le laisser retourner, l'endroit étant dangereux. Il pouvait seulement espérer qu'elle avait été trouvée et emmenée dans un camp d'internement. Quelque temps après, on nous envoya vers un camp d'internement à Yambaru, où nombreux étaient ceux qui mouraient du paludisme ou de malnutrition. Peut-être à cause du souvenir angoissant de mon enfant disparu, qui me harcelait, j'allai travailler à l'orphelinat du camp. Les enfants dont je m'occupais mouraient assez souvent de maladie, mais on trouvait toujours davantage d'orphelins pour prendre leur place. Une petite fille plaida avec moi pour que je dorme avec elle. Je me réveillai pour trouver, tout à côté de moi, son corps déjà raide et froid. Le jour d'après, on la déposa dans une petite fosse que l'équipe sanitaire avait creusée. Son frère de six ans saupoudra sa dépouille d'une poignée de terre, avant que l'équipe ne la recouvre, pour l'éternité. Du fait des horribles moments que nous avions vécus et de la malnutrition, la plupart des femmes travaillant à l'orphelinat n'avaient plus leurs règles. Plus tard, la nourriture que les Américains nous fournissaient nous permit de recouvrer la santé ; et nos corps fonctionnèrent de nouveau normalement. Il est miraculeux que j'aie pu survivre[28].

Certains refusèrent d'admettre l'impensable défaite. Ce fut le cas, on l'a vu, d'une partie des Japonais internés aux États-Unis – mais ils furent bien forcés, au bout de quelques mois, de se rendre à l'évidence. Il en alla autrement d'une poignée de militaires qui, déjà coupés de leurs bases (et de leurs chefs) au moment de la capitulation, s'enfoncèrent dans une spirale de déni qui entraîna ceux qui survécurent dans un univers enchanté de guerre prolongée, parfois pour plusieurs décennies. Ils avaient pourtant été dûment informés de la cessation des hostilités, mais, à la différence des unités organisées, ils n'y virent qu'un vil piège du perfide ennemi américain. Ainsi, dans l'île de Guam (Mariannes), du caporal Yokoi Shô-ichi, déjà entraperçu ; il menait depuis août 1944 une guerre de guérilla, alors que toute résistance organisée était censée avoir pris fin :

Le matin suivant, au point du jour, on nous tira dessus au canon et à la mitrailleuse depuis la zone de Pasture Hill. Étonnés, nous nous repliâmes plus profondément dans la jungle et observâmes la situation.

> Cet après-midi, depuis Pasture Hill, ou une autre hauteur un peu plus proche, une annonce fut faite en bon japonais : « Soldats japonais, dit la voix au travers d'un microphone, la guerre est finie. Par conséquent, revenez immédiatement. Jetez vos armes, déshabillez-vous jusqu'à la taille, et venez sur Pasture Hill. Je suis un vrai Japonais, quoique je bénéficie de provisions américaines. Ceux d'entre vous qui seraient blessés et incapables de se déplacer, faites un signal de fumée où vous êtes. Nous viendrons vous chercher avec une civière. » La voix était assurément japonaise, et nous invitait à nous rendre : « Untel et untel de la Marine, venez immédiatement. Est-ce qu'untel et untel sont là ? Si vous êtes en vie, venez immédiatement. Vous vous êtes très bien battus. Vous avez satisfait à vos responsabilités. Si vous sortez immédiatement, nous vous renverrons au Japon aussitôt que possible. Venez à nous immédiatement ! » Une annonce similaire fut répétée pendant deux heures. Pourtant, dans la mesure où nous avions été bombardés ce matin même, nous pensions : « Nous ne tomberons pas dans ce piège grossier ! » Nous ne le prenions pas au sérieux. Cette annonce peut avoir eu lieu juste après midi le 15 août, quand le Japon capitula [Guam avait une heure d'avance sur le Japon]. Nous ne la trouvions pas crédible. Nous reprîmes nos pérégrinations dans la jungle, comme auparavant, en craignant les attaques américaines[29].

Il convient d'ajouter à ces soldats perdus dans ce qui est objectivement leur folie (Yokoi ne se rendit qu'en 1972 !) une petite masse (quelques milliers sans doute) d'autres soldats perdus, mais cette fois dans un projet rationnel : celui de continuer la guerre contre l'Occident par personnes interposées, en l'occurrence ces nationalistes asiatiques que le Japon avait fini par favoriser, en désespoir de cause, faute d'être en capacité de les domestiquer complètement. Le processus s'était accentué en 1945, avec l'indépendance formellement concédée au Vietnam, au Cambodge et au Laos, et celle presque acquise à l'Indonésie au moment de la capitulation (elle fut proclamée le 17 août par Sukarno et Mohammed Hatta, avec le plein assentiment des forces japonaises d'occupation). La grande confusion des quelques semaines qui, dans la plupart des cas, séparèrent le 15 août de l'arrivée des troupes alliées facilita le passage aux protégés locaux, voire à certains ennemis de la veille (communistes chinois et vietnamiens, Guomindang chinois), de militaires généralement ultranationalistes, peu désireux d'être ravalés au rang de prisonniers de guerre puis de citoyens d'un pays soumis, et souvent très aguerris – bien davantage que ceux qu'ils rejoignaient. Ils constituèrent donc une petite élite dont la contribution fut importante, voire essentielle (pour la République indonésienne ou le Viêt-minh en particulier) dans la mise en place d'unités militaires capables de résister à celles des Français, Britanniques ou Néerlandais, ainsi qu'aux armées locales opposées (comme en Chine, où des conseillers japonais intervinrent discrètement dans les deux camps). Au Vietnam, quelques centaines de Japonais se rallièrent, au point de devenir membres du parti communiste et de prendre souvent femme localement. Quand on n'eut plus besoin d'eux, en 1950, avec l'arrivée massive de conseillers militaires chinois (Mao avait gagné la guerre civile), ils furent éliminés, généralement en les renvoyant au Japon. Tout cela demeura longtemps secret, bien entendu.

L'immense majorité des militaires japonais accepta cependant de se placer sous les ordres du commandement allié, avant même l'arrivée de ses forces, avec une facilité qui stupéfia ceux qui avaient dû faire face dans la guerre du Pacifique à ces troupes qui préféraient alors le suicide en masse à toute reddition. Les Soviétiques ouvrirent le bal, en capturant quelque 594 000 Japonais lors de leur *blitzkrieg* de Mandchourie-Corée, en août 1945. Des millions d'autres se rendirent aux Occidentaux. Le caractère pacifique de cette reddition assura un déroulement sans vengeances ou brimades significatives, quoique les prisonniers occidentaux libérés aient rapidement fait arrêter et emprisonner ceux de leurs ex-bourreaux qu'ils parvenaient à reconnaître. Écoutons par exemple Ueno Itsuyoshi, ce soldat qui souffrit tant dans la jungle de Bornéo, et y croisa l'une des sinistres « marches de la mort » où périrent quelque 2 500 prisonniers britanniques et australiens. Il s'en remettait à peine, dans un hôpital de campagne situé près de la ville d'Api (Nord-Bornéo), quand la fin de la guerre le surprit :

> Un jour, aux alentours de midi, je me sentis mieux, dans la mesure où ma fièvre baissait, et j'étais couché sur l'herbe, au soleil, près de la route. Observant des Chinois qui se précipitaient en colonnes entières, je réalisai que la direction qu'ils suivaient était à l'opposé de ce qu'elle avait été précédemment. Ils se dépêchaient en direction d'Api. Très étrange, pensai-je. Un médecin qui passait me dit qu'il semblait que

la guerre soit finie. Lui comme moi, nous ne pouvions y croire, et nous nous sentions accablés. Tenant compte des Chinois en mouvement – des gens généralement avisés en affaires et le plus souvent astucieux –, je commençai à penser que la guerre était véritablement finie. On était le 15 août. Depuis la nuit précédente, il n'y avait plus eu de bombardement naval contre nous. Les avions de l'ennemi nous avaient survolés, mais il n'y avait aucun bruit de bombes ou de mitraillages. L'ordre qui suit fut transmis le lendemain : « Quiconque est en état de marcher doit rejoindre son unité d'origine. » Je sentis que la fin était advenue. Une manière de soulagement, et une autre sorte de peur m'envahirent l'esprit. Un destin de déroute-capitulation–captivité nous attendait. Les visages des misérables prisonniers de guerre aperçus lors de la marche me revinrent en mémoire. C'est ce que je serais dans l'avenir. M'emmènerait-on dans le pays de l'ennemi ? Me contraindraient-ils à un travail intensif ? Nous avions à nous attendre à de cruelles représailles de l'ennemi, sous la forme de mauvais traitements. Nous ne pouvions détacher nos esprits de ce sombre futur. Nos voix se firent baignées de pessimisme[30].

Pour les assez rares militaires nippons à avoir été capturés par les Alliés occidentaux avant le 15 août, la capitulation fut parfois un non-événement. Ayant déjà été amenés à abandonner le double mythe de la supériorité nippone et de la sauvagerie anglo-saxonne, et surtout alors convaincus de ne jamais pouvoir retourner au pays sous peine d'y être fusillés pour trahison face à l'ennemi, beaucoup ne s'émurent aucunement à la nouvelle de la défaite de l'empire (reçue dès le 10 août, quand il accepta les termes de la déclaration de Potsdam). C'est ce que narre Ôoka Shôhei, prisonnier de guerre aux Philippines déjà rencontré :

Une heure et demie après la capitulation du Japon, l'état de ces anciens soldats de l'armée impériale se résumait en un mot : l'indifférence. Rapportés à ce groupe d'individus étendus silencieux, les mots de « patrie », de « grandeur » étaient de pures illusions. Je ne savais s'il s'agissait là de la réaction naturelle de citoyens ordinaires ou du résultat d'un an de captivité. Je penchais en faveur de cette dernière conclusion. Tandis que je parcourais le passage au milieu des lits, mon regard croisa celui d'un de ces hommes. Dans son regard vide, je crus reconnaître une expression de timidité, comme celle d'un enfant surpris en faute, mais peut-être n'avais-je qu'un peu trop d'imagination. Le vacarme des Taïwanais avait fini par s'apaiser[31], les projecteurs avaient été éteints, le camp avait retrouvé sa tranquillité nocturne habituelle. Arrivé tard, le commandant de compagnie, Hiwatashi, nous transmit les trois instructions suivantes en provenance du quartier général du bataillon :

Éviter tout comportement intempestif avant confirmation d'une information.

Surtout, s'abstenir strictement de toute action collective.

Interdiction de se suicider.

Cette dernière instruction provoqua un éclat de rire général. Le lendemain, pour le plus grand bonheur du chef du troisième peloton, la moitié des travaux extérieurs fut annulée. Cette mesure, prise vraisemblablement par égard pour notre détresse, tenait aussi, sans aucun doute, aux scènes de liesse organisées par les Américains sur les lieux de travail[32].

Ueno, à Bornéo, fut capturé après le 15 août par une unité australienne qui se chargea de dissiper ses pires craintes :

Le sergent Favel, notre administrateur, avait l'air âgé de trente-cinq ans et était membre d'une unité de tank. Grand et aux cheveux argentés, c'était un gentleman de peu de mots mais de beaucoup de générosité. Nous pouvions être tranquilles. Il nous dit : « La guerre est finie. Vous et moi, nous ne sommes plus des ennemis. Vous n'êtes pas les perdants, et nous ne sommes pas les gagnants. Nous sommes des amis ordinaires. Notre relation n'a rien à voir avec la guerre. Nous nous tiendrons les mains et construirons une amitié solide. Vous et moi ferons le même travail. Cela signifie que je ne vous donnerai pas d'ordres à ce propos. Mettez-vous à votre aise et appréciez cette tâche. » Le sergent nous dit également qu'il s'était occupé d'une vaste ferme dans son pays. L'armée japonaise s'était battue contre les Alliés, dont l'Australie, et avait perdu. Le perdant devait faire ce que le gagnant ordonnait. Nous ne savions jamais à quelle sorte de comportement nous aurions à faire face – brutalité, harcèlement, arrogance ou insultes. Quand c'était notre armée qui gagnait, quel type de comportement avions-nous réservé au perdant ? Nous avions imaginé les pires des situations et nous nous y étions préparés, avant de nous mettre en rang ici, mais le premier discours du sergent nous rendit heureux. C'était un homme honnête et tranquille. Je communiquais avec lui en anglais élémentaire, ou à l'aide de mots écrits dans le sable. Nous devînmes vraiment de bons amis. [...] Le sergent Favel se mit au travail le premier, poussant et faisant rouler les barils.

> Il confirma le contenu de son discours initial. Il ne manifesta jamais une attitude autoritaire, telle que de se tenir les mains dans le dos ou de donner des ordres avec son menton. Il n'avait en rien un esprit de domination. Nous distinguâmes un caractère noble et élevé chez cet homme à la face rubiconde, qui grognait en poussant des barils couverts de boue[33]...

Ueno, qui souffrait de fréquentes crises de paludisme, ne put être évacué comme prévu par le premier bateau de rapatriement, fin février 1946. Il quitta Bornéo le 27 mars, pour aborder au Japon le 15 avril. L'atmosphère sur le bateau était bien éloignée de la discipline implacable qui était courante dans l'armée impériale :

> Pendant leur période militaire, bien des simples soldats, des conscrits, avaient expérimenté les brimades et même les tortures de certains de leurs vicieux supérieurs, les sous-officiers. Le trajet en bateau était une bonne occasion d'exercer une vengeance pour les avanies les plus cuisantes. Rien ne pourrait plus être fait une fois le bateau arrivé au Japon et ses passagers éparpillés. Il fallait rendre la monnaie de la pièce tant qu'on se trouvait à bord. Les soldats en parlaient avec enthousiasme un peu partout, dans le camp et à l'hôpital. À l'inverse, ces individus dénommés officiers supérieurs, avions-nous appris, se disaient les uns aux autres d'ôter leurs insignes de rang ou d'échanger leurs uniformes avec ceux des simples soldats. Même des soldats d'autres unités s'en prenaient aux officiers visés et les brutalisaient. Certaines victimes furent tuées et jetées à la mer. Ces galonnés de haut rang sentaient que l'ambiance parmi les soldats étaient dangereuse pour eux, et ils se risquèrent rarement sur le pont. Cela montrait l'ampleur du ressentiment contre l'armée accumulé par les soldats au cours de leur temps de service[34].

On rapprochera ce complet renversement de situation du retournement de l'opinion au Japon même : le suicide raté du général Tôjô lors de son arrestation par les Américains fut tourné en ridicule, et, en novembre 1945, un tiers des lettres des lecteurs du grand quotidien *Asahi Shimbun* réclamait son exécution, ainsi que celle des autres leaders militaires[35]. L'empereur lui-même – qui lâcha du lest en renonçant spectaculairement à sa propre divinisation – eut à faire face à un désaveu certes minoritaire, mais sans précédent, et public ; beaucoup demandaient au minimum son abdication au profit d'un autre membre de sa famille. Le parti communiste, rapidement devenu une force puissante, réclamait la proclamation de la république.

Colonies japonaises : vers l'émancipation ?

Depuis 1943, les accords interalliés prévoyaient la renonciation par le Japon à l'ensemble de ses colonies, et le retour de Taïwan à la Chine*. Cela se sut chez les colonisés, qui du coup considérèrent pour la plupart la capitulation du 15 août comme un événement heureux – l'aube de leur émancipation. La date constitue une fête nationale chez plusieurs d'entre eux. Le fossé se creusa immédiatement entre Japonais d'une part, Coréens et Taïwanais de l'autre – y compris dans l'armée, ce qui suscita de fortes tensions, surtout là où la peur de représailles nippones s'était amoindrie, comme dans ce camp de prisonniers de Palo (près de Tacloban, sur l'île philippine de Leyte) où la fin de la guerre fut annoncée le 10 août :

> Hirota, le sous-officier commandant le troisième peloton, fit irruption. Il appartenait à une sorte de groupe d'extrême droite, un groupe extrémiste formé par des prisonniers.
>
> — Monsieur Hiwatashi, ça n'est plus possible. Mes hommes se regroupent dehors et veulent attaquer les Taïwanais ; ces salauds sont en train d'exploser de joie, dit Hirota, le regard fixé en direction des Taïwanais.
>
> — Est-ce que c'est eux qui se regroupent ou est-ce que ce n'est pas vous qui les avez regroupés ?, cria à son intention le commandant de compagnie.
>
> — Non, pas du tout. Ils disent qu'ils veulent escalader la palissade et passer à l'attaque. Ils rassemblent tout ce qu'ils ont comme coupe-coupe.
>
> — Des coupe-coupe ?, dit le commandant de compagnie qui se leva d'un bond.

* Taïwan n'avait pourtant été érigée en province de la Chine qu'une douzaine d'années avant son annexion par le Japon, en 1895. L'île, certes très majoritairement peuplée depuis le XVIIe siècle par des immigrants venus du continent chinois, a toujours eu une insertion géo-historique distincte de celui-ci.

Les coupe-coupe constituaient une arme meurtrière ; aussi les prisonniers n'étaient pas autorisés à les garder avec eux. Ils les retiraient le matin du magasin et devaient les restituer le soir. Mais avec le temps, sans qu'on y prenne garde, il y avait des « pièces en surnombre », si bien que chaque baraquement détenait en moyenne deux coupe-coupe cachés pour des usages improvisés.

— Est-ce que, dans votre baraquement, ils les ont déjà sortis ?

— Non, pas encore. Ils y sont encore.

— Bon, eh bien ! Apportez-les maintenant, lui ordonna le commandant de compagnie. Hirota murmura quelque chose. Hiwatashi répéta : « Je vous dis de les apporter. Je me charge de votre groupe. » Puis, s'adressant à l'un des cuisiniers rassemblés derrière le baraquement : « Hé toi, là ! Rassemblement de tous les chefs de peloton ! », lui ordonna-t-il. Après quoi, Hiwatashi partit vers la cour où on lui avait signalé l'attroupement dans lequel se préparait l'attaque du secteur des Taïwanais.

Il y avait effectivement une vingtaine de silhouettes qui s'agitaient au milieu de la cour. J'y vis de dos le commandant de compagnie s'approcher. Je ne l'avais pas suivi. Je devinais trop bien ce qui allait advenir. Il n'était pas simple tout d'abord de franchir la palissade, et on était assuré, au-delà, de se faire tirer dessus par les sentinelles américaines. Il n'y avait vraisemblablement personne parmi les prisonniers pour risquer sa vie, simplement à cause du tintamarre que faisaient les Taïwanais[36].

La joie fut tout aussi manifeste dans une usine textile d'Inchon (Corée), au grand dam des jeunes Japonaises (dont la narratrice) qui, travaillant pour les bureaux d'approvisionnement de l'armée, tout à coup se sentirent minoritaires, alors que jusque-là une bonne entente apparente régnait entre colonisatrices et colonisées :

Ce matin, on nous annonça que Sa Majesté Impériale ferait un discours à midi. Nous retournâmes donc toutes à notre dortoir, et nous nous assîmes sur le tatami pour écouter l'émission. Il parlait en langue de cour, très formelle, et je ne pouvais pas comprendre ce qu'il disait. Certaines filles commencèrent à pleurer, mais je ne sais pas si elles pleuraient parce qu'elles comprenaient, ou seulement parce qu'elles savaient qu'il s'agissait de quelque chose de très sérieux et solennel. Après, quand nous revînmes au travail, on nous expliqua ce que signifiait le discours, et on nous dit de nous débrouiller pour rentrer chez nous aussi vite que possible*. Mais il y avait d'abord à régler beaucoup de choses au bureau, c'est pourquoi je restai sur place environ une semaine de plus. Quelque chose qui ne m'échappa pas fut le fait que, dès l'après-midi qui suivit le discours, les travailleuses cessèrent d'utiliser leurs patronymes japonais au profit de leurs noms coréens**. Je pense que ce fut le lendemain ou le surlendemain que je vis deux filles de l'usine sur mon chemin de travail. Je ne les avais vues jusque-là que dans leur uniforme d'ouvrières, mais là, elles faisaient de la balançoire. C'était un beau jour, venteux, et dans leur mouvement vertical les jupes multicolores de leur robe nationale voletaient sur le ciel. Elles avaient l'air si heureuses. Ce fut la première fois que l'idée m'effleura que ce moment terrible pouvait en réalité être une source de joie pour certains. La nuit du 15 août, je fis un rêve qui n'arrêta pas de revenir ensuite. J'avais lu quelque part que, quand l'empereur Go-Daigo partit en exil, l'un de ses suivants, un samouraï, lui écrivit ce message : « Quoi qu'il puisse advenir, je serai là, loyal. » Dans mon rêve, j'étais à genoux devant le *Nijûbashi*, à l'extérieur du Palais impérial – qu'alors je n'avais jamais vu, mais je connaissais son apparence à travers les photographies. J'étais à genoux, courbant mon front jusqu'à terre pour demander pardon d'avoir échoué dans mon service de Sa Majesté Impériale, et je répétais encore et encore : « Quoi qu'il puisse advenir, je serai là, loyale[37]. »

La fin de l'occupation nippone

Le 15 août ne marqua pas la complète libération dans les nombreuses terres alors encore occupées par l'armée impériale. D'une part, on l'a vu, les militaires nippons mirent généralement des semaines, ou des mois, pour rendre les armes, et plus longtemps encore pour rembarquer ; passés sous commandement théorique des Alliés, ils eurent souvent pour mission paradoxale de protéger des nationalistes et des bandits locaux les prisonniers et internés occidentaux de leurs propres camps, jusqu'à l'arrivée des forces alliées. D'autre part, le retour des armées coloniales britannique, néerlandaise, française ou (pour Taïwan ou le Tonkin) chinoise

---

* Les troupes soviétiques approchaient...

** Dans le cadre d'une politique d'assimilation radicale, à partir de 1938 les Japonais avaient contraint les Coréens à adopter des noms de famille japonais.

donna à penser que la fin de l'esclavage aux mains des Japonais ne signifiait pas la fin de toute servitude. La satisfaction des populations non japonaises fut néanmoins grande.

Rena Krasno, toujours à Shanghai, et, en tant que Russe, non astreinte à rejoindre le ghetto pour Juifs, fut suffisamment bien informée pour croire approprié de fêter la fin des hostilités dès le 11 août :

> Le téléphone sonna. Volodia, un ami de Papa, me cria dans l'oreille, tout joyeux : *mir ! mir !* [la paix, en russe]. D'autres appels suivirent. Les gens s'exprimaient de manière presque incohérente, tant ils déliraient de soulagement. Jack s'arrangea pour nous rejoindre depuis Hongkew, la zone réservée, pour nous raconter les dernières nouvelles : les réfugiés juifs arrachaient les diverses pancartes indiquant le ghetto, sans réaction de la part des gardes japonais. Le soir, ma sœur et moi nous ouvrîmes les rideaux noirs du blackout, criant d'excitation alors que nous pouvions voir les fenêtres des voisins allumées pour la première fois depuis plusieurs années. Dans les rues, les gens violaient le couvre-feu, se promenaient, parlaient à voix haute (n'avons-nous pas murmuré humblement depuis Pearl Harbor ?) et fumaient. Les extrémités allumées de leurs cigarettes bougeaient telles des lucioles – fumer à l'extérieur après le crépuscule avait été interdit par les Japonais de façon à « désorienter les bombardiers ennemis » dans le noir total. Maman ouvrit deux boîtes d'ananas, qu'elle avait conservées pour des célébrations particulières, et Papa se comportait avec une jovialité quelque peu tempérée, insistant sur le fait qu'aucune déclaration de paix n'avait pour l'instant été publiquement annoncée[38].

Dans les camps de prisonniers du Japon, à partir du moment (cela prit parfois plusieurs semaines) où les geôliers nippons reconnurent leur défaite, la hiérarchie fut mise sens dessus dessous, les détenus des puissances victorieuses devenant les nouveaux maîtres. C'est ce que décrit Li Weixun (originaire du Jiangsu), de l'armée nationale chinoise, qui, fait prisonnier, avait été envoyé en détention à Rabaul (Nouvelle-Bretagne). Semblable témoignage venant d'un prisonnier de guerre chinois est fort rare :

> Quelquefois, quand les membres de notre groupe revenaient du travail, ils rapportaient un journal militaire japonais, dans lequel l'état de la guerre était développé. Un certain jour d'août 1945, l'un d'entre

eux relatait le lancement par les Américains d'un nouveau type de bombe qui tuait les gens avec une traînée de lumière blanche, et ajoutait que les Japonais avaient riposté eux aussi avec cette lumière blanche. Je ne savais pas ce que c'était. Ce fut seulement après le départ des Japonais que j'appris qu'il s'agissait d'une bombe atomique. Un beau matin, le même mois, vers les 6 heures, je croisai un contrôleur taïwanais qui nettoyait le sol devant la porte du bureau. Quand il me vit, il me dit : « Hé, chef d'équipe, les choses vont bien pour vous, mais pas pour nous. » Alors que j'allais lui demander ce qui se passait, il annonça : « Les Japonais ont capitulé ! » J'étais extatique en entendant cela. Mais, dans la mesure où c'était invérifiable, je n'osai pas en parler quand je revins au camp. Peu après, cela fut confirmé par les Japonais. Ensuite, nous n'eûmes plus à travailler dur et à vivre sous la pression. Après une semaine environ, les Japonais nous bâtirent des maisons en bambou, ce qui valait bien mieux que les tentes. Les officiers japonais venaient causer avec nous, nous demandant pourquoi le gouvernement chinois préférait conclure des alliances lointaines et attaquer les pays voisins. Ils assurèrent que le Japon voisin était l'ami de la Chine, et que les USA lointains étaient l'ennemi. Les Japonais nous dirent que Rabaul serait occupé par les Australiens. Des membres de l'équipe de Chen Guoliang assurèrent que les Australiens iraient d'abord dans les camps de prisonniers indiens, lesquels leur diraient où trouver le camp des prisonniers chinois. Et c'est peu après qu'un Indien conduisit un capitaine australien dans notre camp. Les salutations une fois échangées, il nous dit : « Les troupes du gouvernement chinois seront prises en charge par le nôtre. » Avant de nous quitter, il nous demanda de dresser la liste des militaires chinois, pour faciliter notre retour en Chine. [...] Après la mise en place d'un camp de prisonniers japonais, ce furent ces derniers qui travaillèrent pour nous. Ils nous construisirent un nouveau camp, et nous versèrent quelque argent en rétribution de nos heures de travail pour eux. Qui plus est, le gouvernement chinois demanda au gouvernement australien de nous fournir d'avance des allocations de vie, de telle sorte que nos conditions d'existence s'améliorèrent beaucoup. [...]

Une fois, les Australiens nous emmenèrent à un entrepôt où se trouvaient toutes les armes capturées aux Japonais, et nous laissèrent prendre quelques pièces comme souvenirs. Je choisis un sabre japonais et vingt pistolets. J'emportai également quelques armes au camp, pour notre autodéfense et pour renforcer la sécurité du camp. Les Australiens entreprirent de juger les criminels de guerre japonais. Ils demandèrent à l'ensemble des prisonniers de guerre chinois d'identifier les petits chefs japonais ou taïwanais qui avaient commis des crimes inhumains. Nous identifiâmes immédiatement les soldats japonais qui avaient donné l'ordre d'enterrer les prisonniers chinois malades*. Des membres du groupe de Shanghai (Wu Yan) désignèrent également des contrôleurs qui les avaient battus. Au total, nos relations avec les Japonais n'étaient pas si mauvaises. Seuls quelques soldats particulièrement cruels méritaient d'être punis[39].

Le temps que les forces alliées puissent commencer à s'installer (cela prit des semaines), on procéda au dernier acte de la guerre : la signature d'actes locaux de capitulation des troupes japonaises, qui les transformaient formellement en prisonniers de guerre. C'est ce que narre le vice-amiral Shibata Yaichiro, qui, stationné à Surabaya (nord-est de Java), participa pour la Marine à la cérémonie de capitulation de Singapour, le 12 septembre, en présence du commandant en chef du théâtre d'opérations de l'Asie du Sud-Est, Louis Mountbatten, oncle du prince Philip, mari de la reine Elizabeth II :

Le vice-amiral Fukudome et moi-même nous fûmes conduits à la cérémonie dans une Jeep envoyée par l'armée britannique. En route, la Jeep s'arrêta soudain devant la résidence du gouverneur (auparavant résidence du commandant en chef de l'armée japonaise) et on nous fit attendre à l'extérieur une heure environ. Un grand nombre de Chinois, apercevant les silhouettes pathétiques de ces chefs de l'Armée et de la Marine qui, quelques jours plus tôt, avaient été leurs tyrans, commencèrent à nous enserrer. Les policiers militaires les repoussaient avec difficulté. Nous finîmes par arriver à la salle. Des deux côtés de la voie qui y menait étaient alignés des soldats britanniques, ainsi que des marins en uniforme blanc. Derrière, il y avait des rangées de Chinois venus regarder. Comme nous nous approchions de la salle, la foule enfla et les Chinois commencèrent à nous railler sans trêve : « *Baka darô, baka darô* » [« Espèce d'idiots », en japonais]. À l'entrée, nous descendîmes de voiture et montâmes vingt ou trente marches, jusqu'à la porte d'entrée. Les photographes et d'autres personnes que cela intéressait prirent de nous cliché sur cliché. On nous dit d'attendre un moment dans une pièce située à gauche de l'entrée de la salle.

---

* Le plus grave forfait commis à Rabaul que relate Li est l'enterrement vivant de 59 prisonniers chinois gravement malades (le principal critère de sélection était la capacité à se tenir debout), en trois opérations successives.

Des Anglais, ou plutôt des Anglaises, nous observaient par la porte et par la fenêtre. Leurs yeux étaient emplis de haine aussi bien que de curiosité. Ceux qui avaient fini de nous scruter laissaient la place à d'autres. Ces femmes me mettaient mal à l'aise. Le lieutenant-colonel qui nous guidait nous expliqua la distribution de la salle de cérémonie, puis nous y conduisit. Le lieu était assez vaste, avec une grande image du souverain britannique sur un mur, et une scène. Nous nous assîmes face à la scène, le général Itagaki* par-devant, et tous les autres derrière lui. Nous faisant face, une ligne de généraux représentaient les pays alliés, le général Percival** par-devant. Juste en face de moi, il y avait un général chinois. L'expression du visage de Percival était particulièrement mémorable. Pour la première fois, je découvris ce que c'était que de commander une armée vaincue. Une myriade d'émotions me submergeait. La salle était bourrée de responsables alliés, civils et militaires. Bientôt Lord Mountbatten apparut sur la tribune. Il arborait un noble visage et possédait la dignité et la grâce caractéristiques de l'aristocratie britannique. Il s'exprimait avec éloquence. Je n'étais capable de comprendre que la moitié de son discours, mais le nœud de ce qu'il disait était quelque chose du genre : « ... si vous ne vous étiez pas rendus, les forces alliées se seraient rendues maîtres du Japon avec les soldats déjà positionnés pour son invasion ». Il finit sa péroraison, et signa le document de capitulation. Sous le regard intense des représentants des autres pays, le général Itagaki resta calme et imperturbable en prenant le stylo pour signer. L'observant de dos, je pensai que c'était vraiment un grand homme. Je ne me sentis pas le moins du monde humilié d'avoir à affronter la défaite et la cérémonie de reddition. Le général signa lentement, sept fois, et la cérémonie s'acheva. Je quittai cette salle de cérémonie, et après un moment de repos dans la pièce où nous avions attendu, nous quittâmes le bâtiment. Sur l'esplanade qui le précédait, un grand nombre de soldats se rassembla, comme s'il devait y avoir une revue. La foule avait encore beaucoup enflé, et le cri « *Baka darô !* » était encore plus puissant. Beaucoup avaient franchi le barrage de soldats et, s'efforçant de jeter des pierres sur notre voiture, ils se pressaient dans notre direction. Un second lieutenant britannique, qui nous servait de garde du corps, ainsi qu'un autre homme sortirent de la voiture, se tinrent sur chacune de ses portes et nous protégèrent de la foule. Cela m'attrista grandement

* Commandant en chef des forces nippones en Malaisie, ancien ministre de la Guerre (en 1938), condamné à mort et exécuté (en 1948) pour crimes de guerre contre des prisonniers alliés lors du procès de Tôkyô.

** Le vaincu sans gloire de Singapour, en février 1942.

de penser que les Chinois ressentaient une haine si intense à l'encontre de l'armée japonaise[40].

Misère de l'aveuglement...

Dans certains cas, la libération avait précédé le 15 août : Birmanie, Philippines, Nouvelle-Guinée, certaines zones de l'Est indonésien, archipels du Pacifique (en dehors des îles contournées), et une partie du sud de la Chine. L'enthousiasme fut particulièrement grand à Manille en février 1945, du moins dans la partie de la ville conquise suffisamment tôt pour se voir épargner viols et bombardements. Un témoin raconte :

> Juste avant le crépuscule, un tumulte joyeux s'élevait en crescendo, jusqu'à exploser en une masse de bruyantes réjouissances : « Les Américains sont ici ! Les Américains sont ici ! » Je courus avec les gens là où ils se dirigeaient. C'était la rue Katamanan, où une longue colonne de soldats japonais émergeait. Une grande foule s'était déjà rassemblée des deux côtés de la rue Antonio-Rivera, sur laquelle les libérateurs américains progressaient. La plupart des soldats étaient grands et costauds, et de lourds paquetages étaient attachés sur leurs dos. Les gens furent rassurés sur l'authenticité de leur identité américaine seulement quand les soldats saluèrent la foule et firent avec leurs doigts le V de la victoire. *« Victory Joe ! Hey Joe, victory Joe ! »* C'étaient là les mots de bienvenue sincères et sensibles d'un peuple ravagé, et ils continuèrent à résonner encore et encore à mes oreilles. Je n'étais pas conscient de ce que, tout comme beaucoup de mes compatriotes, je versais déjà des larmes de joie. La gaieté spontanée encouragea de jeunes femmes philippines à embrasser certains soldats américains, tandis que les hommes et les femmes plus âgés les étreignaient comme s'il s'agissait de leurs enfants perdus de vue depuis longtemps. Ici et là, beaucoup de soldats lançaient des chewing-gums, des cigarettes, des barres de chocolat, des rations C ou toute autre chose dont ils savaient qu'elles plairaient aux gens. Les militaires ne surent jamais que leur seule présence insufflait une vie nouvelle au peuple. J'haletais d'excitation en racontant ce que j'avais vu à mon père et à ma mère[41].

Dès le débarquement américain à Leyte, en octobre 1944, la réouverture des écoles sous le contrôle des autorités philippines revenues avec le général MacArthur constitua une démonstration de fidélité à un colonisateur qui avait déjà programmé son retrait, et portait avec lui le souvenir d'une période bien plus favorable que celle de l'occupation nippone. C'est cela que narra dans un discours aux journalistes Carlos Romulo, homme de presse et ministre de l'Information du gouvernement en exil (il devint plus tard un quasi inamovible ministre des Affaires étrangères) :

> Le matin suivant, nous ouvrîmes la première école à Tacloban, et si nous avions eu besoin d'une preuve des ravages physiques et spirituels subis par les Philippins, cela fut révélé par l'aspect des enfants. Ils entrèrent non pas comme des jeunes, mais comme de petits robots. Puis ils nous aperçurent, le président Osmena et son cabinet, le général Fellers et l'ex-vice-gouverneur Hayden ; et ils virent leurs enseignants, souriants et la larme à l'œil. Et que firent d'autre ces enfants, sinon faire retentir un émouvant « God Bless America » ? Deux ans et demi sont bien longs dans des vies d'enfant, mais ils n'avaient pas oublié les paroles. Les Japonais avaient insisté sur la nécessité d'enseigner leur curriculum en japonais, et pourtant ils eurent à utiliser l'anglais pour ces enfants. Je n'oublierai jamais les mots prononcés ce jour-là par un enseignant, Amador Daguio :
>
> « Devant nous il y avait les baïonnettes japonaises – derrière nous nos traditions philippines – et avec nous notre loyauté inébranlable envers l'Amérique. Les Japonais nous faisaient peur, et sous la contrainte nous fûmes forcés à accomplir certains actes, mais ce qui était avec nous et à l'intérieur de nous, ils ne pouvaient pas nous l'enlever. »
>
> Les instituteurs sortirent de terre les manuels scolaires américains qu'ils avaient ensevelis dans des bidons de métal. Les Japonais avaient ordonné que les manuels démocratiques soient brûlés, et avaient regardé ce que les enseignants leur avaient fait croire être ces livres. Mais ces derniers avaient séjourné sous terre pendant trente mois. Nul besoin de préciser que leur odeur était terrible[42].

L'enthousiasme fut bien moins grand dans les archipels du Pacifique que le Japon contrôlait depuis la Première Guerre mondiale. Au travers de la mobilisation des jeunes, en particulier, sa propagande avait imprégné les populations en profondeur. À Chuuk (Truk), elles n'avaient même pas été informées de la capitulation :

> Nous ne savions pas que cela allait être le *kaijo* [la fin de la guerre]. Durant la période qui précédait, nous avons travaillé vraiment dur, nuit et jour. L'essentiel de notre labeur consistait à nettoyer les cratères de bombes et enlever les cadavres. Puis on se dit que la guerre était

terminée, *kaijo*. Ce ne sont pas les Japonais qui nous le dirent. Nous nous cachions dans des grottes, et nous ne savions pas que le bruit des avions et des bateaux, c'étaient les Américains. Ils arrivèrent sur l'île. Nous vîmes leurs navires, américains. Nous ne sortîmes pourtant pas, car nous avions peur d'eux. Nos chefs nous dirent : « OK, nous restons ici. S'ils nous aspergent de gaz empoisonné, ne bougez pas. Nous mourrons ensemble. » Et nous avons prié. Prié, prié, et scruté l'extérieur – tous les Américains étaient autour. Nous les regardions de l'intérieur, et eux regardaient dedans. Et je pensais : « Peut-être les Américains avaient-ils peur eux aussi que nous leur fassions du mal. » Les Américains nous parlèrent, mais nous ne savions pas ce qu'ils disaient. Nous pensions : « Peut-être ne nous feront-ils pas de mal. » C'est à ce moment que nous avons su qu'ils avaient gagné la guerre. Ils avaient gagné – et nous avions perdu. Au sein du groupe, dans cette grotte, se trouvaient deux des hommes les plus âgés [...]. Il y avait aussi des femmes et des enfants. Le vieil homme de Neme sortit : « S'ils me tuent, alors vous saurez que nous tous mourrons. » Il sortit et se tint au milieu d'eux. Ils le regardaient tous, l'étudiaient et lui serraient la main, sortant des cigarettes et lui en donnant, en allumant une pour lui. Ils lui donnèrent une chemise et des pantalons. « Oh, quelle chance ! » – nous observions cela ; les Américains le rhabillèrent vraiment ! Il revint : « Maintenant sortons, parce que le Japon a perdu. » Peut-être connaissait-il un peu d'anglais, car depuis l'époque des Allemands, ce vieil homme avait été avec des étrangers. « Nous allons sortir et nous mettre en file, et je vous apprendrai une salutation, comment saluer ces gens[43]. »

La transition hors de la domination nippone se déroula de façon assez semblable aux îles Palau. Là aussi, la terreur initialement ressentie face aux Américains fut assez aisément abolie, tant elle apparut incongrue face au comportement réel des conquérants. Comme au Japon, en somme... Le témoin est ici Mechas Veronica Remeriang Kazuma, de Koror, l'île principale :

Comme on nous avait appris que les Américains étaient dangereux, nous restions cachés dans le manioc, et observions silencieusement. C'est alors que des anciens en sortirent et dirent : « Venez ! La guerre est finie ! » Mais nous ne sortions pas, par peur. Alors Iptik et l'Américain marchèrent en direction du hameau, et quand ils passèrent à notre hauteur, nous étions glacés de terreur ! [...] « C'est un Américain ! », pensai-je. « Quel long nez ! Quel visage rouge ! Et il est si grand ! »

Nous entendîmes Iptik dire : « La guerre est terminée ! N'avez-vous pas vu le tract ? » Nous ne ramassions pas ces tracts. Il continua à parler. L'avion qui volait ici autour de 6 heures allait à Kayangel, qui était occupée par les Américains. Ils avaient également conquis Peleliu et Angaur. Nous étions très surpris. Le soldat américain ouvrit une boîte et nous offrit du chocolat, des crackers et du café. Mais nous refusions de les prendre. Alors Iptik défit l'emballage et dit : « C'est du chocolat. » Bien entendu nous savions ce qu'était le chocolat puisque nous avions grandi à Koror. En mangeant le chocolat et les crackers, nous étions tellement heureux et nous pensions : « La guerre est-elle vraiment terminée ? » Mais nous continuions à être inquiets de ce que feraient les Américains. C'est alors qu'Iptik déclara : « Tout ce qu'on vous a dit sur les Américains, ce sont des mensonges. Les Américains sont bons[44]. »

Il valait mieux ne pas trop vite manifester sa joie à la nouvelle de la capitulation nippone. Là où les Japonais se sentaient encore en force, ils commirent des exactions même après le 15 août. Les prisonniers de guerre, en particulier, avaient appris à être prudents, et ceux qui avaient été informés se tinrent cois pendant encore plusieurs jours, voire une ou deux semaines. À Bornéo, des rescapés de la « marche de la mort » de Sandakan furent encore exécutés le 15 août, voire le 27 suivant certaines sources[45]. Mais à Singapour, des résistants chinois qui avaient réussi jusque-là à échapper à la Kempeitai s'exposèrent à ses représailles :

Peut-être l'excitation provoquée par la reddition du Japon et le retour imminent de la paix et de l'abondance les submergea-t-elle, leur faisant abandonner leur prudence. Un de ces hommes, Lim Chin Seck, avait été relâché par la Kempeitai seulement quatre jours plus tôt. Chin Seck, frère aîné de Chin Eng qui travaillait à Atlas Travel Service, avait été détenu sur une suspicion de sympathie et de soutien aux guérillas opérant dans la jungle. Quoique le Japon fût tombé sous la coupe des Alliés, les autorités d'occupation avaient encore à s'en aller, et tenaient pour l'instant l'État et la cité. Quand la Kempeitai eut vent qu'un groupe d'hommes conspirait dans l'actuelle association clanique des Hainanais [...], un bon nombre de ses agents s'y précipitèrent dans des camions militaires. Ils pensaient que ce groupe planifiait des actes de violence contre eux, dans le contexte de la capitulation de leur pays. Le but de ces neuf hommes était en réalité d'organiser un certain contrôle afin de préserver la paix et l'ordre en ville durant la transition. Sur place, les hommes de la Kempeitai isolèrent le bâtiment tout en fermant toutes les routes d'évasion. Les neuf, en totale infériorité face à ces agents armés, furent contraints de se rendre. Cette même nuit, sous le couvert de l'obscurité, tous furent parqués dans un bateau à moteur qui partit tout de suite en direction de l'île de Pulau Besar. Au cours du trajet, deux des hommes tentèrent de s'échapper. Ils avaient réussi en se tortillant à se libérer des cordes étroitement nouées autour de leurs poignets. Malheureusement, un des évadés, peu après avoir plongé dans la mer, connut des difficultés avec un courant puissant. Il lutta désespérément pour se maintenir à la surface, mais n'étant pas un bon nageur, il finit par couler. L'escorte japonaise, stupéfaite de l'évasion, tira au hasard en direction des nageurs, mais dans l'obscurité aucune des balles ne fit mouche. L'autre évadé, C. K. Tan, un nageur confirmé, et aidé par la nuit noire, parvint à rester en vie plusieurs heures, jusqu'à ce que des pêcheurs le repèrent et le hissent à bord de leur navire. Il proposa de rester à se cacher sur Pulau Upeh, île de taille notable au large de Klebang, et d'y attendre de l'aide. Il avait demandé aux pêcheurs de faire passer l'information à des parents en ville. Tan fut ramené le même soir tard, et se cacha jusqu'à ce que les autorités d'occupation renoncent à leur règne de terreur, deux semaines plus tard environ. Pendant ce temps, sur Pulau Besar, les sept prisonniers furent forcés d'avaler une boisson, qui se révéla ensuite avoir été mélangée avec un poison. Puis ils furent l'un après l'autre transpercés à la baïonnette, et finalement jetés ensemble dans un puits, qu'ils soient morts ou encore vivants[46].

Semblable tragédie ne frappa pas d'officiers britanniques en Malaisie, assurément parce que les risques de représailles auraient été bien plus grands. Mais Spencer Chapman, parachuté en Malaisie fin août 1945, éprouva encore alors l'hostilité des Japonais, tout autant que la méfiance grandissante des alliés communistes de la résistance (MPAJA) :

Les choses arrivèrent à une vitesse extraordinaire. Nous eûmes une réunion avec six « bandits » chinois qui s'étaient battus aux côtés des communistes, et nous les avons désarmés. Puis des envoyés Jap arrivèrent de leur quartier général de Raub, à douze miles au sud, et nous conclûmes des arrangements provisoires destinés à maintenir la paix. Le lendemain, nous rencontrions les représentants de la MPAJA et j'accompagnai le leader du 6e régiment pour retrouver Leonard à Jerantut, sur la rivière de Pahang. Ce Chinois n'était pas de ceux que j'avais connus en 1943, et je le trouvai très peu sincère aussi bien que peu disposé à la coopération. Le 3 septembre, nous fûmes les premiers Britanniques à pénétrer à Raub, et le 5 nous passâmes devant une sentinelle Jap étonnée, pour entrer les premiers également à Kuala Lipis, capitale du Pahang. Les habitants, plus particulièrement les Chinois, pleurèrent littéralement de joie en voyant à nouveau des Anglais, et notre accueil fut inoubliable. L'attitude des militaires japonais était difficile à saisir. On leur avait apparemment dit d'arrêter le combat, mais ils n'étaient assurément pas préparés à se rendre à une poignée d'officiers britanniques miteux qui émergeaient de la jungle – et nous n'avions pas été autorisés à discuter avec eux les termes de leur reddition. Ils continuaient à porter les armes et à utiliser les routes ; beaucoup d'entre eux étaient nettement agressifs. Je me souviens avoir conduit sur la roue du Gap, dans une petite voiture que j'avais réquisitionnée chez les Japs. Dans la montée du col, je rattrapai une voiture blindée Jap et, comme je la suivais, le mitrailleur dans sa tourelle pointa son arme vers moi et me garda dans son champ de tir tout le temps que je fus derrière eux[47].

La colère de populations trop longtemps maltraitées et empêchées de protester explosa à l'occasion en représailles elles-mêmes sinistres, où, comme souvent, ceux sur lesquels on pouvait mettre la main payaient pour de bien plus grands coupables, eux rentrés à temps au Japon. C'est ce qui advint à Harbin, en Mandchourie, où – circonstance aggravante – les communistes chinois, solidement appuyés par l'Armée rouge soviétique, tenaient entièrement l'administration. La technique bien rodée des procès populaires permettait de mobiliser la population et de l'impliquer dans le sang versé, lui faisant par conséquent redouter tout retournement politique. En témoigne une Japonaise qui faisait partie du colonat local, tout en ajoutant naïvement foi au slogan de l'égalité entre les « cinq races » (Mandchous, Han, Mongols, Coréens et Japonais) présentes dans le pays :

On dit qu'il y a deux façons de gagner un peuple : la carotte et le bâton. Ayant grandi en Mandchourie, il n'y avait aucun moyen pour moi de distinguer l'arrière-plan des slogans sur l'« harmonie des cinq races » ou « le pays gouverné dans la paix » sous la bannière impériale, et d'accéder à la réalité de ce qu'était le Mandchoukouo. Ayant frustré la Corée et Taïwan de leurs langues vernaculaires, et leur ayant imposé la langue japonaise, le Japon fit de grands efforts pour que le japonais devienne la langue de la Sphère de coprospérité de la Grande Asie orientale. Je passai ma jeunesse à enseigner ma langue à de jeunes Chinoises. Ces élèves pures et innocentes étudiaient sérieusement et me faisaient confiance. En 1945, au nom de l'unité du Japon et de la Mandchourie, la mobilisation du travail commença. Jour après jour, les élèves devaient se contenter d'une maigre pitance et travaillaient sur des machines à coudre. Alors que j'exhortai les élèves qui se plaignaient, je sentais que j'avais moi aussi envie de pleurer. On chuchotait secrètement parmi les Chinois à propos de la défaite imminente du Japon, et certains élèves retournèrent vers leur ville natale, prétextant la maladie comme excuse. Puis vint le 15 août. Dans le chaos qui continuait, Harbin passa sous le contrôle des forces communistes chinoises. Soudain, j'appris l'arrestation de deux professeurs qui avaient été mes collègues. Quand j'appris que, durant le procès populaire, bien des élèves avaient jeté des pierres sur leurs enseignants en criant qu'ils étaient coupables, je fus tellement choquée que mon sang se glaça dans ma poitrine. Leur appel à la clémence fut rejeté. Ils furent traînés devant le peloton d'exécution. Je crois savoir que beaucoup de professeurs dans d'autres écoles subirent le même sort. Comment un effort soutenu et la loyauté à la politique de son pays devinrent-ils les crimes d'exploitation et de mépris ? Ces gens devinrent des victimes quand explosa la rancœur des masses chinoises, de longue date accumulée. J'ignore si la raison pour laquelle je ne fus pas arrêtée était mon affection pour mes élèves[48].

Conclusion

L'impitoyable réquisitoire d'un « collabo » philippin

Pour une forme de récapitulation accablante des exactions de l'occupation japonaise, il paraît difficile de faire mieux que de passer la parole à Claro M. Recto. Mais si le contenu étonne par l'étendue et la force de la condamnation qu'elle prononce, elle laisse pantois quand on réalise que Recto, au moment où il écrit, était ministre du gouvernement philippin de collaboration dirigé par José Laurel, et qu'il s'agit d'une très longue lettre (nous n'en citons qu'une partie) expédiée le 20 juin 1944 au lieutenant général Wachi Takeji, qui était l'officier de liaison avec les autorités de Manille de l'ambassade du Japon :

> La pratique, par exemple, de gifler les Philippins sur le visage, de les attacher à des poteaux ou de les faire s'agenouiller en public, parfois sous un soleil brûlant, ou de les battre – cela à la moindre faute, erreur ou provocation, ou encore pour aucune autre raison que l'échec à comprendre le langage de l'autre – cause sans conteste du ressentiment de la part non seulement de la victime, mais aussi des membres de sa famille, de ses amis, et du public en général. Encore plus grave est l'habitude d'infliger des châtiments cruels, inhabituels et excessifs à des personnes arrêtées sur un simple soupçon, durant l'enquête et avant que leur culpabilité ne soit établie. Il y a même eu des cas au cours desquels, du fait de l'afflux de monde dans certains lieux publics, tels que les tramways, des Japonais, militaires ou civils, parce qu'ils avaient été bousculés ou poussés, giflaient ou tabassaient immédiatement les personnes qu'ils pensaient être coupables. Des milliers de cas ont été relatés de personnes brûlées vives, tuées à la pointe d'une baïonnette, décapitées, frappées sans pitié, ou autrement

soumises à des méthodes variées de torture physique, sans distinction d'âge et de sexe. Des femmes et des enfants de moins de quinze ans sont connus pour avoir été au rang des victimes de telles punitions. Dans de nombreux endroits, ces tueries et ces châtiments ont volontairement été commis en public.

Dans ma ville natale seule (Tiaong, province de Tayabas), plus d'une centaine de personnes ont été exécutées sommairement, durant la « zonification » du peuple, peu de temps avant l'inauguration de la République. Le même scénario se reproduisit à Lopez, Tayabas, où des dizaines de personnes furent mises à mort en mars dernier, sans aucune preuve, sur leur simple identification par un mouchard. Le cas de ces municipalités n'est cité qu'en tant qu'exemple typique de ce qui advient communément dans d'autres municipalités, partout dans notre archipel. Il est particulièrement malheureux que, dans de nombreux cas, les victimes soient en réalité innocentes de tout crime, mais soient punies sur un simple soupçon ou sur une fausse dénonciation par des mouchards qui abritent à leur égard des rancœurs privées ou des différends personnels ; et s'ils s'avèrent qu'ils soient coupables, ils ne méritent pas les sanctions excessives prises à leur encontre. Beaucoup n'ont pas commis d'autre faute que d'avoir des fils ou des frères membres de groupes de « guérilla », d'avoir donné de la nourriture ou un abri temporaire à ces derniers, sous la menace d'être tué ou gravement blessé. S'ils ne meurent pas du fait de la punition – cela arrive à beaucoup –, ils sont libérés estropiés, handicapés, malades, et naturellement avec le ressentiment amer d'avoir subi une injustice, sentiment que partagent leurs familles et leurs amis, et tous ceux qui ont eu connaissance de tels actes.

Nombreux sont également les cas de personnes arrêtées, emmenées pour être interrogées, et qui disparaissent complètement. On ne fournit jamais à leurs proches d'informations sur leur devenir et sur la nature des charges pesant sur eux. [...] La proclamation de l'indépendance des Philippines et l'installation du gouvernement de la République n'ont pas réduit le nombre de ces faits. Ils se produisaient avant, ils continuent après. La plupart des villes de province sont en réalité toujours administrées par les commandants des garnisons japonaises du lieu, qui traitent les maires comme des subordonnés, au point de les battre en public, et qui continuent à arrêter et punir des gens sans même en aviser les autorités civiles du lieu, ou le gouvernement national, et naturellement sans remettre les personnes accusées aux autorités de la République. Le seul signe de l'indépendance est la présence du drapeau philippin. Mais les civils japonais eux-mêmes se considèrent au-dessus des lois philippines, et les Philippins qui travaillent dans des sociétés

> japonaises sont sommairement punis par leurs employeurs, au lieu qu'ils soient remis aux autorités locales appropriées. [...] Il faut mentionner un autre problème : la pratique de la responsabilité collective pour des actes individuels. Si par exemple un « guérillero » voyage dans une *carretela* [autobus] avec d'autres citoyens, paisibles, respectueux des lois, et complètement ignorants de l'identité du premier, et que celui-ci se fait arrêter, tous ceux qui, par pur accident, se trouvaient avec lui sont également arrêtés, et punis de la même façon. Ou alors, quand un « guérillero » est découvert et arrêté dans une des petites gargotes bordant les routes (*carinderia*) dans les provinces, le propriétaire de l'endroit et tous ceux qui avaient l'infortune de déjeuner là en même temps sont également arrêtés et punis. De façon similaire, des *barrios* [villages] et municipalités ont été placés en entier dans des lieux de concentration, et parfois leurs habitants ont été exterminés, parce qu'ils n'avaient pas été capables d'empêcher la « guérilla » de dresser des embuscades et d'attaquer des soldats japonais passant par là, ou encore parce que des « guérilleros » se reposaient à cet endroit et y extorquaient de la nourriture et d'autres biens au peuple innocent, obligé d'obéir du fait des menaces et de la coercition. On abolit trop souvent la distinction entre innocents et coupables, entre jeunes et vieux, ou entre les forts et les faibles, au point qu'il y ait eu des cas où des femmes et des enfants de moins de quinze ans sont morts du fait de la concentration, des punitions excessives et des exécutions sommaires. En réalité, les innocents sont habituellement seuls à souffrir, les coupables s'arrangeant pour s'enfuir ou pour échapper au châtiment[1].

Il ne me semble pas qu'on puisse comparer ce réquisitoire courageux (les risques étaient loin d'être négligeables) à quoi que ce soit d'équivalent dans la sphère d'occupation allemande. Non que les nazis n'aient commis de crimes comparables, et même pires dans certains domaines, et dans certains pays – nul besoin de détailler. Mais ils étaient également parvenus à se faire accepter par beaucoup, en particulier en Europe de l'Ouest, et apprécier par certains : proximité idéologique dans le cadre d'un « fascisme international » partiellement détaché du pangermanisme, ou séduction du plus fort, qui savait se faire amène, conciliant et même généreux avec ceux dont il comptait se servir. Pour ne prendre que cet exemple, on sait combien d'artistes et d'écrivains français acceptèrent avec empressement les invitations en Allemagne... Rien de comparable, malgré quelques velléités, dans la sphère d'occupation nippone. Les souvenirs universellement laissés, ce sont les gifles pour courbette ratée, et la chasse aux jeunes femmes. Pour reprendre la formule célèbre de Miguel de Unamuno faisant face aux fascistes insurgés à l'université de Salamanque, au début de la guerre d'Espagne : « Vous vaincrez, mais vous ne convaincrez pas. » Les Japonais semblent s'être ingéniés à écœurer même ceux qui avaient cru bon de collaborer un moment avec eux, d'Aung San ou Ba Maw en Birmanie à Recto (et Laurel) aux Philippines. Jamais ils ne surent distinguer le panasiatisme qu'ils revendiquaient d'une soumission abjecte à Tôkyô et à ce qui passait à l'époque pour l'« esprit japonais » (*nihon seishin*).

Fallait-il détruire Hiroshima ?

Le constat impitoyable du ministre Recto oblige à revenir sur ce qui constitue probablement le dilemme le plus complexe et le plus angoissant de toute l'histoire : les deux bombes atomiques ayant frappé le Japon étaient-elles justifiées ? On en a vu les terrifiants effets sur les populations victimes. Incontestablement, sur l'échelle des souffrances liées à cette guerre, qui en connut de si diverses et de si terribles, Hiroshima et Nagasaki peuvent être placés très haut. Mais on a vu aussi à quel point, contrairement à la position très fréquemment développée depuis lors par la gauche occidentale, le Japon, *même* après la première bombe atomique, était peu disposé à rompre avec sa doctrine mille fois réaffirmée de guerre jusqu'au dernier Japonais vivant. Il a fallu la seconde bombe, et l'entrée en guerre surprise de l'URSS, et une manière de coup de force impérial (qui aurait pu échouer) pour imposer la capitulation. Et il a très certainement fallu aussi la garantie (si discutable moralement parlant) de pérennité du trône impérial donnée par les États-Unis pour que cette capitulation n'entraîne pas un soulèvement militaire de grande ampleur, et la reprise des hostilités. On peut se contenter de discuter de la bombe d'un point de vue éthique (un massacre indiscriminé de civils d'une ampleur sans précédent), philosophique (l'entrée dans un monde technologique susceptible de détruire l'humanité entière) ou métaphysique (l'homme se substituant à Dieu), et de condamner le recours à l'arme nucléaire comme intrinsèquement inacceptable. Nous respectons ces analyses, sur lesquelles, en tant qu'historien, nous ne porterons pas de jugement.

Il reste que l'historien est sans doute mieux placé que d'autres pour effectuer un calcul très simple (trop simple ?) en termes de coûts/bénéfices – comme tout gestionnaire est appelé à le faire, et comme les médecins y sont accoutumés en matière de traitement médical, sous la forme légèrement différente du binôme risques/bénéfices. Or, vues sous cet angle, les choses s'éclairent singulièrement. En incluant les décès différés, les deux bombes atomiques ont tué entre 250 000 et 300 000 personnes. Mais, selon l'historien Werner Gruhl, le nombre *hebdomadaire* des morts, militaires et civils confondus, de la guerre de l'Asie-Pacifique était en 1945 de 149 000, avec une marge d'erreur de plus ou moins 30 %. En outre, ce chiffre marquait une constante augmentation (il s'établissait à 97 000 en 1944)[2]. Même en prenant le bas de la fourchette (100 000), et en supposant l'arrêt de la croissance du nombre des décès, six mois de guerre supplémentaires – ce que les stratèges estimaient comme la durée résiduelle minimale du conflit, avant Hiroshima – auraient entraîné quelque 2 600 000 morts supplémentaires. Dix fois les victimes du feu nucléaire.

Ce chiffre n'a rien d'invraisemblable, et doit même être considéré comme une estimation *a minima*. En effet, la famine ne cessait d'étendre ses ravages, de Java au Japon même. À Singapour comme au Tonkin, elle faucha quelque 10 % de la population en 1944-1945. À Java, elle fit sans doute 2 millions de morts (sur 50 millions d'habitants). Dans l'archipel nippon, l'aggravation constante des pénuries liée aux bombardements comme au blocus maritime commençait à tuer massivement quand la guerre s'arrêta. Les morts violentes n'étaient pas en reste. La dernière grande bataille terrestre, celle d'Okinawa, fut la plus meurtrière de toute la guerre. Tout donnait à penser que les conquêtes déjà planifiées de Kyûshû, à l'automne 1945, puis de Honshû, au printemps 1946, amèneraient des ravages du même ordre : peut-être 80 000 décès dans les troupes américaines, mais des centaines de milliers dans l'armée de l'empereur, et probablement des millions chez les civils – par la faim davantage que par les bombes. Sur un plan moins impersonnel, la plupart des prisonniers civils et militaires du Japon auraient très vraisemblablement péri – les tombes des détenus étaient parfois déjà creusées. Et la crème de la jeunesse japonaise aurait achevé d'être fauchée, en particulier dans les rangs des kamikazes, rendant bien plus difficile tout relèvement ultérieur du pays. Ajoutons à cela le désespoir grandissant qui envahissait en 1945 une large partie des populations occupées, et les inévitables répétitions d'épisodes tels que le sac de Manille, si le tonnerre de Mars avait parcouru davantage de pays d'Asie du Sud-Est. En tout cas, partout sauf au Japon, le 15 août 1945 fut pour la grande majorité un jour de liesse – plus que celui de la Libération, celui du retour à la vie. Et cette liesse ne fut en rien entachée par Hiroshima chez ceux qui en étaient informés. Aujourd'hui encore, les Coréens du Sud sont, selon les sondages, le peuple qui approuve le plus majoritairement le largage des bombes atomiques, quoiqu'une vingtaine de milliers des leurs aient péri.

Cette incompréhension – pour ne pas dire plus – de la gauche occidentale, dont la dénonciation du nucléaire militaire fut dès les années 1950 un point de ralliement primordial, fut cruellement ressentie par les survivants qui s'y trouvaient confrontés. C'est ce que relate Rebecca Kenneison, dont la famille eurasienne avait été cruellement touchée en Malaisie, et qui vivait en Grande-Bretagne après la guerre :

> Plusieurs centaines de visages aux yeux brillants se tournèrent vers l'estrade devant eux, bientôt occupée par un activiste local de la CND (*Campaign for Nuclear Disarmament*). Il entreprit ce que je considère toujours comme un jeu impudent avec les émotions d'adolescents faciles à impressionner. Je suis convaincue qu'il le fit avec les meilleures des intentions, mais ce n'est pas ainsi que je le ressentis. Je crois pouvoir encore me rappeler son nom : Mr Brotherton. Il nous expliqua la destruction mutuelle assurée, et il le fit en référence à Hiroshima et Nagasaki, à la souffrance humaine et au coût humain. Tout le monde autour de moi était horrifié, autant qu'il convenait, et scandalisé que notre gouvernement puisse avoir des plans à notre intention qui l'incluaient. Je partageais ces sentiments, mais, assise, je réfléchissais : « Mais si on n'avait pas balancé ces bombes, ma grand-mère pourrait avoir péri... et mon cousin... et mes oncles... et qui sait combien d'autres gens ? » J'avais grandi avec les récits de ce que les troupes japonaises avaient fait. Personne autour de moi n'était dans ce cas. Ils n'y connaissaient rien. Je voulais le leur expliquer à eux tous, leur expliquer aussi qu'il pouvait exister une justification

à Fat Man et Little Boy*, au-delà de la simple hargne et (ainsi que l'homme de la CND l'avait suggéré) de l'expérimentation. Mais on me faisait clairement entendre que j'étais une excentrique, et que je ressassais une histoire surannée, alors je me tus. Qui plus est, tous avaient des badges CND, mais pas moi. [...] La version présentée par l'homme de la CND n'incluait pas les deux côtés de cette affaire, et je suis sûre qu'il y a toujours autour de nous beaucoup de gens qui n'en connaissent qu'un côté, et pas l'autre. Pour être apprécié, il fallait un badge de la CND ; n'importe comment, je n'étais pas sympa, et mon refus du badge ne faisait que confirmer ce statut. J'avais des façons de voir très peu à la mode, et je troublais un beau discours pour adolescents en noir et blanc de vilaines nuances de gris : j'osai suggérer que peut-être le Japon avait fait quelque chose qui avait conduit à ce que ces porteuses de mort soient relâchées des soutes à bombes d'une paire d'avions.

Évoquant le sauvetage de ma grand-mère et de mes cousins de derrière les barbelés, je suggérai que, indirectement, la fission de l'atome dans le ciel du Japon avait sauvé des vies, et n'en avait pas seulement pris. Personne n'avait envie que cette complexité soit jetée dans le mélange. On me fit comprendre très clairement que je n'avais rien compris. Comment pouvais-je ne pas voir que la bombe était absolument horrible ? Oui, bien sûr, c'était horrible ; mais comment pouvaient-ils ne pas voir que le chemin de fer de Birmanie était horrible aussi ? Après tout, les Japonais y avaient amené les PG et les *romusha* en sachant pertinemment que beaucoup d'entre eux – des dizaines de milliers, en fin de compte – mourraient. Ils furent consciemment sacrifiés sur l'autel des ambitions impériales. Si Hiroshima était horrible, cela aussi. Si Stalingrad était horrible, cela aussi. Si les massacres commis par les nazis dans des villages français étaient horribles, cela aussi. Ce n'était pas l'Holocauste, il n'y avait pas de génocide industrialisé, mais il s'agissait quand même de meurtres. Mais, quelque part, *cela* ne comptait pas. *Cela* avait été relégué dans l'ombre des nuages en forme de champignons. Quelque part, ce qui avait été fait au Japon avait complètement éclipsé ce que le Japon avait fait[3].

L'autrice, qui à cette occasion fut aussi actrice, poursuit en développant un récit alternatif qui déplace la sensibilité au malheur de la bombe atomique aux mille et une souffrances qui l'avaient précédée, et des Japonais aux autres Asiatiques, si souvent oubliés

* Les surnoms des deux bombes atomiques de 1945.

par des Occidentaux dont beaucoup semblent avoir perdu toute capacité d'indignation pour des crimes qu'eux-mêmes n'auraient pas commis – ce qui est une manière paradoxale de continuer à se penser comme le centre du monde :

> Sans les bombes A [...], la guerre aurait facilement pu durer encore quelques mois ; même les estimations actuelles les plus optimistes, qui bénéficient de connaissances rétrospectives complètes, excluent une fin de guerre bien avant novembre. Cela ne constitue peut-être pas un grand écart, mais il aurait été trop long pour les civils chinois mourant de faim, trop long pour beaucoup des prisonniers des montagnes de Sumatra : Nora Boswell, qui avait survécu au naufrage du *Giang Bee*, gisait sur son lit de mort à Loeboek Linggau, au moment où les parachutistes entrèrent dans le camp. Elle vécut ; quelques jours de plus et – comme sa fille nous en a informés – elle n'y serait pas parvenue. [...] Dans les discussions sur les justifications des bombes, les vies prises en compte sont toujours celles des militaires américains qui auraient dû débarquer dans les îles principales du Japon, ainsi que celles des Japonais qui seraient morts en se défendant, y compris avec des bambous aiguisés, et en se jetant en groupe du haut des falaises. Les Javanais mourant de faim dans les rues de Singapour n'entrent jamais dans le calcul, et pas davantage les troupes britanniques et indiennes qui auraient péri au cours de la reconquête de la Malaisie où, à en croire le major McDonald, les ouvriers tamouls des plantations étaient « mourants ». La malnutrition était commune et la faim endémique, partout dans l'Empire japonais. La vitesse importait, et il est difficile de croire que la vitesse ne soit jamais devenue un facteur de l'équation[4].

On ne saurait mieux dire. Il conviendrait d'y ajouter bien d'autres pertes probables de vies humaines, en particulier la tendance des militaires japonais, très inférieurs en puissance de feu, à se servir des populations civiles (y compris japonaises) comme de boucliers humains, ce qui, en 1945, fut pratiqué tant à Manille qu'à Okinawa, avec à chaque fois une centaine de milliers de morts à la clé. Encore une fois, cela n'épuise pas le débat sur le bien-fondé du recours à l'arme atomique. Mais cela permet de mieux en percevoir les termes. Et de mieux comprendre pourquoi, bizarrement, sur Hiroshima, la droite nationaliste et révisionniste nippone tient exactement le même langage, avec les mêmes arguments, que la gauche antinucléaire et antimilitariste occidentale.

Asie-Pacifique, année zéro

La dernière question à envisager est celle des conséquences de la guerre pour les principaux intéressés. Précisons d'entrée de jeu que, nonobstant les quelques militaires nippons qui refusèrent d'ajouter foi à la capitulation d'août 1945, c'est bien celle-ci qui constitua la césure, et le point final de la guerre de l'Asie-Pacifique. Le Japon resta certes occupé par les Américains jusqu'au traité de paix de San Francisco (septembre 1951), mais son armée fut immédiatement dissoute, son empire colonial aboli, son État remodelé en profondeur (Constitution démocratique de 1946), et les fondements idéologiques du nationalisme expansionniste issu de Meiji efficacement battus en brèche, au point d'avoir substitué le pacifisme au militarisme comme ciment politique principal de la nation japonaise. Ensuite, on peut s'amuser à dénicher autant d'éléments de continuité qu'on voudra (où n'y en a-t-il pas ?), ce à quoi se sont adonnés de nombreux auteurs, mais là n'est pas l'essentiel. On peut également arguer de la non-résolution de certains contentieux, résultant d'ailleurs davantage des conditions de la fin de la guerre que du déroulement de celle-ci. La question des femmes dites de réconfort reste une épine qui, depuis plus de trente ans, envenime en permanence les relations nippo-sud-coréennes, tout en facilitant les manœuvres de Pyongyang, qui joue la surenchère, en direction de l'opinion au sud du 38e parallèle. Le massacre de Nankin joue à peu près le même rôle pour les relations sino-japonaises. Les excuses répétées offertes par Tôkyô apparaissent toujours frappées d'arrière-pensées et d'un manque de sincérité, leur fonction étant à l'évidence de diminuer les tensions avec les grands pays voisins, non de promouvoir une douloureuse introspection. Des conflits territoriaux, ou plutôt maritimes, opposent le Japon et la Corée pour les rochers Liancourt (Dokdo en coréen, Takeshima en japonais), le Japon et la Chine pour les îles Senkaku/Diaoyutai, le Japon et la Russie pour les quatre îles Kouriles les plus méridionales. La caractéristique commune de ces îles et îlots est l'inexistence ou la faiblesse de leur population. Humainement bien plus pesante est la division entre les deux Corées, qui provient des zones d'occupation définies fort légèrement par les États-Unis et l'URSS. Ces contentieux, pour aigus qu'ils soient, sont bien différents de ce qui fit s'affronter les puissances entre 1937 et 1945. C'est un autre monde qui s'ouvre à cette dernière date.

Il est d'abord marqué par l'*écroulement du rêve panasiatique*. La volonté forcenée du Japon de coaguler autour de lui l'ensemble de l'Asie orientale, pour en faire sa servante, contribua durablement à délégitimer l'idée même d'une unité des peuples asiatiques face au reste du monde. Pendant la guerre elle-même, la Chine avait pour principaux alliés les États-Unis et la Grande-Bretagne, cependant que le Japon avait l'Allemagne, et en Asie la seule Thaïlande (qui ne combattit d'ailleurs pas... sinon, brièvement, contre la France). La Chine devenue communiste (1949) introduisait l'URSS dans le jeu ; le Japon, Taïwan, la Corée du Sud et la plupart des pays d'Asie du Sud-Est se plaçaient sous le parapluie américain. Aujourd'hui, face aux dévorantes ambitions chinoises, les ex-ennemis les plus farouches des États-Unis (Japon et Vietnam) se montrent les plus chauds partisans de leur maintien, y compris militaire, dans la région. Le Japon, pendant la guerre, faisait tellement peu confiance aux autres Asiatiques qu'il se garda bien d'en recruter pour le front, à l'exception de quelques milliers de combattants de l'Indian National Army, politiquement utiles au cas où l'armée impériale serait parvenue à envahir l'Inde. Même les colonies japonaises ne furent pleinement mobilisées que fin 1944, et leurs soldats furent surtout utilisés à la logistique et au gardiennage (y compris des prisonniers de guerre). Les Allemands furent plus habiles, ou plus confiants : les Waffen-SS étrangers ne furent pas moins de 400 000, et ils se trouvèrent pleinement engagés, essentiellement contre l'Armée rouge.

La défaite japonaise fut tout sauf un retour au *statu quo ante*. Au moins autant qu'en Europe la capitulation allemande, elle bouleversa en Asie les rapports de force. Ce fut particulièrement le cas en Chine. Celle-ci n'avait pas été pour grand-chose dans l'écrasement de l'armée impériale, encore capable d'y remporter d'immenses victoires en 1944, et qui ensuite, quand elle eut à se replier, le fit en bon ordre. Mais la Chine avait au moins eu le mérite de résister obstinément à un adversaire militairement très supérieur, et de fixer sur son sol au moins un million de soldats nippons. Et, en 1945, elle récupérait son territoire additionné de Taïwan, et sa pleine souveraineté, les concessions internationales ayant été abolies en 1943 – un des rares points sur lesquels Anglo-Saxons (qui en avaient été chassés) et Japonais s'accordaient. Elle gagnait aussi un statut de grande puissance théorique, faisant partie des cinq membres permanents du Conseil de sécurité de la nouvelle ONU. Cela permettait d'éviter que cette dernière n'apparaisse comme un club blanc... et faisait en quelque sorte de la Chine le successeur du Japon, seul membre non européen du Conseil de la Société des Nations, jusqu'à son retrait en 1933. La position de Chiang Kai-shek, qui signait juste après la guerre un traité avec l'URSS, paraissait donc grandement renforcée. On s'aperçut vite qu'il n'en était rien. Les États-Unis, dont les milieux dirigeants n'éprouvaient pour lui que de l'aversion, aidèrent certes ses troupes à occuper les grandes villes du Nord et de Mandchourie (d'où il fallut déloger les Soviétiques), mais ils lui mesurèrent ensuite chichement leur soutien. Quant aux communistes, ils s'étaient puissamment renforcés, disposant en 1945 de quelque 800 000 combattants. Après l'échec de leurs offensives de 1940, ils s'étaient assez peu battus contre les Japonais, qui en revanche avaient étrillé les forces du gouvernement central (Chongqing). Le PCC contrôlait la plupart des campagnes de Chine du Nord, où depuis plusieurs années il représentait déjà pour les paysans le seul pouvoir d'État. Grâce à l'aide des Soviétiques (et secondairement des communistes coréens, au pouvoir dès 1945 au Nord, occupé par l'Armée rouge), ils s'installèrent rapidement dans une Mandchourie où ils étaient jusqu'alors presque absents, et ils purent récupérer les stocks d'armes massifs laissés par la débâcle de l'armée japonaise. C'est de là que sera lancée en 1947 la grande offensive qui, en deux ans d'un affrontement qui n'avait plus rien d'une guérilla, allait conduire le PCC à la victoire, et Chiang à Taïwan.

La Corée, pour sa part, récupéra son indépendance, mais pas son unité, qui pourtant remontait au VIIe siècle. D'abord soumise à la tutelle des États-Unis au Sud, de l'URSS au Nord, elle se constitua en 1948 en deux États que tout opposait, sauf l'autoritarisme, cependant plus total et meurtrier au Nord. On était en tout cas loin de revenir à la monarchie confucéenne d'avant 1905. Taïwan passa d'un maître à un autre, le retour à une Chine bien moins développée que l'île et bien plus corrompue que l'ancien maître nippon, tout en le valant bien en termes d'autoritarisme. La déception fut telle qu'elle aboutit en 1947 à une révolte générale, réprimée dans le sang par les forces du Guomindang. Les facéties de l'histoire firent après 1949 de cette dépendance récente (XVIIe siècle) et périphérique de l'empire du Milieu le siège du gouvernement central en exil, titulaire jusqu'en 1970 du siège chinois au Conseil de sécurité.

Quant aux îles et archipels du quart nord-ouest du Pacifique, parcourus eux aussi par les combats et les bombardements, ce furent sans doute les terres comparativement les moins transformées. Colonisées elles étaient, colonisées elles demeurèrent, la bannière étoilée remplaçant dans la plupart des cas celle au Soleil levant. Certaines, comme Guam (et sa gigantesque base), dans les Mariannes, sont toujours américaines. Toutes, y compris la Papouasie-Nouvelle-Guinée australienne et les îles Salomon britanniques, n'accédèrent que tardivement à l'indépendance, généralement pas avant les années 1970. La Nouvelle-Calédonie, tôt passée à la France libre, et pas trop éloignée des zones de combat, fut un moment transformée en vaste camp militaire américain, retombées matérielles significatives à la clé. Mais il serait difficile de prétendre que la guerre et ses suites auraient fondamentalement changé ces territoires. Pourtant, certaines de ces populations ténues avaient beaucoup souffert, soit des combats, soit des violences japonaises. On peut presque parler de génocide dans certains cas : à Banaba (Ponape), où les 80 survivants furent massacrés après la capitulation japonaise ; parmi les Nauruans envoyés à Chuuk par les Japonais ; aux îles Andaman aussi, dans l'océan Indien (au nord de Sumatra), où 798 autochtones « surnuméraires » furent mitraillés sur une plage le 14 août 1945...

L'impossible recolonisation de l'Asie du Sud-Est

En revanche, rien ne sera plus comme avant en Asie du Sud-Est coloniale, après le triple choc reçu par les autochtones : la défaite – ignominieuse, sauf aux Philippines – en 1942 d'un maître colonial jusque-là redouté et presque invulnérable face aux multiples révoltes ; l'occupation par une puissance asiatique, qui distilla le discours de la renaissance nationale et de l'indépendance ; enfin, dans la plupart des cas, un intervalle de quelques semaines, voire de quelques mois, où les peuples furent livrés à eux-mêmes, et *de facto* autonomes, avant la réinstallation malaisée de l'ancien colonisateur. C'est, parmi bien d'autres, ce que ressentit fortement Lee Kuan Yew, qui sera Premier ministre de Singapour entre 1959 et 1991 :

> Mes collègues et moi-même sommes d'une génération de jeunes hommes qui traversèrent la Seconde Guerre mondiale ainsi que l'occupation japonaise, et en sortirent déterminés à ce que personne – que ce soient les Japonais ou les Britanniques – n'ait plus le droit de nous pousser et de nous tirer à sa guise. Nous sommes déterminés à pouvoir nous gouverner nous-mêmes, et à élever nos enfants dans un pays où nous pourrons être fiers d'être un peuple se représentant lui-même. Quand, en 1945, la guerre vint à finir, il n'y avait pas la moindre chance que le modèle ancien de système colonial britannique puisse se réinstaller. Les écailles étaient tombées de nos yeux, et nous voyions par nous-mêmes que les autochtones étaient en mesure de gouverner le pays[5].

Si l'on excepte les Américains, qui avaient dès les années 1930 promis l'indépendance aux Philippins, et tinrent parole dès 1946, les Britanniques furent les premiers à comprendre à quel point le vent avait tourné, et définitivement. La puissance précoce du nationalisme indien les y avait aidés. Et l'arrivée au pouvoir des travaillistes, en juillet 1945, facilita la renonciation progressive au rêve impérial. L'Inde et le Pakistan furent émancipés en août 1947, pour prix de leur engagement massif dans l'effort de guerre (plus d'un million de soldats). La Birmanie suivit en janvier 1948, là encore en contrepartie du retournement d'alliance (tardif) des nationalistes birmans, qui avait permis d'accélérer la défaite japonaise sur ce front. Les nationalistes de Malaisie et de Singapour ne disposaient pas d'une semblable monnaie d'échange : les Malais et les Indiens y avaient jusqu'au bout collaboré avec les Japonais, et les résistants chinois étaient presque tous communistes, qui plus est en conflit ouvert avec les Malais. Il n'y avait donc personne de suffisamment légitime et fiable pour se voir remettre les clés de la maison. En outre, la Malaisie et ses vastes plantations (hévéas et palmiers à huile), Singapour, son port et son dynamique secteur commercial constituaient les « machines à cash » (en l'occurrence, à dollars) les plus performantes de tout l'Empire britannique. C'est pourquoi la Malaisie ne devint indépendante qu'en 1957, et Singapour qu'en 1963 (par fusion provisoire avec la Malaisie), après que l'hypothèque communiste eut été levée au travers d'une difficile guerre de guérilla (1948-1960), finalement gagnée par les Britanniques et leurs alliés malais.

Les Français et les Néerlandais n'eurent ni la même prescience ni la même capacité à ne pas se laisser déborder par la réalité des nouveaux rapports de force. Dans les deux cas, remettre la main sur ce qui avait été la possession la plus bénéficiaire de leurs empires coloniaux, et se laver par la même occasion d'un peu de l'ignominieux échec en métropole face à l'armée allemande paraissait une impérieuse nécessité. Mais les choses partirent si mal que l'entreprise était presque d'avance vouée à l'échec. L'indépendance avait été proclamée à Jakarta le 17 août, à Hanoi le 2 septembre, avec à chaque fois un soutien populaire massif, et l'armement de milices, favorisé par la portion la plus extrémiste des militaires japonais encore sur place, et nullement désarmés par des Alliés encore bien éloignés. Les re-colonisateurs se trouvaient donc face à des États autochtones présentant des signes extérieurs de modernité, et dotés de troupes. De plus, les premiers Alliés à arriver, quelques semaines plus tard, furent en Indonésie les Britanniques, au Vietnam ces derniers (au Sud) et les Chinois du Guomindang (au Nord). La plus grande bataille de la guerre d'indépendance indonésienne fut d'ailleurs livrée contre les Britanniques, à Surabaya, en novembre 1945 !

Néerlandais et Français ne purent se réinstaller que sur la promesse de rechercher une solution de compromis avec les nouvelles autorités locales. Tout retour à l'avant-guerre, même profondément réformé, apparut donc très vite impensable à quiconque avait le moindre souci pour le monde réel. D'autant plus que les nouvelles puissances mondiales, États-Unis et Union soviétique, avaient au moins en commun une profonde aversion pour le colonialisme européen. L'intransigeance de part et d'autre, et un certain nombre de maladresses, en Indonésie comme au Vietnam, rendirent dès 1946 tout compromis durable impensable – d'autant plus que de nombreux civils (européens d'abord, dès la capitulation nippone ; autochtones ensuite) furent victimes d'atrocités dans les deux cas.

Mais au fond, dès lors, l'incertitude ne portait plus que sur les modalités du retrait européen. Là, les choses divergèrent.

Côté Indonésie, les opérations militaires furent très limitées, assez peu sanglantes, et toujours aisément victorieuses pour les Néerlandais. Ce fut la pression des États-Unis, qui menacèrent d'interrompre le plan Marshall pour les Pays-Bas, qui contraignit ces derniers à reconnaître l'indépendance et à se retirer, en 1949. Les communistes venant d'être écrasés par l'armée du nouvel État (Madiun, décembre 1948), Washington se montrait rassuré sur celui-ci.

Côté Indochine, on eut une vraie guerre, avec des succès initiaux pour le significativement dénommé corps expéditionnaire français. Mais celui-ci demeura incapable de contrôler une large partie des zones montagneuses du Tonkin, en particulier sur la frontière avec la Chine, enjeu stratégique crucial. Quant au volet politique, la France ne parut y progresser que l'épée dans les reins, et toujours trop tard. Elle fut incapable de mobiliser suffisamment le large secteur des populations que les ambitions totalitaires des communistes inquiétaient. Quand, début 1950, les communistes chinois victorieux arrivèrent au contact des maquis Viêt-minh du Nord-Tonkin, la balance des forces, jusque-là équilibrée, pencha définitivement en défaveur des Français. Ceux-ci, en effet, n'avaient ni les moyens ni la volonté de s'engager beaucoup plus massivement dans une guerre de plus en plus impopulaire en France même. Ce fut ensuite la longue route vers Diên Biên Phu – une victoire autant chinoise que vietnamienne, si l'on considère la logistique et le commandement – et les accords de Genève (juillet 1954), qui consacrèrent l'indépendance de deux États vietnamiens.

Le Laos et le Cambodge, pour leur part, s'étaient émancipés de la tutelle française dès 1953. L'indépendance de l'Indonésie et du Vietnam amena assez rapidement la fin des communautés européennes et eurasiennes, fortes en Indochine d'une cinquantaine de milliers de personnes, et de quelque 300 000 en Indonésie. La plupart durent rejoindre leur métropole. C'est bien la victoire japonaise de 1942, aux effets différés en Indochine jusqu'en mars 1945, qui avait mis fin *de facto* à la colonisation occidentale en Asie du Sud-Est, et dans une moindre mesure en Inde. Les tentatives avortées de réinstallation durable d'après-guerre vinrent confirmer cette césure décisive. Tant pour les colonisés d'autres régions du monde que pour les métropoles coloniales, ce précédent remodela le regard sur l'ordre mondial, et constitua le véritable déclencheur du processus qui, en une quinzaine d'années seulement, allait aboutir à une désagrégation presque complète de l'ordre colonial, à l'échelle du monde.

Orphelins et héritiers du Japon militariste

Le remodelage de l'Asie orientale ne toucha pas que les frontières. Les effets sur les configurations politiques intérieures furent profonds et durables. Quelque peu paradoxaux aussi : au Japon, c'est la démocratie qui s'imposa, en nette rupture avec le passé ; dans l'ex-empire de guerre, ce sont généralement les méthodes répressives et violentes de l'armée impériale qui dominèrent la scène, jusque dans les années 1980, et parfois jusqu'à aujourd'hui. Au Japon, à la différence de l'Allemagne, il y eut une continuité formelle à la tête de l'État : un gouvernement – profondément remanié – gérait les affaires courantes, et l'empereur Shôwa, exempté de toute poursuite pour son rôle dans la guerre, demeurait chef de l'État. Il se fit d'autant plus visible à son peuple, multipliant comme jamais les contacts de terrain, que son rôle politique s'était réduit, d'après la Constitution, à être un simple symbole de la nation. Cependant, les deux institutions étaient jusqu'en 1951 soumises à l'autorité du représentant des puissances alliées, le général Douglas MacArthur, *Supreme Commander of the Allied Powers* (SCAP). Sous son impulsion, et avec le fort soutien d'une gauche japonaise alors facteur majeur de la vie politique, l'administration et les milieux d'affaires furent largement purgés (200 000 personnes), pour ne pas parler de l'armée, carrément dissoute ; 22 % des enseignants, souvent ultranationalistes, durent changer de métier[6]. Le procès « à la Nuremberg » des principaux criminels de guerre s'ouvrit en mai 1946 à Tôkyô. Long de trente mois, il s'acheva en novembre 1948 par l'exécution de sept des vingt-huit criminels de guerre de rang A qui y étaient jugés, à commencer par l'ex-Premier ministre Tôjô.

Une réforme agraire aussi hardie que celle, simultanée, lancée par les communistes chinois sut résoudre, sans violence, la plupart des tensions sociales des campagnes, autrefois viviers des extrémistes de droite. Le rétablissement du droit syndical et du droit de grève amena un développement sans précédent des syndicats. L'administration locale acquit une large autonomie, destinée à lutter contre la tradition d'obéissance aveugle à la hiérarchie, même si on restait loin d'une décentralisation à l'américaine. En outre, la nouvelle Constitution, élaborée dès le début de l'année 1946 (promulguée en novembre, elle entra en vigueur en mai 1947), entérinait enfin clairement le principe d'une monarchie constitutionnelle en s'ouvrant par la formule : « Nous, peuple japonais... » Elle reconnaissait pleinement les droits et libertés, et abolissait en droit le patriarcat autant que la domination masculine. C'est l'idée même de *kokutai* (dogme national, base de l'idéologie intégraliste à tendance totalitaire d'avant 1945) qui s'effondrait : le terme était d'ailleurs prohibé, de même que « guerre de la Grande Asie de l'Est », et l'ensemble du vocabulaire lié à l'ultranationalisme. Du coup, les manuels scolaires – et singulièrement ceux d'histoire – qui en étaient parsemés furent mis au pilon, en attendant leur réécriture (cela prit un an). Le shintô d'État, directement lié au culte de l'empereur et de l'armée, fut supprimé. Le Japon tourna pour de bon la page de la mystique impériale, de la supériorité infuse des Japonais, et du culte de l'armée.

Malgré l'entrée du Japon dans la guerre froide, singulièrement réchauffée au cours de l'impitoyable guerre qui se déroula dans la Corée toute proche (1950-1953), malgré le grand « retour en arrière » qui caractérisa la période qui suivit le retrait américain de 1952, et dont le point culminant fut sans doute en 1957 l'installation au poste de Premier ministre de Kishi Nobusuke – un revenant du gouvernement Tôjô –, le Japon ne rompit ni avec la démocratie, ni avec le pacifisme institué en principe essentiel par l'article 9 de la Constitution, ni avec le libéralisme politique et culturel. Le parti communiste, qui n'avait jamais existé légalement avant 1945, fut un moment hégémonique dans le mouvement syndical et chez les intellectuels. La greffe de pans entiers du système politique américain (la Constitution fut d'abord rédigée en anglais...) se révéla viable, et durable. Le cas demeure à peu près unique au monde – qu'on songe par exemple au contraste avec l'Irak ou l'Afghanistan contemporains.

Mais si les semences du militarisme et de l'autoritarisme périclitèrent au Japon, elles prospérèrent au contraire en Asie anciennement occupée. Si plusieurs pays tentèrent après l'indépendance la voie libérale-démocratique (Philippines, Indonésie, Birmanie), si plusieurs autres introduisirent des éléments de parlementarisme pluraliste (Singapour, Malaisie, Cambodge, Corée du Sud, Taïwan) avec cependant beaucoup de limitations (toute-puissance du chef de l'exécutif, absence de liberté de la presse, violente répression de la gauche communisante, et suffrage censitaire dans les territoires toujours colonisés), tous, sauf Singapour et la Malaisie, avaient au cours de la décennie 1965-1975 plongé dans des régimes dictatoriaux plus ou moins féroces. Et si le suffrage universel (et l'indépendance) avait quelque peu ouvert le système politique dans les anciens territoires britanniques de la péninsule malaise, le communisme y demeurait proscrit, et la liberté d'expression étroitement circonscrite, cependant que les détentions administratives sans jugement se multipliaient. Mais pourquoi relier ce tournant autoritaire généralisé à l'occupation nippone, alors achevée depuis une génération ? L'intensité de la guerre froide en Asie, et en particulier de la guerre du Vietnam, qui battait alors son plein, n'en fut-elle pas la vraie responsable ? On ne peut minimiser ce rôle, mais la guerre froide, qui plaçait en situation très difficile les modérés et les libéraux (ils penchaient aussi vers le neutralisme en matière internationale), participa à remettre en selle les anciens collaborateurs des Japonais, ou à les radicaliser dans leur autoritarisme, leur fascination pour un État tout-puissant et militarisé, leur mépris pour le parlementarisme, la liberté de la presse et les corps intermédiaires, les syndicats et les partis tout spécialement – le tout souvent avec la bénédiction des États-Unis, nouvelle puissance dominante en Asie. Ajoutons que ces bons élèves du Japon des années 1930 et 1940 atteignaient pour certains seulement alors la force de l'âge, et donc la maturité nécessaire à l'exercice du pouvoir.

Qu'on en juge. En Thaïlande, le maréchal Phibul Songkhram, qui avait entraîné son pays dans l'alliance nippone, reprit le pouvoir dès 1948 et l'exerça jusqu'à sa mort en 1964. En Indonésie, le président Sukarno, collaborateur en chef de 1942 à 1945, abolit en 1959 sous le nom de Démocratie dirigée le parlementarisme et les élections, mais pencha de plus en plus nettement en faveur du communisme, tant à l'intérieur qu'au travers de son alignement sur Pékin ; il fut remplacé en 1965 par un régime militaire pro-occidental, dirigé par un général Suharto que les Japonais avaient formé, et qui s'empressa de massacrer un demi-million de communistes. Aux Philippines, dès 1946, Manuel Roxas, qui avait collecté le riz de son pays au profit du Japon, fut élu président ; mais c'est en 1972 que Ferdinand Marcos, élu à la présidence en 1965, instaura une dictature sous le prétexte de la loi martiale : il n'avait apparemment pas collaboré, mais se montra extrêmement favorable au Japon une fois au pouvoir, au point d'accepter la construction de monuments à la gloire de l'armée nippone (kamikazes en particulier) tels qu'on n'en voit pas au Japon même. Au Sud-Vietnam, en 1955, Ngô Dinh Diem, très proche des Japonais dès 1942, et à qui ils avaient proposé le poste de Premier ministre après leur coup de force de mars 1945, se portait à la présidence du nouvel État, qu'il gouverna d'une main de fer jusqu'à son assassinat en 1963. Il fut remplacé par des régimes militaires. En Malaisie, les Britanniques hissaient au pouvoir en 1957 une élite malaise qui tout entière avait collaboré avec enthousiasme, sur les décombres de leurs anciens alliés chinois et résistants, trop proches du communisme. À Singapour, en 1959, dans le cadre d'un régime encore colonial d'autonomie interne, Lee Kuan Yew remportait les élections législatives, et devenait Premier ministre pour trois décennies ; il avait été traducteur pour l'agence de presse (et de renseignements) japonaise Domei. En Birmanie, en 1962, le coup d'État militaire du général Ne Win, qui fut supplétif de l'armée japonaise en 1942, abolissait pour un demi-siècle toute apparence de démocratie. En Corée du Sud, enfin, le général Park Chung-hee, ancien lieutenant dans l'armée de l'État fantoche du Mandchoukouo sous son nom japonais de Takagi Masao, mettait fin par un coup d'État à une éphémère expérience démocratique, et inaugurait une dictature qui allait durer jusqu'en 1979.

Bon nombre des principes fondateurs de ces régimes provenaient en droite ligne du Japon militaro-fasciste, à commencer par la « double fonction » (*dwi fungsi* en indonésien) de l'armée, à la fois militaire et civile, comme colonne vertébrale de l'État auquel elle devait fournir un grand nombre de cadres. Ce fut en particulier le cas là où l'armée avait pris le pouvoir : Corée du Sud, Birmanie, Indonésie post-1965 (mais Sukarno avait déjà accordé de considérables pouvoirs d'encadrement et de gestion aux militaires). Ailleurs aussi on tenta de formuler un « dogme national » inspiré plus ou moins étroitement du *kokutai* japonais : *Pancasila* (« Cinq Principes ») en Indonésie, dès 1945 ; *Asian Values* puis *Shared Values* à Singapour (années 1980) ; *Rukun Negara* (« Principes nationaux ») en Malaisie (1970)... Un anticommunisme généralement frénétique, parfois meurtrier, fut comme au Japon au fondement du régime – sauf dans une certaine mesure en Birmanie, où l'armée, tout en combattant sans merci les insurrections communistes, mit en place un *Burma Socialist Programme Party* (au pouvoir entre 1962 et 1988) qui singeait les partis communistes et dénonçait le capitalisme aussi bien que l'impérialisme.

Mais les régimes communistes asiatiques ne furent-ils pas aussi à leur façon des héritiers de la précaire Asie japonaise ? C'est particulièrement clair dans le cas de la Corée du Nord. Le régime, on le sait, se distingue des autres expériences communistes sur au moins trois points : divinisation du dirigeant suprême, certes, mais aussi de sa dynastie, aux ascendances aussi mythifiées que pour celle qui règne sur le Japon – déesse du soleil Amaterasu Omikami d'un côté, mont Paektu d'où surgit le héros Tangun et la race coréenne de l'autre ; centralité permanente de l'armée, à la fois dans l'organisation sociétale, les budgets et la propagande (principe *Songun* – « L'armée d'abord » – sous Kim Jong-il, inscrit dans la Constitution en 2009) ; élaboration à partir de 1955 d'une idéologie propre, venant peu à peu se substituer au marxisme-léninisme, le *Juche* (approximativement « autosuffisance »), central dans la propagande de Pyongyang. Kim Jong-un est aujourd'hui l'héritier le plus authentique à la fois de l'empereur Shôwa et du général Tôjô, dont il a cependant nettement radicalisé les pratiques. Cruelle ironie pour un régime qui tire sa légitimité première de la guerre de guérilla que Kim Il-sung mena contre l'occupant nippon... Semblable continuité ne frappe pas dans les trois autres communismes d'Asie : Chine, Vietnam et Laos. Mais les deux premiers doivent quelque chose à l'occupation japonaise : leur victoire, tout simplement. Ni le PC chinois de Mao Zedong, ni le PC indochinois d'Hô Chi Minh n'étaient en mesure de l'emporter en 1937, même à long terme. Leurs moyens, face à Chiang Kai-shek et à la France, voisinaient l'insignifiance. Ce fut l'immense tourbillon de la guerre, où les Japonais éliminèrent la présence française et étrillèrent l'armée du Guomindang, avant d'être eux-mêmes anéantis par les Alliés, qui, sur la table (presque) rase ainsi créée, leur ouvrit les portes du succès. Cerise sur le gâteau : le Viêt-minh hérita (on l'a vu) de quelques centaines de militaires nippons expérimentés, et l'Armée populaire de libération chinoise d'immenses stocks de matériels militaires nippons, abandonnés en Mandchourie. Cela n'enlève rien aux mérites des nombreux communistes qui combattirent inlassablement l'armée japonaise, et continuent (en Chine particulièrement) à en tirer gloire. Mais, involontairement, Tôkyô joua pour eux.

Il n'est donc pas possible de comprendre l'histoire de l'Asie orientale ces trois derniers quarts de siècle en négligeant la guerre de l'Asie-Pacifique. Les régimes, les frontières, les conflits en sont très largement issus, quoique l'éloignement dans le temps obscurcisse et complexifie cette généalogie. La génération des collaborateurs et des résistants a partout quitté le pouvoir, et presque dans tous les cas la vie. L'aspiration démocratique des peuples, ajoutée à un extraordinaire développement économique et social à l'échelle régionale, a changé bien des choses ces trente ou quarante dernières années. Seule la Corée du Nord, îlot de stalinisme, est simultanément une butte-témoin du militarisme japonais ; seule la Birmanie, depuis le coup d'État du 1er février 2022, reste soumise à la poigne militaire. Dans les deux cas, il n'en résulte pour les peuples qu'oppression et misère. Ailleurs dans le monde, la Seconde Guerre mondiale, dont la mémoire à vif reste centrale, est presque toujours ramenée au théâtre européen – sauf en Australie, et dans une moindre mesure aux Pays-Bas, où le Japon fut responsable d'une large partie des morts et des souffrances de la guerre. Puisse ce livre contribuer à replacer dans la mémoire commune ces expériences innombrables, presque toujours douloureuses, souvent terribles, parfois hallucinantes. Et puisse l'historiographie mieux s'emparer de cette autre Seconde Guerre mondiale qui ne doit pas être étudiée pour relativiser ou concurrencer celle des Européens, mais pour la compléter et pour mieux en souligner les vraies particularités.

Cartes

Offensives japonaises (1937-1942)

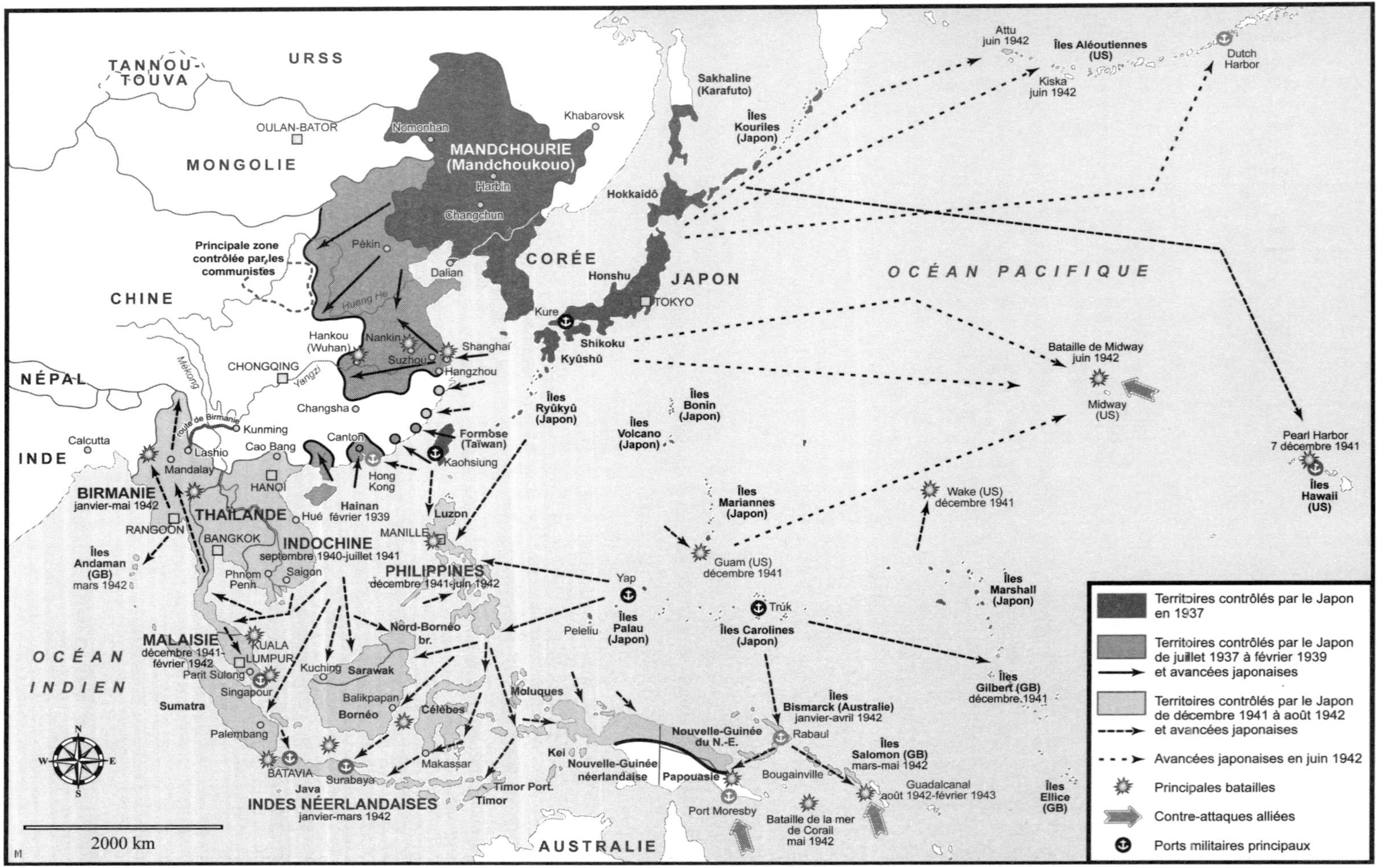

L'Armée de l'Empereur. Violences et crimes du Japon en guerre (1937-1945), Jean-Louis Margolin © Paris, Armand Colin, 2007

Contre-offensives alliées (1942-1945)

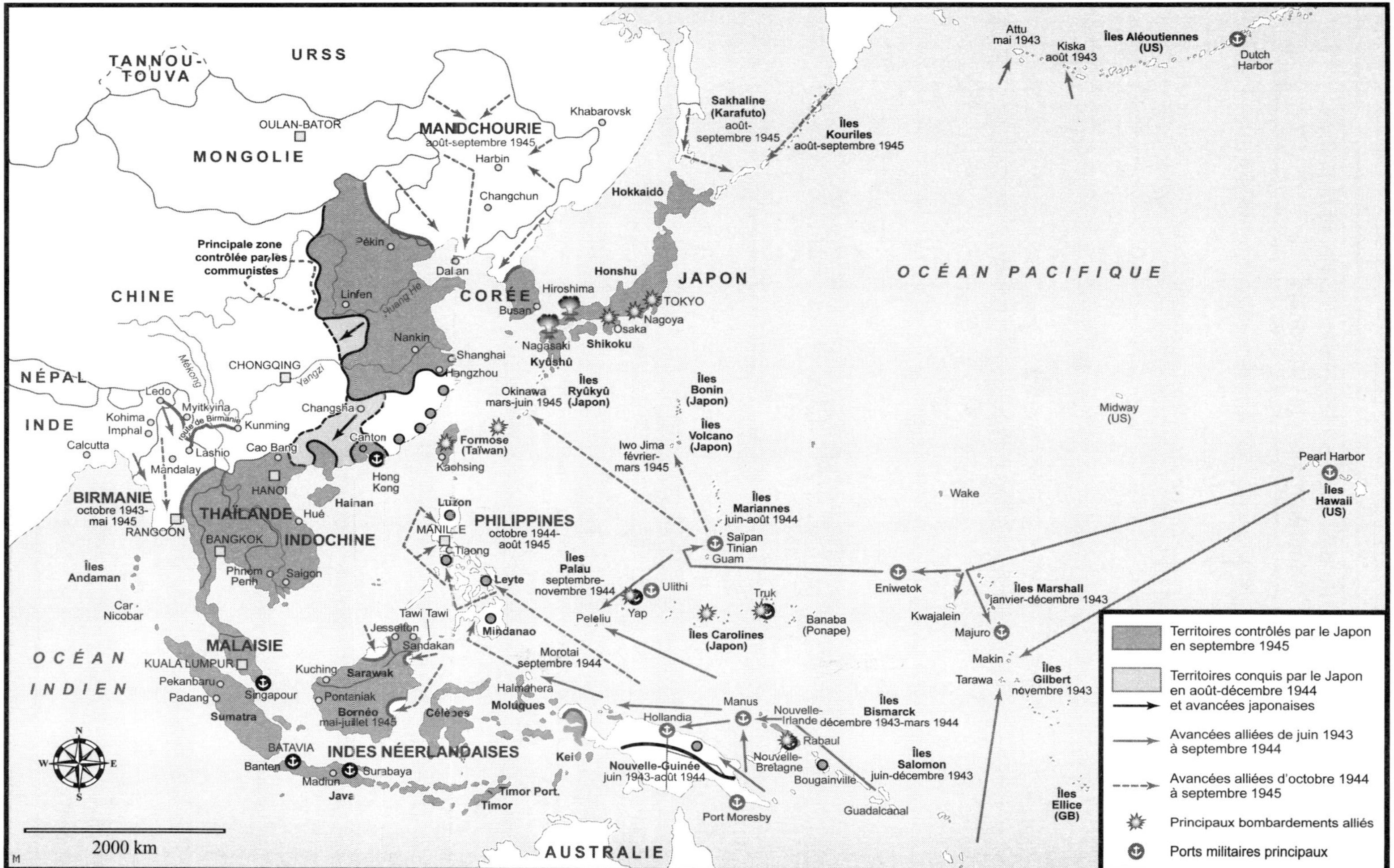

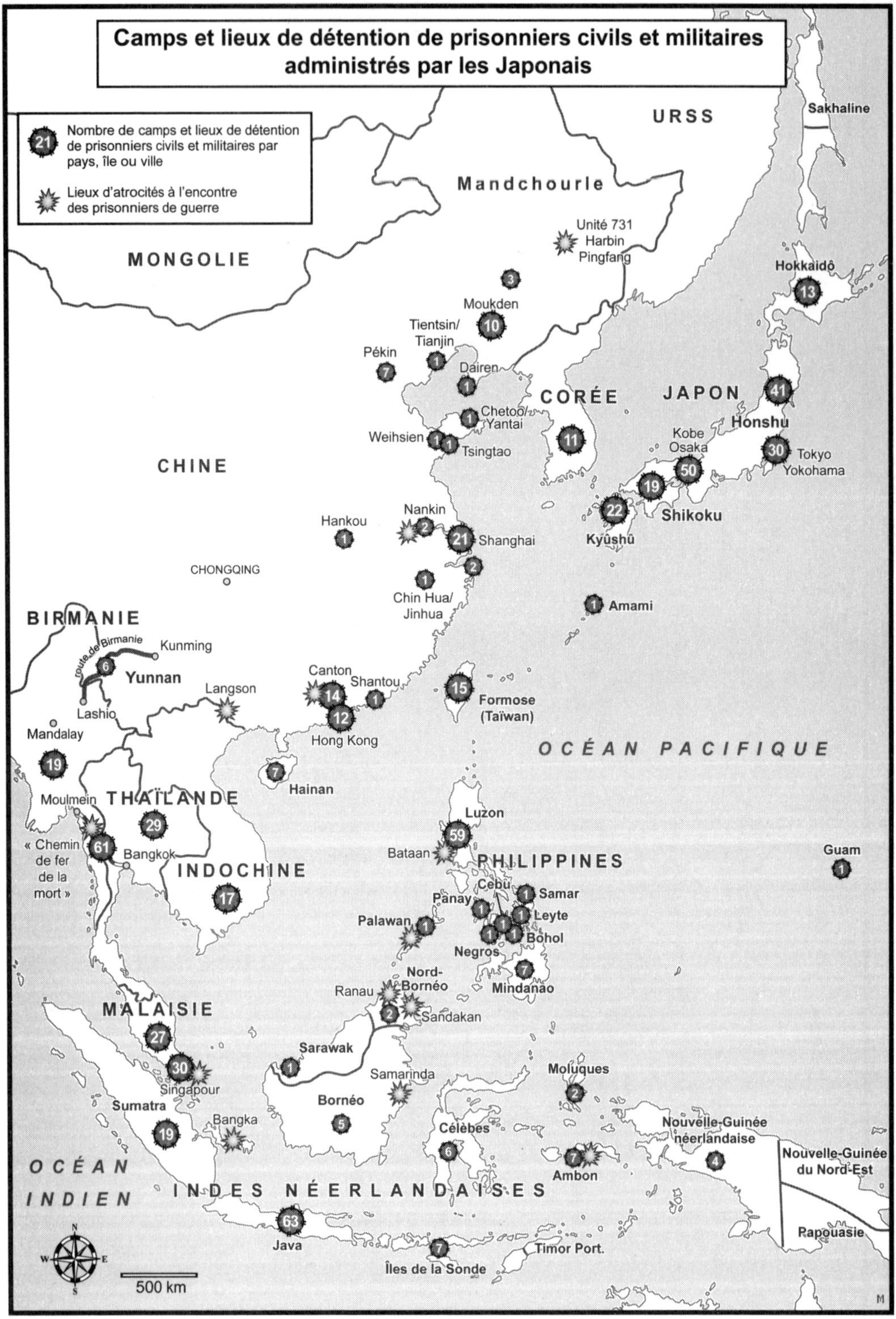
Camps et lieux de détention de prisonniers civils et militaires administrés par les Japonais
21 Nombre de camps et lieux de détention de prisonniers civils et militaires par pays, île ou ville
Lieux d'atrocités à l'encontre des prisonniers de guerre
URSS
Sakhaline
Mandchourie
MONGOLIE
Unité 731 Harbin Pingfang
3
Moukden 10
Tientsin/ Tianjin 1
Pékin 7
Dairen 1
Hokkaidô 13
CORÉE
11
JAPON
41
Honshu
Chetoo/ Yantai 1
Weihsien 1
1 Tsingtao
Kobe Osaka 50
30 Tokyo Yokohama
19
22
Shikoku
Kyûshû
CHINE
Nankin 2
Hankou 1
21 Shanghai
2
CHONGQING
1
Chin Hua/ Jinhua
1 Amami
BIRMANIE
route de Birmanie
Kunming
6
Yunnan
Lashio
Langson
Canton 14
Shantou 1
12 Hong Kong
15 Formose (Taïwan)
OCÉAN PACIFIQUE
Mandalay
19
7 Hainan
Moulmein
THAÏLANDE
29
« Chemin de fer de la mort »
61
Bangkok
INDOCHINE
17
Luzon
59
Bataan
PHILIPPINES
Guam 1
Cebu
Samar
Panay
Leyte
Palawan
Bohol
Negros
7 Mindanao
Nord-Bornéo
Ranau
2 Sandakan
MALAISIE
27
30
Singapour
Sarawak 1
Samarinda
Moluques 2
Sumatra
Bornéo 5
19
Bangka
Célèbes
6
Nouvelle-Guinée néerlandaise 4
Nouvelle-Guinée du Nord-Est
7 Ambon
OCÉAN INDIEN
INDES NÉERLANDAISES
63 Java
7
Timor Port.
Papouasie
Îles de la Sonde
N S E W
500 km
M

Chronologie

1853	Expédition du commodore américain Perry : réouverture forcée du Japon.
1868	Début de l'ère Meiji : fin du shogunat ; restauration (théorique) du pouvoir impérial.
1889	Première Constitution, et formation d'une Diète élue.
1894-1895	Première guerre sino-japonaise ; la Chine, vaincue, cède Taïwan et les Pescadores au Japon (traité de Shimonoseki).
1904	Guerre contre la Russie ; long siège de Port-Arthur.
1905, 5 septembre	Traité de Portsmouth ; protectorat japonais sur la Corée.
1910	Annexion de la Corée ; constitution de l'Association des réservistes.
1912	Mort de l'empereur Meiji ; début de l'ère Taishô.
1914	Conquête des colonies allemandes du Shandong (Chine) et de Micronésie.
1918-1922	Corps expéditionnaire en Sibérie orientale ; occupation du nord de Sakhaline jusqu'en 1925.
1926, 25 décembre	Mort de l'empereur Taishô ; début de l'ère Shôwa (Hirohito).
1928, 4 juin	Assassinat de Chang Tso-lin par l'armée japonaise du Kwantung.
1931, 18 septembre	« Incident » de Moukden, occupation de la Mandchourie.

1932, 26 janvier	Intervention à Shanghai et combats prolongés.
1932, 1er mars	Fondation du Mandchoukuo.
1933, janvier-avril	Occupation du Jehol (Chine).
1933, 27 mars	Retrait du Japon de la Société des Nations après la publication du rapport Lytton sur la Mandchourie.
1935	Avancée jusqu'à la Grande Muraille (Hebei), menées séparatistes en Mongolie intérieure.
1936, 26 février	Coup d'État manqué et série d'assassinats politiques ; l'armée renforce son contrôle sur le gouvernement.
1937, 7 juillet	Incident du pont Marco-Polo ; début de la seconde guerre sino-japonaise.
1937, août	Bataille de Shanghai et invasion de la Chine de l'Est.
1937, décembre-1938, janvier	Prise et massacres de Nankin ; début de la prostitution militaire organisée.
1938	Ouverture du centre de recherches de Pingfang (unité 731).
1938, février	Loi de mobilisation nationale.
1938, 25 octobre	Prise de Hankou (Wuhan).
1939, mai-septembre	Incident de frontière de Nomonhan ; victoire soviétique.
1940	Début des opérations de représailles *sanko* en Chine du Nord.
1940, mars	Formation à Nankin du gouvernement collaborateur de Wang Jing-wei.
1940, 30 août	Installation de bases militaires japonaises au Tonkin.
1940, 27 septembre	Pacte tripartite avec Rome et Berlin ; en conséquence, embargo américain sur les produits ferreux.
1940, octobre	Fusion des partis en une Association nationale pour le soutien au trône.
1941, 13 avril	Pacte de neutralité avec l'URSS.
1941, 29 juillet	Avancée vers le sud de l'Indochine ; embargo américain total sur les matières premières stratégiques à destination du Japon ; gel de ses avoirs chez les futurs Alliés.

1941, automne	Début du travail forcé à grande échelle en Mandchourie.
1941, 18 octobre	Tôjô Hideki est Premier ministre, ministre de la Guerre et de l'Intérieur.
1941, 5 novembre	La Conférence impériale décide le principe de l'entrée en guerre.
1941, 7-8 décembre	Pearl Harbor ; attaque de la Malaisie, des Philippines, de Hong Kong et de Guam.
1942, 4 février	Tôkyô promet de respecter les termes de la convention de Genève relative aux prisonniers de guerre.
1942, 15 février	Prise de Singapour, suivie du massacre de jeunes Chinois.
1942, 19 février	Ordre présidentiel d'internement des Nippo-Américains des États de l'Ouest américain.
1942, mars	L'administration coloniale prend en charge l'envoi de travailleurs coréens au Japon.
1942, mai	Capitulation des forces américaines aux Philippines ; évacuation de la Birmanie par les Britanniques.
1942, 4-6 juin	Bataille aéronavale de Midway.
1942, juillet-1943, janvier	Offensive japonaise sur Port-Moresby (Nouvelle-Guinée australienne) et défaite.
1942, août-1943, février	Bataille terrestre et navale pour Guadalcanal ; défaite japonaise.
1942, septembre-1943, octobre	Construction meurtrière du chemin de fer Thaïlande-Birmanie.
1943, 18 février	Constitution du « ghetto » de Shanghai.
1943, novembre	Prise de l'atoll de Tarawa par les Américains.
1943, 5-6 novembre	Conférence de la Grande Asie (Tôkyô).
1944, mars-juillet	Offensive japonaise contre Imphal et Kohima (Inde) ; défaite et retraite catastrophique.
1944, avril-décembre	Opération « Ichigo » dans le sud de la Chine : grande victoire japonaise.
1944, 15 juin	Débarquement américain à Saipan (Mariannes).
1944, 19-20 juin	Bataille aéronavale de la mer des Philippines, défaite japonaise.

1944, 18 juillet	Tôjô est renversé ; Koiso Kuniaki est Premier ministre.
1944, septembre	La conscription est étendue à Taïwan et à la Corée.
1944, 17 octobre	Débarquement américain aux Philippines.
1944, 23-26 octobre	Bataille navale du golfe de Leyte, la plus grande de l'histoire ; premier engagement des kamikazes.
1944, 1er novembre	Premier grand raid américain sur Tôkyô.
1945, 3 février-3 mars	Bataille et dévastation de Manille.
1945, 16 février-26 mars	Bataille d'Iwo Jima.
1945, 9 mars	Plus grand bombardement classique de la guerre, sur Tôkyô ; prise de contrôle de l'Indochine française par le Japon.
1945, 1er avril-21 juin	Bataille d'Okinawa.
1945, 2 avril	Suzuki Kantaro est Premier ministre.
1945, 2 mai	Reprise de Rangoon par les Britanniques.
1945, 26 juillet	Déclaration américano-anglo-chinoise de Potsdam.
1945, 6 août	Hiroshima.
1945, 8 août	Entrée en guerre de l'URSS contre le Japon et guerre éclair en Mandchourie.
1945, 9 août	Nagasaki.
1945, 15 août	Capitulation japonaise.
1945, 2 septembre	Début de l'occupation américaine ; établissement rapide des libertés politique et syndicale.
1946, 3 mai	Début du procès de Tôkyô.
1946, 3 novembre	Promulgation de la nouvelle Constitution.
1948, 23 décembre	Exécution des sept condamnés à mort de Tôkyô.
1951, 8 septembre	Traité de paix de San Francisco et fin de l'occupation américaine (avril 1952), sauf aux îles Bonin, Volcano et Ryûkyû.
1957, 25 février	Kishi Nobusuke, ex-criminel de guerre de rang A, est Premier ministre.
1958, mai	Les derniers criminels de guerre emprisonnés au Japon sont graciés.

1989, 7 janvier	Mort d'Hirohito, début du règne d'Akihito (ère Heisei).
1990	Installation de l'affaire des « femmes de réconfort » sur la scène politique (Corée du Sud/Japon).
1995, 15 août	Discours du Premier ministre socialiste Murayama Tomiichi : excuses officielles les plus complètes à ce jour pour les crimes de guerre et la colonisation.

Crédits des textes cités dans l'ouvrage

- Extract from JOURNEY TO A WAR by William Auden & Christopher Isherwood. Copyright © 1973, W. H. Auden and Christopher Isherwood, used by permission of the Wylie Agency (UK) Limited & Curtis Brown, Ltd. (New York).

- Excerpt(s) from TOUCHED WITH FIRE: THE LAND WAR IN THE SOUTH PACIFIC by Eric Bergerud, copyright © 1996 by Eric Bergerud. Used by permission of Viking Books, an imprint of Penguin Publishing Group, a division of Penguin Random House LLC. All rights reserved.

- COLLABORATION: JAPANESE AGENTS AND LOCAL ELITES IN WARTIME CHINA by Timothy Brook, Cambridge, Mass: Harvard University Press, Copyright © 2005 by Timothy Brook. Used by permission. All rights reserved.

- W. E. Brougher, *South to Bataan, North to Mukden*, U of Georgia Press © 1971 by the University of Georgia Press, Athens, Georgia 30602. Used by permission. All rights reserved.

- Penrod V. Dean, *Singapore Samurai*, 1998. Reproduced with the permission of Simon and Schuster Australia.

- Copyright © John Fletcher-Cooke, 1971, 1972, 1994, 2013. Used by permission of Pen & Sword Books Ltd. All rights reserved.

- English text appears in *China Interrupted: Japanese Internment and the Reshaping of a Canadian Missionary Community*, by Sonya Grypma, Wilfrid Laurier University Press, 2012. Translation included with the permission of the publisher.

- From HIROSHIMA DIARY: THE JOURNAL OF A JAPANESE PHYSICIAN, AUGUST 6-SEPTEMBER 30, 1945 by Michihiko Hachiya, translated and edited by Warner Wells, M.D. Copyright © 1955 by the University of North Carolina Press, renewed 1983 by Warner Wells. Foreword by John W. Dower © 1995 by the University of North Carolina Press. Used by permission of the publisher. www.uncpress.org

- HIROSHIMA by John Hersey, copyright © 1946, 1985, copyright renewed 1973 by John Hersey. Used by permission of Alfred A. Knopf, an imprint of the Knopf Doubleday Publishing Group, a division of Penguin Random House LLC. All rights reserved.

- The Korean Council for Women Drafted for Military Sexual Slavery by Japan, *True Stories of the Korean Comfort Women*, p. 53-56, 62, 66-67, 73-74, 130 & 159 © 1996 Hanul Publishing Company by permission of HanulMPlus Inc.

- *The Defining Years of the Dutch East Indies, 1942-1949: Survivors' Accounts of Japanese Invasion and Enslavement of Europeans and the Revolution That Created Free Indonesia* © 2003 [1996]. Edited by Jan A. Krancher, by permission of McFarland & Company, Inc., Box 611, Jefferson NC 28640. www.mcfarlandbooks.com

- Ralph Levenberg, « *Nothing Had Prepared Me for This Kind of Brutality* », Special Collections and University Archives Department, University of Nevada, Reno.

- Copyright © John McEwan, 1999. Used by permission of Pen & Sword Books Ltd. All rights reserved.

- © Morris-Suzuki, Tessa (éd.), 1984, *Showa: An Inside Story of Hirohito's Japan*, Bloomsbury Academic, an imprint of Bloomsbury Publishing Plc.

- *We Were Next to Nothing: An American POW's Account of Japanese Prison Camps and Deliverance in World War II* © 2005 [1997] Carl S. Nordin, by permission of McFarland & Company, Inc., Box 611, Jefferson NC 28640. www.mcfarlandbooks.com

- *Journal d'un prisonnier de guerre* © Belin/Humensis, 2007.

Notes

Introduction
Une guerre oubliée ?

1. Dieuwke Wendelaar Bonga, *Eight Prison Camps: A Dutch Family in Japanese Java*, Athens (Ohio), Ohio University Press, 1996, p. 202-203.
2. Guillaume Zeller, *Dans les cages de la Kempeitai*, Paris, Tallandier, 2019.
3. Sibylla Jane Flower, « Memory and the POW experience: The United Kingdom », communication au colloque *Sixty Years after the End of the Asia-Pacific War*, Singapour, History Museum, septembre 2005 – non paginé.
4. Clay Blair, *Silent Victory*, New York, J. B. Lippincott, 1975.
5. Peter Duus, « Introduction », *in* Peter Duus, Ramon H. Myers et Mark R. Peattie (éd.), *The Japan Wartime Empire, 1931-1945*, Princeton (NJ), Princeton University Press, 1996, p. XIII ; Werner Gruhl, « The Great Asian-Pacific Crescent of Pain », *in* Peter Li (éd.), *Japanese War Crimes: The Search for Justice*, New Brunswick/Londres, Transaction Publishers, 2003, p. 245.
6. Werner Gruhl, *ibid.*, p. 244-257. D'autres auteurs, s'appuyant sur une réévaluation des pertes soviétiques, estiment en moyenne les pertes du théâtre occidental à 42 millions. *Cf.* le site de Matthew White, http://users.erols.com/mwhite28/warstat1.htm#Mao.
7. Jonathan D. Spence, *The Search for Modern China* (2ᵉ éd.), New York/Londres, W. W. Norton, 1999, p. 435.
8. https://www.iwm.org.uk/collections.
9. https://www.awm.gov.au/.
10. http://www.19371213.com.cn/en/about/museum/202007/t20200710_2236058.html.
11. https://www.nationalww2museum.org.
12. Timothy Brook, *Collaboration: Japanese Agents and Local Elites in Wartime China*, Cambridge (MA)/Londres, Harvard University Press, 2005.

1
Entrer dans la guerre

1. Roger H. Brown, « The Konoe Cabinet's "Declaration of a New Order in East Asia", 1938 », *in* Sven Saaler et Christopher Szpilman (éd.), *Pan-Asianism: A Documentary History*, vol. 2 : *1920-Present*, Lanham (MD), Rowman & Littlefield, 2011, p. 171.
2. Cité *in* O. Tanin et E. Yohan, *Militarism and Fascism in Japan*, Francis White, 1935, Appendice, p. 304-308. Texte non daté, probablement de 1932, quand Araki était ministre de la Guerre. Ce texte a beaucoup à dire des ambiguïtés de la notion de paix, voire de pacifisme au Japon.
3. Tôjô Hideki, cité *in* Joyce C. Lebra (éd.), *Japan's Greater East Asia Co-Prosperity Sphere in World War: Selected Readings and Documents*, Kuala Lumpur, Oxford University Press, 1975, p. 90-92.
4. Cité *in* Eri Hotta, *Pan-Asianism and Japan's War 1931-1945*, Basingstoke-New York, Palgrave Macmillan, 2004, p. 192.
5. Peng Ming-min, *Le Goût de la liberté*, Belaye, Éditions René Viénet, 2011 (édition originale en chinois, Taïwan 1972), p. 51-52.
6. Jacques Guillermaz, *Une vie pour la Chine : Mémoires, 1937-1989*, Paris, Robert Laffont, 1989, p. 45.
7. *Ibid.*, p. 46.
8. Je remercie Antoinette Maux-Robert, sa fille, pour avoir bien voulu me confier d'importants éléments de cette correspondance. Elle est l'auteur de quatre ouvrages retraçant la vie et la carrière d'Henri Maux, le plus approprié à ce qui nous occupe étant *Le Dragon de l'Est : Henri Maux en mission dans la Chine en guerre, 1937-1939*, Paris, Champflour, 1999.
9. Henri Maux, lettre à son épouse Hélène, 8 mars 1938.
10. Henri Maux, lettre à son ami le père jésuite Robert Jacquinot de Besange, qui organisa à Shanghai en 1937 la première zone de sécurité destinée à abriter les civils chinois menacés par les combats, 7 avril 1938.
11. Henri Maux, lettre à Hélène, 1er juillet 1938.
12. Henri Maux, lettre à Hélène, 2 juillet 1938.
13. Henri Maux, lettre à Hélène, 11 juillet 1938.
14. Henri Maux, lettre à Hélène, 20 juillet 1938.
15. Henri Maux, lettre à Denise Robert, 14 décembre 1938.
16. Henri Maux, lettre à ses parents, 8 novembre 1938.
17. Henri Maux, allocution prononcée le 15 octobre 1938 à Meishien, en tant que fonctionnaire de la SDN (archives Antoinette Maux-Robert).
18. Henri Maux, lettre à son beau-père, le général de division Henri Bidon, qui avait commandé la zone Cochinchine-Cambodge en 1933-1935, 21 avril 1939.
19. Joseph C. Grew, *Ten Years in Japan: A Contemporary Record Drawn from the Diaries and Private and Official Papers*, New York, Simon & Schuster, 1944, p. 282-283.
20. *Ibid.*, p. 324-326.
21. *Ibid.*, p. 333-335.
22. *Ibid.*, p. 357-358.
23. *Ibid.*, p. 493-494.

24. Olga Ilyina-Laylle et Michel Jan, *Un long printemps d'exil. De Petrograd à Saigon, 1917-1946*, Paris, Seuil, « Points », 2015, p. 272-273.
25. *Ibid.*, p. 266-267.
26. *Ibid.*, p. 270.
27. R. Bauchar, *Rafales sur l'Indochine*, Paris, L. Fournier & Cie, 1946, p. 179-180.
28. Olga Ilyina-Laylle et Michel Jan, *op. cit.*, p. 274-276.
29. R. Bauchar, *op. cit.*, p. 194-195.

2
Au Japon : la guerre des civils

1. Ôkawa Shumei, extrait de *The Way of Japan and the Japanese*, non daté, doc. # 693A, IMTFE records, cité *in* Maruyama, Masao, *Thought and Behaviour in Modern Japanese Politics*, Londres, Oxford University Press, 1963, p. 35.
2. Cité *in* Eri Hotta, *op. cit.*, p. 168.
3. Rubak Ichiro Dingilius Matsutaro, *in* Maki Mita, *Palauan Children under Japanese Rule: Their Oral Histories*, Osaka, National Museum of Ethnology, 2009, p. 141. Deux des quatre patronymes de l'informateur ont une consonance clairement nippone.
4. Rubak Joseph Ilengelkei, in *ibid.*, p. 190.
5. Peng Ming-min, *op. cit.*, p. 42.
6. Cité *in* Tessa Morris-Suzuki, *Showa: An Inside Story of Hirohito's Japan*, Londres, The Athlone Press, 1984, p. 56-57.
7. Eugene Soviak (éd.), *A Diary of Darkness: The Wartime Diary of Kiyosawa Kiyoshi*, Princeton (NJ), Princeton University Press, 1999, p. 306-307 (édition originale en japonais 1980).
8. *Ibid.*, p. 290.
9. Okada Fumihide, « Civil administration in Celebes, 1942-1944 », *in* Anthony Reid et Oki Akira, *The Japanese Experience in Indonesia: Selected Memoirs of 1942-1945*, Athens (OH), Center for International Studies, Ohio University, 1986, p. 154-156.
10. Sintha Melati, « In the service of the Underground: the struggle against the Japanese in Java », *in* Anton Lucas (éd.), *Local Opposition and Underground Resistance to the Japanese in Java, 1942-1945*, Melbourne, Monash University (Centre of Southeast Asian Studies), 1986, p. 186-187.
11. Cité *in* Eugene Soviak, *op. cit.*, p. 70-71.
12. Tsutsumi Ayako, *in* Tessa Morris-Suzuki (éd.), *op. cit.*, p. 149.
13. *Ibid.*, p. 256.
14. *Ibid.*, p. 339.
15. Takeyama Michio, « The trial of Mr Hyde » (1946), *in* Richard H. Minear (éd.), *The Scars of War: Tokyo during World War II. Writings of Takeyama Michio*, Lanham (MD), Rowman & Littelfield Publishers Inc., 2007, p. 132.
16. Kiyosawa, entrée du 14 mars 1944, *in* Eugene Soviak, *op. cit.*, p. 156.
17. Kiyosawa, entrée du 23 juin 1944, in *ibid.*, p. 207.
18. Saitô *in* Tessa Morris-Suzuki, *op. cit.*, p. 40-41.
19. Kiyosawa, entrée du 16 août 1943, *in* Eugene Soviak, *op. cit.*, p. 61-62.
20. Entrée du 13 juillet 1944, in *ibid.*, p. 222.

21. Cité *in* David J. Lu, *Japan: A Documentary History*, Armonk (NY), M. E. Sharpe, 1997, p. 448.
22. *Ibid.*
23. Kiyosawa, entrée du 24 mars 1945, *in* Eugene Soviak, *op. cit.*, p. 336.
24. Sachiko Ishikawa, *in* Youth Division of Soka Gakkai (éd.), *Cries for Peace: Experiences of Japanese Victims of World War II*, Tôkyô, Japan Times, 1978, p. 60-61.
25. Témoignage de Tomie Akazawa, in *ibid.*, p. 94-95.
26. Masayoshi Nakagawa, in *ibid.*, p. 115-117.
27. Kiyosawa, entrée du 10 mars 1945, *in* Eugene Soviak, *op. cit.*, p. 326-327.
28. Takeyama Michio, « White Pine and Rose » (1947), *in* Richard H. Minear (éd.), *op. cit.*, p. 88-89.
29. Kiyosawa, entrées des 15 mars et 16 avril 1945, *in* Eugene Soviak, *op. cit.*, p. 331 et 354.
30. *Ibid.* (16 avril), p. 354.

3
Faire la guerre

1. F. Spencer Chapman, *The Jungle is Neutral*, Londres, Corgi Books, 1974 (1re éd. 1949), p. 26-27.
2. Alec Hodgson, *in* Sean Brawley, Chris Dixon et Beatrice Trefalt (éd.), *Fighting Words: Competing Voices from the Pacific War*, Santa Barbara (CA), Greenwood Press/ABC CLIO, 2009, p. 67-68.
3. Julian Thompson (in association with the Imperial War Museum), *Forgotten Voices of Burma: The Second World War's Forgotten Conflict*, Londres, Ebury Press, 2009, p. 203.
4. *Cf.* Hsü Shuhsi, *A New Digest of Japanese War Conduct*, Shanghai-Hong Kong-Singapour, Kelly & Walsh Limited, 1941, p. 240-245 et 265.
5. Jacques Guillermaz, *op. cit.*, p. 80-81.
6. Omi Hatashin, *Private Yokoi's War and Life on Guam, 1944-1972. The Story of the Japanese Imperial Army's Longest WWII Survivor in the Field and Later Life*, Folkestone, Global Oriental, 2009, p. 21-22. L'ouvrage est une mise en forme par son neveu de l'autobiographie de Yokoi Shô-ichi (1915-1997).
7. Capitaine Yamashita Seiryo, 15e division, *in* Kazuo Tamayama et John Nunneley, *Tales by Japanese Soldiers of the Burma Campaign 1942-1945*, Londres, Cassell & Co., 2000, p. 189 et 192.
8. W. H. Auden et Christopher Isherwood, *Journey to a War*, Londres, Faber & Faber, 1973 (édition originale 1939), p. 106-107.
9. Cité *in* Julian Thompson, *op. cit.*, p. 164-165.
10. Eric Bergerud, *Touched with Fire: The Land War in the South Pacific*, New York, Penguin USA, 1996, p. 378-380.
11. Julian Thompson, *op. cit.*, p. 157-158.
12. Ueno Itsuyoshi, *An End to a War: A Japanese Soldier's Experience of the 1945 Death Marches of North Borneo* (traduit du japonais par Mika Reilly), Kota Kinabalu (Malaisie), Opus Publications, 2012.
13. *Ibid.*, p. 29-30.

14. *Ibid.*, p. 40.
15. *Ibid.*, p. 65-66.
16. *Ibid.*, p. 69.
17. Omi Hatashin, *op. cit.*, p. 14-15.
18. *In* David J. Lu, *Japan: A Documentary History*, Armonk (NY), M. E. Sharpe, 1997, p. 446-447.
19. Témoignage de Matsushi Shimabukuro, *in* Soka Gakkai, *op. cit.*, p. 42.
20. John W.Dower, *War without Mercy: Race and Power in the Pacific War*, New York, Pantheon, 1986.
21. Ron Heynneman, *Ibu Maluku: The Story of Jeanne van Diejen. An Extraordinary Life in the Vanishing World of the Dutch East Indies*, Hartwell (Victoria), Temple House, 2002, p. 409.
22. Cité *in* Julian Thompson, *op. cit.*, p. 235.
23. Cité *in* Eric Bergerud, *op. cit.*, p. 411-412.
24. Tanaka Yuki, *Hidden Horrors: Japanese War Crimes in World War II*, Boulder (CO), Westview Press, 1996, p. 167-188.
25. W. H. Auden et Christopher Isherwood, *op. cit.*, p. 90-91.
26. Barend A. Van Nooten, *in* « The Mouse-Deer and the Tiger », *in* Jan A. Krancher (éd.), *The Defining Years of the Dutch East Indies, 1942-1949: Survivors' Accounts of Japanese Invasion and Enslavement of Europeans and the Revolution That Created Free Indonesia*, Jefferson (NC)/Londres, McFarland & Company, 1996.
27. Alexandra J. Humphrey-Spier, « Never to see the land of my birth again », in *ibid.*, p. 242-243.
28. Témoin CN 030 (Malabon, Bulacan), *in* Thelma B. Kintanar *et al.*, *Kuwentong Bayan: Noong Panahon Ng Hapon. Everyday Life in a Time of War*, Quezon City, The University of the Philippines Press, 2006, p. 37.

4
La tragédie des prisonniers de guerre

1. Russell Braddon, *The Naked Island*, Édimbourg, Birlinn, 2001 (1re éd. Werner Laurie, 1951), p. 101.
2. Témoin CN 034, *in* Thelma B. Kintanar *et al.*, *op. cit.*, p. 35.
3. Ralph Levenberg, « Nothing Had Prepared Me For This Kind of Brutality », *in* R. T. King (éd.), *War Stories: Veterans Remember WWII*, Reno (NV), University of Nevada Oral History Program, 1995, p. 60.
4. Gavan Daws, *Prisoners of the Japanese: POWs of World War II in the Pacific. The Powerful Untold Story*, Londres, Robson Books, 1995, p. 297.
5. Gavan Daws, *op. cit.*, p. 285-286.
6. Dieuwke Wendelaar Bonga, *Eight Prison Camps: A Dutch Family in Japanese Java*, Athens (OH), Ohio University Press, 1996, p. 178-179.
7. Cité *in* Brian MacArthur, *Surviving the Sword: Prisoners of the Japanese 1942-1945*, Londres, Time Warner Books, 2005, p. 372.
8. John McEwan, *Out of the Dephts of Hell: A Soldier's Story of Life and Death in Japanese Hands*, Londres, Leo Cooper, 1999, p. 88-90.

9. Tan Choon Keng, cité *in* Goh Chor Boon, *Living Hell: Story of a WWII Survivor at the Death Railway*, Singapour, Asiapac, 1999, p. 55.
10. Témoignage de Watanabe Hideo, *in* Frank Gibney (éd.), *Sensô: The Japanese Remember the Pacific War. Letters to the Editor of Asahi Shimbun*, Armonk (NY), M. E. Sharpe, 1995 (édition originale japonaise 1987), p. 160. Les témoignages de cet ouvrage furent recueillis au cours des années 1980.
11. Loet Velmans, *Retour à la rivière Kwaï. Souvenirs de la Seconde Guerre mondiale*, traduit de l'anglais par Katia Holmes, Paris, Phébus, 2005, p. 77-78 (édition originale 2003).
12. Frank Fujita Jr., *Foo: A Japanese-American Prisoner of the Rising Sun ; The Secret Prison Diary of Frank « Foo » Fujita*, Denton (TX), University of North Texas Press, 1993, p. 118-119.
13. *Ibid.*, p. 131.
14. Russell Braddon, *op. cit.*, p. 126.
15. Frank Fujita Jr., *op. cit.*, p. 100-101.
16. *Ibid.*, p. 153.
17. Carl S. Nordin, *We Were Next to Nothing: An American POW's Account of Japanese Prison Camps and Deliverance in World War II*, Jefferson (NC) & Londres, McFarland & Company, Inc., Publishers, 1997, p. 159.
18. J. Legrand (colonel Julien-Joseph Legrand), *L'Indochine à l'heure japonaise. La vérité sur le coup de force. La résistance en Nouvelle-Calédonie*, Cannes, Aegitna (publication à compte d'auteur), 1963, p. 282-283. On aura noté l'approbation enthousiaste des bombardements nucléaires. La plupart des victimes du Japon réagirent de même. On y reviendra.
19. John Fletcher-Cooke, *The Emperor's Guest 1942-1945*, Londres, Leo Cooper, 1971, p. 104.
20. D. Clayton James (éd.), *South to Bataan, North to Mukden: The Prison Diary of Brigadier General W. E. Brougher*, Athens (GA), University of Georgia Press, 2010, p. 175. Le général américain Brougher commandait la 11e division à Bataan (Philippines) en 1942.
21. Shishime Akira (qui entendit la causerie), revue japonaise *Chugoku* (La Chine), février 1971, citée *in* Yamamoto Masahiro, *Nanking: Anatomy of an Atrocity*, Westport (CT)-Londres, Praeger, 2000, p. 126.
22. *Ibid.*, p. 128, note 1 (souligné dans le texte).
23. Margolin (2008), *op. cit.*, p. 183-185.
24. Cité *in* Arnold C. Brackman, *The Other Nuremberg: The Untold Story of the Tôkyô War Crimes Trials*, New York, William Morrow, 1987, p. 188.
25. Li Weixun, *in* Military History and Translation Office, *Heroes of the South Pacific: Records of the ROC Soldiers in Papua New Guinea during the WWII*, Taipei, Ministry of National Defense, 2010, p. 44.
26. *Ibid.*, p. 82-83.
27. Cette question des PG indiens reste encore largement en friche. Voir cependant G. J. Douds, « Indian POWs in the Pacific 1941-45 », *in* Karl Hack et Kevin Blackburn, *Forgotten Captives in Japanese-Occupied Asia*, Londres & New York, Routledge, 2008, p. 73-93.

5
Les civils : permis de tuer

1. W. H. Auden & Christopher Isherwood, *op. cit.*, p. 202-203.
2. Cité *in* Hsü Shuhsi, *A New Digest of Japanese War Conduct*, Shanghai-Hong Kong-Singapour, Kelly & Walsh Limited, 1941, p. 159-160. Noter qu'en 1941 encore, on pouvait publier à Shanghai (dans les concessions étrangères, bien entendu) des ouvrages très hostiles au Japon, et comme celui-ci suscités par le gouvernement de Chongqing. Les hauts lieux de la pénétration impérialiste occidentale étaient alors aussi ceux du nationalisme chinois.
3. Témoignage de Gai Hegen, alors âgé de seize ans, cité *in* Honda, Katsuichi, *The Nanjing Massacre: A Japanese Journalist Confronts Japan's National Shame*, Londres, Penguin Books, 2000 (édition originale en japonais 1987) p. 71-72.
4. *The Rock* (revue jésuite de Hong Kong), décembre 1938, p. 532, citée in *ibid.*, p. 67-68.
5. Ishikawa Tatsuzo, *Soldiers Alive*, Honolulu, University of Hawai'i Press, 2003 (édition originale en japonais : 1938), p. 114-116.
6. Cité *in* Iritani, Toshio, *Group Psychology of the Japanese in Wartime*, Londres & New York, Kegan Paul International, 1992, p. 290-291.
7. Ishikawa, *op. cit.*, p. 122.
8. Dépêche d'United Press (Hong Kong), 18 novembre 1938, citée *in* Hsü (1941), *op. cit.*, p. 66-67.
9. Article du *North China Daily News*, 16 janvier 1938, cité in *ibid.*, p. 27-28.
10. Lettre au *National Christian Council Broadcast* (Shanghai), 27 mars 1938, cité in *ibid.*, p. 25. On notera que, comme pour le récit d'Ishikawa, tout cela était connu et publié dès les premières années de guerre.
11. Cité *in* Rana Mitter, *China's War with Japan, 1937-1945: The Struggle for Survival*, Londres, Allen Lane, 2013, p. 122.
12. Uchida Keiji, *in* Frank Gibney (éd.), *op. cit.*, p. 72-73.
13. Johathan D. Spence, *The Search of Modern China*, 2e éd., New York/Londres, W W. Norton, 1999, p. 453.
14. Rapport du colonel Joseph Stilwell, alors attaché militaire des États-Unis en Chine, *in* Marvin Williamsen, « The Military Dimension, 1937-1941 », *in* James C. Hsiung et Steven I. Levine, *China's Bitter Victory: The War with Japan 1937-1945*, Londres, Routledge, 1992, p. 150-151.
15. *Ibid.*, p. 149-150.
16. Cité *in* Rana Mitter, *op. cit.*, p. 94.
17. Thio Chan Bee, *Extraordinary Adventures of an Ordinary Man*, Londres, Grosvenor Books, 1977, p. 35-36.
18. Lee Kuan Yew, *Memoirs. The Singapore Story*, Singapour, Times Editions, 1998, p. 56-58.
19. Cité *in* Karl Hack et Kevin Blackburn, *War Memory and the Making of Modern Malaysia and Singapore*, Singapour, NUS Press, 2012, p. 39 (interview de 2002).
20. Akashi Yoji, « A bibliographical study of the Japanese occupation of Malaya/Singapore, 1941-1945 », *in* Karl Hack et Kevin Blackburn (2008), *op. cit.*, p. 502.
21. Cheah Boon Kheng, « Japanese army policy toward the Chinese and Malay-Chinese relations in wartime Malaya », *in* Paul H. Kratoska (éd.), *Southeast Asian*

Minorities in the Wartime Japanese Empire, Londres, Routledge Curzon, 2002, p. 103.
22. F. Spencer Chapman, *op. cit.*, p. 282-283.
23. Wee Hock Chye, *Comfort Homes and Earlier Years*, Kuala Lumpur, auto-publication, s.d., p. 24.
24. Paul H. Kratoska, *The Japanese Occupation of Malaya, 1941-1945*, Londres, Hurst & Company, 1998, p. 94.
25. Tilly de Silva (institutrice à Pudu English School for Girls), citée *in* J. M. Gullick (éd.), *Josephine Foss and the Pudu English School: a Pursuit of Excellence*, Kuala Lumpur, Pelanduk Publications for Pudu English School Old Girls Association, 1988, p. 134.
26. Interrogation Report, 13 avril 1946, NIOD archive 400, inventory number 3483, cité *in* Ooi, Keat Gin, *The Japanese Occupation of Borneo, 1941-1945*, Londres/New York, Routledge, 2010, p. 107.
27. Cité *in* Ron Heynneman, *op. cit.*, p. 414-415.
28. Informateur CN 043, de Manille, Thelma B. Kintanar *et al.*, *op. cit.*, p. 174.
29. Informateur CN 042, Caloocan, Bulacan, cité in *ibid.*, p. 72.
30. Informateur CN 066, Gapan, Nueva Ecija, cité in *ibid.*, p. 235.
31. Informateur CN 005, Calamba, Laguna, cité in *ibid.*, p. 232.
32. Mechas Ngerair Kozue Rechelulk (de Koror, ville principale), *in* Maki Mita, *op. cit.*, p. 215.
33. Cité in *ibid.*, p. 84-85.
34. Récit d'Elson Ebel, *ibid.*, p. 129.
35. Récit de Nathan Tartios, *in* Lin Poyer, Suzanne Falgout et Laurence Marshall Carucci, *The Typhoon of War: Micronesian Experiences of the Pacific War*, Honolulu (HI), University of Hawai'i Press, 2001, p. 132-133.

6
Atrocités et massacres géants

1. Jean-Louis Margolin, *L'Armée de l'Empereur. Violences et crimes du Japon en guerre, 1937-1945*, Paris, Armand Colin, 2007.
2. Yuki Tanaka (1996) consacre un chapitre entier (p. 133-152) à la question du cannibalisme, principalement au travers d'archives militaires australiennes.
3. Stewart Firth, « The war in the Pacific », *in* Donald Denoon (éd.), *The Cambridge History of the Pacific Islanders*, Cambridge, Cambridge University Press, 1997, p. 310.
4. Ôoka Shôhei, *Journal d'un prisonnier de guerre*, traduit du japonais par François Compoint, Paris, Belin, 2007 (édition originale 1952), p. 326. Ôoka (1909-1988) est l'un des grands romanciers et critiques littéraires de l'après-guerre.
5. Entrée du 16 novembre 1944, *in* Eugene Soviak, *op. cit.*, p. 282.
6. Témoignage de Lele Ram, *in* Lin Poyer, Suzanne Falgout et Laurence Marshall Carucci, *op. cit.*, p. 174.
7. Ralph Noonan, journal intime, *in* Sean Brawley, Chris Dixon et Beatrice Trefalt (éd.), *op. cit.*, p. 113-114.
8. Kondo Shin'ichi (Tôkyô), « On Car Nicobar Island », *in* Frank Gibney (éd.), *op. cit.*, p. 166.

9. Matsui Shinji (Yame), « The essence of human beings », *ibid.*, p. 154-155.
10. Nishihara Takamaro (Fukuoka), *ibid.*, p. 157.
11. *In* R. John Pritchard (éd.), *The Tokyo War Crimes Trial. The Complete Transcripts of the Proceedings of the International Military Tribunal for the Far East in Twenty-two Volumes*, Londres/New York, Garland (in association with the London School of Economics and Political Science), 1981, p. 13961-13962.
12. Yuki Tanaka (1996), *op. cit.*, p. 153-158.
13. Kimizuka Kiyoshi (Narashino), *in* Frank Gibney (éd.), *op. cit.*, p. 69.
14. Yamaki Tamotsu (Hachiôji), « Told to grasp a living heart », in *ibid.*, p. 87.
15. Jean-Louis Margolin (2007), *op. cit.*, p. 257-258.
16. Sheldon H. Harris, *Factories of Death: Japanese Biological Warfare, 1932-1945, and the American Cover-up*, New York, Routledge, 1993, p. 87.
17. *Ibid.*, p. 146.
18. Infirmier militaire japonais, cité *in* Peter Williams et David Wallace, *La Guerre bactériologique. Les secrets des expérimentations japonaises*, Paris, Albin Michel, 1990, p. 52 (édition originale en anglais 1989).
19. Cité in *Materials on the Trial of Former Servicemen of the Japanese Army Charged with Manufacturing and Employing Bacteriological Weapons*, Moscou, Foreign Languages Publishing House, 1950, p. 18.
20. Interrogatoire de Kajitsuka Ryuji, cité in *ibid.*, p. 102.
21. Interrogatoire de Nishi Toshihide, cité in *ibid.*, p. 62-63.
22. Témoignage de Fukuichi, cité in *ibid.*, p. 357-358.
23. Interrogatoire de Mitomo Kazuo, cité in *ibid.*, p. 80.
24. Cité *in* Peter Williams et David Wallace, *op. cit.*, p. 66.
25. Des éléments du développement sur l'unité 731 sont repris de mon article « Guerre bactériologique et cobayes humains : l'unité japonaise 731 », revue *Témoigner : Entre histoire et mémoire*, n° 131, octobre 2020, p. 52-65.
26. Ôoka Shôhei, *op. cit.*, p. 299-300.
27. Ozaki Junko (Yokohama), « Stories about Nanjing shocked a young girl's heart », *in* Frank Gibney (éd.), *op. cit.*, p. 75-76.
28. Témoignage de Miyagi Harumi, cité *in* Haruko T. Cook et Theodore F. Cook, *Japan at War*, New York, The New Press, 1992, p. 475 (il existe une traduction française : *Le Japon en guerre, 1931-1945*, Paris, Éditions de Fallois, 2015).
29. Pour des développements beaucoup plus amples sur le massacre de Nankin, et tout particulièrement sur l'épineux problème du dénombrement des victimes, on se reportera en particulier à Jean-Louis Margolin (2007), *op. cit.*, p. 169-215 ; *id.*, « Une réévaluation du massacre de Nankin », *Perspectives chinoises*, n° 92, novembre-décembre 2005, p. 2-13 (en accès libre sur le site de la revue) ; *id.*, « Du dénombrement des victimes : l'exemple du massacre de Nankin (décembre 1937-janvier 1938) », *Cahiers d'études et de recherches du musée de l'Armée*, hors-série n° 5, 2012, p. 183-195 ; Michaël Prazan, *Le Massacre de Nankin 1937. Entre mémoire et oubli*, Paris, Denoël, 2007.
30. Ce que prétend par exemple Iris Chang, dans son bestseller *The Rape of Nanking: The Forgotten Holocaust of World War II*, New York, Basic Books, 1997 (traduction française : *Le Viol de Nankin*, Paris, Payot, 2007).
31. Témoignage de « Tanaka Saburô », *in* Honda Katsuichi, *op. cit.*, p. 243-244.
32. John G. Magee, Journal, 22 décembre, cité *in* Zhang Kaiyuan (éd.), *Eyewitnesses to Massacre: American Missionaries Bear Witness to Japanese Atrocities in Nanjing*, Armonk (NY), M. E. Sharpe, 2001, p. 179.

33. *Ibid.*, 19 décembre 1937, *ibid.*, p. 171.
34. Rabe, Journal, entrée du 7 janvier 1938, cité *in* Erwin Wickert (éd.), *The Good German of Nanking: The Diaries of John Rabe*, Londres, Abacus, 2000, p. 152.
35. *Ibid.*, p. 153.
36. James McCallum, Journal, entrée du 19 décembre 1937, cité *in* Iris Chang, *op. cit.*, p. 237-238. McCallum était lui aussi un missionnaire américain. Investi dans le travail communautaire, il était administrateur de l'hôpital universitaire de Nankin.
37. *Cf.* Lewis S. C. Smythe, *War Damage in the Nanking Area, December 1937 to March 1938: Urban and Rural Survey*, Shanghai, Mercury Press, 1938.
38. Rabe, Journal, entrée du 3 janvier 1938, cité *in* Erwin Wickert (éd.), *op. cit.*, p. 147.
39. Lewis S. C. Smythe, Journal, entrée du 21 décembre, cité *in* Zhang Kaiyuan (éd.), *op. cit.*, p. 266.
40. John G. Magee, Journal, entrée du 11 janvier 1938, cité in *ibid.*, p. 188.
41. Interview réalisée en 1971 par le Pacific War Research Group, cité *in* http://www.geocities.com/nankingatrocities/
42. Fitch, lettre du 14 février à Peter Shih, citée *in* Zhang Kaiyuan (éd.), *op. cit.*, p. 105.
43. Lewis S. C. Smythe, Journal, entrée du 15 décembre, cité in *ibid.*, p. 259.
44. Bates, lettre du 29 novembre 1938, citée in *ibid.*, p. 42-43.
45. Rabe, Journal, entrée du 13 décembre 1941, cité in *ibid.*, p. 90-91.
46. Rapport du bureau nankinois de l'ambassade d'Allemagne au ministère allemand des Affaires étrangères, 15 janvier 1938, cité *in* Erwin Wickert (éd.), *op. cit.*, p. 160. Ce document fut rédigé par Georg Rosen, secrétaire d'ambassade. Diplomate partiellement d'origine juive, fils d'un éphémère ministre des Affaires étrangères, il fut peu après mis à la retraite d'office, et passa la guerre en Grande-Bretagne et aux États-Unis, avant d'être réintégré, avec promotion, dans le corps diplomatique de la RFA. Très proche de Rabe, il se montra beaucoup plus hostile aux Japonais que son supérieur, l'ambassadeur Oskar Trautmann.
47. *Ibid.*, p. 160.
48. Christian Kröger, Rapport du 13 janvier 1938, cité in *ibid.*, p. 189-190.
49. Georg Rosen, rapport cité, in *ibid.*, p. 161.
50. Herbert P. Bix, *Hirohito and the Making of Modern Japan*, Londres, HarperCollins, 2000, p. 335.
51. Georg Rosen, rapport du 6 février 1938 au ministère allemand des Affaires étrangères, cité *in* Erwin Wickert (éd.), *op. cit.*, p. 235.
52. Joseph C. Grew, entrée du 10 février 1938, *op. cit.*, p. 243-244.
53. Takigawa Masajirô, « Mémoires » (1953), cités *in* Totani, Yuma, *The Tôkyô War Crimes Trial: The Pursuit of Justice in the Wake of World War Two*, Cambridge (MA), Harvard University Asia Center, 2008, p. 130.
54. Cité *in* Alfonso J. Aluit, *By Sword and Fire: The Destruction of Manila in World War II, 3 February-3 March 1945*, Makati City (Philippines), Bookmark, 1994, p. 381. La date de ce document produit au procès de Yamashita est floue : entre le 23 décembre 1944 et le 14 février 1945.
55. *Ibid.*
56. Entrée du 12 février, *ibid.*, p. 280-285.
57. *Ibid.*, p. 278-286.

58. Miss Almania, citée in *ibid.*, p. 275.
59. *Ibid.*, 10 février, p. 251.
60. *Ibid.*, p. 387.
61. *Ibid.*, 23 février, p. 362.
62. Informateur CN 072 (Manille), cité *in* Thelma B. Kintanar *et al.*, *op. cit.*, p. 209.

7
La chasse aux femmes

1. Sintha Melati *in* Anton Lucas, *op. cit.*, p. 128-129.
2. Ôoka Shôhei, *op. cit.*, p. 399-400.
3. Rebecca Kenneison, *Playing for Malaya: A Eurasian Family in the Pacific War*, Singapour, National University of Singapore (NUS) Press, 2012, p. 151.
4. Dieuwke Wendelaar Bonga, *op. cit.*, p. 41-43.
5. Informateur CN 009, Negros Occidental, *in* Thelma B. Kintanar *et al.*, *op. cit.*, p. 157.
6. Informateur CN 043, Manille, in *ibid.*, p. 186.
7. Témoignage de Lei Guiying (Jiangning, Nankin), victime de prostitution forcée à l'âge de treize ans, *in* Peipei Qiu, avec Su Zhiliang et Chen Lifei, *Chinese Comfort Women: Testimonies from Imperial Japan's Sex Slaves*, Hong Kong, Hong Kong University Press , p. 83.
8. Lewis S. C. Smythe, *in* Kaiyuan Zhang, *op. cit.*, p. 274.
9. *Ibid.*, p. 307.
10. Erwin Wickert (éd.), *op. cit.*, p. 131-132.
11. Wee Hock Chye, *op. cit.*, p. 35-36.
12. Rebecca Kenneison, *op. cit.*, p. 103.
13. Taguchi Shinkichi, cité *in* Peipei Qiu, avec Su Zhiliang et Chen Lifei, *op. cit.*, p. 48.
14. « Report on Enforced Prostitution in Western Borneo, NEI, during Japanese Naval Occupation », cote AWM83 Series, cité *in* Yuma Totani, *op. cit.*, p. 178.
15. Maria Rosa Henson, *Comfort Woman: A Filipina's Story of Prostitution and Slavery under the Japanese Military*, Lanham (MD), Rowman & Littelfield Publishers, 1999, p. 35-37.
16. *Ibid.*, p. 50.
17. Témoignage de Zhou Fenying, *in* Peipei Qiu, avec Su Zhiliang et Chen Lifei, *op. cit.*, p. 91-92.
18. Témoignage de Chen Yabian (Zuxiao, Hainan), in *ibid.*, p. 132-133.
19. Témoignage de Dai Sil Kim-Gibson, in *Positions: East Asia Cultures Critique*, « The Comfort Women: Colonialism, War, and Sex », vol. 5, n° 1, printemps 1997, p. 261.
20. Témoignage de Pak Sunae, *in* The Korean Council for Women Drafted for Sexual Military Slavery by Japan, *True Stories of the Korean Comfort Women*, Londres, Cassell, 1995 (édition originale en coréen 1993), p. 159.
21. Témoignage de Hawng Kumju, in *ibid.*, p. 73-74.
22. Témoignage de Ha Sunnyo, in *ibid.*, p. 62.
23. Témoignage de Oh Omok, in *ibid.*, p. 66-67.

24. Témoignage de Kaneko Yoichi, présent en Chine en 1939 lors de l'offensive sur Yichang, *in* Frank Gibney (éd.), *op. cit.*, p. 80-81.
25. Témoignage de Yi Sangok, *in* The Korean Council…, *op. cit.*, p. 130.
26. Rapport de Wang Bizhen sur la station de Tongcheng (Hubei), 1941, cité *in* Peipei Qiu, avec Su Zhiliang et Chen Lifei, *op. cit.*, p. 64.
27. Témoignage de Yuan Zhulin (Wuhan), in *ibid.*, p. 105.
28. Témoignage de Liu Xiuzhen (île de Chongming, embouchure du fleuve Yangzi, près de Shanghai), in *ibid.*, p. 101.
29. Yuan Zhulin, in *ibid.*, p. 106.
30. Témoignage de Yi Yongsuk, *in* The Korean Council…, *op. cit.*, p. 53-56.

8
Civils enfermés, civils torturés

1. Ishikawa, *op. cit.*, p. 127.
2. Cité *in* Harry A. Poeze, « The Road to Hell: The Construction of a Railway Line in West Java during the Japanese Occupation », *in* Paul H. Kratoska (dir.), *Asian Labor in the Wartime Japanese Empire: Unknown Histories*, Armonk (NY), M. E. Sharpe, 2005, p. 165.
3. Tan Choon Keng, interviewé en 1999 (à quatre-vingt-dix ans) et cité *in* Goh Chor Boon, *op. cit.*, p. 80-83.
4. John Coast, *Railroad of Death*, Londres, The Commodore Press, 1946, p. 140 et 148.
5. Penrod V. Dean, *Singapore Samurai*, East Roseville (NSW), Kangaroo Press, 1998, p. 131-133.
6. *Ibid.*, p. 155.
7. Cité *in* Jane Thum Soon Kun, « A Shameful Past in Human Memory: A Verbal Account by Elizabeth Choy », *in* Foong, Choon Hon (éd.), *The Price of Peace: True Accounts of the Japanese Occupation*, Singapour, Asiapac, 1997 (édition originale en chinois 1995), p. 240-242. Elizabeth Choy Su-moi (si on ajoute son prénom chinois), 1910-2006, qui témoigna souvent, longtemps après la guerre, de ce qu'elle avait subi et se dévoua de multiples façons à la collectivité, en particulier au travers de son enseignement, conserve un statut d'héroïne à Singapour. Elle a fait l'objet de plusieurs films et d'une exposition.
8. Cité *in* L. De Jong, *The Collapse of a Colonial Society: The Dutch in Indonesia during the Second World War*, Leyde, KITLV Press, 2002, p. 207-208.
9. Ernest Lionel Morris, « It was like returning from the dead », *Papers of E. L. Morris*, Documents.910 (*in* Ooi, Keat Gin, *Traumas and Heroism: The European Community in Sarawak during the Pacific War and the Japanese Occupation 1941-1945*, Kota Kinabalu, Opus Publications, 2007, p. 223-224).
10. *Ibid.*, p. 222-223.
11. Penrod V. Dean, *op. cit.*, p. 153-154.
12. Fred Lanzing, *Camp Life is Paradise for Freddy: A Childhood in the Dutch East Indies, 1933-1946* (édition originale en néerlandais), Athens (OH), Ohio University Press, 2017, p. 45.
13. Lydia Chagoll, *Une enfance dans les camps japonais : baisse la tête, petite peau-blanche*, Bruxelles, Éditions Luc Pire, 2000, p. 46 (traduit du néerlandais).

14. Cité *in* Ron Heynneman, *op. cit.*, p. 413.
15. *Ibid.*, p. 454.
16. *Ibid.*, p. 454-455.
17. *Ibid.*, p. 464.
18. *Ibid.*, p. 442-443.
19. Lydia Chagoll, *op. cit.*, p. 52.
20. *Ibid.*, p. 36.
21. Jan Bouwer, *Het vermoorde land*, Amsterdam, Van Wijnen, 1988, p. 122-123.
22. Dieuwke Wendelaar Bonga, *op. cit.*, p. 113-114.
23. *Ibid.*, p. 82-83.
24. Han Helfferich-Koch, *Een dal in Ambarawa*, La Haye, Sijthoff, 1981, cité *in* L. De Jong, *op. cit.*, p. 440-441.
25. *Ibid.*
26. Feite Posthumus, « An unlikely friendship », *in* Jan A. Krancher (éd.), *op. cit.*, p. 180.
27. Dieuwke Wendelaar Bonga, *op. cit.*, p. 99-100.
28. Ernest Lionel Morris, *op. cit.*, p. 147-148.
29. *Ibid.*
30. J. L. Noakes, « My experiences as a civilian internee at Batu Lintang Civilian Internment Camp n° 1, Kuching, Sarawak, 24 December 1941 to 16 September 1945 », cité *in* Ooi, Keat Gin (2007), *op. cit.*, p. 133-135.
31. Cité *in* Sonya Grypma, *China Interrupted: Japanese Internment and the Reshaping of a Canadian Missionary Community*, Waterloo (Ontario), Wilfrid Laurier University Press, 2012, p. 313. La « chambre d'ascenseur » était un monte-charge de quatre mètres sur trois transformé en chambre familiale.
32. Van Eijk-Van Velzen, cité *in* L. De Jong, *op. cit.*, p. 473.
33. Betty Gale, Journal, entrée du 28 mars 1944, cité *in* Sonya Grypma, *op. cit.*, p. 339.
34. Posthumus, chap. cité, *in* Jan A. Krancher (éd.), *op. cit.*, p. 180.
35. Dieuwke Wendelaar Bonga, *op. cit.*, p. 125-126.
36. Beb Vuyk, « Boerderij Makassar », cité *in* L. De Jong, *op. cit.*, p. 501.
37. Fred Lanzing, *op. cit.*, p. 51.
38. Lydia Chagoll, *op. cit.*, p. 51.
39. Cité *in* Ron Heynneman, *op. cit.*, p. 475-476.
40. Lydia Chagoll, *op. cit.*, p. 83.
41. Yasutaro (Keiho) Soga, *Life behind Barbed Wire: The World War II Internment Memoirs of a Hawai'i Issei*, Honolulu (HI), University of Hawai'i Press, 2008, p. 75-76.
42. *Ibid.*, p. 35-36.
43. *Ibid.*, p. 106-107.
44. *Ibid.*, p. 140.
45. *Ibid.*, p. 144.
46. *Ibid.*, p. 162.
47. *Ibid.*, p. 170-171.
48. *Ibid.*, p. 195-202.

9
Pillage, exploitation, humiliation

1. Ishikawa, *op. cit.*, p. 79-80.
2. Lettre privée du 10 décembre 1937, citée *in* H. J. Timperley, *What War Means: Japanese Terror in China. A Documentary Record*, Londres, Gollancz, 1938, p. 77.
3. Lettre au *North China Daily News*, 24 janvier 1938, *in* Hsü Shuhsi (1941), *op. cit.*, p. 17-18.
4. Ron Heynneman, *op. cit.*, p. 378.
5. Patrick O'Reilly et Jean-Marie Sédès, *Jaunes, Noirs et Blancs : Trois années de guerre aux îles Salomon*, Paris, Éditions du monde nouveau, 1949, p. 98-99.
6. Benedict R. O'G. Anderson, *Java in a Time of Revolution: Occupation and Resistance, 1944-1946*, Ithaca/Londres, Cornell University Press, 1972, p. 12, note 22.
7. *In* Ron Heynneman, *op. cit.*, p. 466-467.
8. Miyamoto Shizuo, « The Plan of Campaign and Indonesia's position » (1973), cité *in* Anthony Reid et Oki Akira, *op. cit.*, p. 248.
9. *Ibid.*, p. 248-249.
10. Rena Krasno, *Strangers Always: A Jewish Family in Wartime Shanghai*, Berkeley (CA), Pacific View Press, 1992, p. 73-74.
11. Jan Bouwer, cité *in* L. De Jong, *op. cit.*, p. 256.
12. Osong Seleti, de Romonum (Chuuk), *in* Lin Poyer, Suzanne Falgout et Laurence Marshall Carucci, *op. cit.*, p. 178.
13. Rubak Santos Ngirasechedui (Melekeok, Palau), *in* Maki Mita, *op. cit.*, p. 75.
14. Cité *in* Arnold C. Brackman, *op. cit.*, p. 376.
15. Paul H. Kratoska, « Labor Mobilization in Japan and the Japanese Empire », *in* Paul H. Kratoska (dir.) (2005), *op. cit.*, p. 20.
16. Michael Weiner, *Race and Migration in Imperial Japan*, Londres & New York, Routledge, 1994, p. 199.
17. Naitou Hisako, « Korean Forced Labor in Japan's Wartime Empire », *in* Paul H. Kratoska (dir.) (2005), *op. cit.*, p. 93-94.
18. John W. Dower, *op. cit.*, p. 47.
19. Kim, *Carnets*, archives familiales.
20. Témoignage de Mooniandy Ramasamy, cité *in* Nakahara Michiko, « Malayan Labor on the Thailand-Burma Railway », *in* Paul H. Kratoska (dir.) (2005), *op. cit.*, p. 257.
21. Mémoires d'occupation de Zhang Yibo, publiées dès 1938 (en chinois), cité *in* Timothy Brook, *Collaboration: Japanese Agents and Local Elites in Wartime China*, Cambridge (MA), Harvard University Press, 2005, p. 98-99.
22. Témoignage de Haseba Sueto, *in* Frank Gibney (éd.), *op. cit.*, p. 104-105.
23. Sintha Melati, *in* Anton Lucas (éd.), *op. cit.*, p. 200.
24. Dieuwke Wendelaar Bonga, *op. cit.*, p. 180-181.
25. Informateur CN 007 (Dolores, Quezon), *in* Thelma B. Kintanar *et al.*, *op. cit.*, p. 197-198.
26. Cité *in* Lin Poyer, Suzanne Falgout et Laurence Marshall Carucci, *op. cit.*, p. 101.

27. Patrick O'Reilly et Jean-Marie Sédès, *op. cit.*, p. 173-176.
28. Voir par exemple Marie-Claire Bergère, *L'Âge d'or de la bourgeoisie chinoise, 1911-1937*, Paris, Flammarion, 1986.
29. Rapport à l'American Information Committee, 15 mai 1939, repris *in* Hsü Shuhsi (1941), *op. cit.*, p. 150-151.
30. Wee Hock Chye, *op. cit.*, p. 49.
31. Chan BeeThio, *op. cit.*, p. 46-47.
32. Informateur CN 069, Pasay (Manille), cité *in* Thelma B. Kintanar *et al.*, *op. cit.*, p. 195.
33. Informateur CN 021, Tondo (Manille), cité in *ibid.*, p. 48.
34. Informateur CN 052, Pangasinan et Manille, cité in *ibid.*, p. 96.
35. Cités *in* L. De Jong, *op. cit.*, p. 279.
36. Informateur CN 021, Tondo (Manille), cité *in* Thelma B. Kintanar *et al.*, *op. cit.*, p. 51.
37. Chan Kwee Sung, *One More Story to Tell: Memories of Singapore, 1930s-1980s*, Singapour, Landmark Books, 2005, p. 114.
38. Chin Kee Onn, *Malaya Upside Down*, Singapour, Jitts & Co., 1946, p. 35-36.
39. Wee Hock Chye, *op. cit.*, p. 264.
40. James Home, cité *in* Brian MacArthur, *op. cit.*, p. 358.
41. Informateur CN 034 (Pampanga), *in* Thelma B. Kintanar *et al.*, *op. cit.*, p. 241.
42. Cité *in* Hsü Shuhsi (1941), *op. cit.*, p. 84-85.
43. Cité in *ibid.*, p. 122.
44. American Information Committee, 2 juin 1939, cité *in* Hsü Shuhsi (1941), *op. cit.*, p. 149-150.
45. Olga Ilyina-Laylle et Michel Jan, *op. cit.*, p. 180-181.
46. Rena Krasno, *op. cit.*, p. 135-137.
47. *Ibid.*, p. 189.

10
Sortir de la guerre : d'Hiroshima à la capitulation du Japon

1. Pour Churchill, il s'agissait d'éviter « de sacrifier un million de vies américaines et 250 000 vies britanniques ». Andrew Roberts, *Churchill*, Paris, Perrin, 2020, p. 1094 (édition originale en anglais 2018).
2. *Cf.* Gavan Daws, *op. cit.*, p. 385.
3. Témoignage de M. Hashimoto, *in* Michihiko Hachiya, *Journal d'Hiroshima : 6 août-30 septembre 1945*, Paris, Tallandier, 2011, p. 202-203 (entrée du 4 septembre 1945). L'auteur, médecin, directeur d'hôpital, fut lui-même dangereusement affecté par l'explosion nucléaire, mais passa l'essentiel de son temps à soigner ceux des plus atteints qui disposaient cependant d'une chance de survie (il fallut sélectionner les patients...). Il tint un journal quotidien au cours de la période la plus critique (il commence toujours par y décrire la météo !), où il évoque aussi l'avancée des recherches sur la nature et les effets de la catastrophe. Publié par morceaux entre 1950 et 1952 dans le magazine de son hôpital, son

manuscrit fut traduit en anglais et publié aux États-Unis en 1955, puis la même année en France, chez Albin Michel.
4. Chizuko Kijima, « Earthly hell », *in* Soka Gakkai, *op. cit.*, p. 172-173.
5. Matsumoto Satoko, « Flame and black rain », in *ibid.*, p. 157-159.
6. Témoignage de M. Katsutani, *in* Michihiko Hachiya (entrée du 7 août), *op. cit.*, p. 40-41.
7. Entrée du 23 août, *ibid.*, p. 150.
8. John Hersey, *Hiroshima*, Paris, Robert Laffont, 1947, p. 82-83. Hersey, journaliste américain, prix Pulitzer 1945, fut l'un des premiers à se rendre précocement à Hiroshima, dès le début de l'occupation. Son récit parut initialement dans le magazine *The New Yorker*. L'édition américaine du livre date de 1946. Hersey recueillit sur place plusieurs témoignages, de forme très brute. Il est frappant qu'à ce moment les effets de long terme des radiations (tout particulièrement les leucémies), qui décimèrent les survivants des décennies durant, ne soient jamais envisagés.
9. Témoignage de M. Kobata, *in* Michihiko Hachiya (entrée du 13 août), *op. cit.*, p. 99-100.
10. Entrée du 11 août, in *ibid.*, p. 85.
11. Cité *in* John Hersey, *op. cit.*, p. 196.
12. *Ibid.*, p. 150-151.
13. Témoignage de M. Yasuda, *in* Michihiko Hachiya (entrée du 13 septembre), *op. cit.*, p. 226-227.
14. Entrée du 11 août, in *ibid.*, p. 77-78.
15. Cité *in* John Hersey, *op. cit.*, p. 86-88.
16. Témoignage d'Iida Momo, *in* Tessa Morris-Suzuki, *op. cit.*, p. 182.
17. Frank Fujita Jr., *op. cit.*, p. 299-300.
18. Peng Ming-min, *op. cit.*, p. 64-65.
19. Témoignage d'Ôkawa Masako, « Glass remainders », *in* Soka Gakkai, *op. cit.*, p. 233-234.
20. Cité *in* Arnold C. Brackman, *op. cit.*, p. 332.
21. Cité *in* John Hersey, *op. cit.*, p. 141-142.
22. Journal de Takahashi Aiko, entrée du 15 août 1945, cité *in* David J. Lu, *Japan: A Documentary History*, Londres, M. E. Sharpe, 1997, p. 449.
23. Entrée du 15 août 1945, *in* Michihiko Hachiya, *op. cit.*, p. 114-115.
24. Témoignage de Saitô Mutsuo, *in* Tessa Morris-Suzuki, *op. cit.*, p. 186-187.
25. Entrée du 22 août, *in* Michihiko Hachiya, *op. cit.*, p. 139-140.
26. Entrée du 13 septembre, in *ibid.*, p. 225.
27. Peng Ming-min, *op. cit.*, p. 67-68.
28. Témoignage de Matayoshi Mitsuko, *in* Soka Gakkai, *op. cit.*, p. 48-49.
29. Omi Hatashin, *op. cit.*, p. 76-77.
30. Ueno Itsuyoshi, *op. cit.*, p. 99.
31. Voir l'autre texte d'Ôoka ci-dessous.
32. Ôoka Shôhei, *op. cit.*, p. 372-373.
33. Ueno Itsuyoshi, *op. cit.*, p. 101-102.
34. *Ibid.*, p. 109-110.
35. Toshio Iritani, *op. cit.*, p. 220.
36. Ôoka Shôhei, *op. cit.*, p. 367-368.
37. Témoignage de Tsutsumi Ayako, *in* Tessa Morris-Suzuki, *op. cit.*, p. 187-188.
38. Rena Krasno, *op. cit.*, p. 198-199.

39. Entretien avec Li Weixun, in *Heroes…*, *op. cit.*, p. 386-387.
40. Shibata Yaichiro, « Surabaya après la reddition », *in* Anthony Reid et Oki Akira, *op. cit.*, p. 344-345 (édition originale en japonais : *Shibata Shirei Chokan No Shuki*, 1976).
41. Témoin CN 021 (Tondo, Manille), *in* Thelma B. Kintanar *et al.*, *op. cit.*, p. 205.
42. Carlos P. Romulo, « The new Filipino genius », cité *in* Ricardo T. Jose (éd.), *World War II and the Japanese Occupation/Ang Ikalawang Digmaang Pandaigdig at ang Pananakop ng mga Hapon*, Diliman, Quezon city, The University of the Philippines Press, 2006, p. 294.
43. Témoignage de Tupun Louis (Chuuk), *in* Lin Poyer, Suzanne Falgout et Laurence Marshall Carucci, *op. cit.*, p. 255.
44. Témoignage de Mechas Veronica Remeriang Kazuma (Koror), *in* Maki Mita, *op. cit.*, p. 167.
45. Jean-Louis Margolin (2007), *op. cit.*, p. 275.
46. Wee Hock Chye, *op. cit.*, p. 53-54.
47. F. Spencer Chapman, *op. cit.*, p. 380.
48. Témoignage d'Ono Michiyo, « Les professeurs et le procès populaire », *in* Frank Gibney (éd.), *op. cit.*, p. 110-111.

Conclusion

1. Lettre de Carlos M. Recto à Takeji Wachi, 20 juin 1944, citée *in* Ricardo T. Jose (éd.), *op. cit.*, p. 186-188.
2. Werner Gruhl, « The Great Asian-Pacific Crescent of Pain », *in* Peter Li (éd.), *Japanese War Crimes : The Search for Justice*, New Brunswick/Londres, Transaction Publishers, 2003.
3. Rebecca Kenneison, *op. cit.*, p. 231-232.
4. *Ibid.*, p. 233 et 235.
5. Lee Kuan Yew, *Towards Socialism*, vol. 5, Singapour, Government Printing Office, 2011, p. 10-11.
6. R. J. B. Bosworth, *Explaining Auschwitz and Hiroshima: History Writing and the Second World War, 1945-1990*, Londres/New York, Routledge, 1993, p. 183.

Bibliographie

Ouvrages cités

Aluit, Alfonso J., *By Sword and Fire: The Destruction of Manila in World War II, 3 February-3 March 1945*, Makati City (Philippines), Bookmark, 1994.

Auden, W. H. et Isherwood Christopher, *Journey to a War*, Londres, Faber & Faber, 1973 (édition originale 1939).

Bauchar, R. (René Charbonneau), *Rafales sur l'Indochine*, Paris, L. Fournier & Cie, 1946.

Bergerud, Eric, *Touched with Fire: The Land War in the South Pacific*, New York, Penguin USA, 1996.

Bonga, Dieuwke Wendelaar, *Eight Prison Camps: A Dutch Family in Japanese Java*, Athens (OH), Ohio University Press, 1996.

Brackman, Arnold C., *The Other Nuremberg: The Untold Story of the Tôkyô War Crimes Trials*, New York, William Morrow, 1987.

Braddon, Russell, *The Naked Island*, Édimbourg, Birlinn, 2001 (1re éd. Werner Laurie, 1951).

Brawley, Sean, Chris Dixon et Beatrice Trefalt (éd.), *Fighting Words: Competing Voices from the Pacific War*, Santa Barbara (CA), Greenwood Press/ABC CLIO, 2009.

Brook, Timothy, *Collaboration: Japanese Agents and Local Elites in Wartime China*, Cambridge (MA), Harvard University Press, 2005.

Brown, Roger H., « The Konoe Cabinet's "Declaration of a New Order in East Asia", 1938 », *in* Sven Saaler et Christopher Szpilman (éd.), *Pan-Asianism: A Documentary History*, vol. 2, *1920-Present*, Lanham (MD), Rowman & Littlefield, 2011.

Chagoll, Lydia, *Une enfance dans les camps japonais : baisse la tête, petite peau-blanche* (traduit du néerlandais), Bruxelles, Éditions Luc Pire, 2000.

Chang, Iris, *The Rape of Nanking*, New York, Basic Books (USA), 1997 (traduction française : *Le Viol de Nankin*, Paris, Payot, 2007).

Chin, Kee Onn, *Malaya Upside Down*, Singapour, Jitts & Co., 1946.
Clayton, James D. (éd.), *South to Bataan, North to Mukden: The Prison Diary of Brigadier General W. E. Brougher*, Athens (GA), University of Georgia Press, 2010.
Coast, John, *Railroad of Death*, Londres, The Commodore Press, 1946.
De Jong, L., *The Collapse of a Colonial Society: The Dutch in Indonesia during the Second World War*, Leyde, KITLV Press, 2002.
Dean, Penrod V., *Singapore Samurai*, East Roseville (NSW), Kangaroo Press, 1998.
Fletcher-Cooke, John, *The Emperor's Guest 1942-1945*, Londres, Leo Cooper, 1971.
Foong, Choon Hon (éd.), *The Price of Peace: True Accounts of the Japanese Occupation*, Singapour, Asiapac, 1997 (édition originale en chinois 1995).
Fujita, Frank, Jr., *Foo: A Japanese-American Prisoner of the Rising Sun; The Secret Prison Diary of Frank « Foo » Fujita*, Denton (TX), University of North Texas Press, 1993.
Gibney, Frank (éd.), *Sensô: The Japanese Remember the Pacific War. Letters to the Editor of Asahi Shimbun*, Armonk (NY), M. E. Sharpe, 1995 (édition originale japonaise 1987).
Goh, Chor Boon, *Living Hell: Story of a WWII Survivor at the Death Railway*, Singapour, Asiapac, 1999.
Grew, Joseph C., *Ten Years in Japan: A Contemporary Record Drawn from the Diaries and Private and Official Papers*, New York, Simon & Schuster, 1944.
Guillermaz, Jacques, *Une vie pour la Chine : Mémoires, 1937-1989*, Paris, Robert Laffont, 1989.
Gullick, J. M. (éd.), *Josephine Foss and the Pudu English School: A Pursuit of Excellence*, Kuala Lumpur, Pelanduk Publications for Pudu English School Old Girls Association, 1988.
—, *They Came to Malaya: A Travellers' Anthology*, Singapour, Oxford University Press, 1993.
Hachiya, Michihiko, *Journal d'Hiroshima : 6 août-30 septembre 1945*, Paris, Tallandier, 2011.
Hack, Karl et Kevin Blackburn, *War Memory and the Making of Modern Malaysia and Singapore*, Singapour, NUS Press, 2012.
Heynneman, Ron, *Ibu Maluku: The Story of Jeanne van Diejen. An Extraordinary Life in the Vanishing World of the Dutch East Indies*, Hartwell (Victoria), Temple House, 2002.
Honda, Katsuichi, *The Nanjing Massacre: A Japanese Journalist Confronts Japan's National Shame*, Londres, Penguin Books, 2000 (édition originale en japonais 1987).

Hotta, Eri, *Pan-Asianism and Japan's War 1931-1945*, Basingstoke-New York, Palgrave Macmillan, 2004.

Hsü, Shuhsi, *A New Digest of Japanese War Conduct*, Shanghai-Hong Kong-Singapour, Kelly & Walsh Limited, 1941.

Ilyina-Laylle, Olga et Michel Jan, *Un long printemps d'exil. De Petrograd à Saigon, 1917-1946*, Paris, Seuil, « Points », 2015.

Iritani, Toshio, *Group Psychology of the Japanese in Wartime*, Londres & New York, Kegan Paul International, 1992.

Ishikawa, Tatsuzo, *Soldiers Alive*, Honolulu, University of Hawai'i Press, 2003 (édition originale en japonais : 1938).

Kenneison, Rebecca, *Playing for Malaya: A Eurasian Family in the Pacific War*, Singapour, National University of Singapore (NUS) Press, 2012.

King, R. T. (éd.), *War Stories: Veterans Remember WWII*, Reno (NV), University of Nevada Oral History Program, 1995.

Kintanar, Thelma B. *et al.*, *Kuwentong bayan: noong panahon ng Hapon. Everyday Life in a Time of War*, Quezon City, The University of the Philippines Press, 2006.

Krancher, Jan A. (éd.), *The Defining Years of the Dutch East Indies, 1942-1949: Survivors' Accounts of Japanese Invasion and Enslavement of Europeans and the Revolution That Created Free Indonesia*, Jefferson (NC)/Londres, McFarland & Company, 1996.

Krasno, Rena, *Strangers Always: A Jewish Family in Wartime Shanghai*, Berkeley (CA), Pacific View Press, 1992.

Kratoska, Paul H. (dir.), *Asian Labor in the Wartime Japanese Empire: Unknown Histories*, Armonk (NY), M. E. Sharpe, 2005.

Lanzing, Fred, *Camp Life is Paradise for Freddy: A Childhood in the Dutch East Indies, 1933-1946*, Athens (OH), Ohio University Press, 2017 (édition originale en néerlandais).

Lebra, Joyce C. (éd.), *Japan's Greater East Asia Co-Prosperity Sphere in World War: Selected Readings and Documents*, Kuala Lumpur, Oxford University Press, 1975.

Lee, Kuan Yew, *Memoirs. The Singapore Story*, Singapour, Times Editions, 1998.

—, *Towards Socialism*, vol. 5, Singapour, Government Printing Office, 2011.

Legrand, J. (colonel Jean-Joseph Legrand), *L'Indochine à l'heure japonaise. La vérité sur le coup de force. La résistance en Nouvelle-Calédonie*, Cannes, Aegitna, 1963.

Lu, David J., *Japan: A Documentary History*, Armonk (NY), M. E. Sharpe, 1997.

Lucas, Anton (éd.), *Local Opposition and Underground Resistance to the Japanese in Java, 1942-1945*, Melbourne, Monash University (Centre of Southeast Asian Studies), 1986.

MacArthur, Brian, *Surviving the Sword: Prisoners of the Japanese 1942-1945*, Londres, Time Warner Books, 2005.

Maruyama, Masao, *Thought and Behaviour in Modern Japanese Politics*, Londres, Oxford University Press, 1963.

McEwan, John, *Out of the Dephts of Hell: A Soldier's Story of Life and Death in Japanese Hands*, Londres, Leo Cooper, 1999.

Military History and Translation Office, *Heroes of the South Pacific: Records of the ROC Soldiers in Papua New Guinea during the WWII*, Taipei, Ministry of National Defense, 2010.

Minear, Richard H. (éd.), *The Scars of War: Tokyo during World War II. Writings of Takeyama Michio*, Lanham (MD), Rowman & Littelfield Publishers Inc., 2007.

Mita, Maki, *Palauan Children under Japanese Rule: Their Oral Histories*, Osaka, National Museum of Ethnology, 2009.

Mitter, Rana, *China's War with Japan, 1937-1945: The Struggle for Survival*, Londres, Allen Lane, 2013.

Morris-Suzuki, Tessa, *Showa: An Inside Story of Hirohito's Japan*, Londres, The Athlone Press, 1984.

Nordin, Carl S., *We Were Next to Nothing: An American POW's Account of Japanese Prison Camps and Deliverance in World War II*, Jefferson (NC) & Londres, McFarland & Company, Inc., Publishers, 1997.

Okada, Fumihide, « Civil administration in Celebes, 1942-1944 », *in* Anthony Reid et Oki Akira, *The Japanese Experience in Indonesia: Selected Memoirs of 1942-1945*, Athens (OH), Center for International Studies, Ohio University, 1986.

Ôkawa, Shumei, extrait de *The Way of Japan and the Japanese*, non daté, doc. # 693A, IMTFE records, cité *in* Maruyama, Masao, *Thought and Behaviour in Modern Japanese Politics*, Londres, Oxford University Press, 1963.

Omi, Hatashin, *Private Yokoi's War and Life on Guam, 1944-1972. The Story of the Japanese Imperial Army's Longest WWII Survivor in the Field and Later Life*, Folkestone (RU), Global Oriental, 2009.

Ooi, Keat Gin, *Traumas and Heroism: The European Community in Sarawak during the Pacific War and the Japanese Occupation 1941-1945*, Kota Kinabalu, Opus Publications, 2007.

—, *The Japanese Occupation of Borneo, 1941-1945*, Londres/New York, Routledge, 2010.

Ôoka, Shôhei, *Journal d'un prisonnier de guerre*, traduit du japonais par François Compoint, Paris, Belin, 2007 (édition originale 1952).

Peng, Ming-min, *Le Goût de la liberté*, Belaye, Éditions René Viénet, 2011 (édition originale en chinois – Taïwan 1972).

Poyer, Lin, Suzanne Falgout et Laurence Marshall Carucci, *The Typhoon of War: Micronesian Experiences of the Pacific War*, Honolulu (HI), University of Hawai'i Press, 2001.

Pritchard, R. John (éd.), *The Tokyo War Crimes Trial. The Complete Transcripts of the Proceedings of the International Military Tribunal for the Far East in Twenty-two Volumes*, Londres/New York, Garland (in association with the London School of Economics and Political Science), 1981.

Qiu, Peipei, avec Su Zhiliang et Chen Lifei, *Chinese Comfort Women: Testimonies from Imperial Japan's Sex Slaves*, Hong Kong, Hong Kong University Press, 2013.

Soga, Yasutaro, *Life behind Barbed Wire. The World War II Internment Memoirs of a Hawai'i Issei*, Honolulu (HI), University of Hawai'i Press, 2007.

Soka Gakkai, Youth Division (éd.), *Cries for Peace: Experiences of Japanese Victims of World War II*, Tôkyô, Japan Times, 1978.

Soviak, Eugene (éd.), *A Diary of Darkness: The Wartime Diary of Kiyosawa Kiyoshi*, Princeton (NJ), Princeton University Press, 1999 (édition originale en japonais 1980).

Spencer Chapman, F., *The Jungle is Neutral*, Londres, Corgi Books, 1974 (1re édition 1949).

Takeyama, Michio, « The trial of Mr Hyde » (1946), *in* Richard H. Minear (éd.), *The Scars of War: Tokyo during World War II. Writings of Takeyama Michio*, Lanham (MD), Rowman & Littelfield Publishers Inc., 2007.

—, « White Pine and Rose » (1947), *in* Richard H. Minear (éd.), *The Scars of War: Tokyo during World War II. Writings of Takeyama Michio*, Lanham (MD), Rowman & Littelfield Publishers Inc., 2007.

Tanin, O. & Yohan, E., *Militarism and Fascism in Japan*, Francis White, 1935.

The Korean Council for Women Drafted for Sexual Military Slavery by Japan, *True Stories of the Korean Comfort Women*, Londres, Cassell, 1995 (édition originale en coréen 1993).

Thio, Chan Bee, *Extraordinary Adventures of an Ordinary Man*, Londres, Grosvenor Books, 1977.

Thompson, Julian (in association with the Imperial War Museum), *Forgotten Voices of Burma: The Second World War's Forgotten Conflict*, Londres, Ebury Press, 2009.

Totani, Yuma, *The Tôkyô War Crimes Trial: The Pursuit of Justice in the Wake of World War Two*, Cambridge (MA), Harvard University Asia Center, 2008.

Ueno, Itsuyoshi, *An End to a War: A Japanese Soldier's Experience of the 1945 Death Marches of North Borneo* (traduit du japonais par Mika Reilly), Kota Kinabalu (Malaisie), Opus Publications, 2012.

Velmans, Loet, *Retour à la rivière Kwaï. Souvenirs de la Seconde Guerre mondiale*, traduit de l'anglais par Katia Holmes, Paris, Phébus, 2005 (édition originale 2003).

Wee, Hock Chye, *Comfort Homes and Earlier Years*, Kuala Lumpur, autopublication, s.d.

Wickert, Erwin (éd.), *The Good German of Nanking: The Diaries of John Rabe*, Londres, Abacus, 2000.

Yamamoto, Masahiro, *Nanking: Anatomy of an Atrocity*, Westport (CT)-Londres, Praeger, 2000.

Zhang, Kaiyuan (éd.), *Eyewitnesses to Massacre: American Missionaries Bear Witness to Japanese Atrocities in Nanjing*, Armonk (NY), M. E. Sharpe, 2001.

Autres sources

Akashi, Yoji, « A bibliographical study of the Japanese occupation of Malaya/Singapore, 1941-1945 », *in* Karl Hack et Kevin Blackburn, *Forgotten Captives in Japanese-Occupied Asia*, Londres & New York, Routledge, 2008.

Bergerud, Eric, *Touched with Fire: The Land War in the South Pacific*, New York, Penguin USA, 1996.

Bernard, Nicolas, *La Guerre du Pacifique 1941-1945*, Paris, Tallandier, 2016.

Blackburn, Kevin, *The Comfort Women of Singapore in History and Memory*, Singapour, NUS Press, 2022.

Blair, Clay, *Silent Victory*, New York, J. B. Lippincott, 1975.

Brook, Timothy, *Collaboration: Japanese Agents and Local Elites in Wartime China*, Cambridge (MA)/Londres, Harvard University Press, 2005.

Cheah, Boon Kheng, « Japanese army policy toward the Chinese and Malay-Chinese relations in wartime Malaya », *in* Paul H. Kratoska (éd.), *Southeast Asian Minorities in the Wartime Japanese Empire*, Londres, Routledge Curzon, 2002.

Comité d'études et de rédaction de l'Association des étudiants chinois de Lyon, *La Chine, le Japon et la paix mondiale*, Lyon, 1937.

Cook, Haruko T. et Theodore F. Cook., *Japan at War*, New York, The New Press, 1992 (traduction française : *Le Japon en guerre, 1941-1945*, Paris, Éditions de Fallois, 2015).

Bergère, Marie-Claire, Bianco, Lucien et Domes, Jürgen (dir.), *La Chine au XXe siècle*, vol. 1 : *D'une révolution à l'autre 1895-1949*, Paris, Fayard, 1989.

Bix, Herbert P., *Hirohito and the Making of Modern Japan*, Londres, HarperCollins, 2000.

Bouissou, Jean-Marie, *Histoire du Japon depuis 1945*, Paris, Armand Colin, 1992.

Boulle, Pierre, *Le Pont de la rivière Kwaï*, Paris, Pocket, 1976 (édition originale 1952).

Bosworth, R. J. B., *Explaining Auschwitz and Hiroshima: History Writing and the Second World War, 1945-1990*, Londres/New York, Routledge, 1993.

Bowden, Tim, *Changi Photographer: George Aspinall's Record of Captivity*, Singapour, Times Editions-Marshall Cavendish, 2005 (1re édition australienne 1984).

Brocheux, Pierre et Hémery, Daniel, *Indochine : la colonisation ambiguë*, Paris, La Découverte, 1994 (nouvelle édition 2001).

Browne, Courtney, *Tojo: the Last Banzai*, Londres, Angus and Robertson, 1967.

Buruma, Ian, *The Wages of Guilt: Memories of War in Germany and Japan*, Londres, Jonathan Cape, 1994.

Buzo, Adrian, *The Guerrilla Dynasty: Politics and Leadership in North Korea*, Boulder (CO), Westview, 1999.

Chang, Jung et Halliday, Jon, *Mao: The Unknown Story*, Londres, Jonathan Cape, 2005.

Chassagne, H., *Le Japon contre le monde*, Paris, Éditions sociales internationales, 1938.

Chaumont, Jean-Michel, *La Concurrence des victimes*, Paris, La Découverte, 1997.

Checkland, Olive, *Humanitarianism and the Emperor's Japan, 1877-1977*, Londres, St. Martin's Press, 1993.

Chen, Yung-fa, « The Blooming Poppy Under the Red Sun: The Yan'an Way and the Opium Trade », *in* Tony Saich et Hans van de Ven, *New Perspectives on the Chinese Communist Revolution*, Armonk (NY), M. E. Sharpe, 1995.

Chew, Ernest C. T. *et al.*, *A History of Singapore*, Singapour, Oxford University Press, 1991.

Cogan, Frances B., *Captured: The Japanese Internment of American Civilians in the Philippines, 1941-1945*, Athens (GA), University of Georgia Press, 2000.

Colegrove, Kenneth W., *Militarism in Japan*, Boston/New York, World Peace Foundation, 1936.

Courtois, Stéphane, Werth, Nicolas, Margolin, Jean-Louis *et al.*, *Le Livre noir du communisme : crimes, terreur, répression*, Paris, Robert Laffont, 1997.

Domenach, Jean-Luc, *Chine : l'archipel oublié*, Paris, Fayard, 1992.

Dower, John, *Japan in War and Peace: Selected Essays*, New York, New Press, 1990.

Dunnigan, James F. et Nofi, Albert A., *Victory at Sea: World War II in the Pacific*, New York, Quill/William Morrow, 1995.

Duus, Peter (éd.), *The Cambridge History of Japan*, vol. 6, *The Twentieth Century*, Cambridge, Cambridge University Press, 1988.

Fairbank, John K. et Feuerwerker, Albert (éd.), *The Cambridge History of China*, vol. 13 : *Republican China 1912-1949, Part 2*, Cambridge, Cambridge University Press, 1986.

Firth, Stewart, « The war in the Pacific », *in* Donald Denoon (éd.), *The Cambridge History of the Pacific Islanders*, Cambridge, Cambridge University Press, 1997.

Fogel, Joshua A., *The Nanjing Massacre in History and Historiography*, Berkeley (CA), University of California Press, 2000.

Frédéric, Louis, *La Vie quotidienne au Japon au début de l'ère moderne*, Paris, Hachette, 1984.

Gravereau, Jacques, *Le Japon, l'ère de Hiro-Hito*, Paris, Imprimerie nationale, 1988.

Guillain, Robert, *Le Peuple japonais et la guerre : choses vues 1939-1946*, Paris, Julliard, 1947.

—, *La Guerre au Japon*, Paris, Stock, 1979.

Hall, D. G. E., *A History of South-East Asia* (4e éd.), Londres, Macmillan, 1981.

Harris, Sheldon H., *Factories of Death: Japanese Biological Warfare, 1932-1945, and the American Cover-Up*, New York, Routledge, 1993.

Hellegers, Dale M., *We, the Japanese People: World War II and the Origins of the Japanese Constitution*, Stanford (CA), Stanford University Press, 2001, 2 vol.

Hérail, Francine *et al.*, *Histoire du Japon*, Paris, Horvath, 1990.

Hicks, George, *Les Esclaves sexuelles de l'armée japonaise*, Paris, Jacques Grancher, 1996 (trad. de l'anglais *The Comfort Women*, Allen & Unwin, 1995).

Howard, Keith (éd.), *True Stories of the Korean Comfort Women*, Londres, Cassell, 1995.

Howe, Christopher, *China and Japan: History, Trends and Prospects*, Oxford, Clarendon Press, 1996.

Howes, F. (éd.), *Pacifism in Japan: The Christian and Socialist Tradition*, Vancouver, University of British Columbia Press, 1978.

Ienaga, Saburo, *The Pacific War: World War II and the Japanese, 1931-45*, New York, Pantheon Books, 1978.
—, *Japan's Past, Japan's Future: One Historian's Odyssey*, Lanham (MD), Bowman & Littlefield, 2001.
Iriye, Akira, *Power and Culture: The Japanese-American War, 1941-1945*, Cambridge (MA), Harvard University Press, 1981.
—, *The Origins of the Second World War in Asia and the Pacific*, Londres, Longman, 1987.
Jennings, John M., *The Opium Empire: Japanese Imperialism and Drug Trafficking in Asia, 1895-1945*, Westport (CT)/Londres, Praeger, 1997.
Jones, F. C., *Japan's New Order in East Asia: its Rise and Fall, 1937-45*, Londres/New York/Toronto, Oxford University Press, 1954.
Ka, Chih-ming, *Japanese Colonialism in Taiwan: Land Tenure, Development and Dependency, 1895-1945*, Boulder (CO), Westview, 1995.
Kooy, Klaas, *Survivant de la rivière Kwaï*, Paris, Pierre Tequi, 1991.
Kratoska, Paul H. (éd.), *Southeast Asian Minorities in the Wartime Japanese Empire*, Londres, Routledge Curzon, 2002.
Lamley, Harry J., « Taiwan under Japanese rule, 1895-1945: the vicissitudes of colonialism », *in* Murray A. Rubinstein (éd.), *Taiwan: A New History*, Armonk (NY), M. E. Sharpe, 1999.
Lamont-Brown, Raymond, *Kamikaze: Japan's Suicide Samurai*, Londres, Arms and Armour, 1997.
—, *Kempeitai: Japan's Dreaded Military Police*, Stroud, Sutton Publishing, 1998.
—, *Ships from Hell: Japanese War Crimes on the High Seas*, Stroud, Sutton Publishing, 2002.
Large, Stephen S. (éd.), *Shôwa Japan: Political Economic and Social History 1926-1989*, vol. II : *1941-1952*, Londres, Routledge Library of Modern Japan, 1998.
Leck, Greg, *Captives of Empire: The Japanese Internment of Allied Civilians in China, 1941-1945*, Bangor (PA), Shandy Press, 2006.
Li, Peter (éd.), *Japanese War Crimes: The Search for Justice*, New Brunswick/Londres, Transaction Publishers, 2003.
Lu, David J., *Japan: A Documentary History*, Armonk (NY), M. E. Sharpe, 1997.
Lucken, Michael, *Grenades et amertumes : les peintres japonais à l'épreuve de la guerre, 1935-1952*, Paris, Les Belles Lettres, 2005.
MacDonald, Callum, « "Kill All, Burn All, Loot All": The Nanking Massacre of December 1937 and Japanese Policy in China », *in* Mark Levene et Penny Roberts, *The Massacre in History*, New York/Oxford, Berghahn Books, 1999.

Margolin, Jean-Louis, « Massacres asiatiques », *in* Guy Richard (éd.), *L'Histoire inhumaine : massacres et génocides des origines à nos jours*, Paris, Armand Colin, 1992.

Maurer, Herrymon, *The End Is Not Yet: China at War*, New York, National Travel Club, 1941.

Mayo, Marlene J. et Rimer, J. Thomas (éd.), *War, Occupation and Creativity: Japan and East Asia, 1920-1960*, Honolulu, University of Hawai'i Press, 2001.

McClain, James L., *Japan: A Modern History*, New York, W. W. Norton, 2002.

McCormack, Gavan, « Reflections on Modern Japanese History in the Context of the Concept of Genocide », *in* Robert Gellately et Ben Kiernan, *The Specter of Genocide: Mass Murder in Historical Perspective*, New York, Cambridge University Press, 2003.

McCormack, Gavan et Nelson, Hank (éd.), *The Burma-Thailand Railway: Memory and History*, Bangkok, Silkworm Books, 1993.

McCoy, Alfred W. (éd.), *Southeast Asia under Japanese Occupation*, New Haven (CT), Yale University Press, 1980.

Minear, Richard H., *Japanese Tradition and Western Law*, Cambridge (MA), Harvard University Press, 1971.

—, *Victors' Justice: The Tôkyô War Crimes Trial*, Princeton (NJ), Princeton University Press, 1971.

Mitchell, Richard H., *Thought Control in Prewar Japan*, Ithaca (NY), Cornell University Press, 1976.

Mutel, Jacques, *Histoire du Japon*, 1 : *La fin du shôgunat et le Japon de Meiji 1853-1912*, Paris, Hatier, 1970.

Myers, Ramon H. et Mark R. Peattie (dir.), *The Japanese Colonial Empire 1895-1945*, Princeton (NJ), Princeton University Press, 1984.

Nakane, Chie, *La Société japonaise*, Paris, Armand Colin, 1974.

National Heritage Board (NHB), *The Japanese Occupation 1942-1945. A Pictorial Record of Singapore during the War*, Singapour, Times Editions, 1996.

Ngo, Van, *Viêt-nam 1920-1945 : révolution et contre-révolution sous la domination coloniale*, Paris, L'Insomniaque, 1995.

Nofi, Albert A. et Dunnigan, James F., *Victory at Sea: World War II in the Pacific*, New York, Quill/William Morrow, 1995.

Ohnuki-Tierney, Emiko, *Kamikaze, Cherry Blossoms, and Nationalisms: The Militarization of Aesthetics in Japanese History*, Chicago (IL), The University of Chicago Press, 2002.

Ota, Masahide, « Re-examining the History of the Battle of Okinawa », *in* Chalmers Johnson (éd.), *Okinawa: Cold War Island*, Cardiff (CA), Japan Policy Research Institute, 1999.

Perront, Nadine, *Être Juif en Chine. L'histoire extraordinaire des communautés de Kaifeng et de Shanghai*, Paris, Albin Michel, 1998.
Pinguet, Maurice, *La Mort volontaire au Japon*, Paris, Gallimard, 1984.
Pons, Philippe, *D'Edo à Tokyo : mémoire et modernités*, Paris, Gallimard, 1988.
Prazan, Michaël, *Le Massacre de Nankin - 1937, entre mémoire et oubli*, Paris, Denoël, 2007.
Reischauer, Edwin O., *Histoire du Japon et des Japonais*, Paris, Seuil, 1973, 2 vol.
Rotermund, Hartmut O., *L'Asie orientale et méridionale aux XIXe et XXe siècles*, Paris, PUF, « Nouvelle Clio », 1999.
Sabouret, Jean-François, *L'État du Japon*, Paris, La Découverte, 1988.
Sansom, George, *Histoire du Japon. Des origines au Japon moderne*, Paris, Fayard, 1988 (traduit de l'anglais).
Sato, Shigeru, *War, Nationalism and Peasants: Java under the Japanese Occupation, 1942-1945*, Armonk (NY), M. E. Sharpe, 1994.
Shillony, Ben-Ami, *Politics and Culture in Wartime Japan*, Oxford, Clarendon Press, 1981.
Steinberg, David Joel *et al.*, *In Search of South-East Asia*, Singapour, Oxford in Asia, 1971 (1re éd.).
Tanaka, Yuki, *Japan's Comfort Women: Sexual Slavery and Prostitution during WWII and the US Occupation*, Boulder (CO), Routledge, 2001.
Tarling, Nicholas, *A Sudden Rampage: The Japanese Occupation of Southeast Asia, 1941-1945*, Singapour, Horizon Books, 2001.
Thorne, Christopher G., *The Issue of War: States, Societies and the Far Eastern Conflict of 1941-1945*, Londres, H. Hamilton, 1985.
Tschudin, Jean-Jacques et Hamon, Claude (dir.), *La Société japonaise devant la montée du militarisme. Culture populaire et contrôle social dans les années 1930*, Arles, Éditions Philippe Picquier, 2007.
Turnbull, C. M., *A History of Singapore 1819-1975*, Kuala Lumpur, Oxford University Press, 1977.
Victoria, Brian, *Le Zen en guerre 1868-1945*, Paris, Seuil, 1997 (trad. de l'anglais *Zen at War*, Lanham, MD, Rowman & Littlefield Publishers, 1997).
Usha, Mahajani, *Philippine Nationalism: External Challenge and Filipino Response, 1565-1946*, Brisbane, University of Queensland Press, 1971.
Wakabayashi, Bob Tadashi, *The Nanking Atrocity, 1937-38: Complicating the Picture*, Oxford-New York, Berghahn Books, 2007.
Wasserman, Michel, *Le Sacre de l'hiver. La Neuvième Symphonie de Beethoven, un mythe de la modernité japonaise*, Paris, Les Indes savantes, 2006.

Weiner, Michael, *Race and Migration in Imperial Japan*, Londres & New York, Routledge, 1994.

Wetzler, Peter, *Hirohito and War: Imperial Tradition and Military Decision-Making in Prewar Japan*, Honolulu (HI), University of Hawai'i Press, 1998.

White, James W., Umegaki, Michio et Havens, Thomas R. H. (éd.), *The Ambivalence of Nationalism: Modern Japan between East and West*, Lanham/New York/Londres, University Press of America, 1990.

Wieviorka, Annette (éd.), *Les Procès de Nuremberg et de Tôkyô*, Bruxelles, Complexe, 1999.

Williams, Peter et David Wallace, *La Guerre bactériologique. Les secrets des expérimentations japonaises*, Paris, Albin Michel, 1990.

Wilson, Sandra (éd.), *Nation and Nationalism in Japan*, Londres, Routledge Curzon, 2003.

Yoshimi, Yoshiaki, *Comfort Women: Sexual Slavery in the Japanese Military during World War II*, New York, Columbia University Press, 2002 (traduit du japonais).

Young, Louise, *Japan's Total Empire: Manchuria and the Culture of Wartime Imperialism*, Berkeley (CA), University of California Press, 1998.

Sites Internet

http://www.19371213.com.cn/en/about/museum/ (Mémorial de Nankin)

https://www.awm.gov.au/ (Australian War Museum)

https://www.iwm.org.uk/ (Imperial War Museum)

https://www.nationalww2museum.org (musée de la Guerre de La Nouvelle-Orléans)

Index

Aerts, Joannes, évêque : 162
Akira, Nomoto : 79, 137
Amaterasu Omikami, déesse : 72, 404
Andoy, Rosalinda : 209
Aozu, Kikutaro, général : 175
Araki, Sadao, général : 38
Arita, Hachirô : 39
Arwell, Ethel : 216
Atkins, Harold : 103-105
Auden, W. H. : 102-103, 116, 143
Aung San : 388

Ba Maw : 388
Bagatsing, Ramon : 123
Ballard, James : 258
Bao Dai, empereur : 62
Barahona, Angeles : 209
Bates, Miner Searle : 198, 220, 327
Beliso, Elisa : 210
Bernard, Nicolas : 20
Berns, Henricus, prêtre : 163
Bismarck : 69
Bonga, Dieuwke Wendelaar : 125, 265, 269, 311
Boswell, Nora : 392
Boulle, Pierre : 127
Bouwer, Jan : 264, 300
Braddon, Russell : 133
Brawley, Sean : 22
Brook, Timothy : 29
Brotherton, Michael : 390
Bussière, docteur : 42

Catroux, Georges, gouverneur général : 45
Chagoll, Lydia : 259, 263, 279-280, 282
Chang, Tso-lin : 41, 411
Chen, Guoliang : 375
Chen, Wu-chen : 253
Chennault, Claire : 14
Chiang, Kai-shek : 13, 15, 36-37, 44, 46, 48, 54, 187-188, 192, 395, 404
Chin, Kee Onn : 324
Choy, Elizabeth Su-moi : 250
Churchill, Winston : 336
Coast, John : 247
Confucius : 46
Cook, Haruko T. : 20
Cook, Theodore F. : 20
Cosgrave, Francis J. : 207
Craigie, Sir Robert : 53

Daguio, Amador : 379
Dean, Penrod V. : 249, 256
Decoux, Jean, amiral : 62, 136
Deng, Xiaoping : 146

Dorrance, Albert : 140
Dower, John : 26, 112

Elías Fernández González, SJ, père : 169
Elizabeth II : 10, 376

Falkenhausen, général von : 44
Fall, Donald : 114
Favel, sergent : 369
Fellers, Bonner F., général : 379
Fernandez, Rosario : 209
Fetlar : 128
Fichte, Johann Gottlieb : 110
Fitch, George Ashmore : 198
Fitt, Albert « Winkie » : 113
Forster, Ernest H. : 199
Fuhrie, Willy : 281
Fujita, Frank : 131-132, 351
Fukuda, Tokuyasu : 194
Fukuda, Yoshiaki : 287
Fukudome, Shigeru, vice-amiral : 376

Gale, Betty et Godfrey : 274-275
Gaulle, Charles de : 310
Gengis Khan : 101
Go-Daigo, empereur : 373
Gomikawa, Junpei : 222
Gotô, Daisaku, lieutenant : 314-315
Grew, Joseph C. : 50, 52, 54-57, 203
Gruhl, Werner : 17, 389
Guillermaz, Jacques : 42-43, 99

Ha, Sunnyo : 232
Hachiya, Michihiko, docteur : 349, 358, 361
Halsey, William F., amiral : 112
Hashimoto, Michio : 339
Hatta, Mohammed : 366
Hayden, Joseph Ralston : 379
Heidegger, Martin : 68
Helfferich-Koch, Han : 267
Henson, Maria Rosa : 225-226
Hinch, Gertrude : 223
Hirohito (empereur Shôwa) : 10, 44, 53, 57, 69-70, 73, 92, 130, 137, 152, 192, 213, 276, 290, 296, 313-314, 325, 337-338, 347, 349, 356-360, 362, 370, 372, 389, 400, 404, 415
Hitler, Adolf : 26, 35, 44, 51-53, 200, 221, 333
Hitomi, Yaozo : 290
Hiwatashi : 369, 371-372
Hô Chi Minh (Nguyên Ai Quoc) : 404
Hodgson, Alec : 97
Honda, Katsuichi : 139, 145, 190
Hull, Cordell : 56
Hwang, Kumju : 230

Iida, Momo : 351
Ilyina, Olga : 59, 61, 329
Iptik : 380
Isherwood, Christopher : 102, 116, 143
Ishii, Shirô : 180-181, 183-184
Ishikawa, Tatsuzo : 147, 150, 243, 293
Itagaki, Seishiro, général : 377
Iwabuchi, Sanji, amiral : 205

Jeong, Yong-seop : 304
Jimmy (blessé australien) : 121

Kase, Toshikazu : 57
Kassia, capitaine : 273
Katosang, Mechas Katalina : 169
Kazuma, Mechas Veronica Remeriang : 380

Kenneison, Betty : 223
Kenneison, Ernest : 223
Kenneison, Rebecca : 390
Keys, Henry : 211
Kido, Koichi, marquis : 356
Kijima, Chizuko : 340
Kikuchi, Eitarô : 81
Kim : 304, 307
Kim, Il-sung : 404
Kim, Jong-il : 404
Kim, Jong-un : 404
Kishi, Nobusuke : 401, 414
Kiyosawa, Kiyochi : 73-74, 77-78, 80, 89-90, 92, 176
Kleinsorge, Wilhelm SJ, père : 344, 350
Kobayashi, Masaki : 222
Koiso, Kuniaki : 73, 90, 414
Kondo, Kikujiro Clifford : 288
Konoe, Fumimaro : 37, 52-53, 337
Koo, Teong : 158
Krasno, Rena : 374

La Faber, Gertrude : 216
Lalana, Prudencio Chicote : 210
Lanzing, Fred : 258, 279
Laurel, José P. : 165, 312, 385, 388
Le Gros Clark, Cyril Drummond : 273
Lean, David : 127
Lee, Teng-hui : 13
Legrand, Jean-Joseph, colonel : 136
Leo, Flavius, moine : 207
Levenberg, Ralph : 123
Li, Tzu-ch'eng : 42
Li, Weixun, lieutenant-colonel : 140, 374, 377
Lim, Chin Seck : 381
Lim, Leong Kim : 161
Lim, Tay Boh, docteur : 157
Lucken, Michael : 20

MacArthur, Douglas, général : 69, 164, 185, 206, 378, 400
Magee, John G. : 192-193
Mann, Thomas : 94, 119
Mao, Zedong : 46, 238, 282, 367, 404
Marcos, Ferdinand : 403
Marino de la Hoz, SJ, père : 169
Masayoshi, Nakagawa : 87
Matayoshi, Mitsuko : 364
Matsui, Iwane, général : 153, 184, 187
Matsui, Shinji : 178
Matsumoto, Sakoto : 341
Matsuoka, Yôsuke : 39, 51, 53, 55
Maux, Henri : 20, 43-49
Maux-Robert, Antoinette : 43
McCutcheon, Donald : 98
McEwan, John : 127
Melati, Sintha : 214, 310
Miki, Kiyoshi : 68
Miyajima, Junkichi : 162
Miyamoto, Shizuo : 286, 297
Montauban, Paul, père : 314
Moreta, Rafael, docteur : 210
Morimoto, lieutenant : 234
Morris, Ernest Lionel : 253-255
Mountbatten, Lady Edwina : 279
Mountbatten, Lord Louis : 376-377

Nagayo, Yoshirô : 41
Nakamura, Toshio : 346, 350
Ne Win : 403
Ngô Dinh Diem : 403
Nishihara, Takamaro : 178-179
Noakes, J. L. : 273
Nogi, Maresuke, général : 70
Nomura, Kichisaburo : 57
Noonan, Ralph : 176

Nora, Pierre : 23
Norman, Anne : 274

Oh, Omok : 233
Ohno, Katsumi : 58
Oi, Joei, révérend : 292
Okada, Fumihide : 74
Ôkawa, Masako : 355
Ôkawa, Shumei : 67
Okoshi, Gunzô : 81
Ôkuma, Makoto : 79
Okuno, Takeo : 110
Ôoka, Shôhei : 175, 185, 368
Osmena, Sergio, président : 379
Osong, Seleti : 301
Ozaki, Junko : 186
Ozaki, Shirô : 111

Park, Chung-hee (Takagi Masao) : 403
Peng, Ming-min : 41, 70, 353, 362
Percival, Arthur, général : 98, 377
Peschanski, Denis : 11
Petra : 217
Phibul, Songkram : 402
Philps, Dick : 126
Pigdon, Douglas Clelland, colonel : 138
Plant, Howard : 131
Poncelet, Jean-Baptiste, père : 296
Pridi, Banomyong : 13, 64

Quezon, Manuel : 165

Rabe, John : 194, 196-197, 199-200, 220-221
Ram, Lele : 176
Randall, Jones : 58
Recto, Claro M. : 385, 388
Riggs, Charles : 194
Rolland, Romain : 119
Romulo, Carlos : 379
Roosevelt, Franklin D. : 10, 36, 55-57, 264, 283, 288
Rosen, Georg : 200, 202
Roxas, Manuel : 403

Saitô, Mutsuo : 360
Sartre, Jean-Paul : 26
Sasaki, Toshiko : 347
Schaap-Bolk, J. M. : 251
Shibata, Yaichiro, vice-amiral : 376
Shigefuji, Enryo, révérend : 292
Shimura, Tamaharu : 79
Smythe, Lewis S. C. : 196, 220-221
Soga, Yasutaro : 284, 289, 291
Sonei, Kenichi, capitaine : 263
Soong, T. V. : 44
Spencer Chapman, F. : 95, 160, 382
Sperling, Eduard : 197, 200
Spielberg, Steven : 258
Staline, Joseph : 26, 282, 337
Steinhard, Leopold : 332
Sugihara, Chiune : 329
Suharto, général : 403
Sukarno : 309-310, 366, 402-403

Tadokoro, Kozo : 198
Tahara, Hiroshi : 291
Takahashi, Aiko : 357
Takano, Kyôichi : 242
Takeyama, Michio : 78, 90
Takigawa, Masajirô : 204
Tan, Choon Keng : 129, 245, 382
Tan, Malaka : 244
Tanaka, Masakazu : 196
Tanaka, Saburô : 190
Tanaka, Yuki : 174
Tangun : 404
Tennô, voir Hirohito
Tôgô, Shigenori : 57, 337

Tôjô, Hideki : 39, 41, 51, 248, 370, 400-401, 404, 413-414
Tokutomi, Sohô : 73
Tolstoï, Léon : 119
Toyoda, Teijirô : 51
Tsutsumi, Ayako : 71, 77

Ubukata, Toshirô : 79
Ueno, Itsuyoshi : 106-108, 367, 369-370
Unamuno, Miguel de : 388

Van Diejen, Jeanne : 113, 259, 280
Van Nooten, Barend A. : 117
Van Nooten, John C. : 179
Van Schaik, Joannes, moine : 163
Vautrin, Minnie : 221
Vazquez-Prada, famille : 207
Velarde, Herminio, docteur : 209
Velmans, Loet : 130
Verheul, Arie : 274
Vuyk, Beb : 278, 322

Wachi, Takeji : 385
Wang, Jing-wei : 48, 143, 220-221, 237, 412
Watanabe, Hideo : 129
Webb, William, juge : 175
Wee, Hock Chye : 317
Wilhelmine, reine : 260-261
Willmott, H. P. : 20

Xu, Shengxian : 145
Xu, Xinhe : 145

Yamaji, Tadashi, lieutenant : 260-262
Yamamoto, Isoroku, amiral : 77
Yamamoto, lieutenant : 232
Yamashita, Tomoyuki, général : 97, 205, 336
Yasuda : 348
Yi, Sangok : 235
Yi, Yongsuk : 239, 242
Yokoi, Shô-ichi : 109, 365-366
Yonai, Mitsumasa, amiral : 55
Yuan, Zhulin : 236

Zhang, Yibo : 308
Zimmerman, Grand-Mère : 262

Table

Introduction. Une guerre oubliée ? 9
Quel nom pour quelle guerre ? 13
Un ouvrage polyphonique 18
Du bon usage de la mémoire 22
Tentation de l'œcuménisme, réalité des fractures 25
Une histoire, des histoires ? 27
Est/Ouest, Ouest/Est 29

1. Entrer dans la guerre 35
Japon : faire la guerre pour faire la paix ? 37
Chine : les débuts des huit années de guerre 42
États-Unis : de l'engagement constructif à la confrontation ... 50
Français d'Indochine : la guerre retardée 59

2. Au Japon : la guerre des civils 67
L'encadrement idéologique 69
Les méandres de la propagande 72
Difficultés et souffrances des civils japonais 79
Sous les bombardements 85

3. Faire la guerre 95
Supériorité technologique et ténacité au combat : le binôme victorieux 95
La guerre dans les airs 99
L'archaïsation de la guerre 101
Cruauté et ineptie du commandement japonais 106
Les kamikazes, ou la frénésie du sacrifice 109
Des atrocités tous azimuts 112
Des éclairs d'humanité 115

4. La tragédie des prisonniers de guerre 121
De la reddition au camp 121
La torture par le travail 127
Privations alimentaires et catastrophes sanitaires 131
Brimades et atrocités 134
Les prisonniers asiatiques du Japon 138

5. Les civils : permis de tuer 143
Les terres de sang chinoises 143
Terreur en Asie du Sud-Est 156
Dans le Pacifique 167

6. Atrocités et massacres géants 173
La question du cannibalisme 174
Cobayes humains 179
Nankin : le massacre emblématique ? 185
Nankin : l'extermination des prisonniers de guerre 188
Nankin : les exactions contre la population civile 191
Nankin : une cité dévastée 198
D'un massacre l'autre : Manille, 1945 205

7. La chasse aux femmes 213
Viols et enlèvements 214
Les « femmes de réconfort » : origines et recrutement 220
Les « femmes de réconfort » : une histoire de violence 230
Les « stations de réconfort », ou la vie malgré tout 233
L'impossible retour à la vie normale 237
De l'oppression à l'affirmation de soi 239

8. Civils enfermés, civils torturés 243
Esclaves de travail 243
La Kempeitai, Gestapo japonaise 248
Les internés civils occidentaux : des vécus contrastés 256
Les internés civils : faim et humiliations 265
Internés civils : la fin, mais quelle fin ? 276
Les Japonais comme internés 282

9. Pillage, exploitation, humiliation 293
Vols institutionnalisés 293
Livraisons et accaparements 297
Travail contraint, travail forcé 302

Disette et famine 316
Marché noir et trafics 323
Mépris, démoralisation, intoxication, résiliences 325

10. Sortir de la guerre : d'Hiroshima à la capitulation du Japon 335
Hiroshima et Nagasaki 338
Fatal 15 août 356
Colonies japonaises : vers l'émancipation ? 371
La fin de l'occupation nippone 373

Conclusion 385
L'impitoyable réquisitoire d'un « collabo » philippin 385
Fallait-il détruire Hiroshima ? 388
Asie-Pacifique, année zéro 393
L'impossible recolonisation de l'Asie du Sud-Est 396
Orphelins et héritiers du Japon militariste 400

Cartes 407
Chronologie 411
Crédits des textes cités dans l'ouvrage 417
Notes 421
Bibliographie 439
Index 453

Achevé d'imprimer par
Normandie Roto Impression s.a.s.
61250 Lonrai
N° d'impression : 2503273

Imprimé en France